Klausjürgen Wussow

Mein Leben als Chefarzt Dr. Brinkmann von der Schwarzwaldklinik

Professor Brinkmann und ich

Ansichten, Gedanken und Erlebnisse des beliebten Schauspielers

NAUMANN & GÖBEL

Sonderausgabe der Naumann & Göbel
Verlagsgesellschaft, Köln
© 1985/1987 by Gustav Lübbe Verlag GmbH, Bergisch Gladbach
und Script Medien Agentur GmbH, Grünwald
Schutzumschlag: Rincón Partners, Köln
Gesamtherstellung: Mainpresse Richterdruck Würzburg
Printed in West Germany
Alle Rechte vorbehalten
ISBN 3-625-20124-0

Mein Leben als Chefarzt Dr. Brinkmann von der Schwarzwaldklinik

Vorwort

30. April 1929 – ein ganz guter Jahrgang. Seitdem: 56 Jahre Leben. 35 Jahre Theater, Film und Fernsehen, Malerei und Gedichte. Und jetzt auch noch ein Buch über die „Schwarzwaldklinik"?
Auch das noch? Auch das noch. Auch *das* noch...

Die „Schwarzwaldklinik" ist nicht nur die bisher längste und erfolgreichste deutsche Abendprogrammserie aller Zeiten – für mich ist die Rolle des Professor Brinkmann ein Wendepunkt in meinem Leben. 14 Monate Dreharbeiten in Hinterzarten und in Hamburg haben den Anstoß gegeben, manches anders und klarer zu sehen.
Viele haben mich gewarnt, mich nicht durch eine Serie abstempeln zu lassen. Ich habe diese Warnungen in den Wind geschlagen – und bin froh darüber.
Denn es stimmt nicht, daß, wie einige der Feuilleton-Kritiker meinen, im Theater alles ernsthaft und in einer Unterhaltungsserie alles oberflächlich ist. Auch auf der Bühne geht es oft sehr heiter, auch in der „Schwarzwaldklinik" geht es oft sehr ernsthaft zu.
Der Unterschied ist lediglich die Anzahl derer, die sich freuen oder ärgern, die weinen oder lachen.
Die Zuschauergemeinde der „Schwarzwaldklinik" würde mit 28 Millionen in kein Theater der Welt passen.
Aber der Ruhm hat auch seine Schattenseiten. Ich lese Interviews, die ich nie gegeben habe, habe plötzlich Freunde, die mich vorher nicht kannten. Und Gegner, die ich vorher nicht kannte.
Nachdem so viel Wahres und Unwahres erschienen ist über die „Schwarzwaldklinik" und ihr Ärzteteam, habe ich lange überlegt: Soll ich mich an die Veröffentlichung meiner Aufzeichnungen aus vierzehn Monaten Dreharbeit wagen?
Yvonne Viehöver war es, die meine Notizen mit mir durchblätterte und mich überzeugt hat: dem Publikum

der „Schwarzwaldklinik" habe ich letztlich meinen Erfolg zu verdanken – ihm mache ich dieses Buch zum Geschenk.

Mit Anregungen und freundschaftlicher Kritik hat sie die Eindrücke einer Zeit, die mir sehr viel bedeutet, aufgezeichnet. Dafür danke ich ihr.

Klausjürgen Wussow
im Dezember 1985

Spätherbst 1985

„Herr Professor!"
Ich gehe weiter.
„Herr Professor!!!"
Meine Tochter Bärbel stößt mich an.
„Hey, Papi, du bist gemeint!"
Fragend drehe ich mich um. Wir machen einen Einkaufsbummel durch die Theatinerstraße in München.
„Professor Brinkmann!" ruft jetzt die ältere Dame, die hinter uns herläuft. Lächelnd gebe ich ihr ein Autogramm.
„Lieber Herr Professor Brinkmann", so beginnt ein Brief vom 1. November 1985. „Ihre Auseinandersetzung mit Dr. Marker hat mich sehr beeindruckt. Ihre Aussage vor Gericht, Ihre Fürsprache für den Landarzt, der Sterbehilfe leistete, war einfach fabelhaft. Würden Sie selbst genauso handeln?"
Das Telefon klingelt. „Professor Brinkmann?" fragt eine weibliche Stimme. Bevor ich sie noch korrigieren kann, fährt die Dame am anderen Ende der Leitung schon fort. „Ich wollte nur sagen: die Zeit, die Sie Ihren Patienten widmen – daran sollte sich unser Doktor mal ein Beispiel nehmen!"
„Wenn nur *unser* Doktor soviel Zeit für uns alte Patienten hätte wie Sie..." Hunderte von Briefen mit diesem Wunsch flattern jede Woche auf meinen Schreibtisch in Wien.
Szenen aus dem Leben eines Arztes? Tagebuch eines Mode-Mediziners? Notizen eines Möchtegern-Professors?
Nein – was ich seit Monaten erlebe, sind die Reaktionen des Publikums in Deutschland und Österreich auf die „Schwarzwaldklinik", auf meine Rolle als Chefarzt Dr. Brinkmann in der wahrscheinlich längsten deutschen Abendprogrammserie, auf die Episoden um Liebe und Leid, Sterben und Geburt in einem Krankenhaus im Hochschwarzwald.

Und ich freue mich, daß die Menschen mir den Chefarzt abnehmen, daß sie sich einerseits unterhalten und andererseits bereit sind, sich mit den teilweise sehr ernsten Themen dieser Serie auseinanderzusetzen. Geschichten aus der Feder von „Tatort"-Autor Herbert Lichtenfeld, Geschichten, die das Leben geschrieben haben könnte. Denn Lichtenfeld hatte monatelang vor Ort in Kliniken recherchiert, er ließ sich von Ärzten beraten, die die medizinischen Aspekte der Episoden absicherten. Auch während der praktisch angewandten Medizin hatten wir Hilfe von kompetenter Seite: keine Operation, bei der uns nicht ein echter Chirurg und eine echte OP-Schwester assistierten.

Ich freue mich, dem Team der ZDF-„Schwarzwaldklinik" als Chefarzt vorzustehen und das Vertrauen, das der Produzent und der Sender in mich gesetzt haben, zu rechtfertigen.

Ich freue mich über den Erfolg und über die Reaktionen des Publikums – auch wenn mich meine Rolle als Professor Brinkmann am Telefon oder auf offener Straße einholt. Was kann einem Schauspieler Schöneres passieren?

23. Oktober 1985, 10 Uhr morgens. Penetrant klingelt das Telefon im Wohnzimmer meines Hauses in Wien. Meine Familie scheint ausgeflogen zu sein, und so nehme ich unwillig selbst den Hörer ab.

„Mensch, Klaus, halt dich fest! Wir haben 61 Prozent Einschaltquote", ruft „mein" Produzent, Wolfgang Rademann, in den Hörer. Seine Stimme überschlägt sich.

„40 Prozent hatte ick jehofft", sagt er. „Aber 61 – det hat's in Deutschland seit fuffzehn Jahren nich mehr jegeben. Weltsensation, Weltsensation. Unjeheuer, unjeheuer. Und jetzt muß ick mit Lichtenfeld telefonieren."

Und ich mußte mich erst mal setzen.

Nach wochenlanger Berichterstattung, nach vielen Interviews, Reportagen, nach optimistischen und düsteren Prognosen war sie am Vorabend endlich gelaufen – die erste Folge der „Schwarzwaldklinik". Ein sogenannter Pilotfilm von 90 Minuten, den ich mir ganz allein in meinem Arbeitszimmer in unserem Haus in Wien angesehen hatte.

Den ganzen Tag war ich schon wahnsinnig nervös gewesen, und je näher der Abend rückte, um so schlechter fühlte ich mich. War die „Schwarzwaldklinik" wirklich so gut, wie wir alle während der Dreharbeiten geglaubt hatten, oder hatten wir lediglich seichte Unterhaltung produziert, eine Traumklinik im Schwarzwald? Den ganzen Tag schwankte ich zwischen Euphorie und Niedergeschlagenheit.

Mein Lampenfieber mochte ich mit niemandem teilen – nicht einmal mit meiner Familie, die sich die Premiere unten im Wohnzimmer ansah. Anschließend wollten wir bei einer Flasche Champagner ein bißchen feiern.

Erleichtert atmete ich auf, als der Abspann lief: Nein, dieser Serie brauchte ich mich wirklich nicht zu schämen, im Gegenteil: darauf konnte ich stolz sein. Glücklich und zufrieden ging ich hinunter.

Doch der Champagner wurde warm, denn drei Stunden lang stand das Telefon nicht still. Von meiner Partnerin Gaby Dohm in München bis zu meiner Schwiegermutter rief beinahe der gesamte Bekanntenkreis an, um zu gratulieren.

Und der Erfolg blieb uns treu. Seine Ausmaße erschrecken mich zuweilen, soviel Zustimmung hätte ich mir nie träumen lassen.

„Noch 30 Jahre ‚Schwarzwaldklinik' – die Serie wird endlos fortgesetzt", lautete nach fünf Folgen die Schlagzeile der Münchner Abendzeitung. Das ZDF hatte mit der Meldung, die Serie unbegrenzt weiterzuproduzieren, im deutschen Blätterwald für Aufregung gesorgt. Denn das hatte es in Deutschland noch nie gegeben: eine Serie in Hollywood-Dimensionen nach dem Muster von „Dallas" und „Denver".

Die Betroffenen selbst reagierten verstört. „Um Gottes willen", rief Gaby Dohm, „ich kann mein Kind doch nicht jahrelang allein lassen!"

„Wenn ein anderes interessantes Angebot kommt, nehme ich es natürlich an", sagte Sascha Hehn. „Ich will doch nicht für den Rest meines Lebens Dr. Udo Brinkmann sein!"

Und auch ich muß sagen, daß mich die Vorstellung, meinen Lebensabend in Hinterzarten zu verbringen, erschreckt. Ich weiß: auch ich bin ersetzbar. Ein „echter" Herzinfarkt, und Sascha Hehn wird mein Nachfolger. Oder einer meiner Kollegen von der Bühne, die jetzt noch etwas neiderfüllt auf die Popularität der „Schwarzwaldklinik" schielen.

Denn seit dem 22. Oktober 1985 gibt es keine Illustrierte, die ohne eine angebliche Hintergrundgeschichte über einen von uns auskommt, keine Woche ohne eine Schlagzeile über einen der Darsteller der „Schwarzwaldklinik".

Überhaupt, der ganze Rummel...

„Damit haben Sie doch rechnen müssen", wunderte sich ein Reporter über die Schockwirkung, die der ungeheure Boom auf mich hatte.

Er wollte eine Stellungnahme von mir auf eine Falschmeldung in einer deutschen Tageszeitung, auf die ich erschreckt und verstört reagiert hatte. Denn noch immer habe ich mich nicht daran gewöhnt, daß Journalisten glauben, ich sei mit einem Stethoskop auf die Welt gekommen. Und sie hätten das Recht, auch noch die hintersten Winkel meines Privatlebens zu durchforschen und pressemäßig aufzubereiten.

„Womit hätte ich rechnen müssen?" fragte ich verärgert. „Daß Journalisten mir das Wort im Munde umdrehen?"

„Nein, dagegen müssen Sie sich wehren. Aber es war vorauszusehen, daß Sie mit dieser Serie eben für die Öffentlichkeit interessant werden. Und zwar in jeder Beziehung."

Nun, *ich* hatte es nicht vorausgesehen.

Vierzehn Monate hatte ich mich so sehr auf meine Rolle als Arzt konzentriert, daß ich mir über die möglichen Folgen keine Rechenschaft ablegte. Die anstrengenden Dreharbeiten in Hinterzarten und Hamburg, die uns über ein Jahr lang in Atem hielten, ließen keinen Raum für Spekulationen. Über die Reaktion des Publikums mache ich mir erst Gedanken, seit ich sie kenne.

Jetzt allerdings bin ich gezwungen, mich sehr intensiv mit den Reaktionen zu beschäftigen – und mit der „Vorliebe der Deutschen für Doktorspielchen", wie der Kabarettist Dieter Hildebrandt den Erfolg der Serie erklärt.

Mit der Neugier der Zuschauer auf das neueste Projekt des „Traumschiff"-Produzenten Wolfgang Rademann hatten wir gerechnet, mit 61 Prozent, das heißt 25 Millionen Neugieriger am Start-Tag allerdings nicht. Und nach den Ergebnissen der nächsten Folgen – 62, 59 und 61 Prozent – wußten wir, daß der 22. Oktober kein Einmal-Erlebnis, kein Erfolg der sensationellen Vorpresse war.

Das deutsche Publikum bestätigt Wolfgang Rademanns Konzept: medizinische Themen, verpackt in Episoden, die sich nicht nur mit Krankheit, sondern auch mit Liebe, Intrigen und Beziehungskisten in einer Klinik im idyllischen Hochschwarzwald beschäftigen, interessieren – fast – jeden.

„Jede Illustrierte hat ihren Medizin-Ratgeber, das Kino seinen Arzt-Film, jeder Verlag seinen Arzt-Roman – nur im deutschen Fernsehen fand Medizin bisher nicht statt", begründet Rademann seine Idee. „Das Thema lag doch auf der Straße."

Doch auch er, der findige Berliner mit der typischen Berliner Schnauze, war fünfzehn Jahre lang mit der Idee schwanger gegangen, bis ZDF-Redakteur Gerd Bauer, auch zuständig für das „Traumschiff" und die „Peter-Alexander-Show", seinen Segen erteilte.

Geburtswehen

Mit der Auftragserteilung an Rademann war allerdings noch lange nicht alles klar, es gab hitzige Debatten um die Entwicklung des Buchs und die Auswahl der Stoffe, um den Standort der Klinik und die Problematik der Fälle.

Zweifel bei Autor Herbert Lichtenfeld: wieviel „Medizin" ist dem Fernsehpublikum zuzumuten? Leichte Krankheitsfälle oder Schwerkranke und Tote, wie sie in einer Klinik nun mal vorkommen? Sollten todkranke Patienten sterben – oder war das deprimierend und zu problembeladen für eine Unterhaltungsserie?

Nächtelange Überlegungen zwischen Rademann und Regisseur Freddy Vohrer, als es um die Besetzung von Chefarzt Dr. Brinkmann und Schwester Christa ging: Welche deutschen Schauspieler sind am besten geeignet, als „tragende Säulen" der Serie die durchgehende Liebesgeschichte zwischen Chefarzt und Krankenschwester zu spielen?

„Nehmen wir zwei absolute Stars, mit dem Risiko, daß sie sich gegenseitig an die Wand spielen?" fragten sich Rademann und Vohrer. „Nehmen wir einen männlichen Star und eine Unbekannte? Oder einen weiblichen Star und einen männlichen Fernseh-Neuling?"

Man entschied sich für mich, den in Deutschland mäßig bekannten Klausjürgen Wussow (seit meiner Titelrolle in der Serie „Kurier der Kaiserin" Anfang der siebziger Jahre hatte ich mich etwas rar gemacht im deutschen Fernsehen).

Und für Gaby Dohm, ein weibliches, unverbrauchtes Gesicht. Keine Schönheit, sondern eine Frau wie jede andere, mit der sich auch jede andere identifizieren kann, nach dem Motto: „Wenn *die* einen Chefarzt kriegt, schaff' ich das auch!"

Für Gaby Dohm war dies nicht nur ihre erste Rolle in einer Fernsehserie, sondern sie bekam sogar die Hauptrolle... Bedenken wischte Rademann mit einer Handbewegung vom Tisch.

„Mit der Dohm wird det passieren, wat ick den Thekla-Carola-Wied-Effekt nenne", lautete sein Argument. „Die kannte erst auch kein Mensch – und nach ‚Ich heirate eine Familie' mit Peter Weck ging die ab wie 'ne Rakete."

Nun, ob Rakete oder ein langsameres Vehikel – Gaby, bislang nur dem Münchner Theaterpublikum bekannt, wurde sehr schnell das, was man in unserer Branche populär nennt. Mit der „Schwarzwaldklinik" ging für Gaby ein Traum in Erfüllung, der Traum jeder Schauspielerin mit Fernseh-Ambitionen. Auch wenn es im Moment so aussieht, als ob die plötzliche Popularität für sie zum Alptraum zu werden droht.

„Ich fühle mich verfolgt", sagt sie, „bis hinein in meine Münchner Wohnung." Doch an so etwas dachte 1984 noch niemand. Für die Produktion, die Serie und mich ist Gaby ein Gottesgeschenk; das habe ich oft zu ihr gesagt, doch leider wurde diese Bezeichnung von der Presse häufig falsch verstanden.

Wie kam Gaby zur Schwesterntracht? Hunderte von guten, aber kaum bekannten Schauspielerinnen ihres Alters hätten einen Teil ihres Lebens für diese Rolle gegeben. Gabys Geschichte könnte aus einem Märchenbuch stammen. Heli Finkenzeller machte, zufällig zur Zeit der Besetzung der „Schwarzwaldklinik", Wolfgang Rademann auf ihre begabte Tochter aufmerksam. Der Bergmann-Star aus dem Münchner Residenztheater hatte die Nase voll vom Theaterspielen. Heli Finkenzellers Brief erreichte Rademann kurz vor einem München-Besuch. Rademann traf sich mit Gaby – und zehn anderen Schauspielerinnen – im Bayrischen Hof und gab ihr 30 Minuten Zeit. Gaby nutzte ihre Chance, und Rademann holte Regisseur Freddy Vohrer dazu.

„Sie jefallen mir sehr jut", sagte Rademann. „Aber ick muß wissen, wie Sie über den Schirm kommen. Wir müssen Probeaufnahmen machen."

„Nichts leichter als das." Gaby lächelte. „Ich bin mit einem Kameramann verheiratet."

Zwei Wochen später entschieden Rademann und Vohrer: die und keine andere wird Schwester Christa ... Die Vertragsunterzeichnung war nur noch Formsache. Reine Formsache war dann auch die Tatsache, daß er mich meine Partnerin aussuchen ließ.

„Sie stehen ein Jahr an ihrer Seite, Klaus", sagte Rademann verständnisvoll. Damals waren wir noch per Sie. „Sie haben die freie Wahl."

Bei einem Gespräch in Berlin zeigte er mir zehn Fotos. Nachdenklich sah ich sie mir an und reichte ihm die Aufnahme von Gaby Dohm, die ich seit einem gemeinsamen Engagement im Münchner Residenztheater kenne und schätze.

„Die könnte es sein", sagte ich.

„Die könnte es nicht nur sein – die ist es", lachte Rademann verschmitzt. Der Vertrag mit Gaby war längst unterschrieben.

Doch nicht nur die Besetzung hielt Rademann monatelang in Atem, auch thematische Zweifel machten ihm noch während der Dreharbeiten zu schaffen.

„Was interessiert die Leute", wollte er wissen, „was veranlaßt sie, sich angeekelt abzuwenden?"

Da mußte zum Beispiel ein Lungenlappen entfernt werden, ein medizinischer Eingriff, den ein echter Chirurg mir genau erklärt hatte. Die folgende Operation an einer Schweinelunge, die im Innern einer Gummipuppe versenkt wurde, geriet so lebensecht, daß Rademann am Schneidetisch übel wurde.

„Pfui Teufel, det will doch keener sehen", rief er. „Das lassen wir weg."

Ich protestierte energisch.

„Im Gegenteil – das ist fabelhaft gemacht", versuchte ich meine medizinische Glanzleistung zu retten. „Das ist etwas, was die Leute interessiert – und was sie so perfekt nie zu sehen bekommen werden." Ich sollte recht behalten.

Erste Resonanzen

Insgesamt 260 Darsteller verpflichtete Rademann für 23 Folgen der „Schwarzwaldklinik" – ihr Erfolg ist der beste Beweis für die gute Nase des Mannes, der von sich sagt: „Ick brauche keene Demoskopie, ick habe ein einfaches Jemüt – det muß reichen." Und es reicht.

Natürlich gibt es nicht nur Lob. „Romanze in Mull" nannte der „Spiegel" die Serie, mich den „Sauerbruch vom Titisee" – immerhin waren wir Herrn Augstein und seiner Redaktion eine Titelgeschichte wert, für die ich mich irgendwann bei ihm bedanken werde. Und der Vergleich mit Sauerbruch ehrt mich. Viel Lob kam von medizinischer Seite – aber ebenso Tadel, wenn auch meist von Medizinern, die sich gern in den Schlagzeilen sehen.

„Ich werde mir die Serie nie ansehen", ließ sich etwa Manfred Köhnlechner vernehmen. Sterbehilfe-Befürworter Julius Hackethal zeigte Flexibilität. „Die neue Serie ist gefährlich", warnte er am 25. Oktober in der Schlagzeile der Münchner Abendzeitung. Ein paar Tage und die Veröffentlichung der enorm hohen Einschaltquoten genügten, um seine Meinung zu revidieren.

„Alles stimmte. Meine Begeisterung ist so groß wie selten", war sein Kommentar eine Woche später, am 2. November 1985 in „Bild". Das Thema der Folge, die ihn „im Innersten aufwühlte", wie er Wolfgang Rademann schrieb: Sterbehilfe...

Nicht nur Kritiker und Mediziner, auch die Politiker sind dankbar für den neuen Gesprächsstoff namens „Schwarzwaldklinik".

„,Schwarzwaldklinik' erst nach 23 Uhr" – das fordert der SPD-Abgeordnete Vogelsang aus Bielefeld, Vorsitzender im Bildungsausschuß seiner Partei. Die Begründung: Er warnt „vor dem Versuch der Volksverdummung. Ich kritisiere weniger die Serie als solche, sondern ihre Dauer. So bleibt dem Zuschauer keine Möglichkeit, der Serie zu entgehen."

Mein Gott, das arme Publikum – jetzt muß es sich schon vor einer Fernsehserie in Sicherheit bringen, wenn es nach dem Willen der Bildungs- und Meinungsträger ginge... Aber Vogelsang, der zugibt, nur eine einzige Folge der „Schwarzwaldklinik" (und die nur unvollständig) gesehen zu haben, unterstellt dem Publikum nicht nur mangelnde Fluchtbereitschaft, sondern auch fehlenden Realitätssinn: „Wegen der Länge der Serie besteht die Gefahr, daß sie (die Zuschauer) die Handlung auf die Dauer mit der Realität verwechseln."

Ein Armutszeugnis, das ausgerechnet ein Politiker deutschen Zuschauern ausstellt.

Wolfgang Rademann, der selbst aus dem Journalismus kommt, freut sich über jede Presse, ob gut oder schlecht.

„Da halte ick es wie Curd Jürgens", pflegt er nach einem Verriß zu sagen: „Die Hauptsache ist, daß der Name richtig jeschrieben wird. Alles andere ist mir völlig schnuppe."

Wobei er sehr wohl unterscheidet zwischen Freund und Feind: „Wenn die Ponkie mich im Feuilleton der Abendzeitung lobt", sagt er, „weiß ick: da haste wat falsch jemacht!" Auch seine Äußerung, was er mit schlechten Kritiken machen würde, ist inzwischen Pressegeschichte.

Bei uns zu Hause lese ich die guten Kritiken, die schlechten meine Frau, die Schauspielerin Ida Krottendorf. Die kann sich nämlich trotz jahrelanger Bühnen- und Presse-Erfahrung über ein böses Wort, über eine üble Verleumdung noch so richtig ärgern. Ich sehe die Sache gelassener. Über einen guten Artikel freue ich mich, die negativen nehme ich nicht zur Kenntnis. Und meist gelingt es mir, mich an diese Devise zu halten. Denn ganz so ein dikkes Fell habe ich nun auch wieder nicht – wenn Kritik von kompetenter Seite kommt, nehme ich sie durchaus ernst. So zum Beispiel von meinen „Kollegen" aus der Medizin.

„Prima", war der Kommentar des Herzchirurgen Professor Wollner in Wien. „Aber eines muß ich Ihnen sagen, Herr Wussow, so ruhig wie in der ‚Schwarzwaldklinik' geht's in einem wirklichen Krankenhaus nicht zu. Dafür müssen Sie selbst etwas cooler werden – ein Chefarzt ist nicht nur Doktor, sondern auch Manager."

Dann sprach er eine Einladung aus: „Kommen Sie doch einfach mal ein paar Tage zu uns in die Klinik", sagte er. „Schauen Sie sich den Betrieb mal von innen an. Und auch gleich ein paar Operationen – das kann für Sie als Chirurg nicht schaden."

Professor Wollner führt in Wien Operationen am offenen Herzen durch, und ich fühlte mich dementsprechend geehrt.

„Mit dem größten Vergnügen. Sehr gerne", sagte ich. Und freute mich auch wirklich auf diese Hospitanz.

„Schön wär's, wenn Ärzte sich in den Pausen über medizinische Fälle unterhalten würden", sagte mir ein Freund, Oberarzt in einer Hamburger Klinik. „Aber wenn du wüßtest, worüber die wirklich reden, würdest du staunen. Selbst bei Operationen haben die so eine Routine drauf, daß sie sich über völlig andere Dinge unterhalten. Themen, die mit dem Patienten, der auf dem Operationstisch liegt, nicht das geringste zu tun haben..."

„Der hat aber wenig zu tun für einen Chefarzt", schrieb mir eine ältere Dame. „Wann hat ein richtiger Chefarzt schon mal Zeit für Frau und Hund? Nie!" Sie muß es wissen – sie ist mit einem verheiratet.

Natürlich war uns von Anfang an klar, daß die „Schwarzwaldklinik" nur entfernte Ähnlichkeit mit einem wirklichen Krankenhaus haben kann, daß die Person des Professor Brinkmann mehr einer Wunschvorstellung eines Chefarztes entspricht und keine Figur aus dem realen Leben ist. Aber der Schauspieler, der in die Rolle eines Massenmörders schlüpft, wird auch nicht glaubwürdig morden, die Verfilmung einer Kriegsszene erhebt keinen Anspruch auf Authentizität. Die „Schwarzwaldklinik" ist keine Dokumentation, sondern Unterhaltung, die vielleicht Denkanstöße gibt, aber keinesfalls belehren will.

Ende November war ich zu Gast in einer Live-Sendung des österreichischen Rundfunks, in der Hörer um ihre Meinung zur „Schwarzwaldklinik" gebeten wurden.

Eine Krankenschwester empörte sich: „So deppert, wie die Lernschwester Elke sich benimmt – das ist ja berufsschädigend!"

Eine andere fühlte sich in ihrer Berufsehre getroffen. „Daß die Patientin in der ersten Folge Schlaftabletten hortet, ist ein Ding der Unmöglichkeit", sagte sie. „Als

Schwester hat man nämlich die Einnahme der Tabletten zu überwachen."

Der dritte Vorwurf kam zur vierten Folge.

Dr. Udo Brinkmann, Sascha Hehn, vertauscht Medikamente, um Schwester Christa in Schwierigkeiten zu bringen und sie erpressen zu können. Christa beugt dem vor, indem sie beim Chefarzt Selbstanzeige erstattet.

„Damit macht man den Leuten doch Angst vor der Klinik", lautete die Kritik eines Arztes. „Kein wirklicher Arzt würde sich so verantwortungslos verhalten!"

Ich müßte ihm recht geben, wenn es sich um eine Dokumentation handeln würde. Aber eine Darstellung der Wirklichkeit wird ja gar nicht beabsichtigt. Diese Abweichungen vom medizinischen Alltag sind dramaturgische Pointen, die wichtig sind für die Entwicklung der einzelnen Figuren und die Spannung der einzelnen Episoden. Klar, daß da oft Situationen entstehen, die im wirklichen Leben nicht existieren und auch nicht existieren dürften. Das beste Beispiel dafür war schon der Beginn der ersten Folge:

Professor Brinkmann verletzte sich den Daumen mit einem rostigen Nagel und fährt in die Notaufnahme seiner Klinik. Niemand weiß, daß es sich um den neuen Chef handelt, er wird ziemlich ruppig empfangen und verarztet. Natürlich ist ein wirklicher Arzt in der Lage, eine solche Lappalie selbst zu versorgen, aber für die Dramaturgie erschien Herbert Lichtenfeld dieser Einstieg wichtig und richtig.

Die Anzahl der Briefe, die mich täglich zur „Schwarzwaldklinik" erreichen, schwankt zwischen 40 und 70. Wobei ich mich freue, daß meine Tochter Bärbel an manchen Tagen mehr Post erhält als ich.

Unzählige der an mich gerichteten Briefe kommen von alten Leuten. Das Thema der meisten Zuschriften: „Wie schön, daß Sie sich so viel Zeit für Ihre Patienten nehmen – vor allem für die alten. Wir haben so oft das Gefühl, von unserem Doktor viel zu kurz abgespeist und abgewimmelt zu werden..."

Auch, wenn sonst in der „Schwarzwaldklinik" auf Mißstände in der Realität nicht hingewiesen werden will, so würde es mich doch glücklich machen, wenn man sich in dem Punkt ein Beispiel an uns nehmen würde. Deshalb habe ich mich auch besonders über den Anruf einer Krankenschwester gefreut.

„Wunderbar, Ihre Klinik! Wir bemühen uns jetzt alle, uns auch so viel Zeit für unsere Patienten zu nehmen wie Sie in Ihrer Serie."

Schon der Vorsatz ist lobenswert. Denn Zeit für die Patienten – daran fehlt es in den meisten Kliniken, das vermissen viele Patienten, darum sollten sich unsere Ärzte noch mehr bemühen. Diese Zuwendung, die Bereitschaft, mehr Zeit für die Kranken und deren Probleme aufzuwenden, das zeigen wir den Leuten. Wir liefern ihnen das, was sie bei ihrem Hausarzt kaum bekommen – nicht nur medizinischen, sondern auch seelischen Beistand.

Doch selbst wenn die Kritiker kein gutes Haar am Ärzteteam der „Schwarzwaldklinik" lassen, das Publikum unterhält sich offensichtlich blendend. Und es akzeptiert mich in der Rolle des Arztes.

Am wichtigsten ist mir allerdings nicht die Seite der Fernsehkritik in den Programmzeitschriften, sondern die Reaktion meiner Familie. Zu Hause in Wien sitzen ja zwei Betroffene vor dem Bildschirm; meine Tochter Bärbel, die in der „Schwarzwaldklinik" die Lernschwester Elke spielt, und ich. Mein Sohn Sascha strahlt vor Stolz, wenn er buchstäblich im letzten Moment vor Beginn der Sendung in Österreich ins Zimmer stürzt und ruft: „Die Straßen sind wie leergefegt."

Auch meine Frau ist glücklich über den Erfolg der Serie und lobt mich. Viel zu sehr und vielleicht mehr als gut für mich ist.

Am meisten habe ich mich über das Lob meiner Mutter gefreut. Sie lebt in Celle. „Jungchen, du bist so natürlich", sagte sie mir nach der ersten Folge am Telefon. „Man merkt richtig, daß du nicht nur einen Arzt spielst, sondern daß du dich auch wie einer fühlst."

Das größte Kompliment, das sie mir machen konnte. Denn das ist ja das Entscheidende beim Fernsehen im Gegensatz zum Theater – die Identifikation des Schauspielers mit seiner Rolle. Wenn das Publikum mir den Arzt abnimmt, ist es mir völlig egal, ob die Kritik Inhalt und Texte der Episoden als banal, trivial oder gar volksverdummend bezeichnet. Die Natürlichkeit, die Glaubwürdigkeit trifft den Nerv, und das Leben ist nun einmal oft banal und trivial.

Diese Zustimmung des Publikums hatte ZDF-Programmdirektor Alois Schardt vorausgesehen. Gemeinsam mit Unterhaltungschef Wolfgang Penk sah er sich Anfang August in Mainz die ersten zwölf Folgen der neuen Serie an. Er traf eine Entscheidung, die einmalig ist in der deutschen Fernsehgeschichte. Spontan, noch bevor am 22. Oktober die erste Folge über deutsche Bildschirme geflimmert war, beschloß er: „Die ‚Schwarzwaldklinik‘ wird fortgesetzt. Warum teure amerikanische Produktionen kaufen, wenn das Gute so nahe liegt." In diesem Fall im Schwarzwald, beziehungsweise auf den Schreibtischen von Autor Herbert Lichtenfeld und Produzent Wolfgang Rademann.

Das hatte es noch nie gegeben. Normalerweise wartet man in unseren öffentlich-rechtlichen Rundfunkanstalten schön vorsichtig ab, wie eine Sendung oder eine Serie beim Publikum ankommt. Wie hoch die Einschaltquoten sind, wie die Tendenz ist bei Zuschaueranrufen und Briefen.

Und erst dann entscheidet man – vielleicht: Dieser Erfolg wird fortgesetzt. So wie beim „Traumschiff". Der Nachteil dieser abwartenden Vorgehensweise: die Zuschauer müssen meist ein Jahr auf die nächsten Folgen warten.

Im Zuge der nahenden Konkurrenz durch die dritten Programme und das Privatfernsehen entschloß man sich beim ZDF für etwas mehr Spontaneität im Sinne des Publikums. „Bekenntnis zum Trivialen", nannte es Programmdirektor Alois Schardt. Der Lohn für seine mutige Entscheidung: die höchsten Einschaltquoten seit fünfzehn Jahren.

Im August 1985 waren zwölf neue Folgen geplant – inzwischen denkt man in Mainz in Jahrzehnte-Dimensionen.

Ein Traum wird wahr

Für 30 Jahre allerdings will ich mich nicht festlegen – für drei gerne –, schließlich gibt es für einen Schauspieler auch noch andere Aufgaben.

So rief mich dieser Tage der Regisseur Jürgen Roland an.

„Das ist fabelhaft, was du da machst in der ‚Schwarzwaldklinik'", sagte er. „Aber vergiß vor lauter Krankengeschichten nicht, daß du auch noch andere Rollen beherrschst. Schließlich erschöpft sich die Palette deiner schauspielerischen Möglichkeiten nicht im OP der ‚Schwarzwaldklinik'."

Mit Jürgen Roland hatte ich einen meiner ersten Filme gedreht, „Der rote Kreis", eine Edgar-Wallace-Verfilmung, die wir 1959 in Kopenhagen produzierten. Seitdem haben wir gelegentlich miteinander gearbeitet und einen freundschaftlichen Kontakt.

Ich war ihm dankbar für die Warnung.

„Keine Sorge", versicherte ich deshalb. „Ich probe gerade den Horatio im ‚Hamlet' am Burgtheater, das bringt mich schon auf andere Gedanken."

„Auch im Fernsehen solltest du bald als andere Figur zu sehen sein", fuhr Roland fort.

„Welche Rolle würdest du denn gerne spielen – in einem Krimi oder einem Fernsehspiel?"

Ich brauchte nicht lange zu überlegen. „Einen Clochard", sagte ich. „Das wäre im Moment mein Traum: einen verkommenen, verlausten, versoffenen Landstreicher unter einer Brücke in Paris. Oder an der Isar. Ganz egal, wo – ein Clochard müßte es sein."

Gaby Dohm hat ähnliche Wünsche, sie würde am liebsten als nächstes die Rolle einer Mörderin übernehmen...

Mir ist klar, daß ich nicht als Chefarzt der „Schwarzwaldklinik" meinen beruflichen Lebensabend beschließen werde. Eines weiß ich jedoch: Diese Aufgabe ist ein wichtiger Teil meiner Biographie geworden, auch wenn ich nicht von Anfang an dabei war. Denn Rademann hatte von Armin Mueller-Stahl einen Korb bekommen, bevor seine Wahl auf mich fiel. Ein Korb, für den ich meinem Kollegen ewig dankbar sein werde.

Und so freue ich mich zunächst auf die Fortsetzung der

Dreharbeiten in Hinterzarten im Sommer 1986. Für mich wird es nicht nur die Wiederaufnahme einer erfreulichen Zusammenarbeit sein, sondern die Fortsetzung eines Jugendtraums.

Er wurde wahr am 30. Mai 1984.

Ich bin ein leidenschaftlicher Briefeschreiber und reagiere grundsätzlich verärgert, wenn das Klingeln des Telefons mich aus meinen Gedanken, einem Gespräch oder der Arbeit an einem Bild reißt. So auch an diesem Tag.

„Mein lieber Wussow", tönte es im schönsten Berliner Dialekt und ohne jede Einleitung aus dem Hörer.

Diese Stimme kannte ich, sie gehörte Wolfgang Rademann, seines Zeichens erfolgreichster deutscher Fernsehproduzent. In einer Folge seiner Erfolgsserie „Das Traumschiff" hatte ich, zusammen mit Maria Schell, einen Geschäftsmann gespielt. Rademann klopft sich heute noch vor Vergnügen auf die Schenkel, wenn er an die gelungene Kußszene zwischen Maria und mir denkt. Daß er mich wegen meiner Küsserei als Chefarzt für die „Schwarzwaldklinik" engagierte, halte ich allerdings für ein Gerücht. Gedreht wurde damals in Brasilien – Grund genug, Rademann für diesen kostenlosen Beinahe-Urlaub dankbar und freundschaftlich verbunden zu sein.

Was mochte er wohl jetzt von mir wollen? Auf diese unausgesprochene Frage erhielt ich rasch eine Antwort.

„Ick hab' da ein Ding auf der Pfanne, in einer Dimension, wie wir sie im deutschen Fernsehen noch nie hatten", begann er. „Eine einheimische Fernsehserie um ein Krankenhaus im Schwarzwald. Jeplant sind vorerst zwölf Folgen, Ausstrahlung zur besten Sendezeit im ZDF. Zu besetzen: die Rolle des Chefarztes. Haben Sie Lust? Und wenn Sie Lust haben: haben Sie Zeit?"

Mir verschlug es sekundenlang die Sprache. Noch ein paar Vorstellungen am Wiener Burgtheater, dann begannen die Sommerferien. Zeit hatte ich also. Ob ich Lust hatte? An meine Reaktion kann ich mich nicht mehr erinnern, ich stand wohl unter Schock. Rademann behauptet heute, in Wien hätte „die Erde jebebt", so laut hätte ich ja geschrien. Was er nicht wissen konnte: Der Beruf des Arztes ist der größte meiner unerfüllten Träume...

Wir verabredeten uns für die kommende Woche in Berlin. Fassungslos legte ich den Hörer auf die Gabel und rief meine Familie. Meine Frau und meine Kinder, die 24jährige Bärbel und der 21jährige Sascha, umringten mich, während ich ihnen meine Neuigkeiten erzählte.

„Wenn man sich etwas wirklich wünscht, bekommt man es auch", sagte Ida und fiel mir um den Hals. „Man muß nur Geduld haben."

6. Juni 1984, 15.30 Uhr, Hotel Kempinski in Berlin.

Aufgeregt und ungeduldig betrat ich die Hotelhalle, hinter mir schlaflose Nächte, vor mir ein erstes Gespräch mit Wolfgang Rademann und Regisseur Alfred Vohrer (Freddy). Einen Arzt hatte ich erst einmal gespielt in meinem Leben – wie würde dieser zweite, fast 30 Jahre später, wohl aussehen? Ich platzte fast vor Neugier. Und ahnte: bei Produzent Wolfgang Rademann und Autor Herbert Lichtenfeld gab es sicher schon ebenso konkrete Vorstellungen über die Person des Chefarztes Professor Brinkmann wie bei Regisseur Freddy Vohrer.

Monatelang hatte man diskutiert, bevor man mit der Besetzung dieser Mammutserie begann, besonders die Person des Chefarztes war Gegenstand heftiger Debatten gewesen. Wie alt ist Professor Brinkmann, der ursprünglich Dr. Karl Brenner hieß? (Die Familie Oetker, Inhaber der Brenner-Klinik in Baden-Baden, hatte Einspruch erhoben.) Wie sieht er aus? Jugendlich forsch oder alt und behäbig? Ein Halbgott in Weiß? Hat er graue Schläfen oder dunkle Locken, ist er groß oder klein? Ist er verheiratet oder geschieden, seriös oder ein Schürzenjäger, medizinisch unfehlbar oder mit menschlichen Schwächen ausgestattet? Hat er Kinder oder mag er keine? Wie ist sein Verhältnis zu den Patienten – arrogant, von oben herab oder freundschaftlich anteilnehmend?

Was für ein Mensch sollte dieser Chefarzt sein, den ich – vielleicht – verkörpern würde? Wie sah sie aus, die Hauptrolle in einer großen Fernsehserie des ZDF, für die meine Frau in einer Kirche in Wien heimlich Kerzen gestiftet hatte?

Zu sagen, daß ich gespannt war, wäre eine maßlose Untertreibung. Würden sich unsere diversen Ansichten auf einen Nenner bringen lassen?

„Der Doktor muß natürlich ein Professor sein", begann

Rademann ohne Umschweife seinen Steckbrief. „Er muß eine Brille und graue Schläfen haben."

Ich nickte. „Kein Problem."

Aber Rademann war noch lange nicht fertig. „Seriös muß er sein und autoritär auch, aber durchaus mit Fehlern und Schwächen."

Nun, dachte ich, *die* hatten mir noch nie Mühe gemacht, *die* brauchte ich nicht erst zu spielen. Ich habe Zeit meines Lebens Fehler gemacht und werde wohl nie vernünftig werden. Aber ich hatte keine Chance, mein Einverständnis zu signalisieren, denn Rademann war immer noch nicht fertig.

„Dr. Brinkmann ist Witwer, hat eine Haushälterin, einen Sohn, der in seiner Klinik arbeitet, eine ehemalige Freundin und eine zukünftige Frau. Sie ist Krankenschwester. Natürlich gibt es einige Komplikationen, bis sich die beiden in die Arme sinken können."

Komplikationen waren mir auch nicht neu – mein Leben scheint manchmal nur aus einzigen Komplikationen zu bestehen.

Ich ließ mir seine Worte durch den Kopf gehen. „Finde ich alles fabelhaft", sagte ich und überlegte gleichzeitig: Wo war nur der Haken? Eine so perfekte Kombination von einer Hauptrolle, die mir auf den Leib geschrieben schien, einem Regisseur, den ich schätzte, und einem Produzenten, dessen Name für Qualität und Erfolg bürgt – das konnte doch nicht wahr sein!

Wo also war er, der Haken? So sehr ich auch suchte, ich fand keinen. Dafür war mir klar: So ein Angebot bekommt ein Schauspieler nur ein einziges Mal in seinem Leben.

Ich habe in fast vierzig Jahren auf der Bühne oft genug den Hamlet gespielt. Doch diesmal hieß die Frage nicht „Sein oder Nichtsein?", sondern: „Jetzt oder nie!"

Ich entschied mich für „Jetzt!".

Der Vertrag war schnell unterschrieben.

Voller Euphorie flog ich mit der Abendmaschine zurück nach Wien. Im Flugzeug träumte ich vor mich hin und sah mich im Geist schon Visite in der „Schwarzwaldklinik" machen, sah mich im grünen Kittel im OP stehen, durchblätterte schon medizinische Fachliteratur. Denn ich ahnte, daß ich mir außer den Drehbüchern auch eine Menge medizinisches Wissen aneignen mußte.

Meine Vorfreude wurde bald getrübt – denn der Abend in Wien brachte die ersten Zweifel. Als wir im Familienkreis eine Flasche Champagner öffneten, regte sich, wenn auch ziemlich spät, mein schlechtes Gewissen.

Ganz schön egoistisch, mein lieber Wussow, dachte ich. Für dich erfüllt sich ein Traum, aber für deine Familie wird dieser Traum wohl ein Alptraum werden.

Ein halbes Jahr Drehzeit, ein halbes Jahr fort von zu Hause... Konnte ich das meiner Frau und meinen Kindern zumuten?

„Mach dir darüber keine Gedanken", sagte Ida. „Wozu gibt es Telefon, Bahn und Flugzeug? Sieh halt zu, daß du so oft wie möglich nach Hause kommen kannst."

Ich war ihr dankbar für soviel Verständnis. Aber so leicht läßt sich mein Gewissen nicht beruhigen, wenn es einmal geweckt ist.

„Für Besuche zu Hause werde ich kaum Zeit haben", wandte ich ein. „In Hinterzarten soll fast jeden Tag gedreht werden, und die Bahn-Verbindung von Wien in den Schwarzwald ist katastrophal."

„Dann müssen wir uns eben in Geduld üben, bis ihr im Herbst in Hamburg dreht", erwiderte meine Frau. „Jetzt sind wir bald 25 Jahre verheiratet – da werden wir doch wegen einer Trennung von ein paar Monaten nicht eine solche Chance für dich aufs Spiel setzen!"

Aus den paar Monaten sollten vierzehn werden, doch das wußten wir damals noch nicht. Von 23 Folgen statt 12 war noch lange nicht die Rede. Wolfgang Rademann hatte allerdings schon so eine Ahnung, doch der hüllte sich in Schweigen.

Vorerst war ich meiner Frau dankbar. Da sie selbst Schauspielerin ist, konnte sie die Bedeutung dieser Rolle für mich begreifen – und akzeptieren. Auch wenn diese Toleranz auf ihre Kosten ging.

Der Direktor des Wiener Burgtheaters, Achim Benning, signalisierte ebenfalls Verständnis: Er gab mir ein Jahr Urlaub.

„Diese Chance müssen Sie nutzen", sagte er, bevor ich mich für viele Monate von der „Burg" verabschiedete.

Ich plünderte die medizinische Abteilung unserer Buchhandlung, rüstete mich mit medizinischen Lehrbüchern aus und begann gleichzeitig mit der Lektüre der ersten 12 Drehbücher, während meine Frau meine Kleidung durchsah und anfing, die Koffer zu packen. Die Kinder sollte ich bald in der „Schwarzwaldklinik" wiedersehen.

Vorher jedoch ging Ida unerbittlich meine Texte mit mir durch. Mein Ehrgeiz war nämlich, die Dialoge aller zwölf Folgen im Kopf zu haben, bevor ich die Fahrt in den Schwarzwald antrat. Und dank Idas Hilfe gelang mir das auch. Ohne Pardon ließ sie mich immer wieder meine Texte lesen, sprechen, gab die Stichworte und wiederholte mit wahrhafter Engelsgeduld schwierige Passagen und Textstellen.

„Laß mal", rief ich oft entnervt, wenn der Dialog auf Seite 20 der elften Folge einfach nicht in meinen Schädel wollte. „Das *muß* ich ja jetzt noch nicht können. Das lerne ich am Abend vorher."

„Kommt nicht in Frage", sagte meine Frau. „Ich weiß doch, wie schwer und ungern du lernst. Es ist besser, du bringst alles auf einmal hinter dich."

Wie immer hatte sie recht. Ich hatte das beruhigende Gefühl, meine Hausaufgaben gemacht zu haben, als ich die Drehbücher als allerletztes in einen meiner Koffer packte. Jetzt konnte ich mich mit gutem Gewissen auf die Dreharbeiten in Hamburg und in Hinterzarten freuen.

„Nie wieder Serie", habe ich mal vor Jahren gesagt. „Never say never again", sage ich heute.

„Ich lasse mich nicht mehr abstempeln", sagte ich damals.

Heute freue ich mich über den Stempel, den Autor Herbert Lichtenfeld seinen Figuren aufgedrückt hat.

Nicht nur Liebe und Leid, Glück und Tod, sondern Sterbehilfe, ärztliche Fehldiagnosen, Abtreibung und Krebs sind die wirklichkeitsnahen Themen der „Schwarzwaldklinik". Sie stehen im Kontrast zu üblichen Fernsehserien. Mit viel Engagement und seriösen medizinischen Hintergrundinformationen können wir zwar keine Antworten auf medizinische Fragen, aber zumindest Denkanstöße geben.

Die Begeisterung, mit der das Publikum diese Serie aufnimmt, gibt uns recht. Die „Schwarzwaldklinik" ist ein Krankenhaus, das zwar keinen Anspruch auf unbedingte

Wahrhaftigkeit erhebt, das es aber zumindest geben *könnte,* an dem Zuschauer sich orientieren und ihre eigenen Erfahrungen messen.

Woher ich diese Sicherheit nehme? Die Antwort ist einfach. Selbst einige Fernseh-Profis sehen in mir nicht mehr den Schauspieler, der lediglich eine Rolle ausfüllt, sondern den Chefarzt einer Klinik.

„Wie fühlen Sie sich denn in Ihrem neuen Beruf?" fragte mich Ende November ein Talkmaster im Fernsehen. „Fiel Ihnen der Umstieg vom Theater in die Medizin schwer?"

Ich mußte einen Moment überlegen, bevor ich ihn korrigierte.

„Sie meinen den Umstieg von der Bühne vor die Kamera?" fragte ich zurück. „Den Umstieg vom Hamlet zum Professor Brinkmann? Nun *der* fiel mir nicht schwer, im Gegenteil. Ich spiele diese Rolle mit Überzeugung und Begeisterung."

Das Schlimme ist: ich fühle mich wirklich fast wie ein richtiger Arzt, denn für mich war diese Rolle thematisch kein Umstieg, sondern eher ein Wiedereinstieg. So eine Art Comeback eines alten Traumes, den ich nie ganz aus den Augen verloren hatte. Und der nun auf ganz andere Weise in Erfüllung ging, als ich es mir vorgestellt hatte.

Der weiße Arztkittel ist für mich mehr Berufskleidung als Verkleidung.

„Sie sind doch der aus der Wald-Klinik?" begrüßte mich vor ein paar Tagen ein Zimmermädchen im Münchner Hotel und musterte meinen grauen Anzug. „Der weiße Kittel steht Ihnen aber viel besser." Ich kann mich ihr nur anschließen, ich fühle mich im weißen Kittel oder im grünen OP–Hemd ausgesprochen zu Hause...

Denn schon als kleines Kind wußte ich: Ich werde Arzt. Meine Eltern waren begeistert. Dieser Beruf war wenigstens etwas Anständiges, Sicheres in den unsicheren Zeiten damals.

Am 13. September 1939 fiel mein Vater. Ich war damals zehn Jahre, mein älterer Bruder Horst sechzehn, die Zwillinge Rüdiger und Wolf-Dieter gerade ein paar Monate alt.

Das Leben wurde noch härter. Angesichts der vielen

Verwundeten und Toten stand für mich nach wie vor fest: Ich werde Arzt.

In den letzten Kriegswochen flüchteten meine Großeltern mit meiner Mutter, meinem Bruder und den Zwillingen in Richtung Westen. Ich versprach nachzukommen, denn ich durfte nicht weg, man setzte mich mit 16 Jahren als Melder ein. Doch dafür eignete ich mich überhaupt nicht. Wir bekamen eine kurze Ausbildung, und als die Russen kamen, drückte man uns Panzerfäuste einfach in die Hände.

Was nun? Scharf geschossen hatten wir alle noch nicht. Ich erinnere mich an die Situation, die mir fast zum Verhängnis geworden wäre.

Auf einem Bahnhofsgelände hörte ich plötzlich ein merkwürdiges metallenes Geräusch und stand einem russischen Panzer gegenüber. Ich sah ihn mir an, wollte Held sein, wie man es von mir erwartete, blickte auf die Panzerfaust in meinen zitternden Händen – und dann fiel mir etwas auf. Zwischen uns stand nämlich ein Maschendrahtzaun, wenn ich *den* traf, käme die Panzerfaust wie ein Bumerang zu mir zurück... Doch statt zu überlegen, wie ich die Panzerfaust *über* den Zaun befördern könnte, dachte ich plötzlich: Mensch, warum soll ich überhaupt schießen? Diese Russen haben dir doch nichts getan.

Mir war klar, welche Konsequenzen mein Verhalten haben würde. Ich lief nach Hause, packte ein paar Sachen zusammen, verabschiedete mich von unserem Haus und meinem geliebten Klavier und machte mich auf den Weg. In Swinemünde traf ich meine Großeltern und meine Mutter mit den Zwillingen und meinen älteren Bruder. Hier mußte sich die Familie – vorerst – wieder trennen. Wir fuhren in verschiedenen Autos weiter. Ich saß im Wagen meines Großvaters, der mich mit nach Waren in Mecklenburg nahm. Meine Mutter mit meinem ältesten Bruder und die Zwillinge fuhren in die Nähe von Stavenhagen in Mecklenburg. Erst viel später sollte ich sie wiedertreffen.

In Waren wurde ich Anfang April noch einmal regulär eingezogen. Allerdings fiel ich bei der Vereidigung in Ohnmacht...

Doch bald war der Krieg sowieso vorbei, und ich ging wieder zur Schule. Während meiner Schulzeit in Waren stand immer noch für mich felsenfest: Gleich nach dem

Abitur wird Medizin studiert. Meine Großeltern bestärkten mich in diesem Entschluß: Ärzte werden schließlich immer und überall gebraucht.

1. November 1985. Wieder mal klingelt das Telefon. Wieder eine Störung, ein Interview-Wunsch, ein aufdringlicher Reporter, für den der Begriff Privatsphäre ein Fremdwort ist. An diesem Tag nervt mich die „Schwarzwaldklinik" nun doch ein bißchen, und ich wünsche, der bestellte Anrufbeantworter würde schon einsatzbereit neben dem Telefon stehen. Zu einem Gespräch, einer ruhigen Mahlzeit mit der Familie, der Arbeit an einem Bild komme ich in diesen Tagen überhaupt nicht mehr.

„Ja, bitte", brumme ich unwillig in den Hörer. Der Anrufer soll gleich merken, daß er nicht willkommen ist. Doch hier irrte der Professor.

„Das ist überhaupt der Gipfel", rief mein älterer Bruder Horst, Oberregierungsrat in Düsseldorf, ohne jede Einleitung ins Telefon.

„Was!" fragte ich leicht irritiert zurück.

„Na, du als Professor Brinkmann – ich bin stolz auf dich – und sehr mit dir einverstanden."

Das war er nicht immer gewesen: Kurz vor meiner Geburt, am 30. April 1929, hatten alle Symptome darauf hingedeutet, daß ich ein Mädchen werden würde. Meine Mutter strickte rosa Babywäsche, das Kinderzimmer wurde hell gestrichen, und der damals sechsjährige Horst verkündete: „Ich brauche etwas zum Liebhaben und Verwöhnen. Wenn es aus Versehen ein Junge wird, schmeiße ich ihn in den Fluß."

Was eine leere Drohung blieb.

Irgendwie hat er sich dann doch mit mir abgefunden, hat mich verwöhnt und begleitete mich während meiner Kindheit als Beschützer und Berater. Daß er heute stolz auf mich ist, macht mich besonders glücklich.

Erste Erfahrungen in einer Klinik machte ich mit 17 Jahren: Ich lag nach einer Blinddarmoperation im Krankenhaus und freundete mich mit „meinem" Arzt, dem Chirurg Dr. Spinne, an. Er zeigte Verständnis für meinen Traum vom Arztberuf, warnte mich aber auch: „Ganz so einfach, wie du dir das vorstellst, ist dieser Beruf aber nicht, mein Junge. Wollen mal sehen, ob du nicht gleich umkippst, wenn du Blut siehst."

Er erlaubte mir, bei Operationen zuzuschauen. Mit echter Maske, Kittel und allem Drum und Dran.

Und ich kippte um, aber nicht wegen des Blutes. Das Chloroform, das damals noch bei chirurgischen Eingriffen verwendet wurde, machte mir zu schaffen, ohne daß ich mir dessen bewußt wurde.

Ein Bergmann wurde operiert, der mit einem komplizierten Leistenbruch eingeliefert worden war. Dr. Spinne holte mich in den OP. „Und jetzt schau dir diese fabelhafte Ordnung an, die im Inneren eines Menschen herrscht", sagte er.

Ich war tief beeindruckt – aber auch irritiert. „Bei einer Vollnarkose dürfte er doch keine Schmerzen haben", sagte ich. „Warum stöhnt er dann so laut?"

Dr. Spinne reagierte unwirsch. „Er gibt keinen Ton von sich", brummte er. „Bist du sicher, daß du nicht lieber rausgehen willst?"

Ich ging, denn das Stöhnen hörte nur ich. Das Rauschen in meinen Ohren kündigte eine Kreislaufstörung an, verursacht durch das Chloroform. Eine Art von Trance, die ich später noch einige Male erleben sollte. Bei eigenen Operationen und bei der Geburt meiner Tochter Bärbel.

Vorerst jedoch verdrückte ich mich für ein paar Minuten auf den Gang ans offene Fenster und war kurz darauf wieder neugierig und wissensdurstig an der Seite meines Idols.

„Auch junge Ärzte erleben so etwas, wenn sie zum ersten Mal einer Operation beiwohnen", tröstete mich Dr. Spinne anschließend. „Das gibt sich mit der Zeit."

Nie stand mein Entschluß fester: Das will ich auch einmal können. Ich will Menschen helfen, Schmerzen lindern, Leben retten.

Bis ich 1947, acht Wochen vor dem Abitur, vor einer folgenschweren Frage stand: Entweder Eintritt in die FDJ – oder Verweis von der Schule.

So schwer mir die Entscheidung fiel, ich mußte sie treffen: Hitler hatte mir gereicht. Nach all den Schrecknissen und Zwängen des Dritten Reiches würde ich mir nicht noch einmal meine persönliche Freiheit beschneiden lassen. Ich blieb mir und meinen Grundsätzen treu, auch wenn der Preis hoch war: Aus der Traum vom Medizinstudium und der Chirurgenlaufbahn, kein Gedanke mehr an ein Leben im Dienst der Patienten.

Doch dem Arztberuf galt auch weiterhin mein Interesse, und heute weiß ich: So ganz habe ich meinen Beruf doch nicht verfehlt. Denn jeder Schauspieler ist im weitesten Sinne eine Mischung aus Arzt, Priester und Clown. Eine Mischung aus Heiler, Lehrer und Erzähler.

Umwege

1948 half mir erst mal der Zufall auf die Bretter, die so lange die Welt für mich bedeuten sollten. Ich komme aus einer sehr musischen Familie. Großvater malte, meine Mutter hatte eine wunderbare Stimme, mein Vater war Lehrer und Kantor im wunderschönen, 1023 erbauten Dom in Cammin in Pommern. Bei uns zu Hause wurde Klavier, Cello und Violine gespielt – doch was Theater, das gesprochene Wort bedeutet, haben wir als Kinder nicht erfahren.

Ein Schauspielhaus gab es in dem kleinen Städtchen nicht, und auch für die Organisatoren von Theatertourneen war Cammin ein unbedeutender kleiner Fleck auf der Landkarte.

Meine erste Begegnung mit der Bühne hatte ich dann später mit achtzehn Jahren in Waren. Sie sollte mein Leben von Grund auf verändern.

In Waren gab es einen Kulturbund, und in dem wurde nicht nur sogenanntes Theater gespielt und gesungen, es wurden auch bunte Abende gegeben. Bei einer dieser Veranstaltungen stand ich an der Theke, trank und unterhielt mich mit einem älteren Herrn, den ich furchtbar anpflaumte.

„Das, was die hier Theater nennen, ist ein Witz", sagte ich. „Die haben doch keine Ahnung von wirklicher Kunst."

Im Gegensatz zu mir, dachte ich, der ich aus einer Familie kam mit künstlerischen Ambitionen.

„Menschenskind, wenn Sie ein so großes Mundwerk haben, sollten Sie Schauspieler werden", erwiderte er.

„Was heißt hier Schauspieler?" fragte ich zurück. „Wer sind Sie überhaupt?"

Es war Richard Milewski, der Oberspielleiter des neu gegründeten Theaters. Er ignorierte meine Verlegenheit.

„Passen Sie auf", sagte er, „Sie sehen gut aus, Sie können reden, und ich bin noch auf der Suche nach einem jungen Schauspieler für mein nächstes Stück. Ich gebe Ihnen zwei Bücher mit, und Sie haben drei Tage Zeit, Ihre Rolle zu lernen."

Ich tat uninteressiert. „Ich will Medizin studieren", widersprach ich, „und Ihr Theater interessiert mich überhaupt nicht."

Er klopfte mir freundschaftlich auf die Schulter. „Ist ja nur für zwischendurch, und es gibt auch ein bißchen Geld dafür."

Das überzeugte mich, Geld konnte damals jeder brauchen. So nahm ich die beiden Reclamhefte mit und unterzog sie einer gründlichen Prüfung.

Eines hatte den Titel „Hamlet", mit dem konnte ich gar nichts anfangen. Zwischen zwei Seiten steckte ein Lesezeichen, das „meinen" Text markierte: „Sein oder Nichtsein, das ist hier die Frage." Mit diesen Zeilen konnte ich noch weniger anfangen.

Das zweite Buch hieß „Don Carlos", das Lesezeichen markierte die Stelle „Dein Geruch ist Mord, ich kann dich nicht umarmen."

Natürlich waren mir Shakespeare und Schiller ein Begriff, aber mit Bühnentexten war ich noch nie konfrontiert worden. Doch so wenig Beziehung ich auch zu diesen beiden Texten hatte, ich studierte sie einfach mal ein. Auswendiglernen ohne die geringste Ahnung vom Stoff – das kannte ich ja aus der Schule.

Bei einer Klassenkameradin, wo ich öfter zum Essen eingeladen war und deren Eltern ein Haus am See hatten, schmetterte ich dann „Dein Geruch ist Mord!" über das Wasser und fühlte mich sehr bedeutend.

Auf der anderen Seite wohnten Russen, die meine Kunst nicht zu würdigen wußten oder den Text zu wörtlich nahmen. Jedesmal beantworteten sie meine bühnenreifen Vorstellungen mit MG-Salven, die allerdings in die Luft gingen. Drei Tage später kam mir abends auf der Straße ein fröhlich singender alter Mann entgegen – der Oberspielleiter. Er war zwar stark angeheitert, aber er erinnerte sich sofort an mich. Er sagte: „Na, was ist? Wann willst du vorsprechen? Wir wollen jetzt anfangen zu proben."

„Morgen", sagte ich.

In dieser Nacht fand ich keine Ruhe. Mein erstes Lampenfieber. Für mich war es damals zwar noch ein Fremdwort, aber bis heute ist es mein vertrauter Begleiter bei jeder Theatervorstellung geblieben. Am nächsten Tag war es überflüssig. Ich betrat die Bühne, sprach meine beiden Texte vor – und wurde vom Fleck weg engagiert.

Von da an ging ich vormittags in die Schule, nachmittags auf die Probe und abends ins Theater. Wann ich die Hausaufgaben gemacht habe? Wahrscheinlich gar nicht. Und das war auch bald nicht mehr nötig, denn ich mußte ja die Schule verlassen und war ganz froh, ein sogenanntes zweites Bein zu haben. Das war ganz schön anstrengend. Außerdem erlebte ich damals auch meine erste große Liebe.

Eine Tänzerin, die ich beim Kulturbund kennengelernt hatte und die als Kollegin meinen schauspielerischen Ehrgeiz sehr förderte. Ich war achtzehn, und sie hatte wohl mütterliche Gefühle mir gegenüber: sie fütterte mich mit durch. Bei uns zu Hause herrschte Ebbe in der Kasse, und sie war mit dem Besitzer eines Schlachthofes befreundet.

Ich verdanke ihr viel, außer dem Mut zu meiner ersten großen Liebeserklärung auch den Mut zum Theater. Und die Grundlage für beides – einen stets gefüllten Magen.

Bald hatte ich Theaterblut geleckt. Und ich hatte Erfolg – außer bei meiner eigenen Familie.

„Du warst ja gar nicht auf der Bühne", begrüßten mich meine enttäuschten Großeltern eines Abends nach der Vorstellung. „Wir haben die ganze Zeit auf dich gewartet, aber du bist nicht gekommen."

„Wunderbar!" Begeistert fiel ich ihnen um den Hals.

Sie hatten mich in der Verkleidung eines klapprigen alten Mannes, des Wulkow im „Biberpelz", nicht erkannt. Und darauf war ich natürlich besonders stolz...

In einem Jahr spielte ich vierzehn Rollen vom Schauspiel bis zur Operette, ohne jemals Unterricht gehabt zu haben, als ich durch einen Zufall nach Berlin kam. Hier sah ich zum ersten Mal wirkliches Theater und genierte mich entsetzlich. Auslöser war Sartres Stück „Die Fliegen", von Fehling inszeniert, in der Hauptrolle Kurt Meysel, neben ihm O. E. Hasse und Joana Maria Gorvin, und ich dachte: *Das* ist Theater. Ich nahm den Frühzug nach Waren und kündigte meinen Vertrag.

Mit meinen kümmerlichen Ersparnissen reiste ich zurück nach Berlin, sprach bei der Schauspielschule vom Hebbel-Theater vor und wurde prompt angenommen. Ich erhielt ein Teilstipendium und verdiente mir den Rest mit Statisterie.

Während der Zeit an der Schauspielschule des Hebbel-Theaters lernte ich auch Karin Hardt kennen, die damals ein entzückendes junges Mädchen war und jetzt, fast 40 Jahre später, meine Haushälterin Käthi in der „Schwarzwaldklinik" werden sollte. Ich bewunderte sie sehr in der Rolle des Klärchens im „Egmont".

Karin Hardt war einer der beliebtesten Filmstars der dreißiger Jahre. Ihren ersten Film drehte sie 1932, „Acht Mädels im Boot". Bis 1945 hatte sie etwa 50 Filme gedreht – zu ihren Partnern gehörten Heinrich George, Albert Bassermann, Hans Söhnker, Heinz Rühmann, Hans Brausewetter und Hans Albers.

Das deutsche Fernsehen hat Karin Hardt in den letzten Jahren leider vergessen, um so glücklicher war ich, sie als Käthi in der „Schwarzwaldklinik" an meiner Seite zu haben. „Deutschlands liebste Omi", nannte sie am 10. November die „Bild am Sonntag". Dem Fazit der Redakteurin, die ein Interview mit dieser wunderbaren Schauspielerin führte, kann ich mich nur anschließen: „Eine Omi zum Klauen."

Wie sich die Zeiten ändern: Für mich als Schauspielschüler war die Mimin des Hebbel-Theaters Vorbild und Idol. Heute, ein halbes Leben später, war ich glücklich, wenn ich ihr während der Dreharbeiten ein bißchen Halt geben durfte. Der schroffe Ton von Freddy Vohrer war nicht immer geeignet für eine sensible alte Dame...

Aber an einen derartigen Rollentausch dachte Ende der vierziger Jahre noch niemand.

Vorerst war ich glücklich, zu den Auserwählten, den Schauspielschülern des Hebbel-Theaters zu gehören. Wir Schüler konnten aus der Nähe Schauspieler sehen, die wir sonst allenfalls aus den Filmen kannten. Paul Wegener hat mich sehr beeindruckt, Ernst Deutsch kam aus Amerika zurück, Horst Caspar durfte ich kennenlernen – ein engelsgleicher Mensch und Schauspieler.

Doch diese glückliche, relativ unbeschwerte Zeit dauerte nicht lange. Nach einem Jahr bat man mich, die Schule zu verlassen.

„Um Gottes willen – warum?" fragte ich. „Du brauchst uns nicht mehr", sagten meine Lehrer. „Geh und sprich irgendwo vor."

Ich sprach am Schiffbauerdamm-Theater in Berlin vor, wieder in der Rolle des Hamlet, und wurde unter vielen jungen Menschen engagiert, gemeinsam mit Martin Benrath.

Gleich bei meinem ersten Auftritt gab es Ärger – und ersten Applaus. Ich hatte nichts weiter zu tun, als in dem Stück „Eine Dummheit macht auch der Gescheiteste" einmal von rechts nach links über die Bühne zu gehen. Ich hatte mich geschminkt, mir eine rote Nase gemalt, sah so blöd aus, wie ich nur konnte, und war außerdem so nervös, daß ich während meines Auftritts auf der Bühne hinfiel. Das Publikum klatschte begeistert, der Hauptdarsteller, Ralph Lothar, tobte.

In Berlin lernte ich auch Lothar Müthel kennen, der mich später nach Frankfurt holte. Ich spielte Theater – in Frankfurt, Düsseldorf, Köln, München und Zürich.

Während meiner Zeit in Frankfurt hatte ich ein paar Intendanten angeschrieben. Ich wollte weg – am liebsten nach München, am allerliebsten zu Gründgens, was leider nicht klappte. Aber es klappte mit Stroux in Düsseldorf, was mir ganz recht war.

Denn ich sah in Frankfurt ein Bild einer jungen Schauspielerin, Ida Krottendorf, die dort „Die Katze auf dem heißen Blechdach" spielte. Nicht nur das Bild gefiel mir, sondern auch das Mädchen. Es hatte ausdrucksvolle Augen, dunkle Haare ... Dieses Bild gab mit den Ausschlag für meine Entscheidung, nach Düsseldorf zu gehen.

Meine erste Rolle war der Jupiter in „Amphitryon". Bei den Vorproben lernte ich diese „Katze" auch kennen, hatte aber keine Zeit, sie näher kennenzulernen. Ich spielte noch in Frankfurt Theater und fuhr fast jeden Tag hin und zurück. Eine fürchterliche Tortur. Aber schließlich schlug ich meine Zelte in Düsseldorf auf. Ich spielte den „Jupiter", und besagte „Katze" konnte mich und meinen gleichgekleideten Kollegen nur dadurch unterscheiden, daß ich die dickeren Schenkel hatte. Ich war überhaupt sehr dick damals.

„Aus dem ist was zu machen", sagte sie zu einer Freundin.

Zwei Jahre sollten noch vergehen, bis wir beschlossen, aus der „Katze" und „Jupiter" auch offiziell ein Paar werden zu lassen.

Vorerst lebten wir in Deutschland. Meine Frau ist Österreicherin. Ein Vorteil, den sie mir oft unter die Nase rieb. „Im Winter ist der Pommer noch dümmer als im Sommer", lautete einer ihrer Standard-Sätze, wenn sie nach einer Diskussion mit mir die Waffen strecken mußte.

Von einem Umzug nach Wien war damals, 1960, noch lange nicht die Rede. Aber Ida zeigte mir Wien, und sie zeigte mir Österreich. Ich brauche eine Heimat, ich muß Boden unter den Füßen haben, der mir etwas bedeutet. Stadt und Land haben mich sehr beeindruckt. Ich fuhr durch Österreich mit ihr und liebte es auf Anhieb.

Da möchte ich schon hin, dachte ich, da gibt es nicht so viele Menschen, wie eine große Familie sind die acht Millionen Einwohner, leicht zu überschauen... Daß die acht Millionen sich gegenseitig auch anfeinden, wußte ich damals noch nicht.

Ich sah einige Vorstellungen im Burgtheater, holte mir ein Steinchen aus dem alten Gemäuer und tat es als Talisman in mein Portemonnaie. Es sollte mir tatsächlich Glück bringen...

Die fünfziger Jahre waren die große Zeit des Kinos, von der ich leider nicht mehr allzuviel erlebte. Es ging schon abwärts mit dem deutschen Film, als man mich für die Leinwand entdeckte.

Mein erster von achtzehn Filmen im Jahr 1957 hieß „Blitzmädels an die Front" – und schon gab's Ärger. Und zwar mit meiner Agentin. Wie jeder richtige Schauspieler glaubte ich, ohne das, was man heute Manager nennt, nicht auskommen zu können. Obgleich ich selbst eigentlich, wie auch während der „Schwarzwaldklinik", mein bester Agent bin. Die „Constantin"-Filmgesellschaft hatte Probe-Aufnahmen mit mir gemacht und mich einer Film-Karriere für würdig erachtet. Ein Zeitvertrag über eine Gesamtsumme von 10 000 Mark war das Angebot, das meine

Agentin für mich akzeptierte. Ich verstand nichts von geschäftlichen Dingen und interessierte mich mehr für das künstlerische Ergebnis meiner Probe-Aufnahmen.

„Herr Konsul Barthels läßt fragen, ob Sie Lust haben, sich die Aufnahmen mit ihm gemeinsam anzusehen", teilte mir eine Sekretärin der „Constantin" kurz nach den Aufnahmen im Studio mit. Konsul Barthels war der damalige Chef der Filmfirma. Natürlich nahm ich die Einladung mit Vergnügen an.

„Na, wie gefallen Sie sich?" fragte mich der Konsul, als die Lichter in dem kleinen Vorführraum wieder angingen. „Was würden Sie mit sich machen?"

„Gut", beantwortete ich den ersten Teil seiner Frage und fuhr fort: „Ich würde mich engagieren."

Der Konsul stimmte lachend zu, und wir schlossen einen Vertrag, der mir für *jeden* Film 10 000 Mark garantierte. Meiner Agentin machte ich natürlich heftige Vorwürfe.

„Wie konnten Sie einen solchen Vertrag für mich aushandeln?" fragte ich. „Sind Sie meine Agentin oder die von ‚Constantin'-Film?"

Ich trennte mich von ihr, nach gerichtlichen Auseinandersetzungen, die ich gewann. Bis heute hat diese Dame mir meinen besseren Geschäftssinn nicht verziehen. Noch heute ist mein Name ein rotes Tuch für sie, wie ich von einem Kollegen weiß. Als ich sie vor ein paar Jahren anrief, legte sie einfach den Hörer auf.

Der „Arzt aus Leidenschaft" war 1958 mein zweiter Film; es war mein erstes Zusammentreffen mit der Medizin, seit mein Traum vom Medizinstudium geplatzt war. Mein Regisseur war, wie schon bei „Blitzmädels an die Front", Kurt Klinger, meine „medizinischen Kollegen" Willi Birgel und Paul Hoffmann, den ich später als Chef des Wiener Burgtheaters wiedersehen sollte. Die Erfolgsproduzenten Helmut Ringelmann und Gustl Gotzler („Derrick", „Der Kommissar", „Der Alte" und „Unsere schönsten Jahre") sammelten damals ihre ersten Erfahrungen mit dem Medium Film als Produktions- und Aufnahmeleiter. Helmut Ringelmann holte mich später immer wieder für seine Produktionen, und auch Ida spielte gelegentlich im „Derrick" oder in „Der Alte" mit.

Aber von diesen erfolgreichen Krimi-Serien war damals

noch keine Rede. Ich spielte das leicht verfremdete Leben des damaligen Nobelpreisträgers Werner Forßmann, der mit Experimenten am eigenen Körper eine neue Herztherapie entdeckte. „Arzt aus Leidenschaft" war meine erste und bis 1984 auch meine letzte Rolle im weißen Kittel.

Andere, schöne Aufgaben kamen auf mich zu. „Der rote Kreis", ein Edgar-Wallace-Film unter Regie von Jürgen Roland, „Soldatensender Calais" 1960 und im selben Jahr „Eine Frau fürs ganze Leben" mit Ruth Leuwerik. *Meine* Frau fürs ganze Leben führte ich kurz vor Beginn der Dreharbeiten zum Standesamt.

Wolfgang Kieling, diesen wunderbaren Schauspieler, mit dem ich mich in der „Schwarzwaldklinik" 24 Jahre später über das Thema Sterbehilfe auseinandersetzte, lernte ich bei einem gemeinsamen Film kennen. Eine Krimi-Komödie mit dem Titel „Agatha, laß das Morden sein". Die Agatha spielte Johanna von Koczian, eine weitere Hauptrolle Elisabeth Flickenschildt, ich einen merkwürdigen Rechtsanwalt in einem Spukhaus.

Die Sterbehilfe war ein ernstes Thema. Kieling spielt den Landarzt Dr. Marker, der einem alten, unheilbar kranken Mann eine Nacht lang Gesellschaft leistet. Er läßt ihn sterben und wird von dessen Sohn zur Rechenschaft gezogen. Vor Gericht muß sich der Landarzt wegen unterlassener ärztlicher Hilfeleistung verantworten. Professor Brinkmann tritt als Zeuge auf. Ursprünglich hatte er das Verhalten des alten Freundes verurteilt, inzwischen aber aufgrund eigener Erfahrungen seine Ansicht revidiert. Das Urteil: Freispruch für Dr. Marker.

„Das war durchaus realitätsnah", schrieb mir Ferdinand Kistler, ein Rechtsanwalt aus München und Spezialist in Erbschaftsfragen. „Sowohl die Tatsache, daß Lutz' Sohn Dr. Marker verklagt, als auch die Grundsatzentscheidung des Gerichts."

So realitätsnah waren die Kinofilme der fünfziger und sechziger Jahre nicht – aber das sollten sie ja auch nicht sein.

In der großen Zeit des deutschen Kinos war der Arzt noch fast wie ein Halbgott in Weiß, dargestellt unter anderem von Dieter Borsche, Curd Jürgens, Attila Hörbiger und Rudolf Prack.

Der Chefarzt in der „Schwarzwaldklinik" jedoch ist ein Mensch mit Fehlern und Schwächen. Und so gern ich den „Arzt aus Leidenschaft" gespielt habe, den Chefarzt Professor Brinkmann spiele ich aus Überzeugung.

Spätes Studium der Medizin

Nur die wenigsten meiner Kollegen verstehen meine Freude an der Rolle als Chefarzt der „Schwarzwaldklinik", und von Anerkennung ist von ihrer Seite kaum etwas zu spüren. Klaus Maria Brandauer, mit dem ich im Herbst 1985 in Wien im „Hamlet" spielte, war einer der wenigen Kollegen, die mir gratulierten.

„Eine fabelhafte Serie", sagte er, als er kurz nach dem Abspann der ersten Folge im Österreichischen Fernsehen anrief. „Und eine wunderbare Rolle. Herzlichen Glückwünsch zur Promotion!"

Ein anderer war Erich Auer, Filmstar der fünfziger Jahre und damals jugendlicher Held am Burgtheater. Ein offener geradliniger Mensch, den ich nach der fünften Folge der „Schwarzwaldklinik" auf dem Gang im Burgtheater traf.

„Ich freue mich wahnsinnig über deinen Erfolg", sagte er. „Mit dieser Serie hast du uns alle rehabilitiert. Du hast gezeigt, daß wir Alten von der Burg nicht jenseits von Gut und Böse aufs Altengleis geschoben werden. Du hast bewiesen, daß wir noch voll da sind."

Der Direktor des Burgtheaters, Achim Benning, zeigte ebenfalls Anerkennung, wenn auch etwas zurückhaltender. „Fabelhaft, fabelhaft", murmelte er, als er mir vor ein paar Tagen auf die Schulter klopfte.

Dagegen melden andere „seriöse" Vertreter der Schauspielkunst Bedenken an. Vor allem die, die weder zum Ärzteteam der „Schwarzwaldklinik" noch zu deren Patienten gehören, obwohl Wolfgang Rademann mit einer Besetzungsliste von 260 Schauspielern eine stattliche Anzahl von Rollen zu vergeben hatte.

Ein ernsthafter Burgschauspieler als Unterhaltungs-Mime im Fernsehen? Man war der Meinung, daß es sich hier nur um einen „Abstieg in die Niederungen seichter Fernseh-Unterhaltung" handeln konnte.

Da ich meine, daß Vorurteile dazu da sind, um aus der Welt geschafft zu werden, möchte ich hier folgendes zu bedenken geben: Ich glaube, daß die Serie die Fernsehform der Zukunft ist. Hunderte von Situationen in 24 Folgen bieten mir als Schauspieler alle Farben der mimischen Palette. Chefarzt Professor Klaus Brinkmann ist ja nicht der unfehlbare, allgewaltige Arzt, er ist auch der hilflose Vater, der eifersüchtige Geliebte, der manchmal ungerechte Chef und der wehleidige Patient. In 24 Folgen der „Schwarzwaldklinik" durfte ich unzählige verschiedene „Gesichter" zeigen – wo sonst bietet sich heute einem Schauspieler diese Möglichkeit?

Hunderte von Situationen, die Autor, Regisseur und Schauspieler gemeinsam meisterten. Eine Vielzahl von Anforderungen, von Auseinandersetzungen mit medizinischen Themen, die für uns alle mehr oder weniger Neuland waren. Hunderte von Dialogen in der „Schwarzwaldklinik", die hart erarbeitet werden mußten; oft versagte die Routine, mit der wir Schauspieler uns oft fremde Texte aneignen.

Beispiel: Professor Brinkmann erleidet als Folge seiner Überarbeitung einen Herzinfarkt. Die Warnungen seines Internisten hat er wie viele richtige Ärzte in den Wind geblasen, was ihn beinahe das Leben kostet. Die Frage, wie sich ein Herzinfarkt-Patient fühlt, wie er aussieht, wie er sich verhält, beschäftigte mich nächtelang. Denn man kann eine Situation nur spielen, wenn man sie kennt oder wenn man sie sich vorstellen kann. Und diese Vorstellungskraft wurde oft auf eine harte Probe gestellt.

Beispiel: Die Patientin Beck, gespielt von Maria Körber, hat Krebs – ihr Körper ist voller Metastasen, eine Operation sinnlos. Professor Brinkmann hat die Aufgabe, ihren Mann, gespielt von Udo Thomer, auf ihren baldigen Tod vorzubereiten. Ich fragte mich: Was geht in so einem Moment in einem Arzt vor? Ist er routiniert und in der Beziehung ziemlich abgestumpft oder versetzt er sich in die Lage des Mannes, dessen Frau bald sterben wird? Wie bringe ich es ihm bei – vor der Kamera?

Beispiel: Sterbehilfe. Landarzt Dr. Marker alias Wolfgang Kieling gibt dem Willen eines todkranken alten Mannes nach, er läßt ihn sterben. Mit diesem Thema hat sich wohl jeder Arzt schon einmal auseinandergesetzt.

Welche Überlegungen leiten einen Chefarzt, der in offizieller Funktion als Belastungszeuge gegen seinen Studienfreund aussagen muß? Nun, die Entscheidung *für* den Freund konnte ich leicht nachvollziehen, und ich habe die Szene mit dem großartigen Wolfgang Kieling als besonders intensiv empfunden. Als ich diese Folge auf dem Bildschirm Ende Oktober sah, hat sie mich sehr bewegt – sowohl Kieling als auch Paul Dahlke, der einen alten Klinikpatienten spielt, waren inzwischen gestorben.

Die Reihe der Beispiele läßt sich beinahe endlos erweitern. Was mag wohl ein Arzt denken, der von Bankräubern entführt wird?

Was empfindet ein Vater, dessen Sohn sich strafbar macht? Was ein Chefarzt, der sich in eine Krankenschwester verliebt?

Auf diese und andere Fragen fanden Regisseur Freddy Vohrer und ich in langen nächtlichen Gesprächen meist die richtigen Antworten. Wir waren nicht immer einer Meinung, unsere abendlichen Vorbesprechungen gingen zwar selten ohne Kämpfe vonstatten, aber sie endeten immer mit einer freundschaftlichen Versöhnung.

Freddy ist ein ganz alter Filmhase. Seit seinem Debüt als Regisseur im Jahr 1958 drehte er über 60 Spielfilme, für die er dreimal mit der „Goldenen Leinwand" ausgezeichnet wurde. Zu seinen größten Erfolgen gehören Edgar-Wallace-Filme wie „Die Tür mit den sieben Schlössern" oder „Das indische Halstuch", Karl-May-Filme wie „Old Surehand" und nicht zuletzt etliche Simmel-Verfilmungen wie „Jeder stirbt für sich allein", „Alle Menschen werden Brüder" und „Liebe ist nur ein Wort".

Zum Fernsehen holten ihn Produzent Helmut Ringelmann und Wolfgang Rademann, für den er sechs „Traumschiff"-Folgen drehte. Doch eine Serie in diesen Dimensionen, das war auch für Freddy Vohrer Neuland, das war eine unbekannte Größe. Wie wir alle, war auch er nervös und vergrößerte noch unsere eigene Nervosität mit seiner Ungeduld, als am ersten Drehtag alles schiefging.

Doch dieser „Traumtag" lag noch in weiter Zukunft, als ich im Juni mit der Lektüre medizinischer Fachbücher und dem Studium der Texte begann.

Ich hatte im Burgtheater noch ein paar Vorstellungen von „Jakobowski und der Oberst" vor mir und die Produktion einer Langspielplatte in Berlin: Zu Robert Schumanns Melodrama „Manfred", einem viel zu wenig bekannten Werk des großartigen Musikers, sprach ich die Texte von Lord Byron. Eine Art Faustgeschichte, die Suche eines Menschen nach sich selbst. Die Berliner Philharmoniker spielten unter dem Dirigenten Gerd Albrecht. Eine faszinierende Aufgabe für mich, die ich im Dezember 1985 anläßlich zweier Konzerte in Brüssel wiederholte.

Vorerst faszinierten mich hauptsächlich die Krankengeschichten der Patienten der „Schwarzwaldklinik" und meine Aufgabe als Leiter des Ärzteteams.

Happy-End mit Hindernissen

Zu Drehbeginn wurde nicht mein schauspielerisches Können, sondern Humor und Geduld auf eine harte Probe gestellt. Am 23. Juli 1984 quartierte ich mich im „Parkhotel Adler" in Hinterzarten ein, Vorfreude im Herzen und 12 Drehbücher im Kopf. Meine Euphorie wurde rasch gedämpft, denn der erste Drehtag begann mit einer Riesenpanne. Der ersten und letzten in 14 Monaten, aber das wußten wir damals noch nicht.

Wie ich reisten auch die anderen Darsteller mit durchgehenden Rollen am Vorabend in Hinterzarten an. Und mit ihnen Regisseur Freddy Vohrer, Produzent Wolfgang Rademann, das Kamerateam, die Kostümbildnerin Katrin Dröge, Maskenbildnerin Christa Wittlich, Redakteur Gerd Bauer, die Produktionsleitung der Polyphon, Regieassistentin und Requisite, die Garderobiers Uschi und Karlheinz und und und... Es war ein rund hundertköpfiges Team, das sich für eine Drehzeit von insgesamt 14 Monaten im idyllischen Hinterzarten versammelte. Wie bei jedem neuen Job, jedem neuen Arbeitsplatz, jeder neuen Aufgabe zitterten alle ein wenig vor dem ersten Tag, dem ersten Treffen mit neuen Kollegen, der Einstimmung auf ein so zahlreiches Team.

Die erste Folge der „Schwarzwaldklinik" am 22. Oktober 1985 begann mit der Heimkehr. Nach einer internationalen Karriere in Karlsruhe, Paris und Zürich kehrt Dr. Brinkmann, begleitet von seiner Haushälterin Käthi alias

Karin Hardt, in seine Heimat zurück, um dem Ärzteteam der „Schwarzwaldklinik" als Chefarzt vorzustehen. So logisch dieser Serien-Start auch ist, bei den Dreharbeiten ging es leider etwas chaotischer zu. Aus technischen Gründen dreht man nämlich nicht chronologisch Szene nach Szene und Folge nach Folge, sondern man springt, je nach Drehort, von Buch zu Buch.

So wurden zunächst *alle* Außen-Szenen der ersten Staffel von Juli bis Oktober 1984 im Hochschwarzwald und vor der romantischen Klinik im Glottertal gedreht und anschließend *alle* Aufnahmen, die in der Klinik spielen, von Oktober bis Mai in Hamburg, im Studio und im Krankenhaus Wilhelmsburg. Alle Schauspieler mit durchgehenden Rollen waren von Anfang bis Ende dabei; auf Darsteller, die nur kurze Gastspiele gaben, und auf deren Terminplan mußte Rücksicht genommen werden.

So kam es, daß unser erster Drehtag mit der letzten Szene der zwölften Folge begann, nämlich mit der Hochzeit von Schwester Christa und Professor Brinkmann.

Diesen 27. Juli 1984 werde ich nie vergessen. Nebel lag über den Bergen des Schwarzwaldes, es war noch früh am Morgen, und ich fröstelte. Bevor die erste Szene im Kasten war, hatte Freddy Vohrer schon wieder abgebrochen. Seit über einer Stunde standen wir – Schauspieler, über 100 Komparsen, das Kamerateam, Maske und Garderobiere – im Freien und warteten. Wir sprachen kaum miteinander, die meisten von uns waren sich noch fremd oder kannten sich nur flüchtig aus früheren Produktionen. Langsam erhob sich jedoch unwilliges Gemurmel, die Leute wurden unruhig und begannen, gegen die lange Wartezeit in der morgendlichen Kälte zu protestieren.

„Nur keine Panik!" schrie der Aufnahmeleiter, Hysterie in der Stimme. „Wir drehen gleich weiter!"

„Bitte lächeln", rief Regisseur Freddy Vohrer, der mit Gaby Dohm eine Einstellung probte. Er selbst war allerdings Lichtjahre von einem Lächeln entfernt.

Auch meine Nervosität wuchs. Wenn dies erst der Anfang war – wie sollte das um Gottes willen die nächsten Monate werden?

„Ganz ruhig bleiben." Christa Wittlich, unsere Maskenbildnerin, tupfte mir einen Staubfleck von der Stirn. Und tatsächlich gelang es ihr wie so oft in den folgenden Monaten, mich zu beruhigen. Etwas zumindest.

Wie hatte Wolfgang Rademann mir sein Konzept erklärt? „Keine Krankenhaus-Fabrik in der Großstadt, kein Chefarzt-Manager, sondern ein schlichter Doktor an der Front." Nun, der Doktor war ich jetzt, und wie an der Front kam ich mir auch vor an diesem ersten von rund 300 Drehtagen. Ich hätte nämlich am liebsten ganz schnell kampflos den Rückzug angetreten. Und mit mir die anderen Schauspieler, die ärztlichen Berater, das Kamerateam und die Komparsen. Wenn auch getrennt, denn noch hatten sich keine Freundschaften entwickelt, noch waren keine Bündnisse eingegangen worden, als eine Panne die Dreharbeiten einleitete. Laut Drehbuch sollten sie eingeläutet werden, doch die Kirchenglocken schwiegen.

Was war passiert?

Für die Trauung von Professor Brinkmann und Schwester Christa hatten sich Wolfgang Rademann und Herbert Lichtenfeld etwas ganz Besonderes ausgedacht: als Kulisse der romantischen Szene hatte man sich die wunderschöne Barock-Kirche St. Peter in der Nähe von Freiburg ausgesucht. Ein wahrhaft stilvolles Happy-End. Lichtenfeld hatte eine rührende Trauungsszene geschrieben. Drehort laut Disposition: vor dem Altar. Doch kurz bevor Altar und Kanzel vom Fernsehen unsterblich gemacht werden konnten, entschied der Bischof von Freiburg: Unsterblichkeit: ja, Fernsehen: nein. Wir erhielten „kirchliches Hausverbot".

Wolfgang Rademann konnte es nicht fassen. „Kann doch nicht sein", rief er. „Wir machen eine Riesenwerbung für die katholische Trauung – und die lassen uns nicht in die Kirche!"

Produktionsleiter Meyer raufte sich ebenfalls die Haare. „Die sehen das anders", sagte er. „Die Trauung sei eine sakrale Handlung und nichts für eine Unterhaltungsserie." Rademann und Vohrer starteten einen letzten Versuch. Sie holten ihre selten benutzten dunklen Anzüge aus ihren Koffern und baten den Bischof um eine Audienz. Doch auch die änderte nichts am kirchlichen Machtwort. Heilige Trauung und weltliches Fernsehen – das sei nun mal nicht auf einen Nenner zu bringen.

Das Drehbuch mußte geändert, die Vorbereitungen gestoppt werden. Ganz ohne bischöflichen Segen klingt nun die Trauung *vor* den Stufen von St. Peter aus.

„Wenn mich heute einer fragte, ob es in dieser Serie einen Punkt gibt, über den ich sauer bin", sagte Rademann später, „dann ist es dieser. Daß diese wunderschöne Trauungsszene nicht gedreht werden konnte, wird mich ewig ärgern."

Für uns bedeutete diese improvisierte Umstellung einen alles andere als himmlischen Tag. Mit Geschrei und Geschimpfe, mit einem empörten Kamerateam und einem genervten Regisseur, dem es nur mühsam gelang, uns an diesem strahlenden Tag in strahlende Stimmung zu versetzen.

Um ein Haar wäre auch noch die standesamtliche Trauung geplatzt. In diesem Fall lag es nicht am Einverständnis der Obrigkeit, ganz im Gegenteil, es war vielmehr eine Fehlbesetzung von seiten der Obrigkeit, die schuld an der Panne war.

„Der Standesbeamte in dem kleinen Rathaus ist ein sehr fotogener Mensch", sagte begeistert Günter Gütersloh von der Polyphon. „Er könnte die Trauungsszene glatt übernehmen." Freddy Vohrer war einverstanden. Die Begeisterung sank rasch auf den Nullpunkt, als der fotogene Mensch am nächsten Tag einfach nicht zum Dienst – und zum Drehen – erschien. „Er ist auf einer Tagung", war die ebenso unbefriedigende wie klärende Auskunft des Amtes.

Unser Retter in der Not war, wie so oft, Bürgermeister Ruch von Hinterzarten. Er warf sich erst in einen dunklen Anzug, dann in sein Auto und war kurz darauf am Drehort, um die Trauungszeremonie vorzunehmen. Unser verhinderter Standesbeamter hatte wohl die typische Künstlerkrankheit bekommen – Lampenfieber.

Noch ein Veto landete auf dem Tisch von Wolfgang Rademann, das ihm einiges Kopfzerbrechen bereitete.

Absender: die Firma Oetker. Zeitpunkt: kurz nach Erscheinen der ersten Pressemeldungen über die „Schwarzwaldklinik". Der Inhalt des Briefes lautete in etwa: Unserem Unternehmen gehört seit vielen Jahren ein Sanatorium in Baden-Baden. Es führt den Namen „Schwarzwaldklinik". Um Mißverständnisse zu vermeiden, bitten wir Sie hiermit, diesen geschützten Titel nicht für Ihre

Fernsehserie zu verwenden. Was nun? Rademann und ZDF-Redakteur Gerd Bauer waren ratlos. Oetker ist ein wichtiger Werbekunde des ZDF, mit dem es sich keiner verderben wollte.

„Denken Sie sich doch einfach einen anderen Namen aus", lautete die Bitte des ZDF an Rademann.

Rademann überlegte. „Das Krankenhaus im Schwarzwald." Nicht griffig genug. „Um Tod und Leben." Zu kitschig. „Die Klinik." Das war wieder zu steril. „Ein Arzt im Schwarzwald." Das klang nach Groschenheft.

Viele mögliche Titel geisterten durch seinen Kopf, bis er die Lösung fand. Er schickte dem Anwalt der Firma Oetker ein Drehbuch. „Damit Sie sehen, daß Verwechslungen gar nicht möglich sind", schrieb er.

Doch da lag Rademann mit seiner Annahme leider völlig daneben.

„Jetzt *weiß* ich, daß wir Verwechslungen zu befürchten haben werden", lautete die Reaktion nach der Lektüre. „Wir haben in Baden-Baden zwei Kliniken", schrieb der Anwalt zurück. „Die ‚Schwarzwaldklinik' und ‚Brenners Parkhotel'. Und wie heißt Ihr Chefarzt?"

Rademann erschrak. „Professor Brenner." Was für ein blöder Zufall!

An einen Zufall mochte der Anwalt nicht glauben, dennoch kam man nach einigem Hin und Her zu einer Lösung.

Rademann durfte seine Serie „Die Schwarzwaldklinik" nennen und taufte dafür seinen Hauptdarsteller um. Aus Professor Brenner wurde Professor Brinkmann. Daß der Vorname Klaus blieb, obwohl auch ich Klaus heiße – es gibt ein ungeschriebenes Gesetz in der Filmbranche, nach dem Rollenname und wirklicher Name nicht identisch sein dürfen –, bemerkten sowohl Rademann als auch Lichtenfeld erst, als die ersten Folgen schon im Kasten und es für eine Änderung zu spät war. Mir war es recht – um so wohler fühlte ich mich in meiner Rolle.

Und im Schwarzwald. Denn kleine Anfangs-Ärgernisse wie das Nein des Bischofs konnten unsere Stimmung nicht nachhaltig trüben. Irgendwann fanden wir alle unseren Humor wieder und die Freude an der Arbeit, die die Nervosität dann verdrängte. Sie hatte Langzeitwirkung: sie hielt 14 Monate an.

Familienleben

14 Monate gute Laune – das kommt nach Ansicht von Wolfgang Rademann einem Wunder gleich. Im Juli hatte ich ihn zu einer letzten Vorbesprechung in Wien getroffen. „Wat meinen Sie, Klaus – soll ick für die Drehzeit einen Psychologen engagieren, der eventuelle Kampfhähne trennt?" fragte er mich.

Ich wußte, was er befürchtete, den sogenannten Serien-Koller, der nach einer Zeit des ständigen Zusammenseins auf engem Raum Schauspieler und Team befällt.

Sensible Künstler, zu denen sich meistens vom Regisseur bis zum letzten Komparsen jedes Mitglied des Teams rechnet, reagieren auf Freiheitsentzug bei einer längeren Produktion mit Frust: Sie werden aggressiv oder depressiv, je nach Mentalität.

„Ist doch immer detselbe", fuhr Rademann fort. „Bereits nach drei Wochen Drehzeit möchte man alle Mitglieder det Teams einzeln an die Wand stellen und abschießen. Und jetzt 14 Monate hintereinander – die schlagen sich doch die Köppe ein!"

„Nicht unbedingt", widersprach ich, denn ich hatte auch schon andere Erfahrungen gemacht in meiner Zeit als „Kurier der Kaiserin". Nach zehn Monaten hatten wir uns mit Tränen in den Augen voneinander verabschiedet. „Laß mal", sagte ich deshalb zuversichtlich. „Wenn's wirklich Probleme gibt, kümmere ich mich darum. Für andere bin ich nämlich gelegentlich ein ganz guter Psychologe."

Ja, ja – für andere...

Doch vorerst wurden meine Dienste als Hobby-Psychologe kaum in Anspruch genommen. Das Team der „Schwarzwaldklinik" führte ein harmonisches Familienleben, an dem sich so manche andere Familie ein Beispiel nehmen könnte. Bei kleineren Schwierigkeiten fühlte ich mich in der Rolle des Vermittlers sehr wohl, und größere Probleme – die gab's einfach nicht.

Wenn der sensible Freddy Vohrer mal in Rage war, genügte meist ein nettes Wort, ein kleiner Liebesbrief. „Freddy, du bist der Größte!" schrieb ich, was im übrigen der Wahrheit entspricht – und schon fiel man sich wieder um den Hals. Oder machte mal wieder in der Hotelbar eine Nacht zum Tag, sah gemeinsam mit ihm ins Whisky-Glas, führte freundschaftliche Gespräche oder diskutierte über die Szenen, die am nächsten Tag auf dem Programm standen.

Hans-Jürgen Tögel, Chef der Folgen 13 bis 24, brauchte keine Liebesbeweise. Er ist ein Arbeitstier und ständig so guter Laune, daß es einem schon beinahe auf den Wecker geht. Aber eben nur beinahe.

„Ein Zauberschatz", formulierte es Wolfgang Rademann bei der Abschlußfeier am 30. August 1985 und schob schnell nach: „Aber dafür ist er nicht so schnell fertig wie Freddy Vohrer."

Der „Zauberschatz" ist sicher mitverantwortlich für die Harmonie in einem Team, die die Drehzeit von 14 Monaten zur reinen Freude gemacht hat. Ebenso wie das Zusammentreffen mit lieben alten Kollegen.

So kenne ich zum Beispiel meine Ex-Freundin in der „Schwarzwaldklinik", die Anästhesistin Dr. Elena Bach alias Heidelinde Weis, seit vielen Jahren. In den USA drehten wir Ende der sechziger Jahre „Die Tote von Beverley Hills" unter der Regie von Michael Pfleghar. Wir verstanden uns auf Anhieb sehr gut, und durch ihre schwere Krankheit vor einigen Jahren, durch die Angst um das Leben dieser fabelhaften Frau, wurde sie für mich noch wertvoller. Bis heute weiß niemand, worauf ihre damaligen entsetzlichen Lähmungserscheinungen zurückzuführen sind. Aber so furchtbar dieses Entsetzen auch war – ich glaube, daß sie auch deshalb so gut ist in ihrer Rolle als Ärztin in der „Schwarzwaldklinik", weil sie persönlich einen so direkten Bezug zum Kranksein und zur Klinik hat.

Der Anästhesist hat – wie bekannt – auch in einer realen Klinik eine der wichtigsten Funktionen. Er allein erkennt bei einer Operation die Verfassung des Patienten, seine Verständigung mit dem Chirurg kann über Leben und Tod entscheiden.

Heidelinde hat diese Rolle wunderbar gespielt. Leider stirbt sie laut Drehbuch in der siebten Folge der „Schwarzwaldklinik" bei einem Autounfall – ihr schienen die Möglichkeiten der Rolle erschöpft. Am Unfallort hatte ich zwar drehbuchmäßig nichts zu suchen, trotzdem besuchte ich sie dort während der großartigen Szene, in der

der Stuntman Peter Hicks als Elena mit ihrem Wagen aus der Kurve flog. Für diese Leistung erhielt er den Beifall des ganzen Teams. Wie immer war Peter Hicks auf die gefährliche Szene gut vorbereitet, er war ganz ruhig.

„Das Wichtigste ist, daß man keine Angst hat", sagte er. „In dem Moment, wo man sich fürchtet, verspannt man sich, die Muskeln verkrampfen sich, und die Gefahr, sich zu verletzten, steigt rapide."

Peter hat viele beeindruckende Stunts für uns gedreht während dieser 14 Monate. Gleich zu Beginn der ersten Folge den Autounfall, den der betrunkene Friedhelm Hensele, gespielt von Dirk Galuba, verursacht und der einem Menschen das Leben kostet. Eine andere Szene, in der Peter Hicks vor der Kamera den Platz mit dem eigentlichen Darsteller tauschte: die Bremsen des Fahrrades von Landstreicher Heinz Reincke lösen sich, er kann nicht bremsen und stürzt kopfüber in ein Kornfeld.

Die echte Heidelinde trat dann wieder in Erscheinung, als Wolfgang Kieling sie untersuchte. Ohnmächtig und blutüberströmt lag sie im Wagen am Drehort – ein Meisterwerk von Maskenbildnerin Christa Wittlich. Als die Szene abgedreht war, unterhielt ich mich mit Heidelinde.

„Eine großartige Leistung", sagte ich. „Von dir, von Hicks, und von Christa Wittlich."

Ich habe Heidelinde sehr vermißt während der restlichen Dreharbeiten, weil unsere Zusammenarbeit ungewöhnlich viel Spaß machte.

Wir bereiteten uns jeweils am Vorabend auf die gemeinsamen Szenen am kommenden Tag vor – so auch auf eine Abschiedsszene an den Triberger Wasserfällen: Eine letzte Aussprache zwischen Dr. Brinkmann und Elena Bach. Schwester Christa zuliebe beendet der Chefarzt die zehnjährige Beziehung zu der attraktiven Ärztin.

„Wie schaffen wir einen Kontakt, der zwar sichtbar, aber nicht offensichtlich ist", überlegten wir uns an diesem Abend. „Wie können wir dem Publikum ohne Worte zeigen, daß zwischen uns zwar keine Liebe mehr besteht, aber Vertrauen und Sympathie?"

Wir diskutierten stundenlang und erhielten ein dickes Lob von Wolfgang Rademann, als er sich am nächsten Abend die Szene am Schneidetisch ansah. Für uns eine

Bestätigung und die schönste Belohnung, denn ein Lob kommt aus dem Mund dieses Berliner Jungen selten.

„Also, ick find det unjeheuer", sagte er, „wat ihr da für ne Lösung jefunden habt. Wie ihr det macht, wie eure Hände sich da unauffällig berühren – det is doll. Mensch, wie seid ihr darauf bloß jekommen!"

Ich bekomme ein Kind

Das Ende einer Beziehung, der Beginn einer neuen. Elena Bach verunglückt tödlich, Professor Brinkmann erlebt ein spätes Vaterglück mit Namen Benjamin. Denn nicht nur mit Krankheit, Tod und Sterben setzt man sich in dieser Serie auseinander, auch mit dem schönsten Ereignis in einer Klinik, der Geburt... Mit dem Stichwort Geburt verbinde ich selbst den aufregendsten Tag meines Lebens – den Geburtstag meiner Tochter Bärbel.

Ich war ein ausgesprochen progressiver Vater – denn vor 24 Jahren ließ man Väter noch nicht so selbstverständlich in den Kreißsaal wie heute.

1961 spielten wir in Köln Theater. Ich war engagiert für die „Räuber", Ida spielte die Rose Bernd, und zwar bis zum siebten Monat. Den Kölnern fehlte dafür jedes Verständnis.

„Also, ich versteh' das überhaupt nicht", empörte sich so mancher in der Vorstellung, „daß die Krottendorf, wenn sie das Kind schon gekriegt hat, immer noch mit einem dicken Bauch rumläuft." Aber der war ja nicht wegzuschminken... Als Ida dann allerdings im siebten Monat einmal umfiel, sagte ich: „Jetzt ist es genug, jetzt wird nicht mehr gespielt." Wir kehrten heim in die Widenmayerstraße, unser damaliger fester Wohnsitz in München.

Meine Frau hat panische Angst vor Schmerzen, Krankenhäusern und Ärzten. Und zum Glück nicht viel Ahnung von Medizin. Als die Wehen einsetzten, beruhigte ich sie: „Das sind nur Blähungen, aber wir fahren sicherheitshalber in die Klinik."

Eine dreiviertel Stunde später war unsere Bärbel da, nachdem wir buchstäblich in letzter Minute das Krankenhaus erreicht hatten. Der Gynäkologe Professor Döring hatte ein Einsehen gehabt, ließ mich bei Ida bleiben und gab dem aufgeregten werdenden Vater sogar eine Aufgabe: Ich durfte meine Frau mit Lachgas beatmen. Derartig geschickt von meiner eigenen Nervosität abgelenkt, sah ich zum ersten Mal in meinem Leben die Geburt eines Kindes, meines Kindes, erlebte die Schmerzen, die eine Frau dabei aushalten muß und unter denen wir Männer vielleicht zusammenbrechen würden. Seitdem liebe ich die Frauen *noch* mehr – für das, was sie für uns ertragen.

Bei der Geburt unseres Sohnes Sascha war ich leider nicht zur Stelle. Ida spielte diesmal länger als bis zum siebten Monat. Wir hatten ein Engagement in Wien, es war September, und ich mußte in unsere Wohnung nach München, um die Sommergarderobe gegen die Wintergarderobe zu wechseln. Nach der Vorstellung fuhr ich los.

Während ich auf dem Weg nach München war, setzten die Vorwehen ein. Was tun? Ida beschloß, die Sache einfach zu ignorieren. Sie genehmigte sich ein paar Gläser vom ersten Most, den es zu dieser Jahreszeit gab, und beschloß, den Arzt schlafen zu lassen. Aber sie blieb auf und traf ihre Vorbereitungen.

„Wie geht's dir?" fragte ich am Telefon, als ich sie gleich nach meiner Ankunft in München anrief.

„Wunderbar", sagte meine tapfere Frau. „Aber ich habe nicht viel Zeit zum Sprechen – die Kleine schreit in ihrem Zimmer."

Beruhigt legte ich auf und ging zu Bett, während in Wien hektische Aktivitäten begannen. Bärbel mußte versorgt, der Hund untergebracht, Koffer gepackt und etliche Telefonate geführt werden.

„Zeit, abends schon in die Klinik zu gehen, hätte ich eh nicht gehabt", wehrte sie sich später gegen meine Vorwürfe. „Und du hättest auch nicht rechtzeitig zurück sein können." Morgens um halb sieben hatte sie alle Vorbereitungen erledigt und rief ein Taxi an, das sie von der Hohen Warte ins Rudolfinerhaus fuhr. Den Weg von der Straße bis vor die Klinik, 150 Meter, mußte sie zu Fuß gehen. Der Taxifahrer hatte die Uhr schon abgestellt und weigerte sich, sie das letzte Stück „umsonst" zu fahren. Das hätte sie fast das Leben gekostet, die Fruchtblase war längst geplatzt...

Daß ich bei der Geburt meines zweiten Kindes unentschuldigt fehlte, habe ich mir lange nicht verziehen. Denn auch medizinisch war Bärbels Geburt für mich als Hobby-

Arzt eine bedeutungsvolle Erfahrung, die ich bei meinem Sohn Sascha gerne wiederholt hätte.

Eine andere neue Erfahrung bescherte mir Bärbel 24 Jahre später, im Sommer 1984. Denn auf dem Gang der „Schwarzwaldklinik" stand ich ihr zum ersten Mal nicht als Vater, sondern als Kollege gegenüber.

„Hallo...", rief Lernschwester Elke. Sie eilte durch die Gänge des Krankenhauses, einen Wagen mit Medikamenten vor sich her schiebend. Der Pfleger Mischa grüßte zurück, und schon war meine Tochter, das zierliche Mädchen mit den langen braunen Haaren, verschwunden.

„Kein großer Auftritt, doch gerade recht, um sich an mich zu gewöhnen", meinte sie hinterher. Doch schon das Hallo verursachte Herzklopfen – Bärbel gab nämlich im sterilen Klinikgang ihr Fernseh-Debüt. An ihrer telegenen Schwesterntracht bin ich nicht ganz unschuldig – in Wien hatte ich Wolfgang Rademann auf Bärbel aufmerksam gemacht.

„Der is mir janz schön auf den Keks gegangen mit seiner begabten Tochter", behauptete er später. Doch neugierig geworden sah er sich die Bärbel einfach mal an.

„Die sieht ja süß aus, die nehm ick", war das verbindliche Resultat der unverbindlichen Besichtigung.

Rademann gab dem Fernsehneuling eine kleine Nebenrolle. Da kann sie nicht viel anrichten, dachte er sich wohl. Doch hier irrte der Produzent. Bärbel machte ihre Sache so gut, daß die Rolle ständig erweitert werden mußte. Kein Problem für Autor Herbert Lichtenfeld und Wolfgang Rademann, sie änderten schnell entschlossen die Drehbücher.

„Sie schrieben und schrieben", sagte Bärbel stolz, „und ich habe mich natürlich irrsinnig gefreut." Die Frage, wer sich wohl noch irrsinnig freute, ist leicht zu beantworten... Vor der Kamera allerdings beschränkte ich mich auf die Rolle des Kollegen.

„Misch dich nicht ein, das muß ich allein schaffen", bat Bärbel mich, und ich erfüllte ihre Bitte. Aber wenn sie doch mal einen Rat brauchte, war ich für sie da. Und immer in der Nähe, wenn sie eine größere Szene zu drehen hatte, man konnte ja nie wissen... Ganz am Anfang ermahnte ich sie zum Beispiel: „Sprich nicht so schnell!"

Und vor ihrem ersten langen Dialog, der sogar erfahrenen Schauspielern Probleme bereiten würde, beruhigte ich sie. Äußerlich war sie die Ruhe selbst, doch innerlich zitterte sie vor Nervosität. Diese äußere Gelassenheit bei innerer Anspannung kenne ich von mir selbst. Ich legte die Hand auf ihre Halsschlagader, fühlte, wie ihr Puls raste und sagte: „Du schaffst das schon. Denk nur an das, was du sagst, nicht an die Kamera."

„Steht die Tochter eines so erfolgreichen Schauspielers nicht unter enormem Leistungsdruck?" wurde Bärbel während der Dreharbeiten von einer Journalistin gefragt.
„Natürlich", gab sie zu. „Man will seinen Eltern ja keine Schande machen."
Wir haben ein sehr herzliches Verhältnis, aber Tochter als Beruf, das lehnt Bärbel ganz entschieden ab. „Wir Kinder müssen unseren eigenen Weg gehen", sagt sie. „Wir müssen uns durch eigene Leistung einen Namen machen, das braucht eben seine Zeit."
Bärbel ist ursprünglich gelernte und diplomierte Kostümbildnerin. Ins Rampenlicht geholt wurde sie von Otto Schenk, einem engen Freund von uns.
„Wenn man so aussieht wie du, gehört man nicht hinter, sondern auf die Bühne", sagte er ihr 1983 eines Tages in Wien.
Alle Warnungen des besorgten Vaters fruchteten nichts. „Die Bühne ist nicht nur Spiel und Freude", sagte ich ihr immer wieder, „sondern harte Arbeit. Die Bretter muß man sich unter Kummer und Tränen erobern."
Doch Bärbel setzte ihren hübschen Kopf durch. Kurz darauf meldete sie sich an der Schauspielschule an, machte in der Rekordzeit von einem Jahr ihr Examen und wurde auf der Bühne des renommierten Theaters in der Josefstadt festes Ensemble-Mitglied.
1986 wird für sie wieder ein Jahr Theater-Urlaub fällig, denn auch das Ärzteteam der „Schwarzwaldklinik", die im nächsten Jahr fortgesetzt wird, mag auf Lernschwester Elke nicht mehr verzichten.
Dafür hatten sich Autor und Produzent etwas einfallen lassen müssen. Denn aus der 15. Folge hatten sie die etwas kesse Lernschwester Elke alias Bärbel Wussow herausgeschrieben, indem man sie mit einem Patienten ver-

lobte. Ihrem Verlobten, gespielt von Manfred Zapatka, zuliebe gibt sie ihren Job als Lernschwester auf.

Und nun? Rademann und Lichtenfeld zeigten sich flexibel.

„Man verlobte mich hinaus", freut sich Bärbel, „nun muß man eben sehen, wie man mich wieder hinein entlobt."

Kein Problem für Herbert Lichtenfeld. Und eine große Freude für den stolzen Vater.

Inzwischen spielte Bärbel in Wien Theater, Goethes „Wahlverwandtschaften".

Vaterglück und Vatersorgen

Und noch mal taucht der Name Wussow auf der Besetzungsliste auf, wenn auch nur in einer Episode der ersten Staffel. Mein Sohn Sascha spielt in der zehnten Folge der „Schwarzwaldklinik" den Sohn meines Oberarztes, gespielt von Karl Walter Diess. Bertram will ein junges Mädchen mit einer Mutprobe beeindrucken, stürzt in eine Höhle, wird in die „Schwarzwaldklinik" eingeliefert und von mir operiert. „Der Felsen" sollte die Episode zunächst heißen, die sich Herbert Lichtenfeld ausgedacht hatte. Später wurde jedoch Folge 10 in „Die Mutprobe" umbenannt, weil es ausgerechnet der Felsen war, der der Produktion Sorgen machte: Es gab ihn nämlich nicht. Zumindest nicht den hohen, von dem Bertram alias Sascha abstürzen sollte. Natürlich fanden sich schöne Felsen im Schwarzwald, doch sie lagen entweder ungünstig für Kamera und Licht oder waren so hoch, daß unser Sicherheitsbeauftragter warnte: „Da müssen wir ein Sicherheitsgerüst aufbauen. Abgesehen von der Arbeit sind das Kosten von mindestens 60000 Mark."

Das war Rademann der Titel nicht wert. Erst ein halbes Jahr später fand sich eine Lösung, die nachgedreht wurde. Aus dem Felsen wurde eine Höhle. Und zwar keine badische, sondern wir fanden eine in Schleswig-Holstein...

Mit Steinen hatten wir überhaupt ein wenig Pech. Dr. Udo Brinkmann alias Sascha Hehn wird von Lernschwester Elkes Freund geohrfeigt und in den See geworfen.

„Seltsam", kritisierte später eine Freundin. „Mit einer

Ohrfeige auf die rechte Wange fällt er ins Wasser – und mit einer Platzwunde an der linken Schläfe kommt er wieder heraus. Wie ist das möglich? War das ein Regiefehler?"

Es war kein Regiefehler. Udo alias Sascha fällt nämlich im Wasser auf Steine, die die Platzwunde verursachen. Nur: das wird auf dem Bildschirm nicht deutlich genug.

Dafür landete mein Sohn Sascha wirklich auf einem Felsen – völlig dem Drehbuch ungemäß. Doch das änderte nichts an seiner Begeisterung von seinem Auftritt.

Als „merkwürdig – aber angenehm merkwürdig" empfand Sascha die neue Erfahrung, gemeinsam mit mir vor der Kamera zu stehen. Auch er lobte mich später: „Danke, daß du dich nicht eingemischt hast, das fand ich prima." Besonders eine Szene zu dritt, mit Bärbel und mir, hatte es ihm angetan. Fast die ganze Familie war vor der Kamera vereint, in einem Dialog zwischen Professor Brinkmann, Lernschwester Elke und dem jungen Bertram.

Eine Szene hätte Sascha beinahe geschmissen, weil er sich nur mit Mühe das Lachen verkneifen konnte. Bertram alias Sascha erwacht aus der Narkose und sieht Lernschwester Elke, alias seine echte Schwester Bärbel.

„Wer hat mich eigentlich operiert?" fragt er benommen. „Mein Vater?" Laut Drehbuch meint er natürlich den Oberarzt Dr. Schäfer alias Karl Walter Diess.

„Nein, Professor Brinkmann", sagt Elke und meint natürlich mich, den echten Vater, in seiner Rolle als Chefarzt...

„Oho, der Chef persönlich", gibt Bertram anerkennend zurück.

Gelacht haben beide dann hinterher, als das rote Licht auf den Kameras erloschen war.

Sascha lernt, im Gegensatz zu mir, seine Texte unglaublich schnell, er ist auf dem Bildschirm sehr präsent, er ist fleißig und vor allem sehr ehrgeizig.

In dieser Episode der „Schwarzwaldklinik" hatte er jedoch mehr Action als Text. Aufgeregt und mit schmerzverzerrtem Gesicht erwartete er mich am ersten Abend. In seiner Szene hatte er fallen müssen und sich dafür eine weiche Stelle ausgesucht, eine große Felsen-Attrappe aus Pappmaché. Doch er hatte sich geirrt, denn der Stein war leider echt. Obwohl wir die Prellung gleich mit Eisspray kühlten, behielt Sascha wochenlang einen dicken Bluterguß. Jetzt aber wollte er wissen, ob sich die Schmerzen gelohnt hatten.

„Wie war ich, Papi?" fragte er mich gespannt, nachdem ich mir am Schneidetisch die Muster angesehen hatte. „War der Sturz in Ordnung? Ist der Schrei richtig?"

„Prima, mein Junge. Du warst wunderbar." Ich war ehrlich, denn es war alles richtig.

Saschas Fragen erinnerten mich an meine eigenen Stunts – gefährliche Aufnahmen, für die meist Profis, sogenannte Stuntmen, engagiert werden. Ich habe mich immer geweigert, mich doubeln zu lassen – das Spiel mit der Gefahr, hohe Dächer, schmale Brücken und Abgründe haben mich immer schon gereizt und mir viele blaue Flecken und Prellungen eingebracht. Aber eben auch die Gewißheit: Das kannst du alles selbst, für die gefährlichen Szenen brauchst du keinen Doppelgänger, der mehr Mut hat als du.

Besonders viele gewagte Szenen hatte ich in der Serie „Kurier der Kaiserin" zu bestehen.

So war ich als kaiserlicher Bote auf der Flucht vor zwei Räubern und rettete mich auf das Dach einer halbverfallenen Mühle. Und nun? Hier war die Flucht zu Ende. Laut Drehbuch blieb mir nur eine einzige Chance: der Sprung in die Tiefe. Während die Szene ausgeleuchtet und die Kameras aufgebaut wurden, sollte ein Techniker den Sprung für die Kamera proben. Er kletterte auch brav aufs Dach. Doch schon vom Hinunterschauen wurde ihm übel, an die Probe war nicht zu denken.

„Laßt mal, ich mach's gleich selber", rief ich.

Ich sprang und kam leicht benommen unten an. Jede Rippe tat mir weh, aber die Knochen schienen heil geblieben zu sein. Und blaue Flecken war ich ohnehin gewöhnt.

Noch bevor ich wieder richtig bei Besinnung war, hörte ich Hermann Leitner rufen: „Tadellos, tadellos. Das war so gut, das drehen wir gleich noch mal!"

Für eine andere Serie, für meine Rolle als „Sergeant Berry", ließ ich mich sogar von Spezialisten ausbilden. Ich verbrachte vier Wochen in einem Trainingslager der österreichischen Rangers, um allen Eventualitäten, denen ein Polizist in New York ausgesetzt ist, gewachsen zu sein.

Aber ach, in *dieser* Serie gab es nur Liebe statt Hiebe,

meine einzige Waffe sollte mein Charme sein, und bei Dialogen mit schönen Frauen und bei Champagner in der Badewanne half mir mein Nahkampf-Training in den österreichischen Alpen wenig.

Champagner ist nicht meine Sache, und so gab ich die Rolle nach 13 Folgen an meinen Kollegen Harald Juhnke ab. Ich wandte mich wieder solchen Rollen zu, in denen ich nicht nur schauspielerisches Können, sondern auch Sportlichkeit und Mut beweisen konnte. Oft zum Entsetzen meiner Frau.

„Laß es doch", bat die etwas ängstliche Ida oft.

Nun, ich lasse es bis heute nicht. Ich spiele eine Rolle entweder richtig oder gar nicht. Auch wenn zu dem hundertprozentigen Einsatz ein paar Prozent Risiko gehören. Denn das, was *eigentlich* nicht von einem Schauspieler erwartet wird, das ist auch das, woran einem am meisten liegt. Daß man als Schauspieler seinen Text beherrscht, ist normal, das setzt man voraus. Todesmutige Szenen sind es, auf die wir, wenn wir sie selbst drehen, stolz sind.

So empfindet auch Sascha, obgleich er außerhalb seiner Schauspielerei eher zu den stillen Künsten tendiert. Während Bärbel meine Liebe zur Malerei geerbt hat, hat mein Sohn nicht nur schriftstellerische Ambitionen, sondern dafür auch eine große Begabung. Mit sechzehn hat er seinen ersten Roman geschrieben. Etwas pubertär mit viel Blut und vielen Toten, aber auch sehr beeindruckend. Inzwischen sind drei weitere Romane hinzugekommen, außerdem viele Lieder, Gedichte und Essays.

„Was ist denn aus den Romanen geworden?" wurde er kürzlich in einem Interview gefragt. „Wollen Sie sie irgendwann veröffentlichen oder bleiben sie in der Schublade liegen?"

„Als Buch-Veröffentlichung sind sie nicht gut genug", sagte mein Sohn. „Aber für die Schublade habe ich sie auch nicht geschrieben."

„Was haben Sie denn dann damit vor?" Die Reporterin ließ sich nicht so leicht abwimmeln.

„Es sind wunderbare Kinostoffe", antwortete mein „bescheidener" Sohn. „Die werden irgendwann mal ganz groß verfilmt."

„Und von wem? Haben Sie die Bücher schon einem Regisseur angeboten?" wollte sie wissen.

Sascha winkte ab. „Nein, ich will das selbst einmal machen."

Soviel zu Saschas schriftstellerischen Begabungen. Er glaubt an sich selbst, an seine Begabung und an die internationale Karriere, die auf ihn wartet. Meist jedenfalls. Jetzt mit 21, plagen ihn gelegentlich erste Zweifel.

Seine Karriere als Filmstar stand für ihn schon mit sechs Jahren fest. Auslöser für seinen Wunsch war meine Rolle als „Kurier der Kaiserin" Anfang der siebziger Jahre. Er sah mich im Fernsehen und rief: „So spielen wie Papi, das mach' ich auch, wenn ich groß bin."

Den Zahn wollte ich ihm rechtzeitig ziehen und nahm ihn mit zu den zeitaufwendigen Dreharbeiten eines Fernsehfilms, den wir gerade in der Nähe von Wien drehten.

Sascha saß brav am Rande der Szene und verzog den ganzen Tag, während wir fünfzehnmal eine Einstellung probten, keine Miene.

„Na, mein Sohn, willst du immer noch Filmstar werden?" fragte ich ihn im Auto, als wir nach Hause fuhren.

„Was denn sonst?" kam seine Antwort, während er gähnte. „Das war zwar alles furchtbar fad, aber können will ich das auch!"

Nicht das Theater, sondern das Kino war immer Saschas erklärtes Ziel. Mit sechzehn drehte er seinen ersten Spielfilm, es folgte eine kleine Rolle in einer Fernsehserie, und so war ich überrascht, als er mir eines Tages Bühnentexte vorsprach: Die Friedensrede von Max Piccolomini und Don Carlos.

Ich war nicht nur überrascht, ich war hingerissen. „Das ist fabelhaft", sagte ich, „wie du diese schweren Texte umsetzen kannst, ohne jemals Schauspielunterricht gehabt zu haben. Was allerdings nicht bedeutet, daß du keinen nehmen solltest."

Im Sommer 1985 hat Sascha zum ersten Mal Theater gespielt, und auch den Unterricht holt er jetzt nach – er ist seit einem Jahr auf einer Wiener Schauspielschule. Wie Bärbel hat er sich für den „Schnelldurchgang" des etwas langweiligen Unterrichts entschlossen: Im März 86 wird er sich, eineinhalb Jahre früher als üblich, an die Abschlußprüfung wagen.

Während der Aufnahmen für die zehnte Folge der „Schwarzwaldklinik" saßen wir nach Drehschluß eines

Abends in der Hotelbar und führten ein Männer-Gespräch unter vier Augen. Seit ein paar Jahren haben wir nämlich kein Vater-Sohn-Verhältnis mehr, sondern eine Männer-Freundschaft. Und zwar, wie Sascha kürzlich sagte, „seitdem wir beide älter sind". Der Auslöser für den gemeinsamen Alterungsprozeß war sein sechzehnter Geburtstag – nachdem ich mich monatelang über seinen heimlichen Zigarettenkonsum aufgeregt hatte, reichte ich ihm nach dem Abendessen in einem chinesischen Restaurant seine erste offizielle Zigarette. Seitdem nimmt mein Sohn mich etwas ernster.

„Was hast du eigentlich für Pläne nach der Schule?" fragte ich ihn an diesem Abend. „Wie stellst du dir deine Zukunft vor?"

Mit 20 kann man durchaus konkrete Vorstellungen haben, finde ich. Ich selbst mußte mich schließlich mit sechzehn schon allein durchs Leben schlagen und weiß: Geschadet hat mir diese frühe Selbständigkeit nicht.

Sascha sah mich ernst an. „Keine Ahnung", sagte er. „Um ehrlich zu sein: Ich bin ziemlich verzweifelt. Und ich bin unzufrieden mit mir."

„Wieso denn das?" Fassungslos sah ich ihn an.

„Weil die Bärbel schon viel weiter ist als ich", gab mein ehrgeiziger Sohn zur Antwort. „Sie hat eine durchgehende Rolle in der ‚Schwarzwaldklinik', sie hat ein festes Engagement am Theater in der Josefstadt in Wien, und was habe ich – ich habe nichts."

Ich war wie vom Donner getroffen. „Na, hör mal", unterbrach ich ihn empört, „deine Schwester ist auch drei Jahre älter als du. In drei Jahren bist du auch soweit oder noch weiter."

„Solange kann ich nicht warten", sagte er mürrisch. „Ich möchte selbständig sein. Ich möchte Karriere machen und Erfolg haben. Und das scheint noch in unendlicher Ferne zu liegen."

Ich sprach ihm ermutigend zu: „Das kommt schon zu dem Zeitpunkt, zu dem es kommen soll."

Sascha war keineswegs getröstet. „Und was kann ich tun, um diesen Zeitpunkt zu beschleunigen?" fragte er ungeduldig.

„Bring deine Schauspielprüfung so schnell wie möglich

hinter dich", riet ich ihm. „Ich helfe dir dann schon, aber wir müssen auf deine Chance warten."

Ich bin nämlich ein ausgesprochen eitler Vater und glaube mit Sicherheit: ein einziger internationaler Film, und Sascha wird ein Weltstar. Aber das sagte ich ihm damals noch nicht.

„Vielleicht bin ich ja gar nicht gut genug für diesen Beruf", sagte er leise. Aha, dachte ich, das typische Schauspieler-Syndrom. Er zweifelt an sich selbst, an seinen Fähigkeiten und Talenten. Das kannte ich von mir. Oft genug war ich drauf und dran gewesen, meinen Beruf an den Nagel zu hängen. Deshalb habe ich als Hobby-Psychologe auch gleich die richtige Therapie. „Du mußt noch mehr an dir arbeiten, viel lesen, reiten und fechten lernen, dich mit den Themen dieser Zeit auseinandersetzen, jobben, um zu wissen, wie es ist, Geld zu verdienen – dann bist du auf dem richtigen Weg."

Es wurde ein langer Abend, den Vater und Sohn wohl nie vergessen werden. Daß er meinen Rat ernstgenommen hat, beweist das Tempo, mit dem er seitdem seine Prüfungen an der Schule ablegt.

Beide Kinder werden ihren Weg gehen, das weiß ich. Und ich wünsche mir, daß die Kinder eines Tages bekannter sein mögen als ich. „Klausjürgen Wussow? Ach, Sie sind wohl der Vater von Bärbel und Sascha" – das wäre eine Begrüßung nach meinem Herzen. Doch vorerst sind sie noch am Beginn ihres beruflichen Weges. Die Weichen konnte ich ihnen stellen, losfahren müssen sie allein.

Die Teilnahme der Kinder an den Dreharbeiten hat Anflüge von Heimweh nach Wien gar nicht erst aufkommen lassen. Warum meine Frau, Ida Krottendorf, mir in der „Schwarzwaldklinik" nicht als Ärztin zur Seite stand? Nach kurzer Überlegung hielt Rademann vier Wussows in der „Schwarzwaldklinik" „nun doch für zu dicke". Was ich sofort einsah. Es ist überhaupt schwierig, Streit mit mir zu bekommen. Ich bin ein melancholischer Choleriker, der sich ganz gut in der Gewalt – und meist, trotz der unterschwelligen Melancholie, gute Laune hat.

Meine sonst so gute Laune habe ich Anfang November 1985, in den ersten Wochen nach Anlaufen der Serie, allerdings hin und wieder verloren. Natürlich war und bin ich stolz auf den Erfolg der „Schwarzwaldklinik", aber gibt es jedem Journalisten das Recht, sich in mein Privatleben einzumischen? Die Tatsache, daß meine erwachsene Tochter sich – endlich – eine eigene Wohnung nimmt, wird in der Öffentlichkeit zum Familienkrach.

Mein Urteil über meine Kollegin Gaby Dohm, die ich für mich und uns, das heißt für die Serie, für Regisseur und Kollegen, als ein Gottesgeschenk bezeichne, wird als Verrat an meiner Familie apostrophiert.

Und meine Rolle als Chefarzt Dr. Brinkmann, die mich nun mal über ein Jahr in Anspruch nahm, hat mich nach Meinung einiger Reporter der „Wirklichkeit entfremdet": „Schein und Sein gehen bei Klausjürgen Wussow nahtlos ineinander über..."

Daß keiner dieser sogenannten Journalisten sich die Zeit für ein Gespräch mit mir oder meiner Frau nahm, ist bezeichnend. Schade, denn bisher hatte ich recht gute Erfahrungen mit der schreibenden Gilde gemacht.

30 Jahre lang habe ich in Deutschland und Österreich Theater gespielt, ohne daß die Klatschjournalisten Notiz von mir nahmen; dem Himmel sei Dank dafür! Ein paar Abende als Dr. Brinkmann im Fernsehen – und schon fällt man über mich her, glaubt, ich sei mit einem Stethoskop auf die Welt gekommen und führe das Operettenleben eines Professor Unrat. Jedes Wort muß plötzlich auf die Goldwaage gelegt, jedes Gespräch genau bedacht, jedes Interview mit einem eigenen Tonband zur späteren Überprüfung mitgeschnitten werden.

Doch an diesem Alptraum dachte in Hinterzarten noch niemand. Hier hatten wir andere Sorgen.

Gaby Dohm

Zu Beginn der Dreharbeiten ging es zunächst einmal darum, ein Vertrauensverhältnis zu schaffen zum Regisseur und dem Kamerateam, zur Masken- und zur Kostümbildnerin. Und zu den Kollegen, mit denen ich täglich zu tun hatte. Für mich in erster Linie natürlich zu Gaby Dohm. Denn ein Jahr lang ein Liebespaar spielen, ohne einen gewissen Draht zueinander zu haben – das ist nicht nur unmöglich, das merkt das Publikum auch. Man stelle sich vor, daß zwei Hauptdarsteller einer Serie sich nicht sympathisch sind, daß sie nicht „miteinander können", sich ein Jahr lang nicht „grün" sind... Eine Horrorvision, die sich Gott sei Dank in der „Schwarzwaldklinik" nicht erfüllte.

„Sind Sie und Klausjürgen Wussow sich denn auch privat sympathisch?" lautete Hans Rosenthals überflüssige Frage bei einem Auftritt von Gaby in „Dalli Dalli".

Gaby mußte herzlich lachen. „Natürlich, sonst hätten wir uns doch dauernd in die Wolle bekommen!"

Nun, wir kamen sehr gut miteinander aus. Ich kannte Gaby flüchtig aus einer gemeinsamen Zeit am Münchner Residenztheater. An einem der ersten Abende in Hinterzarten setzten wir uns im Restaurant des „Parkhotel Adler" zusammen, frischten unsere alte Bekanntschaft auf und „beschnupperten" uns. Ich wußte nicht viel von ihr – aber das, was ich gehört hatte, reichte für ein erstes Gespräch. Gaby ist eine gelernte Schauspielerin. In Salzburg geboren, wuchs sie bei ihren Eltern, Heli Finkenzeller und Willi Dohm, in Berlin auf. Dort ging sie zur Schule und beschloß, in die künstlerischen Fußstapfen ihrer Eltern zu treten. Neben der Schauspielschule lernte sie Gesang und Tanz und verdiente sich unter Karl-Heinz Stroux erste Sporen am Düsseldorfer Schauspielhaus. Nach Engagements in Berlin und Frankfurt gehört sie seit 1966 dem Ensemble des Münchner Residenztheaters an.

Als „Prinzessin von Burgund" in einer Inszenierung von Ingmar Bergman wurde sie dort zur „Besten Schauspielerin des Jahres 1982" gewählt. Erste kleine Fernsehrollen gaben ihr unter anderem „Derrick"-Produzent Helmut Ringelmann. Doch die Hauptrollen in ihrem privaten Leben spielen, das wußte ich von Wolfgang Rademann, ihr Mann Adalbert Plica, Kameramann und Produzent von Dokumentarfilmen, und der siebenjährige Sohn Julian.

Gaby verriet eine leichte Unsicherheit. „Herr Wussow", sagte sie, „stört es Sie nicht, als Partnerin in dieser großen Serie eine relativ unbekannte Schauspielerin zu haben?"

„Nun übertreiben Sie mal nicht", sagte ich. „Sie haben genügend Theater- und etwas Fernseherfahrung. In den ‚Wiesingers' von Bernd Fischerauer haben Sie sogar schon erste Serien-Erfolge einheimsen können."

Gaby war noch lange nicht beruhigt. „Die Rolle der

Frau Wiesinger ist mit der Schwester Christa nicht zu vergleichen", widersprach sie. „Glauben Sie nicht, daß ich einfach zu unscheinbar bin für eine weibliche Hauptrolle in so einer großen Serie?"

Ich lächelte. „Ganz im Gegenteil. Ich glaube, Sie sind durchaus der Typ, mit dem sich viele Frauen identifizieren können. Ich halte Sie für einen prima Kumpel und für eine begabte Schauspielerin, und ich freue mich sehr auf die Zusammenarbeit."

„Und Sie halten mich wirklich nicht für zu durchschnittlich für diese große Rolle?"

„So durchschnittlich sind Sie doch gar nicht", protestierte ich energisch. „Sie haben ein ganz besonders ansteckendes Lachen, das eines Tages viele Leute begeistern wird. Dieses Lachen ist ein wunderbarer Ausgleich zu meiner introvertierten Art."

Gaby war immer noch nicht überzeugt. „Trotzdem wäre es mir lieb, wenn wir unsere gemeinsamen Szenen zusammen einstudieren würden. Was halten Sie davon?"

„Viel", lachte ich, „denn das hätte ich Ihnen sowieso vorgeschlagen. Wir werden die Szenen des kommenden Tages immer vorher miteinander durchsprechen und am nächsten Tag beide perfekt sein. Es kann also gar nichts passieren. Und im übrigen bin ich genauso unsicher wie Sie, diese Serie ist auch für mich absolutes Neuland."

An diese Absprache haben wir uns vierzehn Monate lang gehalten.

Doch nun wollte *ich* etwas wissen. Eine Drehzeit, die über ein Jahr dauert, hält eine 25jährige Schauspieler-Ehe wie die meine aus. Die Kinder sind erwachsen, meine Frau hat ihre Aufgabe in Wien. Wie aber war das bei der viel jüngeren Gaby?

„Wird Ihre Familie Sie denn nicht sehr vermissen?" fragte ich.

„Sicher", sagte sie. „Aber wir werden die Trennungen so weit wie möglich reduzieren. Ich fahre ab und zu nach Hause und lasse meine Familie oft zu Besuch kommen."

Und dabei blieb es. Zu Beginn der Dreharbeiten waren Adalbert und Julian samt Kindermädchen für ein paar Wochen dabei und leisteten ihr immer wieder im Schwarzwald Gesellschaft. So sehr dem kleinen Julian der Schwarzwald gefiel, so wenig gefällt ihm die „Schwarzwaldklinik". Abgesehen von der Tatsache, daß seit Anlaufen der Serie das Telefon bei Gaby Dohm nicht mehr stillsteht, gefällt ihm die Mami in Schwesterntracht nicht so recht.

„Ich mag die Mami lieber im Westernkostüm", sagt er. „Toll wär', wenn sie endlich mal in einem richtigen Western spielen und Kinnhaken verpassen würde. Weil die Mami sich nämlich nie was gefallen läßt. Wär' doch viel spannender als in einem Krankenhaus als Schwester."

Diesen Wunsch konnte Gaby ihm nicht erfüllen. Aber sie fuhr so oft wie möglich nach Hause, was für sie leichter war als für mich, auf meinem Programm standen einfach mehr Dialoge, die ich zu lernen und zu spielen hatte.

Unsere erste gemeinsame Szene war die mißglückte Hochzeit vor St. Peter, eine Hochzeit zwischen zwei Schauspielern, die sich noch ziemlich fremd waren.

Das hatte sich bei der ersten Klappe zur nächsten großen Zweier-Szene zwischen Gaby und mir inzwischen geändert. Wir hatten drei Wochen Zeit gehabt, uns kennenzulernen, ich hatte mich mit Adalbert und Julian angefreundet, als ein Dialog aus Folge 4 auf dem Programm stand:

„Schwester Christa bittet Professor Brinkmann um ihre Entlassung. Sie glaubt, bei der Medikamentenausgabe an Patienten versehentlich zwei Arzneien vertauscht zu haben. Brinkmann vermutet in seinem Sohn Udo, der in Christa verliebt ist, den Schuldigen. Er erteilt Christa einen strengen Verweis und ignoriert ihre Kündigung." Soweit die Regie-Anweisung für den Dialog.

Am Vorabend setzten wir uns zusammen.

„Ein bisserl mulmig ist mir schon", sagte Gaby. „Gleich drei Seiten Text ohne Schnitt – wenn das nur gutgeht!"

Wir hörten uns gegenseitig ab, testeten sprachliche Nuancen und versuchten, die Szene aufzulösen, indem wir mit Blicken und Gesten die Bedeutung der Worte unterstrichen. Und hatten schließlich den Dialog nicht nur im Kopf, sondern auch im Herzen.

Das ist nur möglich, wenn man sich ganz in die Rolle und auch in die innere Situation des Partners hineinversetzen kann. Dann, nur dann kann man Lösungen finden, die nicht im Drehbuch stehen. Die können sogar eine Änderung der Technik-Disposition zur Folge haben wie in diesem Fall.

Ich holte Freddy Vohrer dazu. „Was hältst du davon", fragte ich ihn, „wenn wir diese Szene mit nur einer Kamera drehen statt mit zwei oder drei? Der Kontakt, die Nähe zwischen diesen beiden Menschen wird doch so viel sichtbarer."

Freddy ging sofort auf meinen Vorschlag ein, und auch sein Kameramann, Mandi Ensinger, war begeistert.

So verliefen viele unserer gemeinsamen Abende mit Proben – mit dem Studium und der Auseinandersetzung mit den Szenen, die am nächsten Tag auf dem Programm standen. Was Gaby an Fernseh-Erfahrung fehlt, macht sie mit einer unglaublichen Intuition wieder wett. Auch deshalb habe ich sie immer wieder als Glücksfall für die gesamte Produktion bezeichnet. Sicher ist diese Intuition auch ein Erbteil ihrer Eltern, Theaterblut in der Familie läßt sich halt nicht verleugnen.

Aber nicht nur Gaby und ich, auch viele der anderen Kollegen setzten sich intensiv mit ihren Rollen auseinander und variierten sie dementsprechend. Besonders beeindruckt war Vohrer von meinem Kollegen Wolfgang Büttner. Ohne daß es mit der Regie abgesprochen war, nahm er in seiner Sterbeszene sein Gebiß aus dem Mund, um das In-den-Tod-Gehen noch glaubhafter zu gestalten.

Vohrer wußte bis dahin nicht, wozu Schauspieler in ihrer Ernsthaftigkeit imstande sind, nämlich alles zu geben, was für die Qualität ihrer Rolle von Wichtigkeit ist.

Natürlich sind Schauspieler eitel – aber in anderen Punkten. In dem Moment, wo es um die Erfüllung unserer Rolle geht, kennen sie keine äußerlichen Eitelkeiten. In vielen Dingen sind Schauspieler deshalb oft moralischer als die Öffentlichkeit, die ihnen häufig Unmoral unterstellt.

Jerry

Leider waren diese Vorproben nur mit den *zwei*beinigen Hauptdarstellern der „Schwarzwaldklinik" möglich.

Buchbesprechungen mit unserem Fernsehhund, der Promenadenmischung „Jerry", stießen auf wenig Verständnis auf seiten des vierbeinigen Darstellers. Auch an Regieanweisungen von Freddy Vohrer hielt er sich lieber nicht, da gab es viel Interessanteres für einen kleinen Hund als das monotone Summen der Kameras. Das führte zu manchen Komplikationen.

Denn der laut Drehbuch treue Jerry, den Professor Brinkmann in der ersten Folge gutmütig adoptiert und der ihn fortan als sein treuer Freund durch die Serie begleitet, ging fremd: er folgte lieber seinem richtigen Herrchen, dem Tierfreund und Dompteur Joe Bodemann.

Joe betreibt eine Film- und Fernsehschule für Tiere. Zu seinem Stall gehören 23 Exemplare – darunter der Löwe Ken, der uns später einiges Kopfzerbrechen bereiten sollte, Bären, Tiger, Kamele und eben die Promenadenmischung Jerry. Joe hat internationale Erfolge aufzuweisen mit Tierdressuren und Raubtierstunts, und er hat ein ganz besonderes Rezept: Er dressiert seine Tiere statt mit Peitsche und Ketten mit Zuneigung und Liebe.

Zuviel Liebe für meinen Geschmack – Jerry war einfach nicht von seinem Freund wegzulotsen. Statt mir treu in die Augen zu sehen, wendete er unaufhörlich den Kopf ab, wenn ich ihn streichelte, und himmelte seinen Herrn und Meister an, der immer in der Nähe war. Und Joe wiederum war nicht abzulenken. Er war so stolz auf seinen Vierbeiner, daß er jede Szene aufmerksam verfolgte. Selbst wenn ich Jerry ein Stück Wurst gab – der berühmte treue Blick aus braunen Hundeaugen galt Joe. Er ahnte wohl, daß der Tip mit der Wurst von seinem Herrchen kam...

An einen Spaziergang ohne Leine war ebenfalls nicht zu denken. Doch das wußten wir erst, nachdem es den ersten Ärger gegeben hatte. Den ersten Krach, der nicht im Drehbuch stand. Im Mittelpunkt der Spielhandlung: der Hund Jerry, der sein Stichwort verpaßte. Beziehungsweise geflissentlich überhörte.

Wir übten mal wieder einen Spaziergang „bei Fuß". Als Jerry zum zehnten Mal schwanzwedelnd zu Joe Bodemann gelaufen war, statt an meiner Seite zu bleiben, platzte mir der Kragen. „Menschenskind, verschwinde endlich mitsamt deinem Hund!" schrie ich Joe an, was ich heute noch sehr bedaure. Er nahm es nicht weiter übel, er ist gefährlichere Attacken gewöhnt.

Jemand anders war verärgert – Freddy Vohrer, dem unbeherrschte Ausbrüche von Schauspielern ein Greuel sind. Die beansprucht er lieber für sich selbst. Vohrer hörte mich schreien, wußte aber nicht, worum es ging.

„Warum brüllt der so, der kann wohl seinen Dialog nicht...", sagte er, und zwar so laut, daß ich jedes Wort verstand. Was wohl auch in seiner Absicht lag. Nun verlor ich endgültig die Nerven. Ich bin ein typischer Stier mit einer Engelsgeduld, aber wenn ich mal aus der Haut fahre, dann kracht es gleich richtig.

Was die verpatzte Hochzeitsszene nicht geschafft hatte, das gelang Jerry und Vohrer – ich brüllte und brüllte und brüllte...

„Ich verbitte mir diese Frechheit! Mit mir nicht!" schrie ich. „Ich habe meinen Text im Kopf. Was ihr im Kopf habt, ist mir ein Rätsel, wenn ihr nicht in der Lage seid, dem Hund sein Pensum beizubringen..." Natürlich war nun der sensible Freddy gekränkt, und ich ging abends, nachdem ich erst mal *mich* beruhigt hatte, mit einer weißen Fahne in Form eines Liebesbriefes zu Freddy in die Bar, um *ihn* zu beruhigen. Wie so oft, waren wir uns schnell wieder einig.

„Ich wußte gar nicht, daß du so laut werden kannst", sagte er später. „Wenn du schreist, bleibt wirklich kein Auge trocken. Ich werde mich bemühen, dir nicht noch einmal das Stichwort zu einem solchen Auftritt zu geben."

Bei Joe entschuldigte ich mich am nächsten Morgen auch. Ohne ihn hätte es zwar keine Probleme mit Jerry gegeben, aber eben auch keinen Jerry.

Denn sobald Joe einmal weg war, parierte der Hund wunderbar. Ich habe Joe oft zum Teufel gewünscht. Doch er war halt immer dabei – und sein Hund bei ihm statt bei mir.

Rückblick ohne Zorn

Die ungeprobte Szene mit Jerry blieb mein einziger Ausrutscher während meiner Zeit als Chefarzt. Ich bin zwar nicht leicht in Rage zu bringen, aber wenn es einmal passiert, bleibt es allen Beteiligten unvergeßlich. Wie damals anläßlich eines ungeprobten Monologs im Jahr 1964.

Angefangen hatte alles mit einem Anruf aus Wien aus dem Burgtheater, damals das Mekka aller Schauspieler im deutschsprachigen Raum. Einem Anruf nach Zürich, wo Ida und ich damals Theater spielten. Professor Wolters, Idas Lehrer, war an der Strippe, aber der Anruf galt mir.
„Sind Sie frei?" fragte Wolters mich ohne Umschweife.
„Frei – wofür?" fragte ich hoffnungsvoll zurück. Aus dem alten Gemäuer des Burgtheaters hatte ich vor Jahren mal ein Steinchen gebrochen und mir geschworen: Hier wirst du eines Tages spielen! Sollten sich meine Träume jetzt erfüllen?
„Sie werden an einer Aufführung im Burgtheater teilnehmen", sagte Wolters jetzt sehr bestimmt. „Das Stück heißt ‚Das gerettete Venedig', Premiere ist in Bregenz, das Stück wird dann ins Burgtheater übernommen. Regie führt Peter Mosbacher."
Wie so oft in meinem Leben war eine kleine Feier mit meiner Frau fällig. Doch diese Flasche Champagner öffneten wir etwas voreilig, denn die Zeit der Proben in Bregenz war nicht gerade einfach.
Die „lieben" Kollegen vom Burgtheater ärgerten mich, wo sie nur konnten, sie ließen mich überdeutlich spüren: „Neue sind hier unerwünscht."
Bei der Hauptprobe in Bregenz brach die über Wochen aufgestaute Wut aus mir heraus, aus einem wirklich dummen und nichtigen Anlaß. Mein Partner ignorierte mich einfach, er sagte sein Stichwort in die Luft.
„Schauen Sie mich gefälligst an, wenn Sie mit mir reden!" schrie ich und brüllte immer weiter.
Ida saß mit ihrem dicken Bauch – Sascha war gerade unterwegs – im Parkett und rief „Um Gottes willen", während ich brüllend und schreiend die Bühne entlangtobte.
„Laß ihn nur", sagte Mosbacher, „das paßt ganz gut in mein Konzept."
Fragend sah Ida ihn an.
„Er muß sich schließlich durchsetzen", fuhr Mosbacher fort. „Und *das* ist nicht die schlechteste Methode."
Von nun an gab es keine Probleme mehr zwischen den Kollegen und mir.
Die Premiere in Wien, auf die wir uns so gefreut hatten, verlief hingegen sehr traurig. Als wir abends das Burgthea-

ter betraten, hing die schwarze Fahne über dem Haus. Ein Zeichen dafür, daß ein Mitglied der Burg gestorben war. Es war Lothar Müthel, Mentor meiner frühen Jahre in Berlin und Frankfurt und später Direktor des Burgtheaters. Wie hatte ich mich auf die erneute Zusammenarbeit mit ihm gefreut...

Bald wurde ich festes Mitglied am Burgtheater in Wien – wieder einmal war einer meiner Träume in Erfüllung gegangen.

Mit dem „Opfer" meines Ausbruchs während der Generalprobe in Bregenz bin ich heute noch eng befreundet – das wäre natürlich auch ohne lautstarke Mittel möglich gewesen.

Nun, solche Methoden waren im Schwarzwald Gott sei Dank völlig fehl am Platz. Hier gingen alle freundlich miteinander um und dachten mit Bangen an die Trennung, die ja irgendwann einmal fällig sein würde.

Aber erst sehr viel später, als wir gedacht hatten. Unser Aufenthalt in Hinterzarten und in Hamburg sollte länger dauern als vorgesehen. Denn noch während der Dreharbeiten im Schwarzwald erfuhren wir, daß unser Abschied von Hinterzarten Ende Oktober kein endgültiger sein und die Produktionszeit in Hamburg sich verdoppeln würde.

Der damalige ZDF-Vize-Programmdirektor Peter Gerlach hatte wie schon so oft mit einer spontanen Entscheidung Mut bewiesen und dem ZDF einen großen Erfolg beschert. Doch das konnte er damals noch nicht wissen – das war halt die berühmte „Nase", die auch Wolfgang Rademann auszeichnet.

Gerlach sah sich im Spätsommer 1984 mit Rademann am Schneidetisch in Mainz erste Muster an und entschied: „Wenn schon ein Mammut-Projekt, dann gleich eines in Hollywood-Dimension. Nicht zwölf Folgen ‚Schwarzwaldklinik', sondern 24." Am nächsten Tag erreichte uns die frohe Nachricht – und mit ihr die bange Frage Wolfgang Rademanns: „Habt Ihr überhaupt Zeit? *Könnt* ihr überhaupt weitermachen?" Bald atmete er auf – wir konnten. Gaby Dohm und ich waren frei für die nächsten Monate, und auf die Terminpläne der anderen Darsteller konnte Rücksicht genommen werden.

Zwölf neue Folgen – das bedeutete, daß im Anschluß

an die Dreharbeiten in Hamburg von November bis Februar für die erste Staffel gleich die zwölf Folgen der neuen Staffel folgen würden. Die Außenaufnahmen für Folge 13 bis 23 waren für die Monate Mai bis August in Hinterzarten eingeplant. Zwölf neue Folgen – das bedeutete auch eine Fortsetzung nach dem Happy-End, nach der Hochzeit zwischen Professor Brinkmann und Schwester Christa, Ehealltag zwischen dem Professor und der Ärztin.

Auf *die* Ehe durfte man gespannt sein. Was würde Herbert Lichtenfeld sich wohl einfallen lassen? Szenen einer Ehe im Schwarzwald? Doktorspiele im Heimatmuseum?

Herbert Lichtenfeld ist immer für eine Überraschung gut. In Leipzig geboren und 1951 in die Bundesrepublik übergewechselt, kommt er ursprünglich vom Journalismus. Sein Weg führte ihn vom „Badischen Tageblatt" über die „Neue Ruhrzeitung" und die „HÖR ZU" zur „Petra".

Doch so eine Frauenzeitschrift war wohl nicht das richtige für ihn. Anfang der sechziger Jahre entstanden erste Hör- und Fernsehspiele. Lichtenfeld ist Autor zahlreicher „Tatort"-Krimis – der berühmteste ist wahrscheinlich der Petersen-Tatort „Reifeprüfung", bei dem Klaus Kinskis schöne Tochter Nastassja mit fünfzehn Jahren für die Leinwand entdeckt wurde.

Rademann entdeckte Lichtenfeld Anfang der achtziger Jahre und holte ihn in das Team seiner „Traumschiff"-Autoren. Für die „Schwarzwaldklinik" trägt er allerdings die alleinige Verantwortung, er ist der Macher, und als solcher war er uns Garant genug für Spannung in den Folgen 13 bis 23. Doch noch war es nicht soweit. Vor uns lagen die letzten Szenen im Schwarzwald, eine Woche Produktion auf Sylt und die Innenaufnahmen der ersten Staffel.

Wien

Meinen ersten Heimaturlaub nahm ich im Herbst, bisher hatte sich einfach noch keine Gelegenheit ergeben.

Fast ein halbes Jahr war ich nicht in Wien gewesen. Die Kollegen, die nicht ständig drehten und öfter mal nach Hause fuhren, sagten: „Hast du denn kein Heimweh?"

Ich mußte zugeben: „Nein." Auch wenn das herzlos klingt, aber für Entzugserscheinungen blieb mir keine Zeit.

Der letzte Drehtag der Woche endete jeweils Freitagabend. Montagmorgen mußte ich meine Dialoge im Kopf haben – und war so in meine Rolle vertieft, daß es unglaublich schwierig schien, einfach für ein Wochenende aus meinem weißen Arztkittel zu schlüpfen und ins normale Leben zurückzukehren.

Schlimm für meine Frau, denn meine Besuche in Wien während der einjährigen Drehzeit kann ich an einer Hand abzählen. Sie wiederum konnte mich nicht besuchen, denn ihr Lehrauftrag am Max-Reinhard-Seminar in Wien ließ keinen Flug nach Hamburg, keine Autofahrt nach Hinterzarten zu.

Für eine Frau ist eine solche Trennung immer schwerer.

Ich war beschäftigt, begeistert, euphorisch, ich verbrachte meine Tage vor der Kamera und meine Abende mit Textstudium und Drehbucherörterungen mit Regisseur Freddy Vohrer und den Kollegen im Garten des „Parkhotel Adler" oder in der Hotelbar. Ida aber war allein – zumal Bärbel ja auch monatelang als Lernschwester Elke in Hinterzarten und Hamburg war.

Nun war die ersehnte Gelegenheit gekommen, ein verlängertes, verregnetes Wochenende im Oktober 1984. Ida und Helene standen am Flughafen. Erst küßte mich Helene, dann fiel mir Ida um den Hals.

Um Helenes Kuß entgegenzunehmen, mußte ich mich tief bücken, denn Helene ist unsere elfjährige Rauhhaardackeldame, die sehr an mir hängt. – Meine Frau weiß, wie ungern ich telefoniere. Mit Rücksicht darauf hatte sie sich ihre Fragen auf das erste Wiedersehen aufgespart.

„Wie geht's dir? Wie ist die Stimmung im Team? Kommst du mit deinen Kollegen zurecht? Schläfst du auch genug? Ist der Freddy Vohrer wirklich so schwierig, wie alle behaupten?" Ich unterbrach sie. „Alle Antworten auf einmal oder nacheinander?" fragte ich zurück.

„Nacheinander", sagte sie lachend, „und erst, wenn wir zu Hause einen Kaffee getrunken haben." Doch vorher meldete sich Helene zu Wort, sie bestand auf einen langen Spaziergang, und einer alten Dame darf man schließlich keinen Wunsch abschlagen.

„Es ist alles wunderbar", erstattete ich anschließend einen umfassenden Bericht über ein halbes Jahr Drehzeit. „Ich liebe alle, und alle lieben mich." Damit hatte ich, wie ich meinte, alles gesagt. Zumindest alles, was für mich von Bedeutung war.

Meine Frau war anderer Ansicht. Sie will immer alles genau wissen.

„Hast du Einfluß auf die Rolle?" fragte sie. „Oder mußt du sie so spielen, wie sie im Drehbuch steht?"

Ich erzählte ihr von der harmonischen Zusammenarbeit mit Gaby und Heidelinde, mit Freddy Vohrer und seinem Kameramann Manfred Ensinger.

„Fällt dir das Leben im Hotel nicht auf die Nerven?" wollte Ida wissen.

„Wir sind so in unserer Arbeit vertieft, daß Heimweh gar nicht erst aufkommt", beruhigte ich sie.

„Und das Team – gibt es keinen Streit, keine Intrigen, keine Eifersüchteleien?"

Ich erzählte ihr begeistert von der „Familie", zu der wir uns alle zusammengeschlossen hatten und mit der die Arbeit so angenehm war.

Und so verbrachten wir beide die Stunden mit Musik, Gesprächen und einem Besuch beim Heurigen. Für Verwandte, Freunde und Bekannte blieb leider keine Zeit.

Das Wochenende war so schnell vorbei, und Idas sehnsüchtige Frage: „Wann kommst du denn wieder?" mußte ich mit einem vagen „Sobald ich kann" beantworten.

Eine Antwort, die Frauen hassen, aber ihre Männer kommen leider oft nicht um sie herum, wenn sie den vor ihnen liegenden Arbeitsaufwand noch nicht abschätzen können. Es sollten zwei Monate vergehen, bis ich wieder nach Hause konnte: Zu Weihnachten machten wir eine Woche Drehpause.

Sascha Hehn

Kleine Pausen machten wir natürlich ständig. Und die Mitglieder der großen „Schwarzwaldfamilie" verstanden sich so gut, daß sie oft auch noch ihre knapp bemessene Freizeit miteinander verbrachten. Wir spielten miteinander Tennis, gingen spazieren, unternahmen Ausflüge an den Titisee oder lagen ganz einfach faul im Garten des „Parkhotel Adler". Ausgiebige Sonnenbäder waren uns seitens der Produktion verboten worden. Ein brauner Teint läßt die Maskenbildnerin schier verzweifeln, weil er kaum zu überschminken ist.

Auch viele Mahlzeiten nahmen wir gemeinsam ein. Truppenversorger war nicht selten Sascha Hehn, der oft frische Fische aus dem Titisee mitbrachte. Der Küchenchef des „Parkhotel Adler" bereitete sie für uns zu. Sascha ist nämlich nicht nur begeisterter Angler – er fängt auch immer etwas. Mit einem Angelschein, der ihn zum Fischen in allen Seen Deutschlands berechtigt. Da auch er so langsam vernünftig wird, hat er die Jagd auf die Mädchen abgeblasen – zum Wohle des ganzen Teams, seitdem versorgte er uns regelmäßig mit frischen Aalen, Forellen und Renken.

Ganz besonders reizvoll war es aber auch, mit Sascha Hehn essen zu gehen. Man kam sich vor wie bei einem Kindergeburtstag: Plötzlich war das ganze Lokal voll junger Mädchen. Die Teenies kamen an den Tisch, umringten Sascha, sprachen ihn an, berührten ihn, umschwärmten ihn. Keine über fünfzehn, die älteren hielten sich dezent zurück. Alte Damen und Kinder – das ist Saschas Publikum. Ein Publikum, das er liebt und zu dem er steht. Die Bestätigung dafür lieferte er in seiner Rolle als Dr. Udo Brinkmann in der „Schwarzwaldklinik". Er heiratet in der zweiten Staffel die Ärztin Katarina, gespielt von Ilona Grübel, eine geschiedene Frau mit einer zehnjährigen Tochter namens Angie.

Wie Sascha Hehn vor der Kamera und auch in den Drehpausen mit dieser Angie umging, war so natürlich und liebenswert, daß niemand, der ihn während der Arbeit kennengelernt hat, ihn für den eitlen, oberflächlichen Möchtegern-Playboy halten würde, als den die Presse ihn oft hinstellt. Dennoch hatte Wolfgang Rademann lange gezögert, bevor er ihm die dritte Hauptrolle, die des Dr. Udo Brinkmann, anvertraute.

„Beim ‚Traumschiff' hatten wir es nicht immer leicht mit Ihnen", äußerte er seine Bedenken bei einem Gespräch mit Sascha Hehn. „Es gab Ärger mit den Kollegen. Sicher, Sie sind ein guter Schauspieler, ein Typ für junge Leute und alte Damen – aber auch Sie sind nicht unersetzlich." Das sah er ein. „Ich hatte eine schwierige Phase", gab er zu. „Manchmal weiß ich selbst nicht, warum ich so reagiere. Aber Sie werden jetzt keine Probleme mehr mit mir haben." Und er hielt sein Wort. Es gab weder berufliche Schwierigkeiten noch private. Und seine Rolle als Adoptivvater bei der kleinen Angie spielte er mit wahrer Begeisterung. Er tobte mit dem Mädchen herum und brachte ihr das Motorradfahren bei, ganz so, wie es auch ein richtiger junger Adoptivvater oder ein großer Bruder tun würde.

Überhaupt – was der Sascha so im Schwarzwald treibt... Es beginnt mit der Liebelei zwischen ihm und Schwester Christa, die ihm Professor Brinkmann dann ausspannt und die sowieso die Nase voll hat von ihm. Sie hatte ihn im Garten seines Hauses mit Renate Langer erwischt.

Dieser rücksichtslose Herzensbrecher bleibt er fast 23 Folgen lang. Als nächstes mußte Lernschwester Elke dran glauben. Und dann eben kam Angie, Angelika Reißner, deren Mutter Katarina ihn endlich vor den Traualtar lockt. Das kann nicht gutgehen, denkt man – und tatsächlich: Schon betrügt Sascha als Udo die frischgebackene Gemahlin Katarina mit deren Kindermädchen Claudia, dargestellt von der reizenden Anja Kruse.

„Der ‚Traumschiff'-Steward Sascha Hehn wird Arzt", lauteten die Schlagzeilen einiger Zeitungen, die sich während der Dreharbeiten mit der „Schwarzwaldklinik" beschäftigten.

„Die Hauptrolle hast doch du", empörten sich Kollegen. „Stört dich dieser Rummel um Sascha Hehn nicht?"

„Ganz im Gegenteil", erwiderte ich jedesmal. „Ich bin zwar noch nicht am Ende, aber Sascha ist erst am Anfang seiner Karriere und kann Publicity gut brauchen."

Daß die deutsche Presse beginnt, nun auch in Saschas Vergangenheit nach unrühmlichen Erfahrungen zu graben, tut mir leid. *Diese* Art von Publicity hat er nicht verdient. Wolfgang Rademann sieht in Sascha Hehn und seiner Rolle als Dr. Udo Brinkmann den größten Effekt der Serie.

„Alle, die in Sascha Hehn nur den schönen Kleiderständer vermuteten, haben sich sehr jewundert", sagt er zufrieden. „Ein bißchen hatte ick ein schlechtes Jewissen, weil ick ihm bisher auf dem ‚Traumschiff' keine Chance jegeben hatte, seine schauspielerische Begabung zu zeigen. Det habe ick hiermit nachgeholt."

Und mit Erfolg.

Rademann mußte es wissen, denn er hat Sascha Hehn als charmanten Steward für das „Traumschiff" schließlich erfunden. Aber nicht nur Sascha hat sich entwickelt, auch die Figur, die er spielt.

Und er wird sich noch weiter mausern, wenn die „Schwarzwaldklinik" 1986 fortgesetzt wird. Doch was *dann* mit und um Dr. Udo Brinkmann passiert, soll noch nicht verraten werden. Nach amerikanischem Rezept von „Dallas" und „Denver" versuchen Produzent und Regisseur, die Spannung möglichst lange durch Geheimhaltung zu wecken und aufrechtzuerhalten. Diese Neugier kommt auch den Schauspielern zugute, in diesem Fall Sascha Hehn.

Sascha ist sensibel, und auf eine Einmischung in seine Arbeit reagiert er sehr empfindlich. Selbst bei mir. „Die Szene mußt du anders spielen", riet ich ihm, nachdem ich einen Dialog zwischen ihm und Heidelinde Weis zufällig mitgehört hatte. „Deine Reaktion ist einfach falsch."

„Laß mich doch in Ruhe." Mein Fernseh-Sohn war verärgert.

„Nein", beharrte ich. „So geht das einfach nicht."

Sascha verließ den Raum und knallte die Tür hinter sich zu.

„Sprich du mit ihm", sagte ich zu Freddy Vohrer. „Es ist doch in *seinem* Interesse."

Eine Viertelstunde später reichte Sascha mir die Hand. „Entschuldige, du hattest natürlich recht. Ich drehe die Szene noch mal."

Für mich ist er ein wirklicher Kumpel, und ich schätze ihn besonders, weil er eine schwere Kindheit hatte – beziehungsweise eigentlich gar keine. Als Sohn des Ufa-Stars Albert Hehn wurde er mit fünf Jahren für den Film entdeckt und führte das traurige Leben eines Wunderkindes. Sein erster Film: „Hubertusjagd" mit Willy Fritsch. Viele Film- und später Fernsehangebote folgten. 1984 ging er auf Theatertournee: „Der Doppeladler" mit Judy Winter und Günther Ungeheuer.

Klausjürgen Wussow mit seiner Frau Ida Krottendorf in „Egmont", Düsseldorf 1952

Klausjürgen Wussow in der Fernsehserie „Kurier der Kaiserin" mit Bär Zuzule

In dem Film „Arzt aus Leidenschaft" spielte Klausjürgen Wussow schon einmal einen Arzt

Mit Ruth Leuwerik als Partnerin spielte Klausjürgen Wussow in dem Film „Eine Frau fürs ganze Leben"

Klausjürgen Wussow im Gespräch mit der Journalistin Yvonne Viehöver, die ihn zu diesem Buch ermutigte

Klausjürgen Wussow mit seiner Frau Ida Krottendorf und seinen Kindern Sascha (links) und Bärbel (rechts)

Die Verabschiedung des alten Klinikleiters, Prof. Schiermann (Herbert Thiede, Mitte), und Einführung des neuen Leiters, Prof. Brinkmann (Klausjürgen Wussow, links)

Das ist der Schauplatz der ZDF-Superserie „Schwarzwaldklinik": das idyllisch gelegene Kurhaus Glotterbad nahe Freiburg

Sascha Hehn als Dr. Udo Brinkmann, Gaby Dohm als Frau Brinkmann und Klausjürgen Wussow als Prof. Brinkmann (v. l.)

Hier die „Schwarzwaldklinik"-Crew mit (von links) Eva-Maria Bauer, Franz Rudnick, Gabi Fischer, Alf Marholm, Ilona Grübel, Klausjürgen Wussow, Gaby Dohm, Sascha Hehn und Barbara Wussow

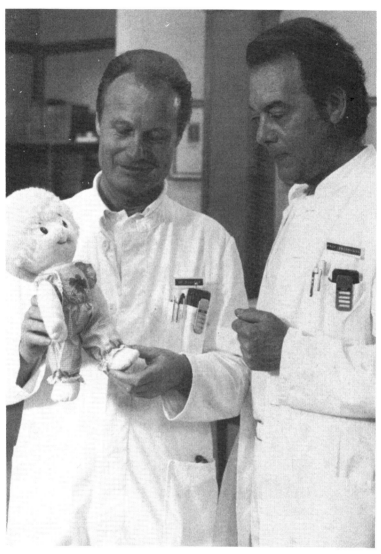

Szene mit Karl Walter Diess (links) als Dr. Schäfer und Klausjürgen Wussow als Prof. Brinkmann

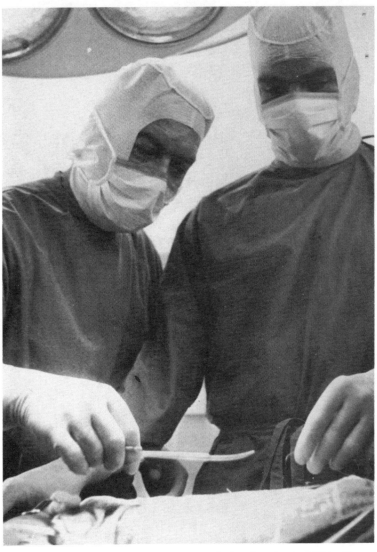
Szene mit Sascha Hehn (rechts) als Dr. Udo Brinkmann und Klausjürgen Wussow als Prof. Brinkmann im Operationssaal

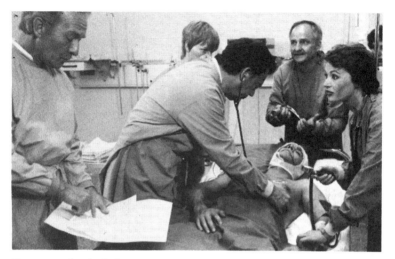

Szene aus der Ambulanz, in der sich Prof. Brinkmann um einen Patienten kümmert

Dr. Elena Bach (Heidelinde Weis) ist es gelungen, ein altes Ehepaar vor dem fast sicheren Tod zu retten. Neben ihr Prof. Brinkmann

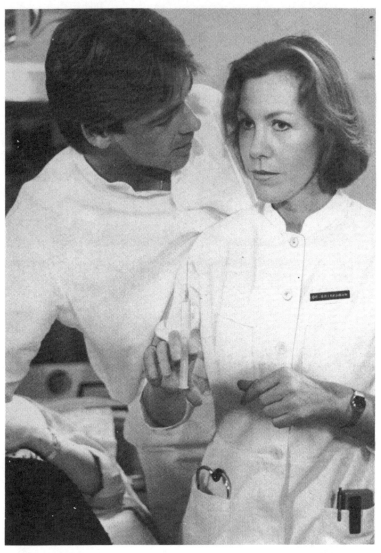

Dr. Brinkmann jun., der Frauenheld, macht Christa Avancen

Nach der Hochzeit zwischen Klinikleiter Prof. Brinkmann und seiner Stationsschwester Christa verabschieden sich die beiden von der „Schwarzwaldklinik", um in die Flitterwochen zu fahren

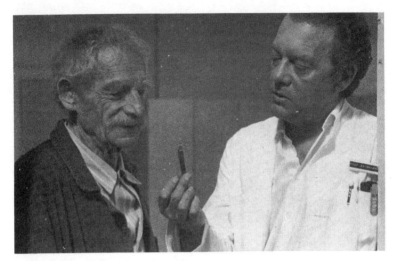

Patient Alois Bischle (Sigfrit Steiner) und Chefarzt Prof. Brinkmann im Gespräch

Eine Mischung zwischen Landstreicher und fahrendem Gesell ist in der Klinik eingeliefert worden (v. l.: Heinz Reincke, Karl Walter Diess, Klausjürgen Wussow)

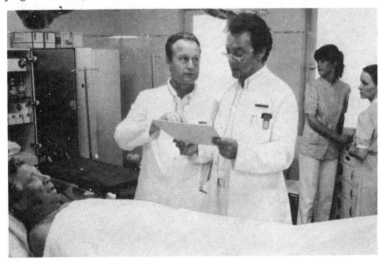

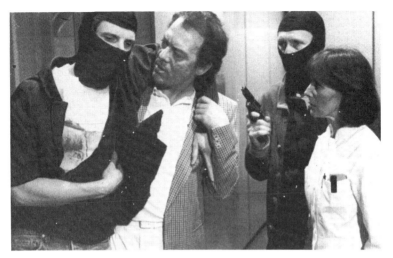

Mattes (Arthur Brauss) zwingt Prof. Brinkmann und Dr. Elena Bach dazu, seinen angeschossenen Komplizen (Udo Wachtveitl) zu operieren

Chefarzt Prof. Brinkmann mit einer seiner Patientinnen (Karin Baal)

Klausjürgen Wussow mit seiner Tochter Bärbel. In der „Schwarzwaldklinik" tritt sie als Krankenschwester auf

Vater und Sohn. Sascha Wussow spielt in der „Schwarzwaldklinik" den jungen Bertram Schäfer

Gaby Dohm (rechts) spielt die sympathische Krankenschwester Christa, die sich in Prof. Brinkmann verliebt. Hier mit Sascha Hehn als Dr. Udo Brinkmann und Anja Kruse

Hier ein Gruppenfoto mit einigen an der Serie beteiligten Schauspielern

Vor der Barockkirche des kleinen Ortes St. Peter bei Hinterzarten wurde die Fernseh-Hochzeit gedreht. Hier das glückliche Paar: Prof. Brinkmann und Schwester Christa

Es ist also keineswegs so, daß Sascha kein ernsthafter Schauspieler ist. Er hat sich das, was er heute kann und ist, selbst erarbeitet und erkämpft. Klar, daß das nicht ohne Schrammen und Narben geschieht. Nicht ohne gelegentliche Fehler und Fehlgriffe. Grund genug für einige neidische Kollegen, die Gelegenheit zu nutzen, sich selbst in die Schlagzeilen zu bringen und ein Presse-Comeback zu versuchen...

Freiheit, die ich meine...

Für meine eigenen Kinder wünsche ich mir etwas von Sascha Hehns Chuzpe, von seiner Dreistigkeit und von seinem Charme. Denn ich habe sie zu sehr behütet, ich wollte ihnen zuviel ersparen. Und je behüteter Kinder aufwachsen, um so gefährdeter sind sie oft im späteren Leben. Aber das sind typische Fehler eines zärtlichen Vaters, auf die er viel zu spät aufmerksam wird.

„Es gibt ja dich, du wirst schon alles richten", ist die Antwort der Kinder, wenn ich versuche, ihnen die Gefahren des Lebens klarzumachen. Wie oft habe ich in Wien versucht, sie selbständiger und unabhängiger zu machen – ohne jeden Erfolg. Denn für sie bin noch immer ich derjenige, der die Dinge in die Hand nimmt und der auf alles eine Antwort findet.

Im Schwarzwald nutzte ich meine Chance – ich versuchte, den Kindern, vor allem Bärbel, fern von zu Hause die Chancen zu zeigen, die ein Leben in „freier Wildbahn", in Unabhängigkeit bietet. Eine Unabhängigkeit, die weder Bärbel noch Sascha bisher für sich in Anspruch genommen hatten.

„Papi, laß uns an den Titisee fahren", bat Bärbel mich in einer Drehpause. „Ich möchte Kaffee trinken, Kuchen essen, auf den See schauen und mit dir reden."

„Fahr lieber mit dem Sascha", winkte ich ab.

Sascha Hehn hatte sie kurz vorher zu einer Spritztour eingeladen.

„Nein, ich fahre lieber mit dir. Bitte!" bettelte sie.

Wieder winkte ich ab. „Ich würde gerne meinen Text für morgen noch einmal durchgehen. Sicher freut sich Sascha, wenn du Zeit für ihn hast."

„Sei kein Spielverderber."

Meine Tochter hat meinen Dickkopf geerbt und läßt nicht so leicht locker. Und ich bin ein viel zu zärtlicher Vater, um lange Widerstand zu leisten. Also streckte ich die Waffen. – Kurz darauf saßen wir in einem kleinen Café am See. „Warum mußte ich dich so lange bitten?" wollte meine Tochter wissen.

„Weil ich dich lieber in Gesellschaft Gleichaltriger sehe", sagte ich. „Es ist schön, daß du deinen alten Vater liebst, aber du solltest mehr mit jungen Leuten zusammensein. Du mußt jetzt deinen eigenen Weg finden, du bist alt genug." Bärbel sah mich mit großen Augen fragend an.

„Und wie soll dieser Weg aussehen?" fragte sie. „Wohin führt er?"

„Der erste Schritt könnte sein", begann ich, „daß du dir endlich eine eigene Wohnung suchst. Es ist nicht so, daß wir dich nicht gern bei uns hätten, aber für ein 24jähriges Mädchen ist es an der Zeit, flügge zu werden und sich selbst ein Nest zu bauen."

„Mag ja sein", gab sie zu. „Aber ich würde dann doch dauernd bei euch sein, weil mir's Alleinleben fad vorkommt. Was soll ich dann mit einer eigenen Wohnung, die nur Geld kostet?"

Ich gab es auf – vorerst. Doch steter Tropfen höhlt den Stein. ... Ein Jahr später, im Herbst 1985, war es dann soweit. Ich ging mit Bärbel eine Küche für ihr erstes eigenes Heim kaufen. Doch daran war damals, im Sommer 1984, noch nicht zu denken. Auch dafür bin ich der „Schwarzwaldklinik" dankbar, daß sie den Abnabelungsprozeß meiner Kinder etwas erleichtert hat.

Sie lernen allmählich, auf eigenen Beinen zu stehen. Und sie sind zu recht stolz auf ihren eigenen Erfolg.

„So viele Titel wie jetzt bekomme ich in meinem ganzen Leben nie wieder", rief Bärbel kürzlich und zeigte mir strahlend eine von vielen Illustrierten, deren Titelbild sie als Lernschwester Elke schmückt.

„Die Schwarzwaldklinik" ist für viele der 260 Schauspieler der Start ins Medium Fernsehen, eine ungeheure Chance, für andere ein Comeback, für mich ist die Serie ein Wiedersehen mit lieben alten Kollegen.

So kenne ich meinen Oberarzt Dr. Schäfer, Karl Walter

Diess, aus Göttingen, wo er 1959 den Brigg in „Die Katze auf dem heißen Blechdach" spielte. Und zwar so hinreißend, daß ich mir schwor, diese Traumrolle sofort von meiner Wunschliste zu streichen.

„So gut wie der wirst du nie", sagte ich mir. Das Angebot, die Rolle des Brigg zu spielen, kam einige Male auf mich zu, ich habe es immer abgelehnt.

„Du spinnst ja", sagte Diess, als ich ihm letztes Jahr von meinem freiwilligen Verzicht erzählte.

Diess ist ein alter Fernsehhase. Auch er ein gelernter Schauspieler, das Geld für die Schule verdiente er sich als Sprecher beim Rundfunk und beim Salzburger Marionettentheater. Sein erstes Engagement erhielt er in Wien am Theater in der Josefstadt, dann folgten Göttingen und elf Jahre am Residenztheater in München. Fritz Umgelter holte ihn zum Fernsehen für die Verfilmung in drei Folgen des Romans von Manès Sperber „Wie eine Träne im Ozean". Seither steht er regelmäßig auf den Besetzungslisten deutscher Produktionen – leider meist als Bösewicht im „Tatort", „Derrick" oder „Der Alte".

Ich war glücklich, daß dieser wunderbare Schauspieler mir in den ersten 23 Folgen der „Schwarzwaldklinik" zur Seite stand, und traurig, daß Oberarzt Dr. Schäfer zum Ende der zweiten Staffel die Klinik verläßt, weil er „aus gesundheitlichen Gründen nicht mehr operieren kann". Nicht nur als Kollege ist er eine Freude – auch als Gesprächspartner während der Drehpausen. Mit Diess kann man sich über alles unterhalten – von der allgemeinen Politik über Theater und Fernsehen bis zur Tagesaktualität.

Hinterzarten

Einen Hauptdarsteller gibt es, der Rademann einmal viel zu verdanken haben wird: den Schwarzwald. Der berühmte Hubschrauber-Pilot Wasserthal wurde extra eingeflogen, um die schönsten Ecken und Winkel der „vergessensten deutschen Fernsehlandschaft" (Rademann) aus der Luft aufzunehmen. Wie bei „Dallas" und „Denver" geht die Kamera auf die „Schwarzwaldklinik" zu. In zehn Orten wurde gedreht. Der Bürgermeister von Hinterzarten, Berthold Ruch, spielt ebenso mit wie viele Einheimische; Kurdirektor Rudolf Schlegel war rund um die Uhr im Einsatz, um Komparsen, Autos und Toilettenhäuschen zu beschaffen. Das Produktionsteam der Polyphon war wochen- und monatelang unterwegs, um die schönsten Plätze des Schwarzwalds ausfindig zu machen.

Und das war gar nicht so einfach. Denn auch hier breitet sich immer mehr das Baumsterben aus. Der Westwind bringt schmutzige Luft aus den Industriegebieten Frankreichs. Auch wenn das Sterben der Bäume hier erst beginnt, so richtig schöne, romantische, große Waldflächen sind auch im Schwarzwald selten geworden. Und so wurde statt an einer Stelle an vielen einzelnen schönen Fleckchen gedreht.

„Der Schwarzwald ist nach wie vor die schönste und wärmste Gegend Deutschlands", schwärmt Otto Zumkeller, Leiter des Fremdenverkehrsamtes Gesamtschwarzwald in Freiburg. Auch wenn diese Werbung für sein Produkt etwas übertrieben klingen mag, der Wald um Hinterzarten ist tatsächlich noch lange nicht so krank wie zum Beispiel die österreichischen Waldflächen an der tschechischen Grenze. Dort sind von den erhabenen, riesigen Bäumen zum großen Teil nur noch die Stämme übriggeblieben, ein Anblick, der einem das Herz bricht. Aber auch die Bäume des Schwarzwalds zeigen schon die typischen Symptome. Hauptsächlich da, wo der Bestand nur aus Tannen besteht, fallen die Nadeln, die Stämme werden grau und schälen sich.

Doch daran dachte niemand, als es darum ging, die Heimat Professor Brinkmanns und den Standort seiner Klinik zu bestimmen. Hauptverantwortlicher für den Drehort war ein netter, schnauzbärtiger Mensch namens Günther Gütersloh. Er tut das, was die Deutschen Motivsuche und die Amerikaner Location Manager nennen: Er sucht nicht nur die Drehorte aus, er kümmert sich auch um die Verpflichtung der Statisten, die Genehmigung der Dreharbeiten an öffentlichen Plätzen, die Sperrung von Straßen – und um viele andere wichtige Dinge mehr.

Doch bevor noch Ämter alarmiert und Hotels für das Team besorgt werden mußten, hatte Gütersloh im Herbst '83 zunächst die verantwortungsvolle Aufgabe, die geeignete „Schwarzwaldklinik" für Wolfgang Rademann zu finden. Er sah sich eine Woche verschiedene Krankenhäuser im Schwarzwald an und flog mit einer Mappe voller Bilder zu Wolfgang Rademann nach Berlin.

„Is mir alles zu klotzig", war Rademanns Kommentar. „Ich will keene Betonburg, sondern wat Hübsches, Romantisches. Wat Typisches für den Schwarzwald."

Das war leichter gesagt als gefunden. Wieder machte Gütersloh sich auf den Weg. Und wurde fündig. „Die liegt am schönsten", sagte er und legte Rademann ein Foto der Klinik Glottertal vor, eines Erholungsheims der Landesversicherungsanstalt Württemberg. Ein romantisches Haus im typischen Schwarzwaldstil, 17 Kilometer von Freiburg entfernt am Fuße des 1243 Meter hohen Kandel.

Die „Schwarzwaldklinik" hatte ihre Heimat gefunden. Und mit ihr ein Fernsehteam von rund 100 ständig vor Ort arbeitenden Schauspielern, Kameraleuten, Statisten, Technikern, Garderobiers, Masken- und Kostümbildnern, Fernsehredakteuren, Besuchern und Neugierigen.

Stilgerechter ging's schon fast nicht mehr: Die romantische Klinik im Glottertal ist ein renovierter Bau aus dem 15. Jahrhundert, in dem schon Ludwig Erhard und König Ibn Saud kurten. 1960 wurde der 153-Betten-Bau von der Landesversicherungsanstalt Württemberg als Sanatorium für Herz- und Kreislaufkranke übernommen.

Rührend betreut und beraten wurden wir von der Oberärztin der Klinik Glottertal, Dr. Reinhild Boehnel.

Drehbücher, Autogrammkarten und Zeitungsausschnitte schmücken heute ihr Büro, in dem wir oft eine Plauderstunde mit der sympathischen Ärztin einlegten. Heute stehen in der Kurklinik die Telefone nicht mehr still, und auch das Fremdenverkehrsamt hat alle Mühe mit der Beantwortung der Anfragen. Seit dem legendären „Forellenhof" hatte sich kein Team mehr in diese Gegend verirrt.

„In Oberbayern kennt man jeden Baum und jede Kuh aus dem Fernsehen. Aber nach dem Schwarzwald werden die Leute süchtig werden", prophezeite Rademann.

Eine war es schon im Spätsommer 1985: Eine ZDF-Mitarbeiterin, die schon erste Folgen gesehen hatte, buchte ihren Urlaub um. Neues Reiseziel: Hinterzarten. Und da stört es Wolfgang Rademann auch nicht, wenn der „Spiegel" die Wahl des Schwarzwalds als die „Wahl der Nische Heimatfilm" bezeichnet, „die schon in den fünfziger Jahren Hochkonjunktur hatte". Im Gegenteil: „Eine bessere PR könnten wir gar nicht haben", freute er sich über die „Spiegel"-Titelgeschichte vom 28. Oktober 1985. „Schon nach der zweiten Folge neun Seiten im ‚Spiegel' – das könnte man gar nicht bezahlen, wenn man es kaufen müßte. Wunderbar!"

Ob „Schwarzwälder Schinken" oder „Operation Kitsch", ob „Doktorspiele im Schwarzwald" oder „Romanze in Mull" – auch das Fremdenverkehrsamt von Freiburg profitiert von dem Erfolg der Serie. Und mit ihm alle Dörfer und Flecken, die in dieser schönen Landschaft angesiedelt sind.

Dem „Stern" war der neue Boom eine Reportage wert. Titel: „Wallfahrt zur ‚Schwarzwaldklinik'." – „Krank vor Sehnsucht nach dem telegenen Medizinmann aus der ZDF-‚Schwarzwaldklinik' suchen TV-Pilger nun ihr Heil am Drehort Glottertal", schrieb der Reporter Hans Nogly und machte sich gleich selbst auf den Weg. „Wir fahren Kolonne. Vor uns ein Wagen aus Soltau, hinter uns einer aus Wuppertal. Mehr sehen wir nicht. Irgendwo im dichten Herbstnebel muß Glottertal sein", beschreibt er seine Fahrt zum neuen Touristenziel „Schwarzwaldklinik", die ja eigentlich Kurklinik Glottertal heißt. Der Obermaschinenmeister des Sanatoriums sagt: „Ihr spinnt alle. Hier geht's zu wie auf Neuschwanstein."

Kaffeefahrten werden zur „Schwarzwaldklinik" organisiert, Busse und Auto-Karawanen machen sich aus ganz Deutschland auf den Weg nach Hinterzarten. Die Offenburgerin und Journalistin Dona Kujacinski fuhr einmal mit und erstattete mir später Bericht.

„Wie hat's Ihnen denn gefallen – in der ‚Schwarzwaldklinik'?" wollte sie von ihrer Busnachbarin wissen.

„Naja", war die enttäuschte Antwort. „Mei, ich hatt' mi so auf den Professor Brinkmann g'freut. Un' aach die nett' Schwester Christa war net do."

Wo wir sind, ist was los – aber der Schwarzwald ist auch ohne das Fernsehteam schön. Selbst wenn es mit der romantischen Abgeschiedenheit im Glottertal vorübergehend vorbei ist, ich gönne ihm trotzdem den Rummel. Und die Einheimischen scheint er nicht sonderlich zu irritieren. „Mir is des Wurscht", sagte eine betroffene Bäuerin in einem Funk-Interview. „Die tappe halt do rum..."

Daß „die do rumtappe", freut wiederum die Hotellerie. Denn im Schwarzwald gibt es zwar immer noch Weinanbau, Landwirtschaft und Holzwirtschaft – aber in der Hauptsache leben die Schwarzwälder vom Tourismus. Unser Standort Hinterzarten zum Beispiel hat 2600 Einwohner und 3061 Gästebetten.

Das Kostendämpfungsgesetz von 1981, das Ärzten die Verschreibung von teuren Kuren erschwert, hatte im Schwarzwald einen Touristen-Rückgang von 3 Millionen auf 27 Millionen zur Folge. 3 Millionen, die den Hotels, Pensionen und Kurheimen finanziell sehr zu schaffen machten. Schön, wenn jetzt statt erholungsuchender Kurgäste Massen von fernsehsüchtigen Schwarzwaldfans die Hotels bevölkern... Und wieder einmal hat sich eine von Wolfgang Rademanns Prognosen bewahrheitet:

„So unbelästigt wie heute werdet ihr nächstes Jahr um diese Zeit nicht mehr über die Straße gehen können, und hier im Schwarzwald werden sich die Leute tottrampeln."

Rademanns Stimme ließ keinen Widerspruch zu, als er anläßlich des Bergfestes eine Dankeschön-Ansprache an das Team hielt. Mit dem Bergfest feiert man Halbzeit bei Film und Fernsehen. Halbzeit der Dreharbeiten im Studio, Halbzeit der Außenaufnahmen, Halbzeit der Kräche und Versöhnungen im Team. Halbzeit der „Schwarzwaldklinik" – das Ergebnis hatte Rademann Schwung gegeben. Aufgeräumt fuhr er fort: „Weil ihr Hauptdarsteller nämlich Superstars sein werdet, und es hier von Touristen nur so wimmeln wird."

Viele, viele „wimmelnde Touristen" wünsche ich als nachträgliches Dankeschön dem „Parkhotel Adler" in Hinterzarten. Hier fühlten wir uns über ein Jahr lang nicht wie im Hotel, sondern so richtig zu Hause. Die Besitzer, die Familie Riesterer, die Hausdame, Frau Ditsch, und das Personal verwöhnte uns. Man bereitete und brachte uns das Frühstück zu jeder Tages- und Nachtzeit, man las uns jeden Wunsch von den Augen ab.

Ich erinnere mich an einen liebenswerten älteren Herrn. Er ist Innenarchitekt und verbringt seit vielen Jahren den ganzen Sommer im „Parkhotel Adler" in Hinterzarten. Mit viel Vergnügen trat er oft in unseren großen Gesellschaftsszenen als Statist auf... Morgens war er immer der erste im Frühstücksraum, und wir unterhielten uns oft, wenn ich um sieben Uhr vor Drehbeginn dort erschien.

„Dieser Service mit Zuhause-Effekt ist auf der ganzen Welt einmalig", erklärte er seine Treue zum Hotel. „Ich kenne viele Luxus-Herbergen, aber nirgendwo fühlt man sich so in einer Familie wie im ‚Parkhotel Adler'."

Die Zimmer waren groß und bequem, Tennisplatz, Schwimmhalle und ein herrlicher Park boten fabelhafte Entspannungsmöglichkeiten nach anstrengenden Aufnahmen. Und genügend Ablenkung, wenn doch mal ein Anflug von Heimweh aufkam.

Allerdings nur tagsüber – zum Segen der Produktion.

„Was um Himmels willen macht man denn *abends* in einem Kuhdorf wie Hinterzarten?" fragte mich Toni Netzle bei einem kurzen Ausflug nach München. „Eine nächtliche Sause rund um den Titisee?"

Toni Netzle ist die Wirtin vom „Alten Simpl" in München, Treffpunkt von Künstlern, Journalisten und Politikern aller Couleurs. Nicht zuletzt ihrer Toleranz hat sie es zu verdanken, daß der „Alte Simpl" am 18. November 1985 25jähriges Jubiläum feiern konnte.

Während meiner Theaterzeit in München und auch während der Dreharbeiten zum „Kurier der Kaiserin" hatte ich viele Nächte mit Kollegen und Freunden in ihrem Laden verbracht. Meist, bis das Licht anging und Katerina Valentes Stimme durch die plötzliche Helligkeit des Raumes tönte:

„Wunderbar, wie schön der Abend war..." Doch wenn Toni *diese* Platte auflegt, ist der Abend längst vorbei, und es ist schon hell draußen, wenn man auf die Türkenstraße in München-Schwabing tritt.

Ende August 1984 saßen wir uns im „Alten Simpl" gegenüber. Ich hatte einen drehfreien Tag für einen kurzen Abstecher nach München benutzt und berichtete von der Harmonie im Team der „Schwarzwaldklinik", von der Reibungslosigkeit der Dreharbeiten.

„Und wo geht man nun abends nach dem Essen *hin*?" Toni ließ nicht locker. „Gibt's so etwas wie den ‚Simpl'?"

„So was wie den ‚Simpl' gibt es sicher nur einmal auf der Welt", sagte ich. „Und wenn du einen zweiten eröffnest, dann bitte nicht in Hinterzarten. *Wir* müssen uns nämlich abends auf die Dialoge des nächsten Tages vorbereiten. *Wir* müssen lernen und morgens ausgeschlafen sein. *Dein* Laden im Schwarzwald – da wären wir wirklich alle bald reif für die Klinik..."

Das sah sie ein. Als gelernte Schauspielerin ist sie neben gelegentlichen Fernsehauftritten seit einem Jahr als „rasende Reporterin" für den privaten Radiosender „Ufa" mit Mikrofon und Tonbandgerät unterwegs und weiß, wie haßerfüllt der Blick auf den frühmorgendlich klingelnden Wecker ist, wenn man sich gerade erst die Decke über die Ohren gezogen hat...

Vier Wochen bevor die erste Folge der „Schwarzwaldklinik" am 22. Oktober 1985 anlief, war ich wieder in München. Gaby Dohm und ich mußten im Studio einige Dialoge nachsynchronisieren, mit deren Tonqualität Tögel nicht zufrieden war.

„Gibst du mir ein Interview fürs Radio?" hatte Toni mich am Telefon gefragt.

„Klar", sagte ich. Abends saßen wir uns in der Wohnung einer gemeinsamen Freundin gegenüber. Die Hintergrundgeräusche des „Alten Simpl" konnte Toni für ihr Interview nicht brauchen, sie erschien ganz professionell mit Tonbandgerät und Kopfhörern.

„Vierzehn Monate Dreharbeiten", begann sie ihr Interview, „vierzehn Monate im Hotel, ein Leben aus Koffern – sind Sie froh, wieder zu Hause in Wien zu sein, Herr Wussow?" Ich zögerte. Die Wahrheit war so schwer zu formulieren. Natürlich war ich froh, meine Familie wieder um mich zu haben, natürlich genoß ich meinen Garten und freute mich auf die Proben für den „Hamlet" am Burgtheater, die kurz darauf beginnen sollten. Aber im Schwarzwald war es halt auch schön gewesen... Die Arbeit hatte nur Spaß gemacht, das Zusammensein mit den Kollegen hatte mich ein völlig neues Familienleben kennenlernen lassen. Kurz: Auch während der Drehzeit von vierzehn Monaten hatte ich mich wie zu Hause gefühlt.

Hans-Jürgen Tögel brachte meine Gefühle am letzten Drehtag in Hinterzarten auf einen einfachen Nenner.

„Der Wussow bleibt sicher noch ein paar Wochen länger", machte er sich bei einer Journalistin über mich lustig. „Der kann sich gar nicht trennen von der ‚Schwarzwaldklinik'." Was aber sollte ich Toni sagen?

„Natürlich bin ich froh, nach so langer Zeit wieder zu Hause zu sein...", sagte ich vorsichtig.

„Aber...?" fragte Toni.

„Aber ich freue mich auf die Fortsetzung der ‚Schwarzwaldklinik' im nächsten Jahr", fuhr ich fort. Und wechselte das Thema. Ohne Tonband und Mikrofon setzten wir unsere Unterhaltung abends im „Alten Simpl" fort, sie dauerte bis in die frühen Morgenstunden...

Schlafprobleme hatten wir im Schwarzwald nicht. Nach einem Drehtag, der oft um 6 Uhr morgens begann und nicht selten bis 20 Uhr dauerte, waren wir meist rechtschaffen müde. Und das „Parkhotel Adler" erfüllte abends alle Ansprüche erholungsbedürftiger Kurgäste. Für mich bedeutete der Schwarzwald auch eine zauberhafte Landschaft mit vielen Anregungen – sowohl für meine Malerei als auch für meine Gedichte.

Ich besuchte viele der kleinen entzückenden Kirchen, die diese Gegend zu bieten hat, und das Freiburger Münster mit seinen herrlichen gotischen Glasfenstern. Stunden- und tagelang stöberte ich in den Freiburger Antiquitätenläden herum. Und freute mich dann immer wieder auf die Fahrt nach Hause, auf die Rückkehr ins „Parkhotel Adler", auf ein Gespräch mit den Kollegen im Park oder in der gemütlichen Bar.

Doch das Hotel hatte noch mehr zu bieten – nämlich neben Ruhe und vielseitiger Freizeitgestaltung auch ideale Arbeitsbedingungen. Im zum Schneideraum umfunktionierten Fitneßraum im Keller saßen wir oft bis spät in die Nacht und sahen uns das Ergebnis unserer Arbeit an: die am Tag gedrehten Szenen.

Eine große Ausnahme, die Regisseur und Produzent da für uns machten – denn normalerweise sieht man als Seriendarsteller das Ergebnis seiner Arbeit erst als fertiges Produkt auf dem Bildschirm. Oder nie: Meine 13teilige Serie als „Sergeant Berry" habe ich bis heute nicht zu Gesicht bekommen. Sie wurde in Österreich nicht ausgestrahlt. Und die deutschen Programme kann ich in meinem Haus in der Nähe von Grinzing nicht empfangen.

Das würde Wolfgang Rademann nicht passieren. Er weiß, wie wichtig für uns Schauspieler Lob, aber auch Kritik ist. Eine Reaktion auf die Tagesarbeit spornt an, motiviert, gibt neue Impulse. Selbstkritisch paßten wir genau auf: „Saßen" die Dialoge oder mußte man noch mehr an sich arbeiten? Wie kam die freundschaftliche Geste zwischen Brinkmann und Udo über den Schirm? Wie glaubwürdig operierten wir den Leistenbruch? Meist waren wir mit dem Ergebnis unserer Arbeit zufrieden. Oder wir diskutierten über die Einstellungen, die Probleme bereitet hatten. Und freuten uns auf den nächsten Drehtag.

An die Konsequenzen, die diese Arbeit haben würde, dachte in diesen stillen, friedlichen Tagen in Hinterzarten nur einer: Wolfgang Rademann.

„Nimm diese Serie nicht zu leicht, Klaus", warnte er mich an einem schönen Spätsommerabend. Wir saßen auf der Terrasse des Hotels.

Ich sah ihn verständnislos an. „Wie meinst du das?" fragte ich. „Hast du den Eindruck, daß ich meine Rolle nicht ernsthaft genug spiele?" Wie immer war ich schnell bereit, verletzt zu sein.

„Unsinn." Rademann lachte. „Ick meine nicht deine Arbeit – ick meine die Folgen. Die Spätschäden. Det, wat hinterherkommt."

Noch immer konnte ich ihm nicht ganz folgen. „Hast du Angst, die Einschaltquoten vom ‚Traumschiff' nicht zu erreichen? Das wäre doch auch kein Beinbruch."

„Janz im Gegenteil – ick ahne, daß ick mit dieser Serie meine eigenen Rekorde schlagen werde", erklärte er seine Befürchtungen, die sich ein Jahr später bewahrheiten sollten.

„Und dann wird es für dich keine Ruhe mehr geben. Auf der Straße und in der Kneipe, auf dem Oktoberfest in München und im Prater in Wien – überall wirst du erkannt und angesprochen werden."

Ich winkte ab. „Ganz so doll wird's wohl nicht werden, Wolfgang", meinte ich. Das glaubte ich damals wirklich. „Und ein bisserl Popularität hat noch keinen Künstler gestört. Wer das behauptet, hat eine Macke. Oder er ist nur neidisch auf den Erfolg anderer."

Dieser Ansicht bin ich noch immer – wenn ich die Wahl habe zwischen einem großen Publikum, das mich liebt, und zehn Kritikern, die mich loben, brauche ich keine Bedenkzeit...

Musik

So wichtig wie der Drehort – Regisseur und Produzent gehen schon Monate vorher auf Motivsuche –, so wichtig ist auch die Requisite bei Film und Fernsehen. Sie entscheidet über den Rahmen, in dem ein Dialog stattfindet, über Atmosphäre und Hintergrund. So unbedeutend ein Detail auch sein mag, im Gesamtzusammenhang des Films erfüllt es einen bestimmten Zweck. So sollte es jedenfalls sein.

„Wozu ist eigentlich das Klavier da?" fragte mich eine Journalistin.

Ich überlegte. „Welches Klavier?"

„Nun", antwortete sie, „das Riesending, das Professor Brinkmann mitbringt, als er in sein Elternhaus zurückkehrt. Es paßt nicht durch die Tür und bleibt über Nacht draußen stehen. Udo Brinkmanns Freundin stört mit ihrem Geklimper auf dem Flügel Professor Brinkmann und seine Haushälterin Käthi beim Frühstück. Erinnern Sie sich?"

„Richtig." Jetzt fiel es mir wieder ein.

„Und dann erwähnt er es noch einmal", fuhr sie fort, „als er nämlich Schwester Christa erzählt, daß es seiner verstorbenen Frau gehört hatte."

„Stimmt."

„Nachdem es so ausführlich eingeführt wurde, kommt es sicher noch zu musikalischen Verwicklungen", sagte sie und bewies Filmerfahrung. „Also, verraten Sie es mir: Welche Bedeutung bekommt der Flügel im Lauf der Serie?"

„Keine", mußte ich zugeben. „Die hat man wohl völlig vergessen."

Professor Brinkmann spielt nicht Klavier, Christa auch nicht, kein Mensch benutzt das Instrument. Das Ding steht eigentlich nur in der Gegend herum.

Außer in den Drehpausen, da hatte ich mich manchmal für einen Moment an den Flügel gesetzt und in die Tasten gegriffen. Ich bin mit Musik aufgewachsen, deshalb hat ein Klavier in meiner unmittelbaren Nähe für mich etwas völlig Normales, und aus dem Grunde habe ich seine „Funktionslosigkeit" wohl gar nicht bemerkt.

Musik spielte und spielt von Kindheit an eine wichtige

Rolle in meinem Leben. Mein Vater war Kantor, und als Bub durfte ich ihn oft begleiten, wenn er Orgel spielte.

Mit acht Jahren spielte auch ich Klavier – mit großer Begeisterung auf meiner Seite, während die Nerven meines Vaters davon arg strapaziert wurden. Zu Weihnachten hatte er mir ein kleines Oktavheftchen geschenkt, nachdem ich wochenlang gebettelt hatte: „Bitte gib mir doch Stunden, ich möchte so gerne Klavier spielen lernen!"

Er ließ sich erweichen: In dem Heftchen war der Termin für die erste Unterrichtsstunde eingetragen. Mein jugendlicher Eifer hielt jedoch nicht lange vor. Ich spielte zwar meiner Ansicht nach wunderbar, aber ich habe leider nicht geübt. So geduldig mein Vater auch war, irgendwann gab er es genervt auf, seinem Sohn Fingerübungen beizubringen.

„Dir fehlt der nötige Ernst, mein Junge", sagte er. „Und für deine Spielereien ist die Musik zu schade."

Der Sommer kam und mit ihm andere Interessen. Wir radelten an die Ostsee, badeten, genossen unsere Jugend – wer dachte da schon an Musik? Doch der Herbst mit seinen häuslichen Aktivitäten ließ mich wieder sehnsüchtige Blicke zum Klavier werfen, und ich gelobte Besserung in Sachen Fleiß.

„Probier's doch noch mal mit mir, Papi", bettelte ich. „Jetzt bin ich doch schon viel älter und vernünftiger als letztes Jahr. Ich übe auch alles, was du mir sagst!"

„Mal sehen", brummte er. „Ich werde es mir in Ruhe überlegen."

Unter dem Weihnachtsbaum lag wieder ein Schulheftchen. Auf Seite 1 stand in Vaters Schrift: „Also gut – versuchen wir es noch einmal."

Doch so richtig zufrieden war er nie mit mir. Das war auch schwierig, denn mein Vater war ein besonders ehrgeiziger, fleißiger, tüchtiger Mensch. Tugenden, die er mir leider nicht vererbt hat.

Meine Liebe zum Klavier jedoch blieb. Und sie hat mich ein Leben lang nicht mehr losgelassen. Ob ich Theater spielte, auf Tournee war oder einen Film drehte – immer nahm ich an den musikalischen Ereignissen des Ortes regen Anteil.

So auch in meiner Zeit in Frankfurt, wo ich unter Lothar Müthel Anfang der fünfziger Jahre Traum-Rollen spielen durfte, mit denen ich als junger Schauspieler nie gerechnet hatte. Sämtliche große Rollen von Schiller, wie beispielsweise der Carlos und der Max Piccolomini, gehörten zu meinem Repertoire.

Es war die große Zeit der Frankfurter Oper, als von Dohnanyi noch Korrepetitor war und Solti Operndirektor. Ich habe sämtliche Opern von Verdi gehört, Strauß, Wagner und Konzerte mit den herrlichsten Dirigenten. Aus meiner Verehrung für Dirigenten rührt wohl auch mein exzentrisches Hobby: Ich sammle nämlich Taktstöcke...

Ich sammle sie nicht nur, ich benutze sie auch: Dirigieren ist eine meiner stillen Freuden. Zu den Taktstökken lege ich oft Platten auf – denn zu jedem Taktstock gehört ein ganz bestimmtes Werk. Beethoven dirigiere ich zum Beispiel mit einem Stock von Furtwängler, zu Mozart gehört eigentlich ein „Staberl" von Bruno Walter – das steht ganz oben auf meiner Wunschliste. Aber wie soll ich dazu noch kommen, denn Bruno Walter ist lange tot.

Meine erste Schallplatte, Goethes „Egmont", hatte ich 1969 mit George Szell aufgenommen – es war meine erste und Szells letzte.

Im Sommer 1984, kurz vor Beginn der Dreharbeiten, nahm ich mit dem Dirigenten Gerd Albrecht meine zweite eigene Platte auf: „Manfred" von Robert Schumann. Musikunterlegt, sprach ich den wunderbaren Text von Lord Byron. Daß diese Platte kein Hit werden würde, war allen Beteiligten klar.

Um so mehr freute ich mich, als ich auf der Suche nach einem Geschenk für meinen Sohn im November ein Schallplattengeschäft in Hamburg betrat. „Ihre Platte ist da, Herr Wussow", begrüßte mich die Verkäuferin.

Voller Glück habe ich sie gekauft und „mein Werk" im Hotel immer wieder angehört.

Mit Musik ganz anderer Art kam ich in Hinterzarten in Berührung. Das „Parkhotel Adler" besaß eine Bar mit einer Drei-Mann-Band. Die Gruppe veranstaltete am Nachmittag Tanztees und spielte am – frühen! – Abend zum Tanz auf. Oft saß ich abends an der Bar und unterhielt mich mit den Musikern. Oder ich ging ins Kurhaus, dort saß ein Mann mit Bart und Brille am Synthesizer und unterhielt die Menschen, während sie ihre heilenden Wässerchen tranken.

Den Geburtstag unseres Kameramanns Gernot Köhler feierten wir am Titisee. In einem Lokal mit Kapelle. Ein Posaunist veranstaltete mit anderen Musikern eine Session – es war der Mann aus dem Kurhaus. Sein Spiel war so ungeheuer gut, daß ich ihn am nächsten Tag im Kurhaus besuchte.

„Ich bin eigentlich gar kein Musiker, sondern Journalist", sagte er. „Aber ich muß das einfach machen, das ist mein Hobby."

Er hatte lange Zeit in Amerika mit den besten Orchestern gearbeitet und den Beruf des Posaunisten gelernt.

Und jetzt spielt er den Menschen eine „Nachmittags-Wasser-Unterhaltung" vor... Jeder versucht auf seine Weise, nicht nur zu überleben, sondern auch den Menschen Freude zu machen.

So wie wir mit der „Schwarzwaldklinik". Wir wollen die Menschen unterhalten, wir wollen sie ansprechen, wir wollen ihnen Freude machen. Und zwar nicht eine elitäre Minderheit, sondern die „Leut", die zuschauen. Und 28 Millionen Leute, die vor dem Bildschirm sitzen, sind ja keine Kleinigkeit.

Dabei wäre ich um ein Haar Sänger geworden. Das jedenfalls hatte eine Gesangslehrerin in Waren, wo ich zur Schule ging, sich in den Kopf gesetzt. Ich lernte sie im Kulturbund kennen – einige Zeit vor meinem Zusammentreffen mit Theaterdirektor Milewski. Ein Liederabend stand auf dem Programm, und ich sang aus voller Brust mit.

Eine Dame sprach mich an. „Ich bin Musiklehrerin", sagte sie. „Und ich glaube, daß man aus Ihrer Stimme etwas machen könnte. Hätten Sie Lust, Stunden bei mir zu nehmen? Kostenlos?"

Ich hatte Lust – verlor sie aber bald wieder. Denn ich war ein tiefer Bariton, und ihre Versuche, mich zu einem Tenor zu machen, verdarben mir bald alle Lust an der Singerei. Dafür trat bald nach dem Krieg die Freude an der Malerei in mein Leben.

Malerei

Die Malerei spielte während der Zeit als Chefarzt Professor Brinkmann eine ebenso große Rolle wie die Musik. Sie ist mein zweites „musisches Bein", der ich auch während der Dreharbeiten zur „Schwarzwaldklinik" einen großen Teil meiner Freizeit gewidmet habe.

Im Augenblick ist es eine Christusfigur, an der ich seit Wochen herumexperimentiere. In Hinterzarten setzte ich mich natürlich intensiv mit der wunderschönen Landschaft des Hochschwarzwalds auseinander. Expressiv, wie es meine Art ist.

Ich male seit 20 Jahren, ohne je Unterricht gehabt zu haben, aber ich habe mich seit dem Krieg mit der Malerei und den Malern beschäftigt, bevor meine Frau mir 1975 Farbe und Staffelei schenkte.

„Auf der Leinwand kannst du dich austoben, ohne Porzellan zu zerschlagen", meinte sie beziehungsvoll. Ein paar Tage vorher war mir heftig der Kragen geplatzt, ich hatte mich über einen Regisseur am Theater geärgert.

Aus dem Blitzableiter wurde inzwischen nicht nur ein Hobby, sondern eine Leidenschaft, der ich mich so oft wie möglich hingebe.

Wenn ich die Produkte meiner verschiedenen Stimmungen nicht sofort wieder zerreiße, bin ich stolz auf sie. Und ich bin stolz, daß man mich akzeptiert; ich gehöre heute einer Vereinigung bildender Künstler an. „Die Spirale" heißt diese Gemeinschaft von Malern, die gemeinsam ausstellen und verkaufen und mit dem damaligen „Blauen Reiter" vergleichbar sind.

Der inzwischen verstorbene Klagenfurter Maler Rudi Schmidt und Herbert Breiter in Salzburg waren meine freundschaftlichen Helfer auf dem Weg in die Malerei.

Mein sogenanntes zweites Bein, das ich sehr ernst nehme. „... warum eigentlich?" fragte mich ein Kritiker anläßlich meiner ersten eigenen Ausstellung in Wien. Wir gingen an meinen Werken vorbei, meinen Kindern, von denen ich mich heute noch so ungern trenne wie damals. Sie sind einfach ein Teil von mir, Gedanken und Gefühle auf Leinwand, die ich nicht gerne hergebe. Auch zu dieser Ausstellung hatte man mich lange überreden müssen, die

Öffentlichkeit reagierte überrascht, die neuen Kollegen aus der Malerei mit Zustimmung.

„Warum eigentlich?" kam noch einmal die Frage.

„Warum eigentlich was?" fragte ich irritiert zurück. Das, was er vorher gesagt hatte, hatte ich nicht gehört, ich war wie so oft völlig in Gedanken gewesen.

„Nun, Sie sind ein gefragter Schauspieler, Sie haben Erfolg auf der Bühne, bei Film und Fernsehen – warum stellen Sie sich in Ihrer knappen Freizeit auch noch vor die Staffelei?"

Die Antwort war einfach. Für mich jedenfalls.

„Weil ich auch einmal kreativ sein möchte", sagte ich. Und glaubte, damit alles erklärt zu haben.

„Aber Sie sind doch Schauspieler, sind doch Künstler!" rief er.

Ich nahm mich zusammen, mit Journalisten muß man nun einmal Geduld haben.

„Wir Schauspieler sind ja nur bedingt kreativ", erklärte ich ihm. „Wir reproduzieren ja ununterbrochen Texte anderer – kreativ sind bei uns nur die Pausen. Ich beneide jeden Literaten, jeden Schriftsteller um ein Buch. Selbst, wenn es nicht gekauft wird. Ich beneide Maler um die Bilder, die sie malen, um etwas Eigenes, das an der Wand hängt und von dem Sie sagen können: ‚Das ist von mir.'"

„Dann wechseln Sie doch Ihren Beruf, verlassen Sie das Theater, und werden Sie Maler", gab mein kluger Gesprächspartner seinen unerwünschten Rat. „Begabt genug sind Sie ja offensichtlich."

„Das geht nicht", erwiderte ich. „Weil ich nämlich in erster Linie Schauspieler bin, und weil ein Schauspieler ohne die Bühne nicht leben kann."

„Aha." Der Kritiker hatte die Lösung des Rätsels gefunden.

„Hoffen Sie denn durch den Verkauf Ihrer Bilder auf zusätzliche Nebeneinnahmen?"

„Aber nein." Ich mußte lachen. „Sie glauben doch nicht im Ernst, daß ich meine Bilder verkaufe?"

„Warum stellen Sie sie dann aus?"

„Warum werden Kinder in die Welt gesetzt?" fragte ich zurück. „Würden Sie Ihre Kinder verkaufen?"

Kopfschüttelnd verließ mich der Rezensent.

Diese Widersprüchlichkeit hat mich ein Leben lang begleitet. Ebenso wie der Widerspruch zwischen dem, was ich bin, und dem, was ich tue. Der Widerspruch zwischen dem, wo ich mich zu Hause fühle – und dem, wo ich lebe.

Heimat

Ich bin ein deutscher Schauspieler, der in Wien lebt und seine Wurzeln an der Ostsee hat. Und sich in den Bergen wohl fühlt – aber nur, wenn er ganz weit oben ist und auf die Welt hinunterschauen kann. Ein gebürtiger Pommer mit österreichischer Staatsbürgerschaft und Heimweh nach den Dünen. Das er in den bayrischen Alpen gelegentlich vergessen kann. Und der sich eigentlich nirgendwo so richtig zu Hause fühlt.

Ich bin ein Schauspieler, der eigentlich Arzt werden wollte; ein Maler, der seine Bilder nicht verkaufen will; ein Dichter, der seine Zeilen versteckt, um sie vor Entdeckung zu schützen. Und jeder Teil von mir braucht die Bestätigung durch das Publikum, braucht Streicheleinheiten und Liebesbeweise.

Ein Leben voller Widersprüche? Für andere mag es so aussehen. Für mich ist das alles ganz logisch – ebenso logisch wie meine Rolle als Chefarzt Professor Brinkmann in der „Schwarzwaldklinik". Ich glaube nicht an Zufälle, diese Aufgabe ist ein wichtiger Teil meiner Biographie. Doch sie ist nicht nur die Verwirklichung eines Jugendtraums, sie bescherte mir auch ein Heimkehr-Erlebnis ganz besonderer Art.

„Heimkehr" heißt auch die erste Folge der Serie. Professor Brinkmann kehrt zurück in seine Heimat, in sein Elternhaus, um die Stelle des Chefarztes in der „Schwarzwaldklinik" anzutreten.

Heimkehr auch für mich: eine Heimkehr nach Deutschland, wo ich mich in den letzten Jahren etwas rar gemacht hatte. „Wie schön, Sie endlich wieder im Fernsehen zu sehen", schrieb mir Schwester Christhilde, seit zehn Jahren mein treuester Fan in einem Stift im Ruhrgebiet. Gemeinsam mit anderen Schwestern hatte sie sich die erste Folge der „Schwarzwaldklinik" im Fernsehzimmer des Klosters angesehen. „Und dann noch so oft!"

„Seit dem ‚Kurier der Kaiserin' und ‚Sergeant Berry' hat man wenig von ihm gesehen im deutschen Fernsehen", lautete die Ankündigung in einer Programmzeitschrift. „Nun ist er wieder da: Klausjürgen Wussow als Chefarzt Professor Klaus Brinkmann in der ZDF-‚Schwarzwaldklinik'."

„Burgschauspieler Klausjürgen Wussow kehrt heim – als Leiter der ‚Schwarzwaldklinik'", hieß es in einer deutschen Tageszeitung.

Warum hatte ich so lange Fernseh-Abstinenz geübt? Die Erklärung ist einfach.

Meine Verpflichtungen im Burgtheater in Wien hatten mir wenig Zeit für Fernseh-Angebote gelassen. Außerdem gab es auch kaum ein attraktives Drehbuch, das in den letzten zehn Jahren auf meinem Schreibtisch landete.

Die große Zeit des Fernsehspiels, das Deutschland in den späten fünfziger und sechziger Jahren berühmt gemacht hatte, war vorbei. „Der Teufel und der liebe Gott", „Lawrence von Arabien", „Asche des Sieges", „Kolportage" – das waren Fernsehspiele, die Spaß gemacht und mit denen deutsche Regisseure Fernsehgeschichte gemacht hatten.

Was an deren Stelle trat und immer wichtiger wurde, waren Krimiserien und Unterhaltung. Und so wichtig Peter Alexander für das Deutsche Fernsehen auch sein mag, für mich war selten Platz in den großen Musiksendungen der siebziger Jahre.

Aber jetzt war sie da – die „Schwarzwaldklinik", die Serie, zu der ich mit ganzem Herzen ja sagen konnte. Mit Drehbüchern, die stimmten, weil sie nicht eine heile Welt von Halbgöttern in Weiß darstellen, sondern den (fast) normalen Alltag einer Klinik und eines Chefarztes. Mit einem Regisseur in Person von (zunächst) Freddy Vohrer, dessen Name weit über Deutschland hinaus bekannt ist. Und mit alten und neuen Kollegen, auf deren Namen auf der Besetzungsliste Wolfgang Rademann zu recht stolz ist.

Aber es war nicht nur die berufliche „Heimkehr" nach Deutschland – die „Schwarzwaldklinik" bescherte mir auch ein sehr privates Heimat-Erlebnis. Allerdings nicht im Schwarzwald.

Wir drehten im September eine Woche auf Sylt. Das

Team, Gaby Dohm, Jerry und ich. Professor Brinkmann hat in Folge 7 einen Ärztekongreß in Westerland, Schwester Christa macht Urlaub in Kampen – Grund genug für die beiden, ein paar Tage Urlaub am Meer zu machen. Brinkmanns Ex-Freundin, Dr. Elena Bach, war inzwischen tödlich verunglückt. Doch das belastete uns schon lange nicht mehr, diese Szenen hatten wir längst im Schwarzwald abgedreht. Vor uns lag eine Woche Sylt, Szenen und Dialoge, die hauptsächlich zwischen Gaby Dohm und mir stattfanden.

Für mich bedeutete diese Woche mehr als Außenaufnahmen auf einer Ferieninsel, mehr als eine Reise an die Nordsee, viel mehr. Die Tage auf Sylt, die Spaziergänge am herbstlichen Meer im September 1984 werde ich nie vergessen. Oder die Besuche am Fischstand während der Drehpausen. Man stand dort, bekam fast jeden Fisch, den das Meer zu bieten hat, vom Hering bis zum Hummer, und unterhielt sich mit dem stets angeheiterten Besitzer des Stands oder mit den einheimischen Fischern, die ihre Fänge verkauften.

Ich kann sehr gut verstehen, daß man auf Sylt immer leben oder zumindest ein ständiges Domizil haben möchte. Das hat nichts mit dem Schickeria-Rummel zu tun, der der Insel zu trauriger Berühmtheit verholfen hat. Sylt ist trotz allem Tourismus noch sehr ursprünglich. Nicht nur das Meer und die Landschaft – auch die kleinen, von Wällen umgebenen Häuser haben ihren eigenen Reiz und weckten Heimatgefühle in mir.

„Bist du traurig, Klaus?" fragte Gaby mich eines Nachmittags, als ich von einem meiner einsamen Spaziergänge über die Dünen zurückkehrte. „Du bist so nachdenklich seit ein paar Tagen."

„Ganz im Gegenteil, ich bin glücklich", erwiderte ich. „Ich habe hier etwas gefunden, was ich viele Jahre gesucht habe – meine Wurzeln."

Ich versuchte, ihr meine Eindrücke zu erklären. Ich war in unmittelbarer Nähe der See aufgewachsen, und die Landschaft auf Sylt, das rauhe Klima und der Geruch des Meeres erinnerten mich an meine Kindheit, an den Camminer Bodden. Etwa zehn Minuten hatten wir als Kinder zu radeln, um an die Ostsee zu kommen.

„Irgendwie wird mir jetzt erst klar, wo ich herkomme

und wo ich hingehöre", versuchte ich Gaby zu erklären. „Jetzt endlich weiß ich, wo ich zu Hause bin."

Gaby verstand das sehr gut. Sie ist gebürtige Salzburgerin und fühlt sich nirgendwo so wohl wie in ihren geliebten Bergen.

„Was ist das?" fragt Professor Brinkmann seine Christa in Folge 7, nachdem sie in Regenmänteln und Gummistiefeln einen Spaziergang über die Dünen gemacht haben. „Was ist das nur? Gibt es dafür ein Wort?"

„Glück", sagt Christa alias Gaby Dohm. „Man nennt es Glück."

„Was ist das – Glück?" fragte eines Abends Klausjürgen Wussow Gaby Dohm. „Was ist für dich Glück?"

Gaby überlegte. „Nun, mein Mann, mein Sohn, mein Zuhause", begann sie. „Meine Mutter – und natürlich meine Arbeit." Sie ist zu recht stolz auf das, was sie schon geleistet hat in ihrem Leben.

Denn so unbekannt, wie die Presse sie gerne hinstellt, ist sie nun auch wieder nicht. In München kennt man sie, sie war der Star des Residenztheaters und Lieblingsschauspielerin von Ingmar Bergman während seiner Münchner Jahre.

„Und du – was ist Glück für dich?" fragte sie.

„Meine Freiheit", sagte ich nach einiger Überlegung. „Meine Arbeit als Schauspieler, meine Malerei, meine Gedichte. Meine Familie und seit ein paar Tagen auch – meine Heimat, die ich hier gefunden habe. Und in der ich vielleicht nie leben werde. Aber jetzt weiß ich zumindest, wo sie ist."

Dieses Wiedersehen mit dem Meer nach vielen Jahren machte mir klar, wie tief mich meine Kindheit unbewußt geprägt hat. Es beeindruckte mich mehr als ein Wiedersehen mit meinem Heimatstädtchen Cammin vor einigen Jahren.

1971 war ich auf Einladung des Kulturinstituts in Polen und stellte österreichische Dichtung vor. Der Kulturattaché hatte mir einen Abstecher nach Cammin versprochen, im Wagen der Botschaft. Kurz vor Cammin hatten wir eine Reifenpanne. Ich ging in den Wald und stellte fest: Es roch noch genauso wie damals. Nach Erde, nach Pilzen, nach Moos und nach Kiefern. Hier in der Nähe hatte ich mit fünfzehn Jahren meinen ersten Kuß bekommen –

und auch daran erinnerte ich mich plötzlich sehr genau. Ein blondes Mädchen mit einem großen Busen zeigte mir, was ein richtiger Kuß ist – bei einem abendlichen Spaziergang im Wald. Sie war achtzehn und hatte dementsprechend mehr Erfahrung als ich. Für mich war dieser erste Kuß ein ungeheures Erlebnis, eine Mischung aus verschiedenen Gefühlen: es tat gut und es tat weh, es war schön und gleichzeitig erschreckend. Eines war eindeutig: Ich war unheimlich stolz, als ich später nach Hause radelte, und hielt mir während der ganzen Fahrt mit einer Hand den Mund zu, um den Geschmack dieser Küsserei noch ein wenig länger zu behalten.

Auch jetzt, 40 Jahre später, klopfte mein Herz, als wir schließlich weiterfuhren und Cammin erreichten. Das Örtchen gehört inzwischen zu Polen, es hat sechsmal den Besitzer gewechselt – eine Tatsache, die das völlig zerstörte Stadtbild nur zu deutlich macht.

„Das ist Cammin?" fragte Ida entsetzt.

Seit Jahren hatte ich ihr von diesem romantischen Fleckchen mit seinen stillen Gassen vorgeschwärmt. Heute bietet es ein Bild wahllos aufgebauter Hochhäuser und Wohnbunker, die die schönen alten Patrizierhäuser zudecken.

„Das war Cammin", erwiderte ich leise. „Komm, wir gehen zum Dom", sagte ich. „Den können sie nicht verschandelt haben."

Ich wies dem Fahrer den Weg. Bald darauf betraten wir den Dom, in dem ich meinem Vater so oft beim Orgelspiel zugehört hatte. Neonlicht beleuchtete die Maria-Statue, ein Fremder saß an der Orgel, und den Altar zierten Hinweisschilder in Polnisch, Englisch, Französisch und Japanisch. Meine Frau stand still neben mir, drückte meine Hand und half mir über den ersten Schock hinweg.

Die Konfrontation mit meinem Elternhaus war traurigschön. Als Kind kam es mir vor wie ein Riesenkasten, in dem meine ganze Familie mit Tante und Onkel und Großeltern lebte. Aber Häuser scheinen zu schrumpfen, wenn man sie nach vielen Jahren wiedersieht. Auch unser Haus kam mir plötzlich so klein vor. Ich wagte nicht hineinzugehen...

Deutschland und ich aber waren uns noch vertraut, als ich für die Dauer der Drehzeit heimkehrte. Ich erkannte das Land noch, in dem ich so viele Jahre gelebt und gearbeitet hatte, und auch mich schienen die Leute noch zu kennen. Österreicher bin ich eigentlich nur aus Versehen. Man verlieh mir wegen meiner Verdienste um das Theater in den sechziger Jahren die österreichische Staatsbürgerschaft „ehrenhalber". Kurz darauf wurde mir ein österreichischer Paß zugestellt, den ich auch sofort benutzte. Und übersah, daß man, um die deutsche Staatsangehörigkeit und seinen deutschen Paß behalten zu dürfen, einen Antrag stellen muß. Schön ordentlich, wie sich das bei uns nun mal immer noch gehört.

Nun, das kann ja nicht so schwierig sein, dachte ich und beschloß, die leidige Angelegenheit telefonisch abzuwickeln. Aber ich hatte es nicht mit einem Wiener Charmeur, sondern mit einem Preußen zu tun, als ich in der deutschen Botschaft in Wien anrief.

„Ich stehe vor einer längeren Auslandsreise und hätte gern einen neuen Paß", sagte ich. „Mein alter ist abgelaufen, und für einen neuen deutschen Personalausweis muß ich wohl einen Antrag stellen, nachdem ich inzwischen österreichischer Staatsbürger bin."

„So einfach geht das aber nicht, Herr Wussow." Die Stimme am anderen Ende der Leitung klang kalt. „Das hätten Sie sich schon früher überlegen müssen."

„Was hätte ich mir früher überlegen müssen?" fragte ich zurück.

„Ihren Nationalitätenwechsel. Wie kommen Sie denn überhaupt dazu, sich die österreichische Staatsbürgerschaft verleihen zu lassen? Glauben Sie, Sie sind etwas Besonderes, nur weil Sie Schauspieler sind?"

„Nein." Ich holte tief Luft. „Und was schlagen Sie mir vor?"

„Ganz einfach. Sie füllen hübsch brav wie jeder andere auch einen Antrag aus, kommen vorbei und..."

Inzwischen hatte ich aufgelegt. Nichts gegen preußische Disziplin – aber bei aller Liebe zu Pferden war mir so ein deutscher Amtsschimmel dann doch zu viel.

Schatzi

Was mich bei meiner Ankunft in Deutschland überraschte: Vielen war ich noch als „Kurier der Kaiserin" in Erinnerung, ein großer Serien-Erfolg zu Beginn der siebziger Jahre. 26 Folgen im Vorabendprogramm des ZDF – das war Rekord für damalige Zeiten. Die Rolle als wagemutiger Bote erhielt ich eher zufällig – mit Fernsehen hatte ich damals nicht viel im Sinn. Man suchte einen österreichischen Darsteller für die Hauptrolle und plötzlich fiel dem Regisseur, Hermann Leitner, mein Name ein.

Er kannte Ida seit Jahren und rief sie kurzentschlossen an. „Ich weiß zwar, daß dein Mann aus Pommern kommt", kam er ohne Umschweife zur Sache. „Aber ich habe ihn neulich im Rundfunk gehört und vergeblich auf einen harten ostdeutschen Akzent gewartet. Wie spricht er denn so? Kann er ein bisserl Wienerisch?"

„Worum geht's denn überhaupt?" fragte meine praktische Frau.

„Ich suche einen österreichischen Schauspieler für eine Fernsehserie", sagte Leitner. „Er soll einen Kurier der Kaiserin Maria Theresia spielen – da ist ein ostdeutscher Akzent natürlich nicht drin."

„Kein Problem", meinte Ida. „Der Wussow fühlt sich in Wien so wohl, der ist von einem Einheimischen kaum noch zu unterscheiden."

Das hielt Leitner nun doch für übertrieben – aber er beschloß, sich den Wussow einfach mal anzusehen, beziehungsweise anzuhören. Und er stellte fest, daß ich tatsächlich weicher sprach, als er befürchtet hatte; ich hatte inzwischen längst den harten ostdeutschen Tonfall verloren.

Meine ehemaligen Landsleute nannten mich schon lange einen Österreicher – noch bevor ich auch offiziell einer geworden war. Max Reinhard zeichnete einmal sein Bild eines idealen Schauspielers: eine Mischung aus österreichischer Genialität und preußischer Disziplin. Man könnte auch sagen: aus österreichischer Schlampigkeit und deutscher Sturheit. Vielleicht habe ich unbewußt versucht, dieses Ideal zu erreichen...

Damals jedoch dachte ich nicht an Ideale; ich wurde als „Kurier der Kaiserin" engagiert, und vor mir lagen acht Monate zurückgeholter Kinderzeit. Mein bester

Freund war mein Wallach Schatzi, der mich durch die Dreharbeiten begleitete und mir einmal das Leben rettete. Während einer Duell-Szene sollten wir durch die sich drehenden Flügel einer Windmühle reiten.

Das Pferd war – zu recht – nervös und rührte sich nicht von der Stelle. Die Techniker stellten den Motor des Traktors, der die Flügel bewegte, ab und zogen sie mit der Hand.

Das nahm Schatzi die Angst. Doch die Techniker zogen zu schnell, der Flügel sauste herunter, während ich mich mit dem Pferd im vollen Galopp in Bewegung setzte.

Schatzi bekam einen Schlag an den Kopf, der zum Glück durch das kupferne Stirnband aufgefangen wurde. Der Wallach blieb, zitternd und völlig verstört, stehen.

Zum Glück für mich, denn ein paar Meter weiter lag ein steiler Abhang...

Das ganze Team kam und wollte sehen, ob ich noch lebte. An meine Gesundheit dachten die nicht. „Wenn der tot ist, kommt eben ein anderer", lautet die Devise nicht nur bei Film. Aber teuer wär's halt geworden...

Aber ich lebte und kümmerte mich sofort um mein Pferd. Was bei Schatzi eine zentimetertiefe Wunde hinterließ, hätte für mich wohl meinen letzten Ritt bedeutet.

Der Wallach bekam eine Woche Urlaub und erholte sich prächtig. Ich hing sehr an dem Tier, schließlich hatte ich mir Schatzi selbst ausgesucht. Im Reitstall der Baronin Kottas in der Freudenau.

Nach 30jähriger Reitpause machte ich mich bei dieser wunderbaren Frau, deren Sohn Oberbereiter in der „Spanischen Hofreitschule" in Wien ist, schnell wieder sattelfest. Das allerdings mochte anfangs keiner so recht glauben. Am wenigsten der Regisseur, Hermann Leitner.

Wir drehten in Wien vor Schloß Schönbrunn die erste Szene, den Aufgalopp, mit dem die Serie immer anfing.

Leitner traute dem Frieden nicht.

„Na, kann er das, hat er das gelernt?" fragte er sich, während ich mich in den Sattel schwang. Mein Regisseur war ängstlicher als ich, obwohl er sich auf dem sicheren Boden befand. „Ist er noch drauf? Ist er noch drauf?" rief er, während er sich die Augen zuhielt.

„Ja, er ist noch drauf", sagte der Kameramann.

Leitner seufzte erleichtert: „So, dann kann nichts mehr passieren."

Und es passierte auch nichts, auf dem Rücken von Schatzi fühlte ich mich viele Monate lang zu Hause. Das hatte Konsequenzen, denn nach Abschluß der Dreharbeiten wußte ich: Ohne Pferd konnte und wollte ich nicht mehr leben.

„Ein Gaul kommt ins Haus – beziehungsweise zur Miete in den nächsten Reitstall", überraschte ich meine Frau bei meiner Heimkehr.

Doch ich hatte die Rechnung ohne Ida gemacht.

„Ein Pferd ist wie ein Wechsel", sagte sie. „Es frißt einen auf."

Viele Diskussionen folgten, und ich mußte ihr schließlich recht geben. Aber Schatzi blieb ich treu und besuchte ihn regelmäßig auf Gut Freudenau. Als er zwei Jahre später starb, war mir für lange Zeit die Reiterei verleidet.

Mit den Räuber-und-Gendarm-Spielen als „Kurier der Kaiserin" holte ich einen Teil meiner verlorenen Kindheit nach – mit den Doktorspielen in der „Schwarzwaldklinik" meinen verlorenen Traum als „Medizinmann".

Von Juli bis Oktober drehten wir in Hinterzarten und Umgebung sämtliche Außenaufnahmen, ab November sollten dann die Studioaufnahmen mit den „Operationen", den „Verletzten", den „Patientenzimmern" und der „Notaufnahme" folgen.

Doch auch im Schwarzwald war nicht alles so, wie es scheint. Die „Schwarzwaldklinik" war ja, wie gesagt, gar keine Klinik, und das Haus meiner Eltern ist ein öffentliches Gebäude – nämlich ein Heimatmuseum. Es lag kilometerweit von der „Schwarzwaldklinik" entfernt. Mit wunderschönen alten Möbeln und Bildern aus der Zeit der Jahrhundertwende, einige sind sogar 200 bis 300 Jahre alt. Es ist keineswegs so, daß es kein „richtiges Schwarzwaldhaus" gegeben hätte, in dem und vor dem wir hätten drehen können, aber dieses war einfach das schönste. Und das Schönste und Beste war Wolfgang Rademann während dieser Produktion immer gerade gut genug.

Die Wunderquelle, um die es in Folge 6 der „Schwarzwaldklinik" geht und die von Professor Brinkmann als Betrug entlarvt wird, gab's dafür wirklich in dieser Gegend, und zwar im letzten Jahrhundert. Gleich neben der heutigen Kurklinik plätscherte ein Bächlein, zu dem damals jährlich Hunderte von Rheumakranken pilgerten, um ihre Zipperlein zu kurieren. Analysen haben heilkräftige Stoffe erwiesen. Doch inzwischen ist die Wunderquelle ebenso mit Kolibakterien verseucht wie die in Folge 6 unserer Serie.

Hamburg

Anfang Oktober sollten also die Dreharbeiten in Hamburg beginnen. Hier wurden im Fernsehstudio „Studio Hamburg" und im Klinikraum Wilhelmsburg die Szenen produziert, die in der Klinik spielten. Die Notaufnahme, der OP, die Krankenzimmer, das Büro von Professor Brinkmann, der Röntgenraum, das Schwesternzimmer – diese Kulissen hatten ihre Heimat in Norddeutschland. Ebenso wie viele unserer Darsteller – und so kam es, daß wir nicht wie in Hinterzarten unsere Freizeit gemeinsam verbrachten.

„Das wird entsetzlich", prophezeite Christa Wittlich mit düsterer Stimme.

Wir saßen am letzten Drehtag im Schwarzwald vor der Klinik im Glottertal auf einer Bank.

„Wieso?" fragte ich zurück, während sie mein Gesicht für die nächste Szene mit Puder behandelte.

„Hier in Hinterzarten merkt man gar nicht, daß man im Hotel wohnte", erklärte sie. „Aber monatelang in Hamburg – da wirst du früher oder später einen Koller bekommen."

Nun, einen Koller bekam ich zwar nicht, aber meine Geduld wurde doch auf eine harte Probe gestellt, wenn ich abends in meinem winzigen Zimmer im „Interconti" wie ein Tiger im Käfig auf und ab ging.

Doch vor mir lag noch der – vorläufige – Abschied aus Hinterzarten. Und zwischen Abschied vom Schwarzwald und Drehbeginn in Hamburg zwei Tage Zeit. Die hatte ich für einen Besuch bei meiner Mutter in Celle eingeplant. Morgens um 6 Uhr fuhr ich aus Hinterzarten fort. Über dem Land lag Nebel, aus dem die Baumspitzen unwirklich schön herausschauten.

Ich mußte an Hesse denken: „Seltsam, im Nebel zu wandern..." – auch wenn ich nicht gewandert, sondern gefahren bin. Ganz langsam fuhr ich in Richtung Norden, nahm ganz langsam Abschied vom Schwarzwald. Ein Abschied, der mir nur deshalb nicht so schwerfiel, weil ich wußte: Nächstes Jahr im Mai hat er uns wieder, der Schwarzwald. Natürlich war meine Mutter glücklich, mich nach Monaten der Trennung wieder in die Arme schließen zu können.

„Jungchen, dafür, daß du so hart arbeitest, siehst du aber sehr erholt aus", sagte sie bei der Begrüßung.

„Kein Wunder", erwiderte ich, „die Arbeit ist die reinste Freude und der Drehort ein Sanatorium. Wie könnte ich da erschöpft sein?"

Die Dreharbeiten in Hamburg sollten nicht so erholsam werden, doch auch sie hatten ihren eigenen Reiz. Vor allem der morgendliche Blick aus dem „Interconti". Man schaut über die Alster zum Hotel Atlantik, ein Bild, das in der Morgendämmerung eine diffuse Kulisse bietet. Als Maler bekam ich hier etliche Anregungen für Zeichnungen und Aquarelle, die in dieser Zeit entstanden.

Für die sportlichen Aktivitäten im Schwarzwald gab es einen Ersatz: ich ging ins Theater und besuchte Konzerte, ich traf alte Freunde wieder und lernte neue Menschen kennen. Und schließlich hatte ich ja auch abends meinen Text zu lernen. Und das war gar nicht so ganz einfach...

Hans-Jürgen Tögel

In der Mitte der Dreharbeiten in Hamburg, im Februar 1985, endeten die Dreharbeiten der ersten Staffel. Regisseur Freddy Vohrer übergab an Hans-Jürgen Tögel, der für die Folgen 13 bis 23 verantwortlich zeichnete. Dieser Übergang war besonders schwierig. Denn er bedeutete auch: zwölf neue Folgen der „Schwarzwaldklinik", zwölf neue Drehbücher. Für das Studium der Folgen 1 bis 12 hatten wir monatelang Zeit gehabt – in Hamburg ließ man uns drei oder vier Tage, um uns mit den neuen Personen, den neuen Szenen und Dialogen anzufreunden.

„Das schaffe ich nie", sagte ich abends am Telefon zu Ida. „Für die ersten zwölf Folgen habe ich zwei Monate gebraucht – wie soll ich die nächsten zwölf in drei Tagen lernen?"

„Wenn man muß, geht alles", meinte meine Frau lakonisch. „Da mache ich mir gar keine Sorgen. Du wirst es schon schaffen."

Ich schaffte es, obgleich es nicht nur die neuen Episoden waren, die mir am Anfang Kopfzerbrechen bereiteten.

Es gab einen neuen Regisseur, den wir nicht kannten, einen neuen Kameramann, den wir nicht kannten. Wir mußten uns erst einmal gegenseitig „beschnüffeln". Diese Neuorientierung verlangte Geduld und Nerven, auch wenn Hans-Jürgen Tögel ein liebenswerter Mensch ist. Schließlich hatten wir uns in sechs Monaten mit Freddy Vohrer „zusammengerauft" und uns an ihn gewöhnt.

Ein neuer Regisseur, das bedeutete auch: ein neues Arbeitstempo, eine neue Zeiteinteilung, ein neuer Ton am Drehort. Da, wo es bei Freddy Vohrer oft ein bißchen zu zügig voranging, nutzten wir jetzt die volle Drehzeit und mehr – wir machten Überstunden. Wir hörten nicht um fünf auf, sondern manchmal um sechs, um sieben oder um acht. Abends begann dann das Studium der Texte für den nächsten Tag. Szenen aus Büchern, die wir uns Folge für Folge erarbeiten mußten.

Ganz neue Anforderungen, die auf uns zukamen. Nächtelang saß ich mit den Kollegen zusammen. Wir sprachen gemeinsam die nächsten zwölf Folgen durch. Hatten sich die Charaktere verändert? Waren wir mit dieser Veränderung einverstanden? Wie spielt man das? Was empfindet ein Mann, der mit Ende 50 noch einmal Vater wird? Was eine junge Ehefrau, die keine Gelegenheit findet, ihn über den zu erwartenden Nachwuchs zu informieren? Was ein junger Arzt, der eine ältere Frau mit einem Kind heiratet?

Neue medizinische Themen kamen auf uns zu. Ernsthafte Themen wie die Frage, ob im Falle einer Vergewaltigung eine Abtreibung richtig ist.

Tögel erleichterte uns die schwierige Übergangszeit mit einer neuen Regel: nach jedem Drehtag gab es Champagner oder Wein für das Team. Er spürte: Wir hatten Probleme. Nicht mit ihm, denn mit diesem Sonnyboy kann man gar keinen Streit bekommen. Aber mit seiner Art, zu drehen, seiner Art, zu arbeiten.

„Habt ihr heute abend mal Zeit für mich?" fragte er

Gaby und mich während einer Mittagspause im Krankenhaus Wilhelmsburg. Aber ja, wir nickten.

Abends trafen wir uns im Restaurant des „Interconti" zum Essen.

„Irgend etwas stört euch doch", begann Tögel das Gespräch. „Was ist es? Paßt euch meine Nase nicht?"

Gaby protestierte lachend.

„Dein Arbeitsstil ist es, der uns irritiert", sagte ich. „Bei Vohrer ging so ein Drehtag ruck, zuck hintereinander weg. Und bei dir hat man den Eindruck, daß du aus jeder Kameraeinstellung ein Lebenswerk machen willst."

Nun mußte auch Tögel lachen.

„Vohrer ist halt ein Genie", sagte er. „Ich bin ein Handwerker. Ein Perfektionist. Auch, wenn ihr euch an diese Art zu arbeiten erst gewöhnen müßt, sie hat auch ihre Vorteile. Sonst noch Einwände gegen mich?"

„Ja", mischte Gaby sich ein. „Bisher haben Klaus und ich unsere Dialoge immer vorbereitet und geändert, wenn es uns richtig erschien. Du aber bestehst auf die Einhaltung des Drehbuchs. Das engt uns ein."

Wir trafen ein Abkommen: Tögel würde etwas nachsichtiger sein mit unserem Wunsch nach etwas mehr Freiheit bei der Interpretation unserer Rollen, und wir wollten versuchen, uns seinem Arbeitstempo anzupassen.

„Zufrieden?" fragte Tögel.

„Zufrieden", sagten Gaby und ich wie aus einem Mund. Das waren und das blieben wir auch für den Rest der Dreharbeiten.

Was um so leichter fiel, als es ihm zunehmend gelang, das Team bei aller Anstrengung in strahlende Stimmung zu versetzen. Tögel hat einfach immer gute Laune. Und die steckt an, sowohl das Team als auch die Kollegen. Denn die zweite Staffel brachte auch neue Schauspieler, neue Kollegen, neue Gesichter.

Für mich zum Beispiel in der 13. Folge, „Der Versager", das Wiedersehen mit Ilona Grübel als Katarina. Ich kannte Ilona aus meiner Zeit als „Kurier der Kaiserin", wo sie ein vollbusiges, entzückendes junges Mädchen war. Später erhielt sie für den Film „Paarungen" von Michael Verhoeven den Bundesfilmpreis.

In der „Schwarzwaldklinik" spielt Ilona die Nachfolgerin von Heidelinde Weis als Anästhesistin und die spätere

Frau meines Sohnes Udo Brinkmann. Zwischendurch hatte sie sich eine freiwillige Kamerapause verordnet, die Schauspielerei an den Nagel gehängt und Psychologie studiert, geheiratet, ein Kind bekommen. Sie ist ein vollkommen anderer Typ geworden. Ilona ist heute eine stille, fast ätherische Schauspielerin mit einem ganz eigenen Reiz.

Ilona tanzt zur Zeit auf zwei Serienhochzeiten – in Frankreich dreht sie gerade „In bester Gesellschaft", die eine Art „europäisches Dallas" werden soll. Ilona spielt ein „schönes Biest", sagt sie, „die Gesellschafterin einer Uhrenfirma". Elisabeth Wiedemann, die neue Haushälterin von Professor Brinkmann, kenne ich aus meiner Zeit in Frankfurt. Ihr norddeutscher Charme begeisterte mich schon, als sie als junges Mädchen meine Partnerin in „Bunbury" war. Unter den für mich neuen Gesichtern war Manfred Zapatka, der im Herbst 1985 in den Münchner Kammerspielen den Tasso spielte. In der „Schwarzwaldklinik" verkörpert er einen Patienten, der sich in Lernschwester Elke verliebt und sich mit ihr verlobt.

Was ich gut verstand, denn als 16jähriger habe ich mich auch einmal in eine Krankenschwester verliebt. Während des Krieges lag ich in einem Lazarett in Mecklenburg, die Russen standen eine halbe Stunde vor Rostock, und ich hatte Geburtstag. 30. April 1945.

„Herzlichen Glückwunsch!" Kurz nach dem Mittagessen betrat die bildhübsche junge Schwester das Zimmer, das ich mit vielen anderen teilte.

„Woher wissen Sie denn, daß ich Geburtstag habe?" fragte ich überrascht.

„So was weiß man eben. Und ich habe auch ein Geschenk für dich."

Sprach's und holte ihre rechte Hand hervor, die sie hinter ihrem Rücken versteckt hatte. Mein Geburtstagsgeschenk war ein zweiter Schlag Essen, ein fabelhafter Eintopf mit vielen Nudeln. Mein Gott, habe ich diese Frau geliebt! Ihr Geburtstagsgeschenk jedoch wurde ihr zum Verhängnis. Es beschleunigte nämlich meine Heilung – ich war sehr schnell wieder so gesund, daß ich meine Angebetete und das Lazarett verlassen konnte.

Es tut sich was in der „Schwarzwaldklinik"

So oberflächlich ist die Beziehung zwischen Lernschwester Elke und ihrem Patienten natürlich nicht. Sie haben eine richtige Love-Story, mit viel Gefühl, Komplikationen und einem Happy-End. Ich war glücklich, daß ausgerechnet dieser fabelhafte Schauspieler der Partner meiner Tochter wurde. Nach dem Motto „Vertrauen ist gut – Kontrolle ist besser" habe ich natürlich am Schneidetisch die Muster kontrolliert und mit Freude registriert, daß Bärbel sehr gut neben diesem Burschen bestehen konnte.

Schön war das Wiedersehen mit Christian Kohlund. Ich kenne ihn seit einer gemeinsamen Vorstellung am Münchner Residenztheater. Ich spielte den Arturo Ui, eine damalige Sensationsvorstellung mit 36 Vorhängen. In dem Brecht-Stück um Hitler spielte Kohlund den Sohn vom alten Hindenburg.

Diesen sympathischen Jungen mit seinem eigenen Schwyzer Charme hatte ich schon damals sehr ins Herz geschlossen.

Dieser Charme betörte auch die Sängerin Elke Best; am letzten Drehtag in Hinterzarten heirateten die beiden und verbrachten ihre Hochzeitsnacht während und nach der Abschlußfeier im „Parkhotel Adler".

Vorher hatte Kohlund in der „Schwarzwaldklinik" eine Paraderolle gespielt, als mein Rivale bemüht er sich um die Gunst meiner Frau Christa alias Gaby Dohm.

Lichtenfeld hatte sich nämlich einiges einfallen lassen für die Folgen 13 bis 23: Christa studiert, sie wird Ärztin in der „Schwarzwaldklinik". Mein Sohn Udo Brinkmann heiratet Katarina. Viele Kräche führen zu einem großen Zerwürfnis und zur späteren Trennung.

Christa bekommt ein Kind und ich einen Herzinfarkt. Alte Ärzte kommen, neue gehen in der „Schwarzwaldklinik". Meine geliebte Käthi, Karin Hardt, verliebt sich in einen alten Herrn, Ernst Fritz Fürbringer, den ich seit langen Jahren kenne. Käthi trägt sich mit dem Gedanken, mit diesem alten Amtsgerichtsrat in einem Seniorenheim zu leben. Doch nach einiger Zeit hat sie von diesem fürchterlichen Pedanten die Nase voll und kehrt in die offenen Arme von Christa und mir zurück.

Der Ufa-Star Karin Hardt erhält Post wie in den vierziger Jahren, das kann eben heute nur eine Fernsehserie zustande bringen.

„Ich werde von Leuten im Bus und auf der Straße angesprochen", erzählte sie mir vor ein paar Tagen am Telefon. „Daß ich das mit 75 Jahren noch einmal erlebe..."
Erfolg kennt sie zwar, aber eine Premiere beschert ihr die „Schwarzwaldklinik" dennoch. Ein älterer Herr aus dem Rheinland war von ihrer Darstellung der Käthi so begeistert, daß er ihr einen Brief schrieb. „Wollen Sie nicht auch meinem Haus als Sonnenschein vorstehen?" fragte er an. Doch soviel Identifikation war Karin Hardt denn doch zuviel – sie sagte diese interessante Rolle ab.

Leider stirbt Käthi gegen Ende der zweiten Staffel; die kauzige Evelyn Hamann, bekannt als Partnerin Vico von Bülows alias Loriot, wird ihre Nachfolgerin. Bei ihr hat Professor Brinkmann nichts zu lachen – um so mehr aber die Zuschauer.

Inzwischen macht Udo die Bekanntschaft einer attraktiven Frau. Als Franziska Bronnen das erste Mal zum Drehort kam, schaute ich sie immer nur an und dachte: Herrgott, woher kenne ich die nur? Bis ich darauf kam, daß ich mit ihr in München mal für einen „Derrick"-Film vor der Kamera stand. Ihr Gesicht hatte ich nicht vergessen – kein Wunder, ich hatte ihr vor der Kamera eine Vase auf den Kopf schlagen müssen.

Noch eine Entwicklung brachte die zweite Staffel der „Schwarzwaldklinik", und zwar nicht nur im Hinblick auf die Rollen, sondern auch auf die Schauspieler. Wir emanzipierten uns, wir begannen, Einfluß auf die Entwicklung unserer Charaktere zu nehmen. Auch wenn wir mit der Phantasie Herbert Lichtenfelds im allgemeinen sehr zufrieden waren.

„Wie fühlen Sie sich eigentlich in Ihrer Rolle als Professor Brinkmann?" fragte mich Lichtenfeld eines Tages in Hamburg. Er stattete uns bei den Dreharbeiten einen Besuch ab. „Die Rolle annehmen und sie spielen – das sind ja zwei verschiedene Dinge. Fühlen Sie sich wohl in Ihrer Haut beziehungsweise im Arztkittel?"

Ich lachte. „Wie sollte ich nicht! Sie scheinen sie mir ja auf den Leib geschrieben zu haben, ohne mich zu kennen", sagte ich. „Mein Arztkittel ist sozusagen maßgeschneidert." „Und Ihre Ungeduld, Ihre etwas undiplomatische Art, Ihr hitziges Temperament – geht Ihnen das nicht in dieser Rolle gegen den Strich?"

„Im Gegenteil", konnte ich ihn beruhigen. „Das muß ich ja nicht mal spielen, das bin ich ja."

Lichtenfeld, der beleidigt ist, wenn man ihn einen „Möchtegern-Reinecker" oder einen „Dünnbrettbohrer" nennt, hat nichts gegen die Bezeichnung „Gebrauchsschriftsteller": „Ich finde es nicht ehrenrührig, ein Schriftsteller zu sein, den man gebrauchen kann", meint er.

Lichtenfeld hatte sich gründlich in Krankenhäusern und Sprechstunden, im Gespräch mit Ärzten und Schwestern informiert. Aber nicht zu gründlich. „Es ist besser, kein Experte zu sein, sondern neugierig und ahnungslos", lautet seine Erfahrung.

Auch ihn, den Mann im Hintergrund, hat inzwischen der „Ruhm" ereilt. Seit die enorm hohen Einschaltquoten der „Schwarzwaldklinik" von sich reden machen – am 17. November schlugen wir mit 28 Millionen Zuschauern unsere eigenen Rekorde –, hat er einen neuen Beruf. „Ich bin nicht mehr Autor, sondern ‚Interviewter'", macht er sich über das Interesse an seiner Person lustig.

Ein freundschaftliches Verhältnis verbindet mich mit einem anderen Mann im Hintergrund, ohne den diese Serie nie möglich gewesen wäre: Gerd Bauer, der ZDF-Redakteur der „Schwarzwaldklinik". Einer der wenigen Mitarbeiter bei den öffentlich-rechtlichen Anstalten, die sich noch wirklich zuständig fühlen – nicht nur für den Erfolg, sondern auch für das, was Arbeit bedeutet bei einer solchen Produktion. Bauers erklärtes Ziel: „Daß der Konsument die Schamschwelle vor dem Eingeständnis, sich gut unterhalten zu haben, überwindet und sich ohne schlechtes Gewissen auf die Unterhaltung einläßt." Oder anders ausgedrückt: Bekenntnis zur Unterhaltung.

Bauers Spezialität: ein freundschaftliches, faires Verhältnis zu Produzent, Regisseur und Darstellern.

„Du wirst eine wunderbare Chance haben, dich weiterzuentwickeln, sowohl als Arzt als auch als Schauspieler", verriet mir Gerd, als die Fortsetzung der Serie abgesegnet, die Bücher der zweiten Staffel aber noch nicht da waren.

„Wie sieht die aus?" fragte ich neugierig.

„Du wirst sehr krank werden", deutete Gerd an.

„Und das findest du wunderbar? Ein Arzt ist krank – findest du das richtig?"

„Gerade die Tatsache, daß auch ein Chefarzt nicht vor einem Herzinfarkt gefeit ist, ist richtig, wichtig und gut für die Serie und die Entwicklung deiner Rolle. Es kommt ganz darauf an, was du daraus machst. Wieviel Mühe du dir gibst, überzeugend zu wirken." Vorerst gab ich ihm recht – und mir Mühe.

Was geschieht mit Dr. Marker?

Zwei Ereignisse überschatteten die Zeit in Hamburg. Mitten während der Dreharbeiten starb Paul Dahlke. Er spielt in Folge 4 einen alten Mann, der von seinen Kindern zwangsweise in eine andere Klinik gebracht wird, von dort flüchtet und morgens wieder in seiner geliebten „Schwarzwaldklinik" auftaucht. Ein Kollege aus derselben Folge ging im Oktober 1985 von uns – Wolfgang Kieling. Zu Kieling hatte ich seit vielen Jahren eine etwas merkwürdige Beziehung. Wir begegneten uns seit einer gemeinsamen Zeit kurz nach dem Krieg in Berlin nicht sehr oft, wir kannten uns zwar nicht sehr gut, aber unsere Zusammentreffen waren immer von einer eigenartigen Intensität.

In den fünfziger Jahren beschloß Kieling, hinüber nach Ostdeutschland zu gehen – das Leben in Westdeutschland, die Zeit des wirtschaftlichen Aufbaus hier irritierten ihn, machte ihn unruhig. Kieling und ich hatten damals dieselbe Agentur; wir waren bei Irmgard Palz, die auch heute wieder meine Agentin für Film, Fernsehen und Bühne ist.

Damals rief Frau Palz mich an und sagte: „Einen schönen Gruß vom Wolfgang. Er bittet dich, Verständnis dafür zu haben, daß er in den Osten geht."

„Mich? Warum bittet er mich um Verständnis?" fragte ich irritiert. „Ich kenne ihn ja kaum."

„Keine Ahnung. Weiter hat er nichts gesagt."

Diese Nachricht habe ich weder verstanden noch vergessen. Ich habe nie mit Wolfgang darüber gesprochen, zwischen uns herrschte ein Verständnis ohne Worte, eine Freundschaft ohne sichtbare Zeichen – ein Gefühl füreinander, das einfach da war.

Kieling war gesundheitlich schon immer ein Sorgenkind gewesen, sein Leben lang hatte er mit Operationen und Krankheiten zu tun gehabt. Doch er war immer optimistisch gewesen und kannte keine Depressionen.

Die ersten zwölf Folgen der „Schwarzwaldklinik" hatte er ohne Probleme hinter sich gebracht; in der zweiten Staffel hatte er ebenfalls eine ganze Reihe von Auftritten.

Seit Jahren quälte ihn eine bösartige Augenkrankheit: Netzhautablösung. Er hatte Mühe, mich zu erkennen, wenn wir uns unerwartet im Park oder auf der Straße trafen. „Du, stell dir vor – ich habe mir ein neues Auto gekauft", rief er eines Tages, als wir bei einem Kaffee zusammensaßen. „Einen ganz schnellen Schlitten, fast einen Rennwagen – du wirst staunen!"

Das war Wolfgang Kieling – er kaufte sich ein Auto und lebte von der Hoffnung, es irgendwann einmal fahren zu können.

Daß ausgerechnet Wolfgang Kieling den Landarzt Dr. Marker spielte, eine größere Freude hätte mir Wolfgang Rademann nicht machen können. Und ich genoß jeden Drehtag mit diesem Vollprofi, diesem wunderbaren, gebildeten, trotz Krankheit so fröhlichen Menschen.

Doch dann kam der Spätherbst 1984. Typisches Hamburger Wetter mit grauem Himmel, Regen und Nebelschwaden über der Alster. Auch die Stimmung im Studio war gedrückt. „Was wird aus Wolfgang Kieling?" fragten wir uns. Kieling hatte seit Tagen über Schmerzen geklagt. Eines Morgens war ihm klar, daß ein Besuch beim Arzt unvermeidlich war.

„Kieling fällt ein paar Tage aus", informierte Katrin Dröge, unsere Kostümbildnerin und eine enge Freundin von Kieling, die Produktion. „Er muß sich im Krankenhaus durchchecken lassen."

Ein paar Tage, das war zu verkraften. Die Szenen mit ihm wurden auf einen späteren Zeitpunkt verlegt, die meisten Dialoge waren sowieso schon im Kasten.

„Operation", lautete zwei Tage später die alarmierende Nachricht.

Bei einer Operation sollte es nicht bleiben, und nach der zweiten Operation wußten wir: bis zur Fortsetzung der Außenaufnahmen im Schwarzwald würde er nicht wieder fit sein. Und die Pfunde, die ihn der Krankenhausaufenthalt gekostet hatte, nicht wieder aufholen können.

Das Leben nimmt keine Rücksichten, weder auf Krankheit noch auf den Tod. Und so hatte Produzent Wolfgang Rademann neben der Sorge um Kieling das Problem: Was geschieht mit Dr. Marker? Die mit ihm gedrehten Innenaufnahmen in Hamburg waren wertlos: Er konnte nicht in Hamburg das Haus verlassen und im Schwarzwald nie „ankommen". Zudem hatte er soviel abgenommen, daß Rademann überlegte: „Bei den Außenaufnahmen würde ihn das Publikum 30 Pfund schmaler sehen als bei der vorhergehenden Szene im OP, die in Hamburg gedreht wurde – unmöglich!"

Rademann schickte einen Brief und Blumen ins Krankenhaus, und er fand eine ebenso geniale wie presseträchtige Lösung. Der neue „Alte" wurde auch der neue Landarzt. Rolf Schimpf, der gerade als Nachfolger von Siegfried Lowitz in der Ringelmann-Serie „Der Alte" durch die Schlagzeilen gegangen war. Damit war er ein Garant für Popularität – und ein Garant für die Mundart des Schwarzwalds. Denn Schimpf beherrscht den badischen Dialekt meisterhaft. Was ihn als Landarzt noch ein wenig glaubwürdiger macht als Kieling.

Schimpf, dieser sympathische Mensch, zögerte erst.

„Ich bin mit Kieling befreundet", sagte er, „und ich möchte mich vergewissern, ob ihm das recht ist. Ich rufe ihn gleich im Krankenhaus an."

„Lieber nicht." Rademann wurde nervös. „Er weiß es nämlich noch nicht." Auch dieser etwas schnoddrige Berliner hat ein Herz und weiß, daß einen sensiblen Menschen wie Kieling die Tatsache, daß es schon einen Nachfolger gab, erst recht umwerfen konnte. Doch diese Angst erübrigte sich. Inzwischen hatte bereits Kielings Agentur angerufen und seine Mitwirkung am Rest der Dreharbeiten abgesagt.

Die Neubesetzung mit Schimpf nahm er erleichtert zur Kenntnis.

„Es hätte ihn sehr belastet, wenn die Produktion durch seinen Ausfall ins Schleudern gekommen wäre", teilte seine Agentin Rademann mit.

Inzwischen las Schimpf die Drehbücher und war von ihnen ebenso begeistert wie wir von ihm.

„Wenn Schimpf den Mund aufmacht, erklingt ein Ohrenschmaus an Schwarzwälder Dialekt", freute sich Wolfgang Rademann. „Was kann ich mir mehr wünschen für eine heimatbezogene Serie?"

Meine Szene mit Wolfgang Kieling in der vierten Folge der „Schwarzwaldklinik" hat mich sehr erschüttert; schon damals ahnte ich, daß dieser wunderbare Schauspieler nicht mehr lange bei uns sein würde.

Im Sommer 1985 schöpften alle seine Freunde noch einmal Hoffnung. „Es geht ihm besser", hieß es, „er ist zu Hause, freut sich seines Lebens und schreibt seine Memoiren." Diese Hoffnung war trügerisch – Kieling starb im Oktober.

Gerade noch mal davongekommen

Wie leicht man in diesem Beruf vergessen wird, wie schnell die zweite Besetzung auf der Bühne steht, hätte ich vor vielen Jahren selbst beinahe erfahren. Und auch, wie leicht man ohne schauspielerische Leistung die beste Presse bekommen kann.

„Dieser begabte, junge Schauspieler Klausjürgen Wussow wird den nächsten Tag wohl nicht mehr erleben", begann die Titelgeschichte einer Frankfurter Tageszeitung am 17. 12. 1956. „Wussow verunglückt" – die erste Schlagzeile meines Lebens.

Es war kurz vor Weihnachten 1956, und ich durfte an meiner ersten Theatertournee teilnehmen. „Eines langen Tages Reise durch die Nacht", mit Martin Benrath, Elisabeth Bergner und Paul Hartmann. Wir spielten in Lünen in Westfalen, wo ich nach dem Krieg als Junge eine erste einsame Zeit ohne meine Mutter durchlebt hatte. Aber es hatte freundliche Menschen gegeben, die mich damals aufnahmen. Ich fuhr vor der Vorstellung mit meinem ersten Auto, einem wunderschönen schwarzen Wagen, um diese Menschen zu besuchen.

Ich kannte die Strecke noch sehr gut, fuhr aber relativ langsam, weil die Straße sehr kurvig war. An diesem 16. Dezember 1956 kam mir auf meiner Straßenseite plötzlich ein Lkw entgegen. Mir blieb nichts anderes übrig, als den Wagen in den Straßengraben zu fahren. Mir war nichts passiert, aber die Lenkspindel war abgebrochen, der Wagen stand auf der anderen Seite an einem Baum. Schade um das Auto, dachte ich, war aber erleichtert, daß ich selbst mit drei Beulen davongekommen war. Ich ging zum nächsten Gendarmeriebeamten, der mit mir zum Fahrzeug zurückkehrte und zwei zufällig vorbeifahrende Mopedfahrer als Beleuchtung vor und hinter meinen Wagen stellte.

„Darf ich kurz Ihre Papiere sehen?" fragte mich der Polizist, der inzwischen Verstärkung bekommen hatte. „Moment." Ich suchte Brieftasche und Brille vergeblich, beides hatte ich wohl im Wagen liegenlassen.

„Ich hole sie Ihnen aus dem Auto", sagte ich deshalb. Ich stieg gerade wieder aus dem Wagen, als der Polizist aufschrie. „Da kommt einer, der sieht uns nicht!"

Ich erschrak, sprang zur Seite, wußte nicht, ob nach links oder rechts, und landete auf der falschen Stelle. Der heranrasende Wagen erwischte mich. Ich flog in hohem Bogen durch die Luft und blieb mit dem Gesicht nach unten im Straßengraben liegen.

Die Polizisten drehten mich um – und ließen mich liegen. „Um Gottes Willen, der muß doch ins Krankenhaus", sagte der eine. „Dem ist doch nicht mehr zu helfen", sagte ein anderer und maß die Bremsspur aus.

Ich weiß nicht, wie lange ich so in der eisigen Dezemberkälte auf der Straße gelegen habe, aber ich weiß noch, daß mir mein „Sterben" sehr bewußt war. Bewußt, aber durchaus nicht unangenehm. Ich fühlte, daß ich Blut verlor; ich wurde langsam müde und dachte: Aha, *so* ist das, wenn man stirbt. Interessant. Schade, daß ich es keinem mehr werde erzählen können.

Den Fahrer eines anhaltenden VW-Kombiwagens packte die Wut angesichts der Gleichgültigkeit der Polizisten. Vorsichtig lud er mich in seinen Wagen. Ein auf der Ladefläche liegender Weihnachtsbaum hielt mich bei Bewußtsein – die Nadeln kitzelten meine Nase.

Während der Fahrt drehte der Kombi-Fahrer sich nach mir um. „Können Sie sprechen?"

Ich nickte.

„Ich bringe Sie ins nächste Krankenhaus. Wollen Sie nach Werne oder nach Lünen? Wir sind auf halber Strecke."

Nach Lünen, sagte etwas in mir. „Nach Lünen."

Ein Schutzengel muß mir diese Worte eingegeben haben – und später erfuhr ich warum. Doch vorerst flickte man meine Wunden im Krankenhaus in Lünen zusammen.

Martin Benrath besuchte mich gleich nach der Vorstellung für eine halbe Stunde. Ich war inzwischen aus der Narkose erwacht. Aus der halben Stunde Besuchszeit wurde eine ganze Nacht, denn gegen Mitternacht setzte mein Puls aus. Alarm auf der Station, Notoperation: bei dem Unfall war meine Milz gerissen, die die Ärzte nun entfernen mußten. Während meiner Rekonvaleszens fiel mir eine Schwester auf, die ein auffälliges Interesse an mir zeigte, aber nicht mit mir sprechen wollte. Den Grund erfuhr ich einige Zeit später: Sie kam aus der Klinik in Werne; dort hatten merkwürdigerweise kurz vorher einige Patienten Milzoperationen nicht überlebt...

Am 26. Februar stand ich wieder auf der Bühne. Der Wert des Lebens war mir seitdem sehr viel bewußter geworden.

Zauberschätze hinter der Kamera

Und noch klarer war mir seitdem die Bedeutung der Medizin sowie des Arztberufs geworden. Vor allem die Operationen waren für mich, der ich mich im weißen Kittel ausgesprochen wohl fühle, Höhepunkte der Dreharbeiten. 37 Jahre, nachdem ich meinen Traum vom Arztberuf begraben mußte, stand ich nun mit dem Skalpell in der Hand zwischen Assistenzarzt, Schwestern und Anästhesist vor Verletzten und Kranken.

Natürlich ging das nicht ohne Hilfe von kompetenter Seite. Die fanden wir in Hamburg in der Person des Chirurgen Dr. Jürgen Krenz, der mir mit viel Geduld und Begeisterung an den Dreharbeiten das nötige Wissen vermittelte.

Der Oberarzt und stellvertretende Chefarzt der Klinik in Hamburg-Wilhelmsburg war bei sämtlichen Operationen dabei. „Über die Ärzte in der ‚Schwarzwaldklinik' soll keiner lachen", sagte er und dieses Ziel erreichte er auch.

Und jeder von uns Schauspielern hatte seine spezielle Begabung. Sascha Hehn erwies sich als besonders geschickt im Schließen von Operationswunden, meine Meisterleistungen waren Bauch- und Leistenoperationen, auf die ich besonders stolz war. Dr. Renz sorgte ebenfalls für die Authentizität der Röntgenbilder; wenn beispielsweise Sascha Hehn Schwester Christa Metastasen auf einer Lunge zeigt, ist zumindest eine Sache echt: die Röntgenaufnahme von der Lunge.

Für das Röntgenbild einer Schußverletzung ließ sich die Produktion unter Anleitung von Dr. Renz etwas Besonderes einfallen: Ein Projektil wurde auf den Arm des Schauspielers geklebt und geröntgt. Realistischer war es kaum möglich. Damit auch die Operationsetikette erfüllt wurde, sprang immer einer der echten Ärzte als „Assistenzarzt" ein. Dr. Udo Brinkmann alias Sascha Hehn konnte schließlich nicht beide Assistenzärzte spielen, die bei einer Operation erforderlich sind.

Sogar eine echte OP-Schwester spielt mit. „Die wußte immer genau, wann Herr Wussow ein geriffeltes oder ein gezacktes Messer brauchte", sagte Renz später, „wann Gefäßklemme und wann Tupfer. Das hätte keine Schauspielerin gekonnt."

Für mich hatte er ein etwas zweifelhaftes Lob: Bei einer kleinen Panne – ein Nadelhalter hatte sich gelöst – verlor ich die Nerven.

„Herr Wussow hat großartig reagiert", sagte Renz. „Ganz spontan fing er an zu fluchen, wie ein richtiger Chirurg!"

Operiert wurden täuschend lebensechte Gummipuppen, Blut wurde aus einem Spezialpulver hergestellt, Eiter aus einer Mischung aus Kondensmilch und Senf.

Aber die Herstellung der Verletzungen haben wir einer wahren Künstlerin in ihrem Fach zu verdanken.

Ein großes Lob gebührt unserer Maskenbildnerin Christa Wittlich. Sie kann nicht nur wunderbar Gesichter schminken und Tote „herstellen", sie ist auch eine Meisterin in der Erzeugung lebensechter Wunden, ohne die ein Krankenhaus nun mal nicht auskommt. Und therapeutische Fähigkeiten hat sie obendrein. Christa ist so sensibel, daß sie stets durch meine Haut meinen Zustand zu ertasten scheint. „Na, wohl wieder mal ein bißchen zu tief ins Glas geblickt", war ihr Kommentar, wenn ich nach einer langen Nacht mit Freddy Vohrer verkatert vor ihrem Schminktisch saß.

„Stimmt", stöhnte ich. „Du wirst heute viel Arbeit mit mir haben. So, wie ich heute aussehe, könnte ich meinen eigenen Großvater spielen."

„Keine Sorge, das kriegen wir schon wieder hin", sagte sie und kühlte meine brennenden Augen mit kalten Kompressen.

Es gibt Berufe in unserer Branche, die ebenso wichtig wie undankbar sind. Dazu gehören die Aufgaben der Menschen hinter der Bühne, bei Film und Fernsehen derjenigen hinter der Kamera. Aufgaben, die viel Geduld und gute Nerven, psychologisches Geschick und Liebe zu den Schauspielern erfordern. Neben der Maskenbildnerin ist es die Kostümberaterin, die neben der liebevollen Zuwendung auch viel Durchsetzungsvermögen braucht.

Wir drehten eine Szene zwischen Christa und mir – ein Besuch in Professor Brinkmanns Hütte in den Bergen. Freizeitkluft stand auf dem optischen Programm. Stolz kam ich morgens mit meinem Lieblingshemd in die Garderobe. Es war ziemlich tailliert und hatte dezente rosa Streifen auf weißem Grund.

„Ist das nicht hübsch?" fragte ich und freute mich auf ihr Lob.

Katrin verzog das Gesicht. „Hübsch schon – als Nachthemd oder als Bluse zu meinem neuen weißen Rock. Aber für dich...? Aus dem Alter solltest du eigentlich raus sein."

„Dann eben nicht." Beleidigt schlug ich die Tür hinter mir zu und streifte später zähneknirschend ein Hemd über, das Katrin für „angemessener – deinem Alter und deiner Situation" hielt.

War ich wirklich schon *so* alt? überlegte ich später. Eines war klar: Ich war auf jeden Fall zu alt, um den Beleidigten zu spielen. Abends hängte ich mein hübsches Hemd mit einer großen Geschenkschleife an die Tür unserer reizenden Kostümbildnerin. „Für deinen weißen Rock – viel Spaß mit dem Nachthemd", stand auf dem Zettel.

Ebenso lieb wie lebenswichtig: Uschi und Karheinz, die sich um die Garderobe kümmerten, meine Kleidung pflegten und reparierten, immer für mich da waren und nicht zuletzt dafür verantwortlich, daß ich mich in der „Schwarzwaldfamilie" so geborgen fühlte.

Im Oktober habe ich die beiden in München besucht. Nachdem ich sie telefonisch nicht erreicht hatte, stand ich unangemeldet vor der Tür ihrer Wohnung in Unterföhring, klingelte und hielt mit der Hand den Spion zu. Uschi und Karlheinz sind nicht mißtrauisch, öffneten – und fielen mir um den Hals.

„Wo kommst du denn her, Klaus?" riefen sie gleichzeitig. „Wir haben gerade von dir gesprochen."

Es wurde eine wehmütige Stunde voll Erinnerungen an die Dreharbeiten der „Schwarzwaldklinik".

„Mein Gott, wie uns der Schwarzwald fehlt", sagten die beiden, und sie sprachen mir damit aus der Seele. Sie hatten nach Drehschluß Urlaub auf Lanzarote gemacht. Doch statt die Sonne, das Meer und den frischen Fisch zu genießen, hatten sie Heimweh nach dem Schwarzwald gehabt. Ähnlich war es mir während meiner Ferien mit meiner Familie in Sri Lanka ergangen...

„Habt ihr etwas von Kathrin Dröge gehört?" fragte ich, um abzulenken. Doch da hatte ich erst recht das Thema verfehlt. „Ja – sie rief vor ein paar Tagen an und weinte", sagte Uschi.

„Um Gottes Willen, warum denn?"

„Weil wir ihr alle so fehlen", brummte der etwas bärbeißige Karlheinz. „Und du, hast du etwas von Christa Wittlich gehört?" fragte er mich.

„Ja, leider?"

„Wieso leider?" wollte Uschi wissen.

„Christa macht die Maske auf dem nächsten ‚Traumschiff' von Rademann", erwiderte ich. „Vor ihrer Abreise rief sie an und schluchzte: ‚Es ist alles so schrecklich, Klaus. Ich vermisse euch so! Ich kann mich überhaupt nicht wieder eingewöhnen...'"

Karlheinz machte einen letzten – diesmal erfolgreichen – Versuch, die Stimmung zu retten.

„Wann genau fangen denn die Dreharbeiten im nächsten Jahr an?" fragte er. „Gibt es schon Termine von Wolfgang Rademann?"

„Irgendwann im Juli", sagte ich, und schon waren wir mitten in einer Unterhaltung über die Folgen 24 bis 32, über die dritte Staffel der „Schwarzwaldklinik". Herbert Lichtenfeld hat sich wieder einiges einfallen lassen für Professor Brinkmann, seine Familie und das Ärzteteam der Klinik. Und natürlich auch für die vielen Mitarbeiter hinter der Kamera – wie Uschi und Karlheinz, wie Christa Wittlich und Kathrin Dröge. Menschen, die immer für mich da waren und für die auch ich manchmal dasein durfte, um ihnen zu helfen.

„Klausjürgen Wussow hat heilende Hände", lautete am 15. November die Schlagzeile einer großen deutschen Tageszeitung.

Das ist natürlich Unsinn. „Daß ich heilen kann, habe ich nie behauptet. Und das mit den Strömen war ein reiner Scherz", sagte ich einem Journalisten, der eine weitere Schlagzeile für sein Blatt witterte nach dem Motto: Jetzt denkt er schon, er *ist* ein Arzt...

„Ein ‚bisserl was' ist trotzdem dran an der Meldung", sagte ich ihm. Denn ich beschäftige mich seit 1973 mit fernöstlichen Heilpraktiken. Seit ich selbst schmerzhaften Ärger mit den Bandscheiben hatte und mich der Trainer der österreichischen Nationalmannschaft, Dungl, erfolgreich mit Akupressur, Akupunktur und Fußreflexzonenmassage behandelte.

Dungl, der auch Niki Lauda berät, kam sogar in meine Theatervorstellungen, um mich zu behandeln, und zwar erfolgreich. Die gefürchtete Bandscheibenoperation konnte verhindert werden.

Durch ihn erfuhr ich zum ersten Mal von diesen jahrtausendealten Dingen und begann, mir von ihm die Griffe zeigen zu lassen. Viele Bücher über Naturheilkunde und Akupressur stehen seitdem in meinem Bücherschrank. Die neuen Kenntnisse testete ich an Familienmitgliedern und Kollegen. Mit Erfolg. So auch in der „Schwarzwaldklinik": Wenn Gaby Dohm oder unsere Maskenbildnerin Christa Wittlich Verspannungen oder Kopfschmerzen hatten, konnte ich ihnen mit Druck auf bestimmte Nervenpunkte helfen. Natürlich nicht heilen, schließlich bin ich kein Arzt, aber es gelang mir oft, die Verspannungsschmerzen zu lindern. Durch festen Druck auf die Ausläufer der Nervenenden, die für die Schmerzen verantwortlich sind. Im Migräne-Fall sind das zwei Punkte am Nackenansatz, zwei am Schädelansatz und zwei an den Schläfen.

Aber mit „heilenden Strömen" hat das Wissen der Akupressur soviel zu tun wie der Arztberuf mit dem des Schauspielers. Aber ich bin ein Anhänger der Naturheilkunde, ebenso wie mein Fernseh-Sohn Sascha Hehn, dessen Heilpraktiker ihn während der Dreharbeiten in Hinterzarten besuchte.

Er befreite Sascha von einer sehr schmerzhaften Gastritis und erlöste ihn bei der Gelegenheit auch noch von seinem quälenden Heuschnupfen. Für seinen prominenten Patienten entwarf der Nürnberger Naturheilkundler gleich ein eigenes Fitneßprogramm.

„Seitdem fühle ich mich wunderbar", sagte mir Sascha kürzlich, bevor er als Schiff-Steward mit dem Team des „Traumschiff" auf Reisen ging.

Auch ich holte mir Rat in Sachen Rückenschmerzen. Ich mußte mich auf den Bauch legen, und er renkte meine Wirbel einen nach dem anderen wieder ein. Eine schmerzhafte Prozedur – aber sie half. Das würde ich natürlich nie an anderen wagen. Akupressur hingegen ist eine Kunst, die man lernen kann und die völlig ungefährlich ist.

„Ich kann mir heute kein einziges Wort merken." Mit dieser Bemerkung betrat Gaby Dohm an einem kalten Novembermorgen in Hamburg die ‚Maske'. „Diese Migräne bringt mich noch um." „Laß mal sehen", sagte ich. „Wo genau tut's denn weh?" „Den Nacken hinauf bis hinein in den Hinterkopf", sagte sie und beschrieb den typischen Migräneschmerz.

„Setz dich erst mal hin." Ich drückte sie auf einen Stuhl.

„Halt den Kopf gerade und entspann dich."

Vorsichtig ertastete ich die beiden Punkte am Nackenansatz, die für diese Art von Durchblutungsstörung verantwortlich sind.

„Achtung", sagte ich – als Warnung. Als ich mit meinen Daumen fest zudrückte, schrie Gaby auf.

„Erstmal tut's weh", sagte ich. „Aber das geht gleich vorbei." Und behielt recht.

Gaby selbst ist ein großer Fan der Naturheilkunde; wir haben uns oft über Ganzheitsdiagnose und -therapie unterhalten und versucht, sie in die „Schwarzwaldklinik" mit einzubeziehen.

„Die Heilpraktiker erleben ja einen wahren Boom in den letzten Jahren", versuchten wir immer wieder, Produzent und Autor zu überzeugen. Doch bisher gab es für Massage und Homöopathie keinen Platz in der „Schwarzwaldklinik".

Gaby ist begeistert von Kräutern und medikamentfreien Behandlungen, sie ist gegen Spritzen und Operationen, weil sie kein Blut sehen kann. Für eine Krankenschwester nicht gerade die ideale Arbeitsbasis.

„Als ich die Rolle der Christa übernahm, hatte ich von der Tragweite dieser Aufgabe keine Ahnung", sagte sie später. „Vor allem dachte ich nicht daran, daß ich mit Spritzen, Tupfer, Skalpell, Verbänden zu tun haben würde. Es gibt wohl kaum einen Beruf, zu dem ich ungeeigneter bin als den der Krankenschwester."

Nun, diese Antipathie wußte sie geschickt zu verbergen. Etwas problematisch waren die Szenen, in denen sie als Schwester praktizieren mußte – Spritzen geben zum Beispiel. Gaby brachte es nicht einmal bei Attrappen übers Herz, die Nadel zu zücken.

„Ich werde deshalb nur mit diesem Ding gezeigt, wie ich hochhebend den Inhalt prüfe, mich vorbeuge – und dann erst wieder, wenn ich die Spritze wegstecke...", verriet sie einer neugierigen Freundin.

Gaby hatte eine große Befürchtung im Sommer 1984: „Hoffentlich werde ich nicht als Krankenschwester der Nation abgestempelt!"

Nun, *diese* Sorge ist überflüssig. Denn nach der Hochzeit mit Professor Brinkmann nimmt Christa ihr Medizinstudium wieder auf – jetzt kann sie es sich ja leisten. Und steht ihrem Mann in der „Schwarzwaldklinik" künftig nicht als Schwester, sondern als Frau Doktor zur Seite.

Hoffentlich noch recht lange – auch wenn sie heute bei dem Gedanken an eine jahrelange Fortsetzung der Serie in Panik gerät. Und ihre beiden Männer, Adalbert Plica und Julian, mit ihr.

Immerhin hatte sie sich 1984 schon vor der „Schwarzwaldklinik" vom Münchner Residenztheater gelöst und arbeitet jetzt als Schauspielerin „auf freier Wildbahn".

„Ich habe mich noch gar nicht daran gewöhnt, abends nicht zur Vorstellung zu müssen, morgens nicht zur Probe", sagte sie ein paar Wochen nach Beginn der Dreharbeiten im Schwarzwald.

Nun, heute, eineinhalb Jahre später, hat sie sich daran gewöhnt. Eine neue Erfahrung ist sicher die Rolle als Hausfrau während der „Schwarzwaldklinik"-Pause.

„Mein Sohn hat inzwischen von der ganzen Wohnung

Besitz ergriffen. Und das will etwas heißen bei sechs Zimmern – ein heilloses Chaos. Ich komme mit dem Aufräumen gar nicht mehr nach." Aber Spaß macht ihr auch diese Rolle.

Die Folgen der „Schwarzwaldklinik" zeichnet Gaby auf ihrem Videorekorder auf, um sie am späteren Abend gemeinsam mit ihrem Mann anzusehen.

„Denn um 19.30 Uhr ist für Julian Essenszeit", sagt sie, „und das hat nun mal Priorität."

Ich selbst hatte nie Probleme mit den Nebenschauplätzen des Arztberufes. Mit Krankenhäusern habe ich genügend eigene Erfahrungen gemacht, ich habe selbst einige Operationen hinter mir und keine Angst davor.

Professor Brinkmann ist so, wie ich mir einen Chefarzt wünsche – keineswegs perfekt, aber voller Verständnis für seine Patienten und großzügig in der Art seiner „Personalführung". Er nimmt sich nicht nur die Zeit, die für Patienten oft wichtiger ist als Medikamente, sondern nimmt wirklich Anteil.

Die Fernseh-Ärztin Dr. Antje Schaeffer-Kühnemann äußerte sich nach dem Start der Serie zur „Schwarzwaldklinik": „Ich bin angenehm überrascht. Dieser Professor Brinkmann könnte auch in Wirklichkeit vorkommen. Es gibt tatsächlich Chefärzte, die Mitarbeiter anerkennen, Angehörigen von Kranken beistehen und ein offenes Ohr haben. Am meisten sagt mir die positive Grundeinstellung der Serie zu. Das tut auch den Patienten gut, wenn endlich einmal nicht schlecht über Ärzte berichtet wird."

Trotz der vielen negativen Presseberichte habe ich selbst immer sehr viel von Ärzten gehalten und immer ein ausgezeichnetes Verhältnis zu ihnen gehabt. Mir war zwar das Medizinstudium verwehrt, ich habe mich jedoch immer bemüht, anderen zu helfen. Sei es psychisch durch Vermittlung und Gespräche, sei es physisch durch Massage und Akupressur.

Gegen manche Verspannungen war ich allerdings machtlos – zum Beispiel gegen die von Nadja Tiller in der letzten Folge der „Schwarzwaldklinik". Nadja spielt eine eingebildete Kranke, deren Hauptsymtom daraus besteht, daß sie sich immer wieder – hoffnungslos – in Chirurgen verliebt.

In diesem Fall in mich als Professor Brinkmann. Was

Lichtenfeld nicht wußte, als er sich diese Episode einer gelangweilten reichen Frau ausdachte: daß die Presse mich kurz nach Anlaufen der Serie als Frauenliebling bezeichnen würde. Diesem Image werde ich nun wirklich nicht gerecht. „Was an Ihnen wirkt denn so auf die Frauen", fragte mich Ende Oktober eine Journalistin.

„Keine Ahnung." Ich mußte passen. „Da müssen Sie die Frauen schon selber fragen."

Eines weiß ich mit Sicherheit: Ich mag Frauen mehr als Männer, im allgemeinen komme ich mit ihnen besser aus als mit meinen Geschlechtsgenossen. Und das spüren sie wohl...

Zukunftsperspektiven

Der Erfolg der „Schwarzwaldklinik" bringt natürlich nicht nur Lob und Tadel, Kritik und Popularität, auch das Interesse der Branche erwacht neu an den Schauspielern, die so plötzlich Erfolg haben. Auf meinem Tisch stapeln sich Drehbücher und Angebote, Tournee-Vorschläge und Einladungen zu Fernseh-Talkshows. „So gut du auch bist in der ‚Schwarzwaldklinik' – jetzt mußt du etwas anderes machen", sagte mein Kollege Klaus Maria Brandauer, mit dem ich ab 21. Dezember 1985 auf der Bühne des Burgtheaters stehe.

„Schauspielerische Qualitäten hast du auch jenseits der Rolle des Professor Brinkmann", fuhr er fort. „Und das dürfen die Leute nicht vergessen. Wie sind denn deine Pläne?"

„Ich möchte neben der ‚Schwarzwaldklinik' ernsthaftes Theater weiterspielen, wie ich es seit 35 Jahren gewohnt bin. Und den Menschen im Fernsehen zeigen, daß es neben dem Professor Brinkmann auch noch den Bühnenschauspieler Klausjürgen Wussow gibt."

Einer, der noch vor dem „Schwarzwaldklinik"-Boom immer wieder um mich warb, ist Helmut Duna, Direktor der „Schaubühne" in Münchens Theater in der Brienner Straße und Ehemann von Heidelinde Weis. Helmut Duna besuchte seine Frau während der Dreharbeiten in Hamburg.

„Wann sehe ich Sie endlich auf meiner Bühne?" fragte

er. „So langsam werden mir Ihre ständigen Absagen langweilig."

„Ich hoffe, Sie nehmen sie nicht persönlich", erwiderte ich. „Bisher ergab sich einfach keine Gelegenheit, und ich hatte keine Zeit."

Denn dieses Jahr Urlaub für die „Schwarzwaldklinik" war meine erste längere Abstinenz vom Wiener Burgtheater gewesen, aber mit Heidelinde würde ich sehr gern einmal auf der Bühne stehen.

„Was würden Sie denn am liebsten spielen?" fragte Duna. „Ich richte mich ganz nach Ihnen, suchen Sie sich einfach ein Stück aus, das Ihnen Spaß machen würde. Nach der Premiere in München gehen wir damit auf Tournee."

„Auf jeden Fall muß Heidelinde dabeisein", sagte ich.

Ende November 1985 flatterte ein Brief von Duna auf meinen Schreibtisch in Wien. Seine Idee war ein Theaterstück mit der ganzen „Schwarzwaldklinik"-Familie. Ich fühlte mich in meiner Ehre getroffen.

„Wenn ich spiele, spiele ich alleine", schrieb ich zurück. Obwohl – ein Stück mit Heidelinde Weis und Gaby Dohm wäre natürlich der Knüller...

„Welche Rolle würde dich denn reizen?" fragte mich meine Frau, als ich ihr von Dunas neuem Angebot erzählte. „Eine, die du noch nicht gespielt hast?"

„Ja", sagte ich, „die des Regisseurs." Regie zu führen – das ist nämlich seit Jahren mein Traum.

Wie so oft sagte Ida auch jetzt: „Du bist auf der Welt, um zu spielen – nicht, um dich als Regisseur über Schauspieler zu ärgern."

Den Ärger nehme ich jedoch gern in Kauf. Mit etwas Glück läßt sich ein Angebot für das nächste Jahr vielleicht verwirklichen. Ich soll im Frühjahr 1986 in Innsbruck die Regie für Lessings „Nathan der Weise" übernehmen. Dieses Theaterstück hat eine besondere Beziehung zu meiner Biographie: meine erste Rolle mit 18 Jahren, unbeleckt von jeglichem Schauspielunterricht, war die des Tempelherrn gewesen. Ich werde Anfang des Jahres nach Innsbruck fahren und mir die Schauspieler ansehen. Meine Traumbesetzung für die Rolle des Tempelherrn: Alexander, Sascha, Wussow...

Ken erweitert seine Rolle

Doch an derartig ehrgeizige Zukunftspläne war natürlich während der Dreharbeiten zur „Schwarzwaldklinik" nicht zu denken. Im Mai 1985 kehrten wir nach Hinterzarten zurück; die Außenaufnahmen der zweiten Staffel fanden wieder im idyllischen Schwarzwald statt, vor der Klinik im Glottertal und im Heimatmuseum Hinterzarten. Das Team quartierte sich, wie schon im letzten Jahr, im Parkhotel Adler in Hinterzarten ein.

Die Außenaufnahmen gingen dieses Mal nicht ohne Aufregung vonstatten. Angie, die Tochter von Ilona Grübel als Udos Frau Katarina, befreit einen Zirkus-Löwen aus seinem Käfig, um mit ihm zu spielen. Klar, daß die große Katze schnurrt, mit dem Kind spielt und sich von ihrer besten Seite zeigt. Nur Mischa, der Pfleger, macht drehbuchgemäß kurze Bekanntschaft mit dem gewaltigen Gebiß des Raubtiers. Hauptdarsteller dieser Folge ist der Löwe Ken, auch er aus dem Stall von Joe Bodemann.

Ken zeigte sich wirklich von seiner Schokoladenseite. Die Kameras summten, während er gemächlich die kleine Straße von Löfflingen durchschritt auf der Suche nach seiner kleinen Freundin.

„Hilfe, der Löwe ist los!" schrie jemand.

Unbeeindruckt ging Ken weiter. Im Hintergrund, rückwärts vor ihm hergehend und ihn lobend, Joe Bodemann. Der Löwe findet schließlich Angie, die beiden spielen miteinander.

„Wunderbar", ruft Regisseur Hans-Jürgen Tögel.

„Das war's dann für heute." Sprach's und bückte sich, um den Hauptdarsteller zu streicheln.

„Das hast du prima gemacht", sagte er und tätschelte Ken. Verdientes Lob nach getaner Arbeit. Für den dreijährigen Ken eine Aufforderung zum Spiel. Der er sofort folgte. In der Löwensprache bedeutete das: Er legte als Antwort, Ja-ich-will-mit-dir-Spielen, seine schwere Tatze auf Tögels Unterschenkel. Was für einen Löwen-Kollegen eine Liebkosung gewesen wäre, erschreckte den Regisseur Tögel, er zog hastig sein Bein zurück.

Das hätte er lieber nicht tun sollen. Jetzt war nicht nur Kens Spieltrieb geweckt, sondern auch sein Jagdinstinkt. Er schnappte zu. Zwar nur ein bißchen – sonst wäre der

Knochen keinen Pfifferling mehr wert gewesen – aber immerhin genug, um Tögel stöhnen zu lassen: „Joe, dein Löwe frühstückt gerade mein Bein..."

Joe Bodemann, der völlig unbesorgt etwas abseits gestanden hatte, reagierte in Sekundenschnelle. Er warf sich auf seinen Zögling, bog die gewaltigen Kiefer Kens auseinander und löste ihn von seinem Opfer.

„Wenn Ken wirklich aggressiv gewesen wäre, hätte auch ich keinen Einfluß mehr auf ihn gehabt", sagte er später. „Wenn man mit einem Löwen spielt, muß man halt dessen Spielregeln kennen."

Man zog Tögel ein Stück zur Seite. „Und genau auf einen Gully, damit das Blut nicht auf die saubere Straße lief", behauptete Tögel später ironisch.

Doch vorerst war ihm sein berühmter Sinn für Humor völlig abhanden gekommen. Noch hatte keiner so recht begriffen, was eigentlich passiert war, als Tögel murmelte: „Ins Krankenhaus, aber schnell."

Dort begrüßte man die Helfer mit schallendem Gelächter. Einer von ihnen war vorausgefahren und mit der Schreckensmeldung „Einer ist vom Löwen gebissen worden!" in die Ambulanz gestürzt. So leicht verkohlen ließ man sich jedoch im Krankenhaus in Freudenstadt nicht – schließlich wußte man, daß im benachbarten Dörfchen Löfflingen eine Szene mit einem ausgerissenen Löwen auf dem Drehplan der „Schwarzwaldklinik" stand.

Die Kameramänner, die den schwerverletzten Regisseur kurz darauf in die Klinik trugen, hatten alle Mühe, Schwestern und Ärzte vom Ernst der Lage zu überzeugen. Als man ihnen klargemacht hatte, daß der Löwe Ken seine Rolle unplanmäßig erweitert hatte, begannen hektische Aktivitäten. Was war zu tun? Ein langer Muskel- und Hautlappen hing von Tögels Bein herunter.

„Das wächst bestimmt wieder an", meinten die in bezug auf Raubtierbisse unerfahrenen Ärzte, reinigten die Wunde und steckten das Bein in einen Gipsverband. Tögel war nicht so recht überzeugt und rief einen befreundeten Arzt in München an.

Nachdem der erst mal so richtig gelacht hatte, sagte er: „Du bist doch nicht wirklich von einem Löwen gebissen worden? Wo nämlich so ein Raubtier zubeißt, wächst kein

Gras mehr. Und Haut wächst schon gar nicht mehr ein – zu viele Bakterien verseuchen die Wunde."

„Der Biß eines Menschen wäre sicher noch giftiger", versuchte ich unseren Sonnyboy aufzuheitern.

„Da hast du sicher recht", meinte er mit schmerzverzerrtem Gesicht.

Er ließ sich mit einem Hubschrauber ins Münchner Klinikum Großhadern bringen. Der Operation am nächsten Morgen folgte bald eine zweite: Die Bakterien hatten sich schon im gesunden Muskelgewebe ausgebreitet. Erfolgreich transplantierten die Spezialisten Haut vom Oberschenkel auf die Wunde.

„Wenn der Gips drei Tage länger draufgeblieben wäre, hätte ich das Bein verloren", erzählte Tögel mir später.

Die Fotos, die ein geistesgegenwärtiger Polizeifotograf gemacht hatte, gingen um die ganze Welt. Uns bescherte Kens zweifelhafter Ruhm zwei drehfreie Wochen, dem Produzenten einige schlaflose Nächte und Tögel ein lebenslanges Souvenir in Form einer prachtvollen Narbe.

Seine gute Laune hatte er wiedergefunden, als er im Rollstuhl wieder am Drehort erschien – diesmal durch einen Käfig vor dem Löwen geschützt. *Im* Käfig steckte aber keineswegs Ken, sondern Hans-Jürgen Tögel.

Mit Urlaubsverzicht, Nachtschichten und Sonntags-Arbeit konnten wir die fehlende Produktionszeit wieder einarbeiten.

Seinem Hauptdarsteller trägt Tögel nichts nach: „Was kann der Löwe dafür, wenn ich mich nicht an seine Spielregeln halte", meint er.

Joe Bodemann kennt und beherrscht diese Spielregeln perfekt. Ganz ohne Strafen nach dem Motto „Tiere brauchen Liebe!"

„Wie hast du Ken denn bestraft?" fragte ich ihn später. Noch hatte ich keine Ahnung, daß dieses Wort in Joes Vokabular keinen Platz hat.

„Ich habe ihm ein großes Stück Fleisch gegeben", sagte Joe lachend. „Ich mußte ihn schließlich belohnen – dafür, daß er mir so brav gehorcht und seine Zähne aus dem Tögel genommen hat."

Das sah ich dann ein. Weil „er so verhungert aussah", hatte Joe sein Kätzchen vor zwei Jahren für 1000 Mark einem kleinen Wanderzoo abgekauft. Viele seiner 23 Tiere hat er irgendwann aus Mitleid gekauft – was dazu führte, daß sie ihm die Haare vom Kopf fraßen. Die erste Tierfarm des gelernten Schlossers, der lieber selber hungert als seinen Freunden den Futternapf höher zu hängen, ging pleite. Heute sorgt sein Partner Olaf Bahle dafür, daß auch die Kasse der Schule, die auch Privat-Hunde ausbildet, stimmt. Joe trainiert seine Tiere nicht nur, er ist auch mietbar mit Tier-Stunts in Film und Fernsehen. Vor der Kamera kämpft er mit seinen Löwen, Tigern und Bären, um nach Drehschluß heftig mit ihnen zu schmusen.

Der Perfektionist, der den Tieren in die Herzen sieht und entsprechend liebevoll mit ihnen umgeht, ist gut im Geschäft. Ob „Tatort", „Otto – der Film", „Traumschiff" oder „Schwarzwaldklinik" – überall sind Joe und seine Tiere im Einsatz.

Ich habe immer gern mit Tieren gedreht, doch auch bei mir wäre beinahe mal ein Klinik-Aufenthalt fällig gewesen. So gut ich mich im allgemeinen mit den Vierbeinern verstehe – mit dem Zirkusbär „Zuzule" hatte ich ernsthafte Kommunikationsschwierigkeiten.

Ich sehe die Szene aus dem „Kurier der Kaiserin" noch vor mir: Dicht vor mir der Bär auf einem Faß, hinter mir der Dompteur. Brav ‚grüßte' das riesige braunschwarze Raubtier: Es hob drehbuchgemäß eine Tatze an den Kopf.

Irgendwie war ihm diese Stellung unbequem, denn alle paar Sekunden senkte sich die gewaltige Pranke, worauf der Dompteur mit einem bitterbösen, gezischten „Zuzule" reagierte. Und schon war die Tatze wieder da, wo sie nach Ansicht des Regisseurs hingehörte – am rechten Ohr des Bären. Dennoch verzichtete ich auf ein handgreifliches Lob. Ein richtiger Instinkt, der mich daran hinderte, meinen Partner zu streicheln, wie ich später erfuhr.

„Warum hast du immer ‚Zuzule!' gerufen?" fragte ich den Besitzer abends, als wir uns am Schneidetisch die Muster ansahen.

„Aus einem einfachen Grund: Ich wollte dein Leben retten", brummte er lakonisch. „Die Tatze senkt er nämlich immer dann, wenn er angreifen will. Nach *dem* Schlag hättest du deinen Beruf aufgeben müssen – wenn du ihn überlebt hättest."

Nicht ganz so gut im Griff hatten unsere Dompteure, die Regisseure Freddy Vohrer und Hans-Jürgen Tögel, ihre Truppe. So wird Heinz Reincke als stinkender alter Landstreicher vor der Operation erst einmal gründlich gewaschen und abgeschrubbt.

„Das war noch nicht gut, das müssen wir noch mal machen", sagte Reincke nach der ersten Klappe. Doch auch die zweite Waschung gefiel ihm noch nicht so recht.

Erst nach einigen Wiederholungen kamen wir ihm auf die Schliche. Reincke, das Schlitzohr, hatte von der Szene einfach nicht genug bekommen können...

Genug hat allerdings dieser wunderbare Schauspieler vom Theater – und zwar vom Wiener Burgtheater, dem er lange Jahre als festes Ensemble-Mitglied angehörte.

Wir sind etwa zur gleichen Zeit, 1964, Ensemble-Mitglieder des Burgtheaters geworden und wurden beide vom Wiener Publikum mit einer Herzlichkeit und Sympathie aufgenommen, die ich den Wienern nie vergessen werde.

Wenn Heinz Reincke in der Nähe ist, gibt es immer etwas zu lachen. Oft genug war ich kurz davor, buchstäblich aus der Rolle zu fallen, weil Heinz während der Vorstellung einen seiner dummen Scherze riß.

Eines Abends kam der Augenblick der Rache. Wir spielten „Macbeth", ich lag tot auf der Bühne, Reincke stand vor mir und hatte seinen Monolog zu halten. Während ich steif und kalt auf den Brettern lag, murmelte ich – laut genug für Reincke, zu leise für die Zuschauer – „Papa, gib Küßchen! Papa, gib Küßchen!" Das waren die Worte, die Reincke seinem Papagei beigebracht hatte und die ihn in dieser Sterbe-Szene so irritierten, daß er vor unterdrücktem Lachen fast seinen Text vergessen hätte...

Während der Dreharbeiten zur „Schwarzwaldklinik" erzählte er mir von seinem bevorstehenden Abschied vom Burgtheater. Ich war betroffen.

„Warum hast du gekündigt, Heinz?" fragte ich ihn während einer Drehpause. Wir hatten es uns im Garten des Parkhotel Adler gemütlich gemacht. „Du wirst mir sehr fehlen an der Burg."

„Nichts gegen die Burg", sagte er. „Aber ich bin jetzt in einem Alter, in dem es höchste Zeit wird, sich das Leben noch einmal so richtig schön zu machen. Oder zumindest den Rest, der einem noch bleibt."

„Und was hast du vor?" fragte ich neugierig.

„Keine Ahnung", erwiderte Heinz. „Ich habe eine schöne Rolle im ‚Derrick' vor mir. Und dann tue ich einfach mal eine Weile das, was mir Spaß macht. Nämlich nichts. Ich freue mich meines Lebens."

Insofern war ihm die Rolle des Landstreichers, der Arbeit für reine Zeitvergeudung und für einen Betrug am lieben Gott hält, auf den Leib geschrieben.

„Wer Arbeit kennt und sich nicht drückt, der ist verrückt" – nach einem arbeitsreichen Leben gönne ich Heinz dieses neue Lebensmotto.

Abschied von der „Schwarzwaldklinik"

Reincke nahm Abschied von 20 Jahren Burgtheater. Für uns kam Ende August der Abschied von der „Schwarzwaldklinik". Erste Anzeichen des Endes der Dreharbeiten – es wimmelte plötzlich von Journalisten.

Reporter, die wissen wollten: „Was für Pannen gab es denn während der langen Drehzeit?"

Fotografen, die mich baten: „Nehmen Sie doch mal Gaby Dohm an die Hand und in die andere einen Schwarzwälder Schinken! Das kommt an!"

Presse-Agenturen, die Telexe verschickten: „Letzter Drehtag der ‚Schwarzwaldklinik' – Fortsetzung folgt!"

30. August 1985. Noch kommen wir nicht zum Kofferpacken. Die letzte Szene steht auf dem Programm, eine Feier mit Kapelle, Gästen und Schaulustigen: Frau Brinkmann wird Frau Doktor, sie hat ihr Examen bestanden. Eine letzte Klappe, die dem Tag angemessener ist, als es die tatsächlich letzte Folge gewesen wäre. Mein Herzinfarkt war zum Glück längst abgedreht, als wir alle zum vorerst letzten Mal gemeinsam vor der Kamera stehen.

Und auch abends bleibt uns keine Zeit für Grübeleien – Wolfgang Rademann gibt ein Abschiedsfest im Restaurant des Parkhotel Adler.

Viele Kollegen, die Hinterzarten längst verlassen hatten, sind gekommen, um sich zu bedanken. Auch Rademann.

„Ick bedanke mich bei euch allen. Ihr habt jroßartige Arbeit jeleistet." Seine Stimme ließ keinen Widerspruch aufkommen, während er gutgelaunt zwischen kaltem Buffet und Ehrentisch hin und her tänzelnd seine Abschiedsansprache hielt.

Abschied von der „Schwarzwaldklinik", Abschied von vierzehn Monaten Drehzeit fast ohne Panne. Abschied von einer Produktion der Superlative: In vierzehn Monaten und 268 Drehtagen wurden 70000 Meter Film verdreht, 260 Schauspieler engagiert, 2300 Komparsen eingesetzt und 4750 Kostüme benötigt, um 1125 Sendeminuten zu produzieren. Abschied von langen Nächten am Schneidetisch, das Ergebnis hatte unseren Produzenten offensichtlich in blendende Stimmung versetzt. Er wendete sich an die wenigen Journalisten am Pressetisch und fügte bescheiden hinzu: „Een Jahrhundertereignis! Ein Superknüller, von dem ick persönlich janz schön jekitzelt bin!"

Den Superknüller überreicht er uns als Abschiedsgeschenk. Es ist das beste Rezept gegen Trennungspanik: die Drehbücher für die nächsten zwölf Folgen der „Schwarzwaldklinik", die ab Juli 1986 auf dem Programm stehen.

Rademann hat sich für die Überreichung dieses Ereignisses etwas einfallen lassen: Zu jedem Drehbuchstapel für jeden der Hauptdarsteller gehört ein Regiestuhl mit Namenszug. Ob das eine Anspielung auf unsere Einmischung in die Arbeit des Regisseurs sein sollte?

Was Rademann ein paar Tage vorher erfahren hatte, hatte ihn mehr als ein paar schlaflose Nächte gekostet. Noch bevor man vor Start der Serie die mutige Entscheidung traf, die „Schwarzwaldklinik" im nächsten Jahr fortzusetzen, hatte Rademann nämlich schon bei Autor Herbert Lichtenfeld die nächsten zwölf Drehbücher in Auftrag gegeben. Mal wieder hatte sein berühmtes Gespür ihn nicht getrogen. „Mein Pech, wenn ick damit eine Niete jezogen hätte", sagte er. „Det wär janz schön teuer jeworden..."

Nun, teuer wurde nur die Abschiedsfeier, da ließ er sich nicht lumpen.

Ein eigens produzierter Film wurde gezeigt: „Szenen, die im Schatten stehen." Aufnahmen aus 14 Monaten Drehzeit, die die Zuschauer nie zu sehen bekommen werden.

Hans-Jürgen Tögel im Käfig, vor ihm der Löwe.

Einer der mißglückten Spaziergänge mit Jerry.
Beziehungsweise in diesem Fall: ohne Jerry.
Aufnahmen von Christa Wittlich und Kathrin Dröge, von Wolfgang Rademann und Joe Bodemann.
Nach der feierlichen Überreichung der Bücher wurde es mexikanisch. Rademann hatte einen lateinamerikanischen Sänger einfliegen lassen, um uns den Abschied musikalisch zu versüßen.

„Ich habe geheult wie ein Schloßhund, als ich heute zum letzten Mal vom Drehort ins Hotel fuhr." Auch Hans-Jürgen Tögel rafft sich zu einer Abschiedsansprache auf „Ich danke euch allen, und ich freue mich mit euch allen aufs nächste Jahr."

„So leicht bin ich nun wirklich nicht mehr zu überraschen." ZDF-Redakteur Gerd Bauer nimmt Tögels Platz zwischen Team- und Schauspieler-Tischen für ein kleines Dankeschön im Namen des ZDF ein. „Aber euch ist es gelungen." „Was denn?" ruft ein Reporter vom Presse-Tisch. Begierig wartet er auf eine Negativ-Information, auf eine Panne, die noch nicht bekannt wurde.

„Ich konnte es kaum fassen", fuhr Bauer fort, „aber meine Erwartungen nach der Lektüre der Drehbücher wurden vom Ergebnis oft bei weitem übertroffen. Das habe ich in meiner langjährigen Erfahrung als Fernseh-Redakteur nun wirklich noch nie erlebt."

Die meisten von uns hatten neue Erfahrungen gemacht in diesen vierzehn Monaten. Es war eine Zeit ohne Streit und Intrigen, eine Zeit ohne Ängste. Hier war über ein Jahr lang die Welt noch in Ordnung, eine fast heile Welt, in der alle Mißstimmigkeiten fehlten. Vielleicht hatten wir deshalb alle ein wenig Angst vor der Rückkehr ins normale Leben.

Vom idyllischen Hinterzarten in die Großstadt Wien, von meinem Platz vor der Kamera im weißen Arztkittel wieder auf die Bühne des Theaters – die Umstellung fiel mir ebenso schwer wie die „Schwarzwaldfamilie", mit der ich ein Jahr lang so glücklich war, mir fehlen würde.

Und der herrliche Spätsommer in Hinterzarten machte den Abschied nicht leichter. Ich hatte noch am Abend meine Rechnung bezahlt und mich von den Kollegen verabschiedet. Morgens in aller Frühe verließ ich leise das

Haus und machte mich mit dem Auto auf den Weg nach Wien. Sechs Uhr morgens im Schwarzwald – da leuchtet der Himmel in Farben, die ich auf meiner Palette nie mischen könnte. Aber für wehmütige Träumereien blieb keine Zeit.

„Nicht traurig sein über die letzte Klappe", hatte meine Frau telegrafiert. „Die nächste folgt in Kürze."

Vor mir lagen Wien und die Proben zum Hamlet, die Arbeit an meiner Staffelei und die Veröffentlichung eines ersten eigenen Gedichtbandes, die Vorbereitung meiner Konzerte in Brüssel und Gent. Ein Auftritt in der „Peter-Alexander-Show" und einer in Frank Elstners „Wetten, daß", im Dezember die Verleihung des „Bambi" (das wußte ich allerdings damals noch nicht), meine Dichterlesungen in Wien und ein Presse-Rummel, von dem ich noch nichts ahnte.

Und vor allem: die Fortsetzung der „Schwarzwaldklinik" im nächsten Jahr, die Lektüre der neuen Drehbücher, auf die ich gespannt war, und die Auseinandersetzung mit neuen medizinischen Themen, die auf mich zukommen würden. So ging es mir durch den Kopf, hin- und hergerissen zwischen Freude und Wehmut, während ich über München nach Hause fuhr, getreu der Visite-Floskel von Professor Brinkmann: „Na, dann wollen wir mal sehen."

Professor Brinkmann und ich

Danke, Yvonne

Warum schreibe ich weiter?

Lange habe ich gezögert, viele Überredungskünste waren nötig, bis ich im Herbst 1985 mein erstes Buch in Angriff nahm: ‚Mein Leben als Dr. Brinkmann von der Schwarzwaldklinik'. Ein Taschenbuch, das inzwischen rund 200 000 Leser fand.

Eigenlob stinkt, ich weiß.

Aber die Erwähnung dieses Erfolges ist nötig, um die Fortsetzung meiner ‚Schreiberei', an der ich inzwischen soviel Freude habe, zu erklären.

Bis heute habe ich keine Ahnung, warum dieser erste Versuch, dieses kleine Buch, so viele Käufer fand. Kopfschüttelnd, staunend und dankbar nehme ich die Zuneigung der Menschen ebenso hin wie ihr Vertrauen – und ihre Reaktion auf eben dieses Buch, die sich in vielen Tausenden von Briefen zeigt. Interesse an mir, meiner Biographie, meinen Erfahrungen. Und Wünsche nach ‚mehr' die sich durchaus nicht auf meine ‚Erlebnisse als Dr. Brinkmann' beschränken. Ich hätte wohl auch 30 Jahre lang alles falsch gemacht, wenn mein Leben sich auf die Dreharbeiten der ‚Schwarzwaldklinik' reduzieren ließe. Dennoch, sie sind ein wichtiger Teil von mir geworden. Ebenso wie die positiven und negativen Konsequenzen des Erfolgs.

Vieles ist anders geworden in den letzten Monaten. Vieles ist noch zu sagen – und zu fragen. Deshalb schreibe ich weiter. Für mich – und andere. Aber in erster Linie wohl für mich selbst. Und dabei lasse ich keine Störung zu – weder von angeblich Nahestehenden noch von vermeintlichen Fremden. Attacken, die in der Behauptung gipfelten, ich hätte das Buch abgesagt, sei ‚nicht in der Lage', es zu vollenden.

Nun – hier ist es.

Ein neuer Anfang in Hinterzarten – alles ist anders

„Wenn wir nächstes Jahr weiterdrehen, wird alles anders sein", hatte Wolfgang Rademann am 30. August 1985 prophezeit. „Im Schwarzwald werden sich die Leute jegenseitig tottrampeln, und ihr Schauspieler werdet nich mehr unerkannt über die Straße gehen können."

Er ahnte damals noch nicht, *wie* recht er behalten sollte.

Mit einem Herzinfarkt hatte sich Professor Brinkmann im März 1986 vom deutschen Fernsehpublikum verabschiedet – einem Herzinfarkt nahe schien der Wussow beim Dreh-Start der neuen Folgen im folgenden Juli. Und da tröstete es auch wenig, daß ZDF-Programmdirektor Alois Schardt höchstpersönlich die Klappe zur allerersten Szene schlug und davon sprach, daß die ‚Schwarzwaldklinik' das bleiben solle, was sie ist: ein modernes Fernsehmärchen. ‚Märchenhaft' war nämlich nicht gerade die treffende Bezeichnung für das, was uns erwartete.

1. Juli 1986: Drehbeginn zur dritten und vierten Staffel, den Folgen 24 bis 48 der ‚Siechensaga vom Titisee' *(Abendzeitung)* – und einer Völkerwanderung ohnegleichen. Das idyllische Glottertal wurde zum Rummelplatz, von Ruhe keine Spur, von Konzentration auf die Arbeit keine Rede. Journalisten mieteten sich zu Dutzenden im Schwarzwald ein, Touristenbusse spuckten täglich Hunderte von Schaulustigen aus, wir von der ‚Schwarzwaldklinik' wurden bestaunt wie Tiere im Zoo. Drei Pressetermine in den ersten beiden Wochen, das schien mir übertrieben – ich war irritiert, fühlte mich gestört. Was wir brauchten, um uns nach einem Jahr Pause wieder aneinander zu gewöhnen, war Ruhe. Doch Rademanns hellseherische Prognose, daß diese uns abhanden kommen würde, erwies sich leider als nur allzu richtig.

Die Drehorte wurden zu Pilgerstätten von Tausenden, deren wichtigste Attribute Fotoapparate und Videokameras waren, wenn sie versuchten, einen Blick auf das ‚Hüsli' (das Wohnhaus der Brinkmanns und in Wahrheit ein Heimatmuseum) oder in den Park der Klinik zu erhaschen. Zwar hatte die Aufnahmeleitung den Drehort durch Absperrungen ‚gesichert', die Feuerwehr stand allzeit bereit –

doch die fünfzig Meter, die die Fangemeinde der Klinik von ihrer Belegschaft trennten, genügten nicht, uns abzuschirmen.

Ein Autogramm, ein Händedruck, ein gemeinsames Foto mit einem der Hauptdarsteller – dafür standen Menschen stunden- und tagelang Schlange. Menschen, die man nicht enttäuschen durfte, auch wenn so manche erbettelte Autogrammstunde nach einem langen Drehtag an die Kraftreserven ging. Poesiealben, Postkarten, Papiertaschentücher, Scheckformulare – nichts, was nicht geeignet gewesen wäre als Unterlage für die begehrte Unterschrift.

Nicht nur wir Schauspieler stöhnten – auch die echten Ärzte und Patienten der Kurklinik Glotterbad meldeten Proteste an. Touristen zertrampelten den gepflegten Rasen im Park, stürmten die Klinik, verlangten beim Pförtner „Professor Brinkmann", okkupierten die Kliniktoiletten, ließen sich im Park ablichten, versuchten, mit Patienten ins Gespräch zu kommen.

So neu war das alles indes nicht, ähnlichen Rummel hatte es schon einmal gegeben – damals, in den 50er Jahren, in der Glanzzeit des Kinos, als Stars noch Stars und Premieren noch große gesellschaftliche Ereignisse waren. Da warteten Menschenmengen vor Hotels, Villen wurden von Fotografen belagert, Andenken an die Großen des Films gesammelt und verehrt.

Für Artur Brauner, den ungekrönten König und Mitbegründer der Nachkriegsfilmgeschichte in Deutschland, war es in der Hauptsache Hans Albers, der alle Rekorde brach.

„Seine Popularität übertraf alles, was ich jemals erlebt habe", sagt er – und er muß es wissen. „Er konnte sich nicht auf der Straße sehen lassen, ohne sofort von Dutzenden von Menschen umgeben zu sein. Da half keine Sonnenbrille, kein breitkrempiger Hut, kein hochgeschlagener Mantelkragen. Vor seinem Haus lagen die Boote dicht gestaffelt auf dem See, und ihre ‚Kapitäne' lauerten mit Teleobjektiven, bis sie den ‚Hanne' auf der Platte hatten...
Ein Ehemann aus Hermsdorf machte seine Eheschließung davon abhängig, daß seine Frau ihre 27 Albers-Alben verbrannte. Auswüchse hemmungslosen Starkults, gewiß, aber ‚Hanne' selbst störte so etwas nicht. Er genoß jede Art von Verehrung mit Wonne und machte aus seinem

Herzen keine Mördergrube. „Nur die Lumpen sind bescheiden", pflegte er mit Goethe zu sagen. An Minderwertigkeitskomplexen hat er nicht gelitten.

Nun – ich schon. Ich leider schon.

Oder, um zu einem alten Psychologenwitz Zuflucht zu nehmen, nach dem der Arzt zu seinem Patienten sagt: „Nein, mein Lieber, Sie haben keine Minderwertigkeitskomplexe – Sie *sind* minderwertig!"

Ob minderwertig oder bescheiden – in diesem Sommer 1986 begriff ich kaum, was (mit mir) geschah, womit ich all den Rummel verdient hatte, und: *ob* ich ihn verdient hatte.

Wie immer im Leben und vor allem in der ‚Schwarzwaldklinik' lagen Freud und Leid dicht beieinander. „Die kostenlose Fernsehwerbung könnte kein Mensch bezahlen", sagte der Glottertaler Fremdenverkehrsdirektor Hans-Peter Proegel immer wieder. „Endlich ist das Thema Waldsterben tot. Wir zählen 25 Prozent mehr Touristen."

Einhellige Freude bei Wirten und Souvenirlädenbesitzern. Die Gastronomie nahm enormen Aufschwung, und es gab nichts, was es nicht gab mit dem Konterfei der ‚Schwarzwaldklinik' (Gott sei Dank nicht mit meinem). Tassen und Teller, Aschenbecher und Feuerzeuge, Briefpapier, Kugelschreiber und Notizblöcke – Kitsch in allen Variationen mit der Kulisse der Klinik. Im nahen Triberg konnte man gar heiraten, wie die Brinkmanns es getan hatten: Trauung im alten Rathaussaal, zwei Nächte im Romantikhotel, Champagner-Diner und Frühstück im Bett für 550 Mark, auf dem Schreibtisch des Standesbeamten ein Foto von Christa und Professor Brinkmann im goldenen Rahmen... Allgegenwärtig: die Presse. Kein Schritt mehr, der nicht beobachtet wurde, keine Unterhaltung mit Kollegen, die unregistriert blieb. Wie gesagt: ich war irritiert.

Produzent Wolfgang Rademann sah das etwas anders und bat um Verständnis. „Einen Erfolg zu machen ist leichter, als einen zu halten", sagte er. „Wir brauchen Reklame, Reklame, Reklame – wer weiß, ob uns die Leute nächstes Jahr noch wollen?" Diese Befürchtungen teilte ich nicht. Sogar der *Spiegel* prophezeite im Gegenteil Entzugserscheinungen und berichtete von einer Zuschauerin, die für die ‚Schwarzwaldklinik'-Pause ihren Fernseher abgemeldet hatte. In einem Artikel zur vorerst letzten Folge um meinem ‚Herzinfarkt' hieß es: ‚Der Schock milderte nur leicht einen anderen. Denn mit Professor Brinkmanns Karriereknick nahm auch die erfolgreichste und populärste deutsche Fernsehserie ihr – vorläufiges – Ende. Erst im Herbst nächsten Jahres wird in der ‚Schwarzwaldklinik' weiteroperiert, auch am deutschen Gemüt.' Na also! Dennoch – Rademanns Sorgen blieben. Jetzt war das Interesse eindeutig noch wach, zu wach für meinen Geschmack – doch zwischen der Ausstrahlung der Folgen 1–24 und den nächsten beiden Staffeln würden auf dem Bildschirm immerhin eineinhalb Jahre vergehen. Zeit genug für die Zuschauer, zu vergessen oder ‚fremdzugehen'. „Klotzen statt Kleckern", heißt nämlich seit einiger Zeit die Devise bei den öffentlich-rechtlichen Anstalten, die mit einiger Verspätung erkannt haben, wie serienfreudig auch wir Deutschen sind. ‚Dallas' und ‚Denver' gaben den Startschuß für eine Entwicklung, die seit 1986 Dutzende von Serien auf den Bildschirm bringt.

Da gibt es beim ZDF ‚Das Erbe der Guldenburgs', und ‚Das Waldhaus', ‚Ich heirate eine Familie' wurde ebenso fortgesetzt wie ‚Diese Drombuschs', die ARD produzierte die Sechsteiler ‚Die Insel' und ‚Kir Royal'. Maria Schell ist Star einer neuen Langzeit-Produktion namens ‚Eine glückliche Familie', und ‚Die Wicherts von nebenan' (ZDF) sollen im Vorabendprogramm den ‚Lindenstraße'-Mief der ARD vergessen lassen.

Serien und kein Ende, der Bedarf an Schauspielern wächst, und was des Produzenten-Konkurrenten Leid, ist unser Glück. Begabte junge Leute, die früher jahrelang (und oft vergeblich) auf ihre Chance warteten, bekommen sie mit etwas Glück heute früher.

Die ‚Serieritis' im deutschen Fernsehen – eine Riesenchance für junge Schauspieler, für die Kamera entdeckt, eine Chance für alte, wiederentdeckt zu werden.

Fast jeder namhafte, mittelmäßig bekannte oder fast vergessene Schauspieler ist Mitte der 80er Jahre mal Onkel, Tante, Opa oder Oma in einer Familienserie, wenn er nicht sogar in der Hauptrolle als Vater oder Mutter die Probleme der Sippe löst. Wie gesagt, ein Glücksfall für uns Schauspieler – doch die Konkurrenz zwischen ARD und ZDF wird immer größer, die Bandagen immer härter. Und auch der Wettkampf unter den wenigen großen Produzenten wird immer erbitterter.

Was Rademann am meisten fürchtet, ist die ‚medizinische' Serien-Konkurrenz. Im Februar 1987 schickte das ZDF Christian Quadflieg als ‚Landarzt' auf Hausbesuche, und für die ARD greift Günter Pfitzmann in ‚Praxis Bülowbogen' zum Rezeptblock. Ob die Entscheidung, den Kollegen ‚Dr. Brockmann' zu nennen, eine glückliche war, wird sich herausstellen. „Viele dieser Serien", unkte Rademann, „könnten dem Publikum so jut jefallen, daß das Interesse an der Schwarzwaldklinik nachläßt."

Rademanns Trost: Die beiden Arzt-Serien laufen ‚nur' im Vorabendprogramm.

Die große Preisfrage im Sommer 1986 hieß nun: Was würde dem Publikum im nächsten Jahr gefallen? Wir produzierten ins Blaue hinein, ohne uns auf aktuelle Wünsche einstellen zu können. Weder bei der Besetzung noch bei den Stoffen – was jetzt gedreht wurde, war nicht mehr korrigierbar. So hatten wir zwar auch während der ersten Folgen gearbeitet – aber da standen wir noch nicht unter dem Leistungsdruck, den uns der Erfolg nun auferlegte.

„Die Amerikaner", sagte Rademann, „fassen sich an den Kopf, wenn man ihnen erzählt, wie bei uns Fernsehen jemacht wird – daß es zwei Jahre dauert, bis man einen Hit wieder ins Programm bringen kann. Die drücken auf einen Knopf, und drei Monate später läuft die Fortsetzung."

Doch internationale Vergleiche kümmerten uns Schauspieler wenig, als wir mit der Fortsetzung der ‚Schwarzwaldklinik' begannen.

Wir Hauptdarsteller hatten ein Mitspracherecht bei den neuen Drehbüchern – und ich sprach auch sehr heftig mit oder spielte einfach weiter, wenn ich laut Drehbuch eigentlich den Mund zu halten hatte ...

Ein bißchen redeten sogar die Zuschauer mit – manche Zeitschriften veranstalteten Preisausschreiben, in denen die Leser um Fortsetzungs-Vorschläge gebeten wurden. Schon möglich, daß Rademann und Autor Herbert Lichtenfeld so manchen Vorschlag berücksichtigten – wenn auch der allgemeine Wunsch, Käthi wieder aufleben zu lassen, Utopie bleiben mußte.

Nicht so ernst gemeint war ein *Spiegel*-Leserbrief von Egon Glombig aus Hamburg: Für „Traumschiffer" Rademann hier ein garantiert idiotensicheres Erfolgsrezept: Boris Becker wird für eine Folge engagiert; Professor Brinkmann nimmt ihm die Mandeln raus; Nena und Desirée Nosbusch pflegen ihn gesund, und der Tölzer Knabenchor (verstärkt durch Kulenkampff, Professor Grzimek und Heidi Kabel) unter der Leitung von Herbert von Karajan singt dazu ‚Ganz in Weiß' und ‚Heidschi Bum Beidschi Bum Bum'. Und wenn Dr. Udo versucht, Nena oder Desirée zu betatschen, haut Boris ihm mit seiner gewaltigen Vorhand eine rein, daß nur die sofortige Hinzuziehung eines Kiefernspezialisten Dr. Udos weitere Mitwirkung in der Serie ermöglicht...

Ein anderer Drehbuch-Vorschlag erreichte uns via Bildschirm – auch dieser nicht ernst gemeint. Doch er bewies, daß die ‚Schwarzwaldklinik' auch mitten in der ‚Pause' noch ein Medien-Thema war.

Am 23. August 86 war Rademann zu Gast in der Sendung ‚Ein Abend für Freddy Quinn'.

„Ich muß dir einen Herzenswunsch vom Freddy sagen, er würde so gern mal in der ‚Schwarzwaldklinik' auftreten", verriet Harald Juhnke.

„Noch eener!" rief Rademann.

„Ja", fuhr Juhnke fort. „Ich habe mir auch schon Gedanken über die Story gemacht..."

Und die sahen so aus: „Freddy fährt, als Hauptkommissar verkleidet, von St. Pauli zur Nordsee. Und zwar mit dem Traumschiff. Ein seekranker Steward stößt ihn aus Versehen über Bord, Freddy schwimmt rheinaufwärts bis nach Karlsruhe, reitet mit einem Lied auf den Lippen ins Glottertal, balanciert auf den Drähten einer Überlandleitung auf das Dach der Schwarzwaldklinik und befreit Sascha Hehn aus den Fängen einer wild gewordenen Nachtschwester. Gaby Dohm fällt bei seinem Anblick in Ohnmacht, Freddy rettet sie durch Mund-zu-Mund-Beatmung. Da kommt Professor Brinkmann hereingestürmt, und Freddy breitet die Arme aus und singt: ‚Oh, mein Papa!'"

„Weeßte, wat nu passiert ist?" fragte Rademann, als Juhnke fertig war.

„Nee. Wat denn?" fragte Juhnke zurück.

„Da hinten is jerade vor Schreck unser Autor Herbert Lichtenfeld umjefallen. Der muß det ja schreiben."

„Det wird der schon schaffen", meinte Juhnke.

„Aber ick hab' natürlich ne Möglichkeit", fuhr Rademann fort, „wenn wir diese Nummer wirklich machen, und der Wussow will det nich mehr spielen. Dann hab' ick den neuen Namen: Professor Freddy Quinn-Brinkmann. Und dann müssen wir nur eenen neuen Trick einbauen: Wenn du mir mit der Gage keene Schwierigkeiten machst, Freddy, dann laß ick den Lichtenfeld ne Rolle schreiben, da haste een Gipsbein, en Gipsarm, und dann lassen wir dich nen Handstand auf'm OP-Tisch machen, und dann biste anjeschmiert. Also, benimm dich!"

Rademann hatte bei Freddy nicht zum ersten Mal sein komisches Talent bewiesen. Bei einer Preisverleihung 1985 hatte er schon einmal gezeigt, daß er auch vor der Kamera ganz gut aufgehoben ist.

Mitte Dezember 1985 hatten wir zwei ‚Bambis', Deutschlands Westentaschen-Oscars, erhalten – Wolfgang Rademann für die Serie, ich für die Hauptrolle.

Der ‚Bambi' – es gab beinahe nichts, was ich mir vor 20 Jahren sehnlicher gewünscht hätte. All die Jahre Theater, Film und Fernsehen hatten nicht genügt – es mußten ein weißer Mantel und der Professor einer Klinik sein. Nun hätte ich ihn eigentlich auch nicht mehr so dringend gebraucht, aber ich fuhr natürlich trotzdem nach München.

Das Haus Burda veranstaltete ein rauschendes Fest im renovierten Münchner Arri-Kino, mein ‚Reh' drückte mir auf der Bühne meine Tochter Barbara in die Hand. „Jenem Professor Brinkmann, der die wunde Seele der problemmüden Nation allwöchentlich mit dem Balsam professoraler Güte bestreicht", wie BR-Moderator Gerhard Schmidt-Thiel spöttisch kommentierte.

Doch vorher kam Wolfgang Rademann an die Reihe.

„Bin ick schon dran?" fragte er und legte, auf der Bühne hin und her zappelnd, ohne Punkt und Komma los. „Ick muß euch sagen – ick find' die Nummer prima. Nischt gegen die Kritiker, aber von den Zuschauern is mir det schon lieber, darauf steh ick. Wir haben da een Ding hinjelegt – wer behauptet, wir hatten diesen Erfolg erwartet, der lügt, det hätt' ick nie jedacht, also, in Hollywood sagen sie jetzt immer: danke Oma, danke Opa. Ick aber muß dem Sender danken, daß er den Mut hatte, 23 Folgen auf Stapel zu legen, nischt gesehen, kaum ein Buch gelesen, stellt euch det mal vor, den Mut zu haben, det Ding durchzuziehen – also, Hut ab! Und dann kann man sich ja bei vielen Leuten bedanken, aber bei einem ganz besonders, was wären wir ohne unseren Autor, Herbert Lichtenfeld? Herbert, du bist Klasse, sonst wären wir nicht hier oben."

Sprach's und drückte mir das Mikrophon in die Hand. Doch nach dieser Rede anzutreten – das war unmöglich. Mir blieb nur noch, mich beim Haus Burda zu bedanken, beim Publikum – und bei unserem Team.

Andere hatten ihre Sprache nicht verloren.

Thomas Gottschalk zum Beispiel kommentierte die Verleihung mit leiser Ironie und den Worten: „Ich find' die Klinik toll. Ich bin ein Mensch, der reflektiert, und ich mach' mir meine Gedanken. Mich nimmt das ganz schön mit. Und ich würde mich lieber von Professor Brinkmann operieren lassen, als nach Großhadern zu gehen..."

Dr. Hubert Burda, damals noch Chefredakteur der *Bunte,* äußerte sich ernsthafter: „Der Bambi soll durch Lob ermuntern und Zeichen setzen für etwas, auf das wir in diesem Land stolz sein können", sagte er. „Wir machen gute Serien, wir haben große Schauspieler – kein Land der Welt zeichnet so wenig die Menschen aus, die im Mittelpunkt dieser Arbeit stehen."

Danke, Hubert Burda – schade, daß Sie nicht Chefredakteur der *Bunte* geblieben sind. Den Bambi habe ich noch am selben Abend weitergeschenkt.

Anfang 1986 folgte die ‚Kamera' – leider nur die Silberne für Gaby Dohm und mich, obwohl wir so fest mit der Goldenen gerechnet hatten.

Doch der Publikumspreis wurde nicht an die beste Serie oder die besten Schauspieler vergeben, sondern an das beliebteste TV-Liebespaar. Und da hatten uns Thekla Carola Wied und Peter Weck (‚Ich heirate eine Familie') den Rang abgelaufen. Zugegebenermaßen gekränkt, war ich mir doch bald klar über den Grund der Leserentscheidung.

Gaby Dohm und ich waren in den ersten beiden Staffeln zwar ein Paar – aber kein Liebespaar. Die Erotik wurde vernachlässigt und fand im übrigen jetzt, in den neuen Staffeln, fast überhaupt nicht mehr statt. Und so führte (wohl auch) zu wenig ‚Zärtlichkeit' dazu, daß man in uns nicht das Liebespaar des Jahres sah.

Beruflicher Ehrgeiz und Erotik sind eben nur schwer vereinbar; doch für die Emanzipation des Menschen Christa ist ihre übertriebene Berufsbezogenheit ganz gut. Wenn die ehemalige, vom Leben benachteiligte Krankenschwester und jetzige Ärztin sagte: „Ich darf operieren!", „Ich darf endlich Rezepte schreiben!", „Ich darf für die Menschen da sein", „Ich bin jetzt endlich Ärztin geworden, kochen muß ich nicht, und dem Kind sag ich auch nur grüß Gott" – da finde ich das für diese Rolle fabelhaft. Und gar nicht so realitätsfremd.

Ein neuer Anfang im Sommer 86 – auch in anderer Hinsicht. Mit der Serie hatte er wenig zu tun, aber eine ganze Menge mit meinem Seelenfrieden: Ich trennte mich von dem, was man in Deutschland eine Agentur nennt (in Amerika Management), der mein Seelenfrieden in den vergangenen Monaten relativ gleichgültig gewesen war. Seit vielen Monaten hatten Freunde mich gewarnt, aber der Wussow war wie so oft an falscher Stelle stur geblieben – bis dahin.

Ich bin eben ein typischer Stier, und wenn mir mal der Kragen platzt, dann richtig, wenn ich mal einen Vorsatz fasse, dann halte ich ihn auch ein – meistens jedenfalls.

Nun platzte er gewaltig, der Kragen, und an Vorsätzen fehlte es auch nicht im September 1986.

Nein, manipulieren lassen würde ich mich nie wieder – das nahm ich mir jedenfalls fest vor.

(Auch) Professor Brinkmann geht fremd

1. Juli 86, 1. Drehtag.

Professor Brinkmann inszeniert einen Familienkrach: Es nervt ihn, nach seinem Herzinfarkt untätig zu Hause sitzen zu müssen, während seine Frau Karriere macht.

Krach im trauten ‚Hüsli' bzw. auf der Sonnenterrasse, und das gleich zu Beginn der ersten (neuen) Folge – war das nötig?

Wolfgang Rademann meint: ja.

Sowohl die Erfolgszahlen der „Schwarzwaldklinik"

(550 Millionen Zuschauer während der ersten beiden Staffeln) als auch diverse Preisverleihungen setzten Zeichen. Zeichen, die uns freuten, aber auch unter Druck setzten. Deshalb versuchten Wolfgang Rademann und Autor Herbert Lichtenfeld, eventuellen Ermüdungserscheinungen mit Drehbuch-Knallern vorzubeugen. „Wenn das Paar Brinkmann jetzt nur noch glücklich ist und Christa nur noch mit dem Baby auf dem Schoß rumsitzt, wird es langweilig", verriet Rademann in einem Interview. „Dann fangen die Zuschauer an zu maulen. Immer nur Händchenhalten und sich verträumt in die Augen schauen ist auf die Dauer nicht abendfüllend. Im Leben ja – nicht im Film."

Ob der hartgesottene Junggeselle Rademann das wohl beurteilen kann? Wie es im Leben ist, meine ich. Denn wie es im Fernsehen ist – da weiß wohl kaum jemand so gut Bescheid wie er.

Damit die Zuschauer nicht ‚maulen', und als wollte er das Heile-Welt-Image der ‚Schwarzwaldklinik' ausradieren, baute Herbert Lichtenfeld in die neuen Folgen der Schwarzwaldklinik eine ‚Beziehungskiste' nach der anderen ein.

Nicht nur, daß Professor Brinkmann seine Frau betrügt – auch andere flüchtige und dauernde Affären bahnen sich an im Glottertal. Die prüde Haushälterin Frau Michaelis, gespielt von Evelyn Hamann, verliebt sich in Florian, einen Cousin des Chefs (gespielt von Raimund Harmstorff, diesmal ohne Kartoffel), Katarina (Ilona Grübel) versucht ihr Glück noch mal bei Udo (der aber vorerst seiner Claudia treu bleibt), und sogar die Ärzte der Klinik gehen auf erotische Entdeckungsreisen. Daß, wie zu lesen war, ‚selbst Gaby Dohm erotisch aufgemotzt wird', ist allerdings eine Erfindung der Presse. „Da geht's quer durch alle Betten", soll laut *Neue Revue,* ZDF-Redakteur Gerd Bauer gesagt haben. Auch wenn ich die Authentizität dieses Zitats anzweifle – erotischer wird's auf jeden Fall im Schwarzwald.

Was vor allem einem neuen Doktor zu verdanken ist: Volker Brandt als Dr. Schübel, der keine Chance zu einem Flirt ausläßt. Erfolg hat er vor allem bei Andrea L'Arronge und Kerstin de Ahna – aber auch hübsche Patientinnen erliegen seinem Charme. Was seine Ehefrau (Anita Lochner) nicht gerade glücklich macht.

Eine Traumrolle für den Ex-TV-Kommissar Volker Brandt (‚Tatort'), den die Zuschauer in der letzten Folge der zweiten Staffel durch ein Gespräch mit mir im Park der Klinik schon kennengelernt hatten?

„Unsinn", sagte er bei einem Glas Wein in Hinterzarten. „Ich bin Schauspieler, spiele jede Rolle, verliebe mich aber auch in jede. In jede Rolle, meine ich. Ich spiele den größten Quatsch, solange er Spaß macht. Ich stelle mich auch einen Abend lang mit dem Rücken zum Publikum oder spreche ein ganzes Stück lang nur einen Satz, wenn die Rolle es erfordert. Ob mir die Figur des ‚Schübel' gefällt, hat mich keiner gefragt, warum auch? Wenn mich einer anruft und fragt: Wir haben eine Rolle, hast du Zeit? Dann sage ich sofort: Ja. – Ich bin glücklich und dankbar für jeden Unfug."

Voller Neid sah ich ihn an – so leicht würde ich es mir auch gerne machen. „Woher nehmen Sie nur diese Heiterkeit?" fragte ich neugierig.

„Ich bin gar nicht so heiter, das täuscht", sagte Brandt.

„Ich bestehe einfach auf guter Laune bei der Arbeit, das ist alles. Sonst braucht man doch gar nicht erst anzufangen."

„Und wie fühlen Sie sich nun in der Rolle des Herzensbrechers?".

Brandt winkte ab. „Ach, dieser Schübel ist im Grunde doch ein ganz armes Schwein. Er läuft hinter jedem Rock her, ohne wirkliche Liebe kennenzulernen. Würden Sie mit dem tauschen wollen?"

Ich schüttelte den Kopf. Nein, das wollte ich auf keinen Fall. „Und außerdem", fuhr Brandt fort, „erinnert Schübel mich sehr stark an uns Schauspieler. Spielt den großen Macker, weil die Olle weit weg ist, tut so, als ob was los wäre – dabei ist überhaupt nichts los. Ich frage mich überhaupt – wie machen die Kollegen das hier im Schwarzwald, im Hotel und auf Tourneen? Läuft da was? Machen die was? Das ist doch alles furchtbar traurig..."

Ob die Kollegen ‚etwas machen' oder nicht, konnte ich Brandt leider nicht sagen. Aber ich wollte noch wissen, wie das nun mit dem Respekt ist, den dieser Rebell mir in seiner Rolle entgegenzubringen hatte. Hielt er es für angebracht, ‚zu Kreuze zu kriechen', wenn ich ihm – drehbuchgerecht – Vorhaltungen über sein Privatleben machte?

„War wohl etwas übertrieben heute?" fragte er zurück. „Aber wie Sie mich da zusammengestaucht haben heute morgen und sagten: ‚Mit den Weibern ist Schluß, und Geld kriegen Sie auch keines mehr', da war ich doch sehr betroffen. Ein bisserl Respekt möcht' da schon sein."

Brandt hofft, daß die Rolle noch farbiger wird, noch widersprüchlicher. Ich hoffe es auch, denn dann wird er uns lange erhalten bleiben in der ‚Schwarzwaldklinik'.

Zukunftsangst kennt der Kollege jedenfalls nicht. „Zuschauer kriegt man immer", sagt er. „Wenn ich heute ein Porno-Theater eröffne, hätte ich jeden Abend das Haus voll, da waren halt 1000 Porno-Interessierte da."

Wahrscheinlich hat er recht, er hätte auch als Porno-Kino-Besitzer Erfolg – aber schade wär's schon um ihn...

‚Endlich mal ein Herzensbrecher in der Schwarzwaldklinik!' jubelte eine deutsche Frauenzeitschrift schon während der Dreharbeiten.

Was heißt hier ‚endlich'?

Ich bin drehbuchmäßig nämlich auch nicht schlecht, was erotische Eskapaden betrifft. Eines der Hauptthemen der ersten Folgen: Es kriselt zwischen Christa und Professor Brinkmann. Meine Ehe erfüllt mich nicht mehr – und schon gar nicht die ‚Schonung', die Christa mir nach dem Herzinfarkt auferlegt. Ich fühle mich ungeliebt, unverstanden, abgeschoben. Und so tröste ich mich mit einer deutschen Agrarwissenschaftlerin, mit der ich eine Autotour durch Amerika mache. Wer will da noch von heiler Welt sprechen?

Eigentlich ein ernstes Thema (wie so oft in unserer Serie) und nicht selten ein Fall für den Psychologen: Wie soll sich ein Herzinfarkt-Rekonvaleszent verhalten, wie seine Familie? In diesem Fall wird Brinkmann von allen geschont: Die Ärzte verbieten ihm jegliche Arbeit, und Christa besteht auf sexueller Abstinenz, der Gesundheit zuliebe. Doch kein erfolgsgewöhnter Mann erträgt erzwungene Arbeitslosigkeit, kein zärtlicher erzwungene Enthaltsamkeit.

Brinkmann und Wussow sind der Ansicht (und übrigens auch die Psychologen): Hier braucht der Rekonvaleszent die Bestätigung (seiner Frau), wieder ganz da und vollwertig zu sein – bei aller Vorsicht.

„Gehen wir noch ein bißchen spazieren?" fragt Brinkmann seine Christa in der zweiten Staffel eines Abends, als sie das Wochenende auf ihrer Hütte verbringen.

„Nein", sagt Christa.

„Nein?" fragt Brinkmann erstaunt.

„Nein – wir gehen schlafen..."

„Schlafen – so früh?"

Christa lächelt vieldeutig und nickt. Diese – wenn auch unterschwellige – Zärtlichkeit der ersten Folgen ist der Ärztin Christa inzwischen völlig abhanden gekommen. Statt ihren Mann nach dem Infarkt nicht nur seelisch zu stabilisieren, beruft sie sich auf die Medizin und auf seine Untersuchungsergebnisse.

„Ich bin für alles so lange untauglich, bis ich wirklich untauglich bin – für alles", sagt Brinkmann. Das hätte Wussow sagen können.

Zuviel Schonung kann gefährlich sein. Und wie ich von Psychologen weiß, ist schon so manche Ehe nach einem Unfall, einem Schlaganfall oder einem Infarkt an zu viel Rücksichtnahme des Partners zerbrochen.

Auch Brinkmann ist verzweifelt – man läßt ihn weder arbeiten noch lieben. Keine Gemeinsamkeiten mehr, keine Gespräche, keine Zärtlichkeit – eine grauenvolle Vorstellung! Was ist denn das für ein Leben?

Geduld? Ich würde platzen vor Zorn, an die Decke gehen vor Frust, ungerecht werden vor Langeweile.

Einsicht? Ich würde Verständnis verlangen – aber keine Rücksichtnahme, die mich als Mensch und als Mann auf Eis legt. Optimismus? Ich würde schreien und toben und meine Umwelt tyrannisieren – da bin ich sicher. Und deshalb fiel es mir auch nicht schwer, einen ungeduldigen, unzufriedenen, ungerechten Professor Brinkmann zu spielen.

Mein Sohn Benjamin? Wenn es mal kriselt in einer Ehe, nützen auch die nettesten Kinder nichts – im Gegenteil. Unzufriedenheit und Spannungen übertragen sich auf die, die am wenigsten dafür können. Und so änderte auch unser Fernsehsohn Benjamin, bürgerlich Andreas Winterhalder und ein entzückend braves Kind, nichts an den Spannungen zwischen Christa und mir. Zumal Christa sich laut Drehbuch kaum mit ihrem kleinen Sohn beschäftigt – kaum vorstellbar für eine ältere Mutter (eine ‚Spätgebärende', wie die Mediziner sagen), die sich besonders über das späte Glück freut. Diese fehlende Mutter-Kind-Beziehung war etwas, was auch Gaby Dohm störte. Doch im Gegensatz zu mir, der ich meinen Dickkopf wieder einmal durchsetzte, fand sie sich damit ab.

Ich dagegen erzwang mir meine Vaterrolle – und spiele Szenen mit Benjamin, die gar nicht im Drehbuch stehen, schiebe Kinderwagen, wasche Windeln und gefalle mir als Babysitter. Aber, wie gesagt: Ein Baby ist kein Ersatz. Weder für beruflichen Erfolg noch für privaten, und so kribbelt es mir nach fünf Monaten Rekonvaleszenz zu Beginn der neuen Folgen in den Fingern. Und nicht nur da...

Ich fühle mich voll arbeitsfähig, während mein Arzt und mein Sohn mich zur Ruhe mahnen.

Ich fühle mich vor allem voll liebesfähig, während meine Frau sagt: „Schon dich!"

Mißtrauisch, wie ich bin, vermute ich eine Verschwörung und setze mich mit einem alten Studienfreund in Amerika in Verbindung – einem Herzspezialisten. Frustriert von Christas Fürsorge und wieder mal geplagt von dem Verdacht, ihr Verhältnis zu Dr. Vollmers (Christian Kohlund) sei nicht nur platonischer Natur, flüchte ich nach Amerika und fahre – nach einem erfolgreichen Aufenthalt in der Herzklinik in San Francisco – mit meiner Reisebekanntschaft, der Agrarwissenschaftlerin Maria Rotenburg (Hannelore Elsner) im Wohnmobil durch die USA.

Moralapostel Professor Brinkmann bei einem Seitensprung? Nun, auch ein Professor wird mal schwach, wenn er sich vom Partner vernachlässigt oder eingeengt fühlt.

‚Liebe besitzt nicht, noch läßt sie besitzen', schreibt Khalil Gibran in seinem Kultbuch ‚Der Prophet'. ‚Laßt Raum zwischen euch. Und laßt die Winde des Himmels zwischen euch tanzen. Liebt einander, aber macht die Liebe nicht zur Fessel. Laßt sie eher ein wogendes Meer zwischen den Ufern eurer Seelen sein. Singt und tanzt zusammen und seid fröhlich, aber laßt jeden von euch allein sein. Und steht zusammen, doch nicht zu nah: Denn die Säulen des Tempels stehen für sich, und die Eiche und die Zypresse wachsen nicht im Schatten des anderen.'

Partnerschaft zwischen zwei Menschen kann immer nur die Verbindung zweier Einsamkeiten sein. Erst wenn man das begriffen hat, kann man – gemeinsam – ein Leben der

Erfüllung und der Kreativität führen. Mit zwei verschließbaren Türen und der Möglichkeit, auseinanderzugehen – um zusammenzubleiben.

Auch um die Achtung voreinander zu bewahren. Jede Forderung in einer Beziehung, jede Unbedingtheit ist schon der Anfang vom Ende, ebenso wie das Nicht-Akzeptieren der Intimsphäre des anderen. Jede Art von Kontrolle, jedes Mißtrauen, jede Eifersucht ist tödlich für eine Beziehung unter erwachsenen Menschen.

„Das Foto von seiner Freundin war da, wo ich es finden *mußte*", sagte kürzlich Witta Pohl in einem Fernsehstück. „Nämlich in seiner Brieftasche."

Typisches Symptom einer Beziehung, die nicht mehr auf gegenseitigem Vertrauen basiert. Schuldgefühle sollte es in einer Beziehung nicht geben, denn sie sind nichts anderes als die Angst, erwischt zu werden (bei was auch immer). Eine Angst, die kaum ein Mensch ertragen kann.

Freiheit und Freiwilligkeit sind es, die eine gute Beziehung auszeichnen.

Die italienische Schauspielerin Giulietta Masina sagte im August 86 in einem Interview in *Cosmopolitan* über ihre Beziehung zu Ehemann Federico Fellini: „Ich dränge mich niemals auf. Ich glaube, daß gerade dem Partner besonders viel Respekt entgegengebracht werden sollte. Wenn er schweigen oder etwas verschweigen oder allein sein will, dann soll er das tun. Es gibt Situationen, in denen auch ich das brauche."

Ich auch.

Eine kluge Frau – mit Gespür für den anderen. Mit Geduld, Intuition und Einfühlungsvermögen. Eine im besten Sinne emanzipierte Frau; denn zuviel Selbstverwirklichung kann einem Partner ganz schön auf die Nerven gehen.

So wie meinem Freund Brinkmann – dabei hat er Christas Emanzipation, unter der er jetzt so leidet, schließlich selbst verursacht, hat ihr Studium finanziert und hätte wissen müssen, daß Karriere und ein perfekter Haushalt schwer auf einen Nenner zu bringen sind.

Brinkmann sehnt sich nach Geborgenheit und Wärme – Christas Kälte tut ihm weh.

Dabei hatten wir ähnliches in der Serie schon früher erlebt – in der Entwicklung der Beziehung zwischen Udo und der Anästhesistin Katarina Gessner.

„Udo, sei nicht böse – ich muß zu einem Symposium nach New York – das ist eine einmalige Chance", hatte Katarina einen lange geplanten, gemeinsamen Urlaub abgesagt.

„Udo, sei nicht böse, ich kann heute nicht mit zum Titisee kommen – ein Notfall." Mit diesen Worten hatte sie ihn an einem der wenigen gemeinsamen freien Nachmittage versetzt. Katarinas Selbständigkeit, ihr Freiheitsdrang hatten sowohl die Liebe als auch die Ehe zerstört – bis mein Sohn Udo sich nach einer anpassungsfähigeren Gefährtin umsah (die er im Kindermädchen Claudia fand).

Katarinas Einfluß auf Christa hatte ich schon früh gefürchtet. „Warum gehst du nicht ganz in die Forschung?" hatte sie Christa bei einem Besuch gefragt.

Ich wurde böse und mit den Worten „Katarina, ich möchte dich bitten, Christa nicht dahingehend zu beeinflussen, daß wir auch weiterhin eine Wochenendehe führen", hatte ich – Pardon Brinkmann – jede weitere Diskussion abgebrochen.

Doch solche Einwände nutzten nicht viel. Christa emanzipierte sich mehr und mehr, was Brinkmann weniger und weniger paßte.

Und jetzt schon gar nicht.

Brinkmann ist, genau wie ich, ein Mensch, der tätig sein muß, der mit freier Zeit nichts anzufangen weiß. Urlaub muß ebenso wie Rekonvaleszenz etwas Tätiges sein, wenn auch etwas andersartig Tätiges, und wenn es eine Reise mit einer Freundin ist – wie meine mit Maria Rothenburg.

Brinkmann ist ein sensibler, von Skrupeln geplagter, ständig Fehler machender Mensch, der noch lange nicht zum alten Eisen gehören will. Und da sagt ihm ausgerechnet seine Frau monatelang: „Klaus, du mußt dich schonen!" – das letzte, was ein Mann in dieser Situation gerne hört.

Und so verliebt sich Brinkmann aus Sehnsucht nach Nähe in Maria, eine moderne, selbständige junge Frau ohne Pflichten und Verantwortung anderen gegenüber. Sie gibt ihm das Gefühl zurück, als Mann im Vollbesitz seiner geistigen und körperlichen Kräfte, attraktiv und begehrenswert zu sein.

Brinkmann erlebt mit ihr eine Wildwest-Abenteuerromantik, Spontaneität und Erotik, die Erfüllung von Sehnsüchten, die sein angeschlagenes Selbstbewußtsein stärkt.

Trotzdem – ein Seitensprung in einer Familienserie?

„Christa treibt ihn ja geradezu in die Arme einer anderen Frau", verteidigt Regisseur Hans-Jürgen Tögel die Beziehungskrise.

Bei seiner Rückkehr aus Amerika steht Brinkmann vor der Entscheidung: Christa oder Maria? Ehe oder Abenteuer? Ich hoffe, daß es mir gelungen ist, Brinkmanns innere Zerrissenheit zu zeigen. Eine Zerrissenheit (angesichts der Qual der Wahl), die ich durchaus nachvollziehen kann. Frauen – mir haben sie immer viel bedeutet. Als Partner, aber auch als Freunde.

Auch Volker Brandt, unser Klinik-Playboy, zieht sie Männern vor.

„Gelernt habe ich immer nur von Frauen", sagt er. „Verständnis, Einfühlung, Toleranz, Zuhören. Was kann man von Männern schon lernen? Von Sascha Hehn kann ich vielleicht lernen, wie man auf Frauen zugeht oder einen toten Fisch auf einen Stock steckt, mehr aber auch nicht. Von Männern kann man wirklich nur Quatsch lernen."

Jaja, der Sascha... Einmal wurde ich während der Drehzeit in Hamburg in der Bar des Interconti ‚dringend' ans Telefon gerufen. Was so dringend war?

„Ich versuche seit Tagen verzweifelt, den Sascha zu erreichen", begrüßte mich eine fremde, aufgeregte junge Stimme am Telefon. „Können Sie mir vielleicht sagen, wo er ist?" Sascha und seine Mädchen betrachtet Volker Brandt mit gemischten Gefühlen, die er selbst gelegentlich durchaus als Neid definiert. „Wenn der ein Mädchen hat und ich nicht, bin ich eifersüchtig, auch wenn ich das Mädchen eigentlich gar nicht will und mich nur ärgere, daß ich schon wieder einen Abend allein im Hotel herumsitze..."

Solche Anfälle sind jedoch selten. „Wie der Sascha das nur macht...", sinniert er eines Abends. „Eigentlich weiß ich gar nicht, wie das geht. Heute die und morgen die – meine Lust ist das nicht. Ich nehme ein Mädchen zwar auch sofort mit. Aber die bleibt dann nicht nur bis zum Frühstück, sondern auch noch den nächsten Tag und die nächste Woche und das nächste Jahr. Und schon hab' ich wieder eine lange Geschichte. Ich brauche keine tausend Frauen – wozu auch, wenn ich eine habe, die wirklich gut ist?"

Brandt hat ein recht originelles Privatleben, das in der Tat keine Langeweile aufkommen läßt. Seit Jahren getrennt, aber immer noch verheiratet mit Kollegin Linde, mit der er zwei erwachsene Kinder hat (Sohn Boris hat ihn schon zum Großvater gemacht), lebt Brandt seit einigen Jahren mit der attraktiven Amerikanerin Donna zusammen (seine beiden Frauen verstehen sich blendend).

Brandts vierjähriges Töchterchen Lina ist sein ganzer Stolz. „Erst mit fünfzig kann man sich mit einem Kind wirklich beschäftigen", sagt er. „Man ist geduldiger und gelassener. Und – dankbarer. Für mich gibt es nichts Schöneres, als wenn mein Kind in der Küche sitzt und sagt: ‚Papi, koch mir doch bitte Spaghetti!'"

Glück – das ist für Volker Brandt: „Daß jemand mit mir zusammensitzt und einen Wein trinkt und sich freundlich mit mir unterhält, vielleicht sogar anregend, vielleicht sogar geistvoll, vielleicht gehen wir sogar eine Runde ums Haus. Das ist Glück."

Erotik? Auch für Brandt ein wichtiges Thema. „Zuallererst kommen bei mir Licht und Sonne, gleich danach Liebe und Erotik. Sonne ist wichtiger, denn immer im Dunkeln lieben – das wird nichts."

Erotik ist auch für mich eines der wichtigsten Lebenselemente, und hat nur annähernd mit Sex zu tun. Um so schöner, wenn sie sich ergänzen. Erotik, das heißt: Berührungen, Zärtlichkeit, Blicke. Erotik heißt: Nähe.

Erotik ist natürlich auch deshalb ein wichtiges Lebenselement, weil ich Frauen so mag. Und es knistert oft – vor der Kamera. Denn auch die Beziehungen von Schauspielern untereinander (vor der Kamera) können und sollten durchaus ‚zärtlich' sein, ebenso wie die zwischen Schauspieler und Regisseur.

Da wird es aber ganz schön funken! dachte ich, als ich erfuhr, daß ‚meine' Maria in Amerika Hannelore Elsner sein würde – eine moderne junge Frau, der man Selbständigkeit ebenso zutraut wie die Affäre mit einem verheirateten Mann. Eine fabelhafte Schauspielerin, mit der ich mich abends oft zusammensetzte, um die Szenen des vergangenen Tages zu besprechen.

Leider war das oft zu spät. In diesem Fall hätten wir vorher darüber reden sollen. Darüber nämlich, wie man Leidenschaft zwischen zwei Menschen spielen kann, ohne eindeutig zweideutig zu werden oder einen Blick unter die Bettdecke zu werfen.

Ein Beispiel. Als ich Hannelore Elsner während einer Szene im Grand Canyon in den Arm nahm, um ihr einen Kuß zu geben, drehte sie den Kopf weg, und meine Lippen landeten auf ihrem Kinn.

„Wir hätten uns küssen sollen", sagte sie abends unglücklich. „An mir lag's nicht", gab ich zurück.

Ein zweites Beispiel. Als Hannelore mir laut Drehbuch ‚ihre Ranch' in Kalifornien zeigte, legte ich stolz den Arm um sie. Dort blieb er nicht lange.

„Wir hätten uns wenigstens mal umarmen sollen", beklagte sie abends Versäumtes.

„Eben", sagte ich.

Ich weiß nicht, welcher Teufel mich ritt, ihr nicht ein bißchen zu helfen. Vielleicht war ich zu sehr mit mir selbst und meinen Problemen beschäftigt? Hannelore Elsner, eine hochbegabte Schauspielerin, war jedenfalls mit sich und dem, was sie ‚abgeliefert' hatte, nicht gerade zufrieden. Und ich nicht mit mir. Wirklich zu dumm.

Auch Regisseur Hans-Jürgen Tögel war ratlos.

„Weißt du, was ich nie vergessen werde?" fragte er mich eines Abends. Eine rhetorische Frage, die er gleich selbst beantwortete. „Wie Hannelore zu mir sagte: das, was ich auf der Welt am meisten hasse, ist, vor einer Kamera zu stehen."

„Warum wohl?" fragte ich.

„Keine Ahnung", sagte Tögel. „Zumal Hannelore wirklich ein Vollblutprofi ist und wissen sollte, daß das, was sie vor der Kamera tut, nicht korrigierbar ist und genauso gesendet wird."

Dennoch sollen unsere Szenen, wenn man Wolfgang Rademann und ZDF-Redakteur Gerd Bauer glauben darf, sehr gut „über den Schirm kommen".

Meist jedoch war Hannelore Elsner wirklich fabelhaft, und die Szenen in Deutschland gelangen besser.

Bei unserer gemeinsamen Drehbuch-Ankunft in Amerika (Christa holte mich am Flughafen in Frankfurt ab) versuchte ich, mir Brinkmanns Situation vorzustellen. Nämlich die, mit meiner Geliebten nach unserer gemeinsamen Reise nach Hause zu kommen und von meiner Frau erwartet zu werden. Eine sehr lebensnahe Gratwanderung zwischen Grausamkeit und Peinlichkeit, von einer Umarmung in die nächste – wie spielt man das? Hauptsächlich mit Blicken und Gesten.

Ich hoffe, daß mein schlechtes Gewissen sichtbar wird, der Abschiedsschmerz, die Trauer darüber, Maria zu verlieren, aber – trotz allem – auch die Freude, Christa wiederzusehen. Das Glück über die wiedergewonnene Gesundheit, die Dankbarkeit für Maria, die mein männliches Selbstbewußtsein stabilisiert hat, die ganz auf mich eingegangen war – zumindest für die Dauer dieses Urlaubs.

Ein Zwiespalt der unterschiedlichsten Gefühle, wie so oft im wirklichen Leben auch.

Vielleicht werden mir manche Zuschauer diesen Seitensprung übelnehmen – vielleicht werde ich dafür andere Sympathien gewinnen, nämlich die von Menschen, die in ähnlichen Situationen leben. Oder die aus unerträglichen Situationen flüchten.

Vielleicht werden die Moralapostel mich verdammen – auch, wenn es bei einem ‚Seitensprung‘ durchaus ‚anständig‘ zugeht vor der Kamera. So halbwegs ‚sauber‘ muß Professor Brinkmann halt doch (noch) bleiben, meinen die für ihn Verantwortlichen.

Dabei ist Erotik eine wunderbare Sache – auch auf dem Bildschirm, meine ich. Im Zuge der nahenden Konkurrenz durch die privaten werden auch die öffentlich-rechtlichen Anstalten langsam etwas großzügiger.

So bezeichnet Peter Gerlach, ehemaliger ZDF-Vizeprogrammdirektor und späterer SAT 1-Chef, sein Verhältnis zum Fernsehen als durchaus erotisch, und erotisch im Sinne von Aufregung und Stimulierung sollte auch das Programm sein. „In diesem Land wird Erotik im Fernsehen immer mit Schweinekram verwechselt", sagt er. „Erotik ist doch auch Spannung, Knistern, Berührungen. Ich glaube, daß wir da bisher aufgrund unserer Kultur und unserer Erziehung furchtbar verklemmt sind. Da gibt es einiges nachzuholen. Wenn wir nackte Neger im Kral zeigen, ist das Kultur – und wenn wir abendländische Erotik zeigen, heißt es: Pfui! Solche Regeln sind dazu da, um durchbrochen zu werden."

Programm-Profi Gerlach meint übrigens, daß die ‚Schwarzwaldklinik' viel besser zu SAT 1 passe; Wolfgang Rademann ist da anderer Ansicht. Er braucht das Echo der Zuschauer, sagt er, und hat keine Lust, für ‚Blindenanstalten' zu arbeiten...

Erotik im Fernsehen: Während meine Szenen mit Maria in Amerika ‚sauber' gehalten und die erotische Komponente der Phantasie überlassen wurde (und sich auch mit Christa nicht viel abspielt), gönnte man Udo und Claudia (Sascha Hehn und Anja Kruse), etwas mehr Zärtlichkeit auf der Mattscheibe. Nach der sterilen Beziehung zur Anästhesistin Ilona Grübel als Katarina konnte Udo ein bißchen knisternde Spannung auch nur guttun.

Warum nicht mehr Romantik, wenigstens bei den anderen Figuren?

„Wir haben fünfundvierzig Minuten Zeit pro Folge", erklärte mir Hans-Jürgen Tögel. „Minus Vorspann und Abspann sind es einundvierzig Minuten. Brinkmann muß auf vier verschiedenen Ebenen gegenwärtig sein. Als Person, als Arzt, als Mensch, der anderen hilft und als Familienvater – Ebenen, die nur du allein gestaltest. Wenn wir jetzt dazwischen noch andere große Geschichten schieben, würden wir zeitlich ins Schleudern kommen. Mehr als die Einflechtung von ein oder höchstens zwei kleinen Nebengeschichten in die Haupthandlung ist nicht möglich."

Das sah ich ein. Schließlich sollten die Hauptrolle in einer Klinik ja nicht die Liebe und ‚Beziehungskisten', sondern Krankheiten und menschliche Schicksale spielen.

Krankheiten in der Klinik, mein ‚Herzinfarkt' – leider begleiteten auch echte Krankheits- und sogar Todesfälle unsere Serie, die doch nur Freude machen sollte, auch den Beteiligten.

Der Regisseur der ersten Staffel, Freddy Vohrer, starb im Januar 1986 an Herzversagen. Gaststar Paul Dahlke war schon 1984 an Krebs erlegen, Wolfgang Kieling und Paul Edwin Roth sollten ihm ein Jahr später folgen. Kollegen, die wir alle sehr vermißten.

Einen echten Herzinfarkt erlitt Gustl Bayrhammer Ende 1986 – ein paar Monate, nachdem er mir als Landstreicher in den neuen Folgen ‚Schwarzwaldklinik' drehbuchgemäß ebenso unvergeßliche Stunden bereitet hatte wie abends in der Hotelbar. Und auch das Produktionsteam blieb nicht verschont: unser Requisiteur, Arno, erholte sich im Januar 1987 (zum Glück rasch) von einer Bypassoperation, die nach einem schweren Infarkt nötig geworden war.

Ein weiteres Thema der ersten Folge der neuen Staffel: eine Notlüge, mit der Christa eine selbstmordgefährdete Patientin rettet und die, noch vor meiner Amerika-Reise, zu einem Streit zwischen dem Ehepaar Brinkmann führt. Noch einer... Beate Fischer (Angelika Bender) hat ihren Vater (Robert Naegele) mit dem Auto von der Schwarzwaldklinik abgeholt. Auf dem Heimweg haben sie einen schweren, von Beate verursachten Unfall, der von unserem Stuntman Peter Hick fabelhaft bewältigt wurde.

Ich hatte einen freien Tag und fuhr zum Drehort, um mir den ‚Unfall' anzusehen. Im Herbst 1987 im Bild: Der Wagen von Beate beschleunigt auf 80 Stundenkilometer, weicht einem LKW aus, kollidiert in voller Fahrt mit einem am Straßenrand stehenden Streugutbehälter, überschlägt sich mehrfach und bleibt auf einer Wiese liegen. Was die Zuschauer nicht wissen, ist, daß diese perfekte Szene leider erst beim zweiten Versuch gelang. Bei meiner Ankunft hatte Hick mich mit den Worten begrüßt: „Schön, daß du da bist – du bist mein Schutzengel!" Natürlich nur ein Aberglaube, aber ich hatte es auch früher schon immer möglich gemacht, bei gefährlichen Stunts dabeizusein, seit unserer ersten gemeinsamen Zusammenarbeit vor 10 Jahren – und es war nie etwas passiert.

Ganz so unproblematisch sollte dieser Stunt jetzt allerdings nicht ablaufen. Hick sollte in der Kurve auf eine Streugutkiste fahren, die als Rampe diente, und sich dann überschlagen.

„So ein Blödsinn", überlegte ich, „das kann er gar nicht schaffen, weil die Rampe für ihn als Fahrer nicht zu übersehen ist. Er wird mit dem falschen Rad aufkommen und in die falsche Richtung kugeln." Doch ich beschloß, mich nicht einzumischen.

Leider behielt ich recht – Hick flog mit seinem Wagen durch die Luft und drehte sich zweimal auf der Wiese um die eigene Achse, statt sich zu überschlagen.

„So eine Scheiße!", schimpfte er, als ich zu ihm hinüberging. Ich erklärte ihm meine Überlegungen. Hick ließ das Wrack neu zusammen- und die Rampe neu aufbauen, fuhr jetzt genau richtig auf und überschlug sich beim Aufprallen auf der Wiese viermal, wobei er jedesmal hart auf den Boden aufschlug. So einen Stunt hatte ich noch nie gesehen! Ich lief mit den anderen zu dem dick bandagierten, unverletzten Hick, um ihm zu dieser Meisterleistung zu gratulieren.

Benommen stieg er aus – *das* war auch für ihn eine Premiere gewesen.

Seine Mutter, die gerade zu Besuch war, war weniger begeistert. Am Drehort war sie Gott sei Dank nicht, dafür hatte sie im Hotel, wie immer voller Angst, auf ihn gewartet. Ein Beruf, der täglich das Leben des eigenen Sohnes aufs Spiel setzt – welche Mutter würde sich daran schon gewöhnen können?

Überhaupt – die Mütter...

Die Siebzigjährigen, die Achtzigjährigen, die ein langes, oft grausames Leben hinter sich haben. Wenig Schönes haben sie gehabt von diesem Leben, sich um ihre Kinder gesorgt, während die Männer im Krieg waren, vermißt, verwundet, gefangengenommen wurden, fielen. Die Mütter blieben allein oder suchten neue Männer – oft nur den Kindern zuliebe, so, wie meine Mutter. Mit wenig Raum für Zärtlichkeit – in einer Zeit, in der es galt, zu überleben.

Auch meine Mutter hat, nachdem mein Vater 1939 fiel, nur noch für uns gelebt, hat nach dem Krieg ihren Jugendfreund geheiratet – auch, um ihren Kindern wieder ein Heim zu geben. Mein Stiefvater war gelernter Gutsverwalter, der dann in der damaligen Ostzone einen kleinen Hof bewirtschaftete, auf dem meine Mutter wie eine Bäuerin arbeitete, arbeiten mußte. Später flüchteten sie über Berlin nach Stuttgart, wo die beiden ein Kindererholungsheim übernahmen.

Ihr Leben lang kannte meine Mutter nur harte Arbeit – und je älter ich werde, um so größer wird meine Dankbarkeit, um so enger wird die Bindung an sie. Während der Dreharbeiten in Hamburg besuchte ich sie oft in ihrem Seniorenheim in Celle. Ein Leben für vier Kinder – von denen eines, einer der Zwillingsbrüder und ihr Lieblingssohn, mit 32 Jahren bei einem Autounfall starb. Der Tod dieses Lieblingskindes ließ sie fast am Leben verzweifeln. Aber nur fast, denn diese Mütter geben nicht so leicht auf wie wir Jüngeren.

Und ich versuche jetzt wiedergutzumachen, was ich jahrelang vielleicht ein wenig versäumt habe – an Briefen, Besuchen, Anrufen und Zuwendung.

Im Oktober 1986 fuhr ich, wie sooft, nach Celle, holte sie ab und machte mit ihr einen Stadtbummel. Meine Last ist ihre größte Wonne. Jeden, der um ein Autogramm bat, strahlte sie an, als sei sie persönlich gemeint und freute sich über die Zuneigung so vieler Menschen, an der sie als meine Mutter schließlich den größten Anteil hat.

Weihnachten 1986 verbrachte ich zum erstenmal seit langer Zeit nicht in Wien, nicht mit meiner Familie, sondern mit meiner Mutter, kehrte sozusagen zu meinen Ursprüngen zurück – um irgendwann vielleicht einen neuen Anfang zu wagen.

Eine ausgesprochen fröhliche Rückkehr wurde es: Nachdem ich bei einer kleinen Heilig-Abend-Stunde den alten Menschen zwei Weihnachtsgeschichten vorgelesen hatte, saß ich bis spät in die Nacht hinein bei ‚einer' Flasche Wein und mit dem ‚harten' Kern, sechs Heimnachbarinnen und meiner Mutter, die sich alle als ausgesprochen trinkfest erwiesen.

„Jungchen", fragt Mutti oft, „wie erträgst du das nur alles?", wenn ihr wieder mal ein nicht so schmeichelhafter Artikel über mich in die Hände fällt.

„Laß nur", sage ich jedesmal, „ich habe einen breiten Rücken – und es wäre zuviel verlangt, von allen geliebt zu werden." Auch für Peter Hicks Mutter ist ihr Sohn ihr ganzer Lebensinhalt – ihm gilt ihre Liebe, aber auch ihre Sorge. Wie oft mag sie wohl seinen Beruf verwünscht haben?

Wie sehr mag sie sich freuen – jetzt, wo es feststeht, daß ihr Sohn als Intendant nach Bad Segeberg geht? Und keine Zeit mehr haben wird, sein Leben als Double anderer aufs Spiel zu setzen?

Denn auf dem Bildschirm ist es Angelika Bender als Beate, die mit ihrem Vater aus dem Wrack geborgen und in die ‚Schwarzwaldklinik' gebracht wird. Als sie vom Tod ihres Vaters erfährt, gibt sie sich selbst die Schuld und unternimmt einen Selbstmordversuch; mit einer Notlüge gelingt es Christa, die Verzweifelte seelisch zu stabilisieren. Brinkmanns Vertreter und Christas Chef, Professor Breeken (Karl-Heinz Vosgerau), billigt ihr Verhalten nicht, während ich als Professor Brinkmann zwar von einem Fehler spreche, ihr aber moralisch recht gebe.

Was ich in diesem Fall auch privat tun würde – eine Ausnahme, denn ansonsten haßt der Wussow Lügen.

Ich möchte am liebsten immer die Wahrheit sagen, auch wenn ich weiß, daß dieser Wahrheit Grenzen gesetzt sind. Dann nämlich, wenn die Wahrheit andere verletzt oder gefährdet, sollte man auf sie verzichten und die Berechtigung der Lüge anerkennen.

So richtig gelogen, um mir einen Vorteil zu verschaffen, habe ich nur einmal in meinem Leben – und niemals wieder. Ich war etwa elf Jahre alt und hatte aus der Schreibtischschublade meines Großvaters Geld geklaut, um mir Eis zu kaufen – ein Luxus, für den meine Mutter freiwillig nichts spendieren wollte. Nach dem dritten Diebstahl fiel ich auf bzw. der Verlust des Geldes. Man stellte mich zur Rede – doch ‚Kläusser', wie man mich damals liebevoll nannte, stritt alles ab. Ich wollte zukünftige Genüsse durch Ein- bzw. Entnahmen schließlich nicht gefährden.

„Du warst heute nachmittag allein im Haus", beharrte meine Mutter. „Und zufällig fehlt seitdem das Geld. Sag endlich die Wahrheit."

„Ich hab' es aber nicht", sagte ich zum x-tenmal. „Sieh doch nach."

Diese Aufforderung war relativ ungefährlich – natürlich hatte ich die paar Groschen längst zum Eismann um die Ecke gebracht. Doch jetzt wurde es meiner Mutter zu dumm. Sie zog ihren Mantel an und forderte mich auf: „Gut, dann komm mit. Wir gehen zur Polizei. Vermutlich wird man dich gleich dabehalten, bis du ein Geständnis ablegst."

Darauf war ich nicht gefaßt gewesen – und die Foltermethoden, mit denen Polizisten Verbrechern Geständnisse entlockten, kannte man schließlich aus Märchen und Erzählungen. Kurz: Ich gab alles zu und habe seitdem nie wieder gestohlen und auch möglichst nie gelogen. Nicht, weil ich nicht lügen wollte, sondern weil ich schon früh erkannt hatte, daß Lügen unbequem sind, weil die Wahrheit früher oder später ans Tageslicht kommt. Und erwischen

lasse ich mich nun mal nicht gerne... Deshalb hatte das Motto vieler Männer, „Wer die Wahrheit sagt, ist nur zu faul zum Lügen", für mich nie Gültigkeit, im Gegenteil.
Und auch die Weisheit ‚Reden ist Silber, Schweigen ist Gold, Lügen ist Kupfer' nehme ich für mich nur insofern in Anspruch, als ich mich immer nur mit dem Besten, vielleicht auch noch mit dem Zweitbesten zufriedengebe – Drittklassiges kommt für mich nicht in Betracht (erschwerend kommt seit einiger Zeit eine starke Kupfer-Allergie hinzu).
Medizinische Notlügen halte ich jedoch für durchaus gerechtfertigt – nämlich dann, wenn mit ihnen ein Leben gerettet werden, ein Mensch seelisch stabilisiert werden kann.
Wo sind die Grenzen? Wer verträgt Lügen, wer die Wahrheit? Wieder mal Szenen in der „Schwarzwaldklinik", die mich reizten – wie alle, die schwer zu spielen sind, bei denen ein Schauspieler neben der Sprache auch Gesten, Blicke und Bewegungen zu Hilfe nehmen muß.
Zur Hilfe einer dicken Lüge hatte ich selbst (als Brinkmann) schon in der zweiten Staffel der „Schwarzwaldklinik" gegriffen. Einer meiner neuen Ärzte, Dr. Sager, hatte aus Unsicherheit heraus das Leben eines kleinen Kindes gefährdet und gestand mir bei einem Gespräch, daß sein wirkliches Ziel alles andere als der Beruf des Arztes gewesen sei. Beim Anblick von Blut werde ihm schlecht, und die Gesundheit der Menschen interessiere ihn herzlich wenig. Er hätte lieber Architekt werden wollen, doch sein kranker Vater, selbst Arzt und Sohn eines Arztes, habe die medizinische Laufbahn auch für ihn erzwungen. Natürlich konnte Brinkmann keine weitere Gefährdung seiner Patienten zulassen. Ich fuhr also zu Sagers Vater, um ihn über die medizinische Unfähigkeit seines Sohnes zu informieren.
Als ich ankam, erholte sich der schwerkranke alte Mann gerade von einer Herzattacke; ich sah, daß seine Stunden gezählt waren.
„Schön, daß Sie mich besuchen", begrüßte er mich, weiß wie die Wand. „Mein Sohn macht mir doch hoffentlich keine Schande?"
Ich kam ins Schleudern. „Nein, nein, er bemüht sich sehr", wich ich aus.

„Mein Traum ist", sagte Dr. Sager, „im Ärzteblatt in der Spalte ‚Habilitationen' eines Tages seinen Namen zu finden. Dann kann ich sterben. Ich wollte von Ihnen nur hören, daß er es schafft – das können Sie mir ja auf Ehre und Gewissen versichern? Obwohl mich manchmal gewisse Zweifel plagen..."

Ehre und Gewissen sind etwas sehr Wertvolles – doch der Seelenfriede dieses alten Mannes schien mir in diesem Moment wichtiger, als Brinkmann und auch als Wussow.

„Diese Zweifel sind nicht angebracht", sagte ich deshalb.

„Das wollte ich von Ihnen hören", seufzte Sager beruhigt, schloß die Augen und – starb. Ich schloß ihm die Augen und holte seine Frau und seinen Sohn herein.

„Ich hatte mir eigentlich vorgenommen... aber mit meiner freundlichen Lüge ist er ruhig eingeschlafen", sagte ich später zu seinem Sohn.

„Und belastet Sie das?" wollte der junge Sager wissen.

„Nein", erwiderte ich. „Es würde mich aber belasten, wenn Sie jetzt doch Arzt bleiben würden. Werden Sie wenigstens ein guter Architekt."

Ja, Brinkmann hatte gelogen – aber war es so nicht für alle Beteiligten das Beste und Richtige? Ich hoffe, daß die Zuschauer meine Skrupel und Zweifel angesichts dieser großartigen Sterbeszene angenommen haben. Danke, Richard Münch – wie schön, daß auch er, den ich seit 40 Jahren kannte, in unserer Serie war. Auch Richard Münch ist jetzt tot.

Natürlich ist die ‚Schwarzwaldklinik' eine Unterhaltungsserie. Für mich bedeutet sie ernsthafte Arbeit, die Auseinandersetzung mit Dialogen, neuen Rollen und Kollegen und – mit medizinischen Themen, für die ich schon immer eine Schwäche hatte.

Ein Jahr lang hatte ich mich auf die Dreharbeiten zu den neuen Staffeln und auf den Schwarzwald gefreut. Mit der Anwesenheit so vieler fremder Menschen am Drehort hatte ich allerdings nicht gerechnet. Mir fehlte die Ruhe, in der wir 1984 die Dreharbeiten begonnen hatten. Wobei mir klar war, daß wir sie nie wieder haben würden, diese Ruhe. Und das deprimierte mich. Am Anfang jedenfalls.

Doch die Freude über das Wiedersehen mit Kollegen, die sich zum Teil ein Jahr lang nicht gesehen hatten, war groß und das alte Vertrauen im Team schnell wiederhergestellt.

Dennoch – auch hier gab es schon in der zweiten Woche Ärger. Nicht ‚Sein oder Nichtsein', sondern ‚Blau oder nicht blau', war die Frage. Und dabei handelte es sich keineswegs um meinen Alkoholspiegel, wie mancher denken könnte, sondern um die Farbe unserer – weißen – Ärztekittel. Denn Weiß ist keine Farbe, jedenfalls nicht für den Bildschirm.

Die ersten beiden Staffeln der Serie hatten wir, so, wie es sich gehört, in weißen Arztkitteln gedreht, eine Kleidung, in der ich mich zunehmend ‚zu Hause' fühlte – und die man nun, im Sommer 1986 durch blaue ersetzen wollte. Ich war stinksauer. Obwohl das Verfahren gar nicht so unüblich war und die Kittel auch gar nicht so blau waren – ich war gekränkt. Zunächst jedenfalls.

Dabei handelte es sich nicht um Schikanen des Produzenten oder farbliche Vorlieben des Programmdirektors – es gab einen anderen, der Probleme mit der Farbe Weiß hatte, und das war der Abtaster. Das ist nichts Unanständiges, sondern jenes Instrument, das innerhalb der elektronischen Fernsehanlage während der Ausstrahlung der Sendung das Spektrum der Farben ‚abtastet', die dann via Fernseher zum Publikum kommen, ähnlich einem Tonkopf bei einer Tonübertragung. Der Kinofilm mit 35 Millimetern hat ein ganzes Spektrum von sichtbaren, problemlos intensiven Farben, vom tiefsten Schwarz bis zum hellsten Weiß. Das Spektrum der MAZ im Fernsehen mit 16 Millimetern, der Magnetaufzeichnung, ist geringer als beim Film, wobei sich einzelne Farben auch noch ‚im Weg stehen' können, weil sie andere verdrängen und der Abtaster Abgrenzungen bei großen Kontrasten nicht wahrnimmt. So ist eine Kombination der Farben Schwarz und Weiß im Fernsehen gefährlich, weil das Weiß die dunkle Farbe überstrahlt. Und wer will schon mit einem weißen Heiligenschein auf dem Bildschirm auftauchen? Manche Kameramänner haben so ihre Tricks, weiß zu fotografieren, aber es gibt eben auch andere, die ihre Probleme mit der Farbe der Unschuld haben. Und die haben sie, wie gesagt, nur bei 16-Millimeter-Filmen. 35-Millimeter-Filme kosten mehr Geld, wirken aber brillanter. Helmut Dietl zum Beispiel drehte seine Serie „Kir Royal" auf teurem

Kino-Format, Zusatzkosten, die der WDR (oder die Produktion) offensichtlich akzeptierte, während man bei uns zu finanziellen Zugeständnissen in Sachen Filmqualität nicht bereit war.

Auch andere Farben können (auf 16 mm) das Bild verderben, wenn sie zu sehr dominieren. Und so entstehen dann zu ‚rote' oder zu ‚blaue' Bilder auf dem Schirm, die auch von der Sendeleitung der Anstalten während der Ausstrahlung kaum noch zu regulieren sind.

Was tun?

Der einfachste Weg, weiße Kleidung zu ‚entschärfen', ist die Einfärbung in Hellblau, wie in unserem Fall. Das sah ich aber nicht ein, weil wir schließlich die ersten Folgen auch in Weiß gedreht hatten. Doch ich mußte mir sagen lassen, daß es während der ersten 24 Folgen Proteste von Kameraleuten und Anrufe beim Sender gegeben hatte: „Menschenskinder, stellt doch mal die Farbe richtig!"

Aber was interessierte mich das? Ich war verärgert.

Natürlich war mein Problem mehr psychologischer Art. Für mich war der blütenweiße Kittel ein Hinweis auf die Echtheit des Mediziners, auf meine Identität als ‚Arzt'. Sicher unsinnig, den ich weiß ja, daß Hellblau auf dem Bildschirm weiß erscheint.

Trotzdem – ich war sauer. Vor allem auf den Sender als Verantwortlichen für seine unfähigen Abtaster. Auf Gernot Köhler, unseren Kameramann, und seinen Perfektionismus. Auf Wolfgang Rademann, der mich nicht vor diesem Angriff auf meine optische Medizinerehre schützte. Auf Kathrin Dröge, unsere Kostümberaterin, die Mäntel bestellt hatte, an denen mir nicht nur die Farbe, sondern auch der neue Schnitt nicht gefiel. Sauer, weil ich nun, der Kamera zuliebe, anders geschminkt werden mußte. Wobei ich die Tatsache geflissentlich verdrängte, daß mir das die durch die Farbe Blau mögliche dunklere Make-up sehr viel besser steht.

Normalerweise sprechen Schauspieler die Sätze, die im Drehbuch stehen und tragen die Kleidung, die man ihnen in die Garderobe hängt. Aber ‚normal' bin ich noch nie gewesen, und schon immer habe ich mehr vom Umfeld meiner eigenen Arbeit verstanden als so mancher andere. Jetzt machte ich meinem Unmut Luft und beschwerte mich bei jedem, der mir über den Weg lief.

Das Ergebnis: eine Sitzung der gesamten Produktion. Mit einem großen Kompliment von Wolfgang Rademann an mich nach meinem Vortrag über Technik, Licht und Ton von mir an alle. „Det hätt ick nie jedacht, det du so viel von der Technik vastehst", sagte Wolfgang.

Kompliment hin, Kompliment her – ein Argument, dem ich mich dann leider fügen mußte, war das des Verkaufs der Serie auf dem internationalen Markt. Auch im Ausland war unser Weiß nicht ‚abzutasten', und so mußte ich mich nach einem Farbtest im Sommer 1986 damit abfinden, ab sofort einen Halbgott in Hellblau zu spielen ...

„Sei doch froh, daß du deinen Drogistenkittel endlich los bist", spottete eine Freundin. „Hellblau ist doch viel vornehmer!"

Das fand ich nach ein paar Tagen auch – und zugleich fand ich meinen Humor wieder. Ebenso wie mein Verständnis für Gernot Köhler, der viel von Malerei versteht, sich ausgiebig mit Bildern und Farben beschäftigt hat und ein Künstler hinter der Kamera ist. Ein Anhänger des Malers Caravaggio, der mit Lichtquellen Gesichter beleuchtete und damit eine ganz neue Form des Ausdrucks schuf. Ein sehr künstlerischer Kameramann und ein bezaubernder Kollege. Wie gut, daß man lernte, miteinander zu reden. Kein Problem mit der Farbe hatten wir bei der Folge in Amerika – Freizeitkluft war angesagt, und die weißen Kittel waren für ein paar Wochen in die Garderobe verbannt.

Warum führte es Professor Brinkmann ausgerechnet nach Amerika? Diese Frage wurde immer wieder öffentlich diskutiert. Manche vermuteten ein Zugeständnis von Wolfgang Rademann an den amerikanischen Zuschauer nach dem Verkauf der Serie in die USA. Rademann jedoch wies derartige Unterstellungen weit von sich.

„Ick wollte mir den Schwarzwald nicht so abnutzen lassen", erklärte er mir. „Ick hab' Angst, det die Leute sich übersehen an der schönen Natur..."

Und so drehten Hannelore Elsner und ich unsere Ausreißer-Folge in San Francisco und im Gran Canyon.

Vorher hatten Sascha Hehn, Lisa Kreuzer und Christian Kohlund in Afrika mehrere Sequenzen gedreht. Brennende Hütten, ratternde Maschinengewehre, flüchtende Menschen und uniformierte Regierungstruppen waren die

Kulisse für einige spannende Szenen, von denen mir Sascha später erzählte. Abenteuer und Action – das waren die Elemente, die sich Rademann als Auflockerung für die Familienserie gewünscht hatte. Und schon schickte Autor Herbert Lichtenfeld mich in den Gran Canyon und meinen ‚Sohn' Udo in Begleitung Dr. Vollmers nach Kenia, wo sie gemeinsam mit Schwester Erika (Lisa Kreuzer) eine Hilfsstation des Roten Kreuzes leiten sollen. Die drei geraten bei den Kämpfen zwischen Rebellen und Regierungstruppen zwischen die Fronten, werden verletzt und gefangengenommen.

Die Herstellung der ‚Verletzungen' war wieder mal eine Glanzleistung von Maskenbildnerin Christa Wittlich. Spezial-Effekt-Feuerwerker Günther Scheidt sprengte Jeeps und ganze Dörfer in die Luft. Sascha Hehn war begeistert – sowohl von der Arbeit unter glühender Sonne als auch von seinem Kollegen Christian Kohlund. „Mit Christian möchte ich mal einen richtigen Abenteuerfilm machen", sagte er später.

Die „Schwarzwaldklinik" in Amerika

Müde von den anstrengenden Monaten, die hinter uns lagen, aber gespannt auf Amerika packte ich Anfang Oktober Koffer und Drehbücher; doch vorher noch, von Berlin aus, flog ich nach Wien. Ich hatte nämlich erfahren: „Sascha ist krank und liegt in der Klinik."

Ein paar Stunden später saß ich am Bett meines Sohnes, versicherte mich, daß ihm nichts Ernsthaftes fehlte und er am nächsten Tag entlassen werden würde –, und flog beruhigt wieder zurück, denn am nächsten Tag ging es nach Amerika. Ein Geburtstagsgeschenk im Umschlag ließ ich ihm zurück.

7. Oktober 1986. Erst im letzten Moment kam ich im Frankfurter Flughafen an. Hannelore Elsner, Maskenbildnerin Christa Wittlich, Kostümberaterin Kathrin Dröge, Regisseur Hans-Jürgen Tögel und der Rest des Teams warteten schon. Wolfgang Rademann war vorausgeflogen – in einer fast leeren Maschine. Aufgrund des Nebels auf den Flughäfen hatten die meisten Passagiere den Anschluß verpaßt. Und so machte Rademann es sich in der

ersten Klasse bequem und mußte sich immer wieder fragen lassen: „Wo haben Sie denn Ihren Professor Brinkmann?"

Unseren Flug am nächsten Tag verpaßte leider niemand – die Maschine war so voll, daß selbst die Klappsitze der Stewardessen besetzt waren. Keine Chance, sich auch nur eine Stunde irgendwo auszustrecken und zu schlafen.

Als ich, müde und genervt, im ‚Holiday Inn' an der Fishermans Wharf in San Francisco meine Koffer auspackte, traf mich der nächste Schock: Ich hatte in Frankfurt meine Koffer verwechselt. Einen Sommersakko hatte ich mir in Berlin noch gekauft – und den Koffer mit den Hosen in Deutschland gelassen.

Was nun? „Wussow unten ohne -- det jeht nich", entschied Wolfgang Rademann und zog, im wahrsten Sinne des Wortes, die Spendierhosen an.

Kleidung konnte man zwar kaufen, doch im Land der unbegrenzten Möglichkeiten war es nicht möglich, eine Nähmaschine zu mieten. Und so stolperte ich zwei Wochen lang über Hosenränder, die ein paar Zentimeter zu lang waren.

Als Willkommensgeschenk am ersten Abend hatte sich Rademann für Hannelore Elsner und mich einen Helikopter-Flug einfallen lassen: über die Skyline von San Francisco, über das Meer, die Stadt und in die untergehende Sonne hinein über die Golden-Gate-Brücke hinweg.

Auch der zweite Abend hielt eine Überraschung bereit: Rademann lud mich ins Hotel ‚Fairmont' ein – ins Restaurant ‚Crown' in der obersten Etage mit einem unbeschreiblichen Blick über ganz San Francisco.

„Wat sachste nu?" fragte er mich strahlend und voller ‚Besitzerstolz': „Is det ne Aussicht?"

„Det is ne Aussicht!" berlinerte ich zurück. Und es stimmte – ich war überwältigt.

Im ‚Crown' feierte man übrigens gerade ‚Oktoberfest' – von den Laugenbrezeln bis zur Weißwurst war alles vorhanden, doch die Ähnlichkeit war nur optisch. Ganz so gut wie auf der ‚Wies'n' schmeckten die pseudo-bayerischen Schmankerln doch nicht.

Familientreffen in San Francisco: Ein paar Tage später lud ich meine Tochter Barbara und ihren Freund, Bert

Fortell, ins Fairmont ein und fühlte als Gastgeber denselben ‚Besitzerstolz' wie Rademann an ‚unserem' Abend. Leider mußten Bärbel und Bert ihren Besuch in San Francisco früher als geplant abbrechen – Bert erhielt einen Anruf aus Los Angeles. Ich hoffe, er hat die Rolle bekommen...

Brinkmann und Maria beim Sightseeing: Wir fuhren San Franciscos berühmte ‚Lombard' hinunter – eine enge, in Windungen nach unten führende Straße von vielleicht 150 Metern, umsäumt von wunderschönen alten Häusern und unglaublich vielen Blumen.

Die nächste Überraschung am Ende der Straße: eine Gruppe Touristen aus Deutschland, die uns umringte und sich Autogramme geben ließ, darunter auch eine junge Frau aus Schweden (wo die Serie seit ein paar Wochen mit großem Erfolg lief).

„Mein Gott, da muß man nach San Francisco fahren, um Professor Brinkmann mal live zu sehen!" hörte ich immer wieder...

Laut *Bild* umwehte Hannelore Elsner und mich ein „Hauch von ‚Dallas' und den ‚Straßen von San Francisco'", als wir in einem offenen weißen Cadillac händchenhaltend durch die Straßen der Stadt und durchs Chinesenviertel fuhren.

Von San Francisco nach Las Vegas, ich kannte es seit ‚Die Tote von Beverly Hills': Ein Ort in der Wüste in einem flachen Tal, umgeben von Bergen, und nur auf eines fixiert: das Glücksspiel. Schon bei der Ankunft am Flughafen fällt man buchstäblich über Spielautomaten, von Lokalen und Hotels gar nicht zu reden. Eine Versuchung, die mich nicht lockt, wenn es auch faszinierend ist, Tausende von Menschen zu beobachten, die hier Abend für Abend spielend ihr Geld verdienen.

Unser Hotel: das größte der Welt, das ‚Hilton', ein entsetzlicher Kasten mit 6000 Zimmern. Ein Wunderwerk der Technik, das ohne Computer und Elektronik nicht vorstellbar wäre. Und weiter im Drehbuch, auf die Coyote-Ranch: eine Schauranch, die man mieten kann, auf der Partys gegeben und Feste gefeiert werden. Bis zu 3000 Menschen kommen manchmal, um Rodeos und Cowboyspielen zuzusehen und einen Hauch vom Duft des legendären Wilden Westens zu schnuppern. Eine Filmszenerie mit Cowboys, Stieren, Kühen, Hüte-Hunden, Corrals und Koppeln.

Hier drehten wir eine der Szenen unserer Reise – mit dem ganzen Team, vielen Statisten und einem, der nicht zum Team gehörte. Doch das wußten wir zu dem Zeitpunkt noch nicht. Die *Bild*-Zeitung hatte nämlich einen Reporter beauftragt, uns unauffällig zu folgen. Und es gelang ihm tatsächlich, sich als Statist anheuern und neben mir fotografieren zu lassen – und der *Bild*-Zeitung trotz der von Rademann verhängten Fotosperre eine Geschichte und erste (unerlaubte) Fotos von den Dreharbeiten zu liefern.

Unter dem Titel ‚Schwarzwaldklinik im Wilden Westen: Ich saß mit Wussow am Lagerfeuer‘, schrieb Helmut Voss, *Bild*-Korrespondent in San Francisco. ‚Staub umwirbelt mich. Die Sonne brennt. Ich trage Bart, ein kurzes Hemd, keinen Hut, hänge über der rotgestrichenen Umzäunung einer Viehkoppel auf der Coyote-Ranch südlich von San José, feuere Cowboys an, die schwarze Kälber an mir vorbeitreiben. Ich schreie: ‚Move them out!‘ Die Kamera läuft.

Neben mir steht ‚Professor Brinkmann‘ Klausjürgen Wussow – braungebrannt, mit Sonnenbrille, in Jeans und blauem Hemd – und blickt immer wieder verliebt zu Hannelore Elsner hoch. Sie sitzt in einem weißen mexikanischen Kleid mit eleganten, grauen Cowboystiefeln und breitem, silberbeschlagenem Gürtel auf dem Zaun, jubelt wie ich den Cowboys zu . . .

Die amerikanische Folge der ‚Schwarzwaldklinik‘ wird gedreht. Große Geheimhaltung, Produzent Rademann überwacht alles, mustert mich. Ich bin als ‚Komparse‘ dabei, mehrere Stunden lang. Der Schauplatz: eine abgelegene Ranch, ein weißes Herrenhaus mit grünem Dach, Palmen, immergrüne kalifornische Eichen.

Wussow/Brinkmann und TV-Freundin Elsner rollen in einem Cadillac über die Auffahrt, werden von Cowboys auf Pferden begrüßt. Später reiten beide zusammen aus, sehen sich ein Rodeo an. Abends dann eine große Szene am Lagerfeuer.

Wir Komparsen werden vom Regisseur per Sprechfunkgerät ermuntert: ‚Ich will ordentlich Begeisterung sehen!‘

Zum Mittagessen im Freien gibt's grünen Salat, Chili,

Huhn vom Grill, Kartoffelsalat. Country-Sänger Jim Dawson, ein langmähniger Musiker aus New York, sagt zu mir: ‚Ich singe ein Lied, das anschließend in Deutschland als Single herauskommen soll.'

Wahrscheinlich ein Erfolg – wie die ‚Schwarzwaldklinik'.

Soviel zum *Bild*-Spion, über dessen Streich Rademann gar nicht so recht lachen konnte. Vorbei war es mit der schönen Geheimhaltung...

Gemeinsam gelacht haben Wolfgang und ich über einen Farmer aus der Nähe, der an den Cowboyspielen teilnahm.

Unsere Faszination bemerkend, fragte er: „Gibt es bei euch in Deutschland denn keine Kühe?"

„Doch, natürlich", sagten Rademann und ich wie aus einem Mund.

„Aber dann muß es ja auch Cowboys geben", meinte er kopfschüttelnd.

Rademann und ich sahen uns ungläubig an – gelacht haben wir dann später. Soviel Ignoranz ist typisch für Amerikaner, dachte ich, die von Deutschland so gar keine Ahnung haben und für die das Hofbräuhaus in Berlin gleich hinter den bayerischen Alpen liegt. Amerikaner, denen es egal war, ob die obere oder untere Neiße als Grenzlinie zwischen Polen und Deutschland markiert wurde, Amerikaner, die so sehr von der Idee besessen sind, Amerikaner zu sein, daß sie die Welt um sich herum kaum zur Kenntnis nehmen. Was übrigens auch für ausländische, insbesondere deutsche Schauspieler gilt – vielleicht setzt die ‚Schwarzwaldklinik' auch hier ein Zeichen?

Weiter im Text, bzw. im Drehbuch. Wohin wurde ich wohl mit einer schönen jungen Frau fahren, verliebt und in Abenteuerstimmung? Richtig – zum Grand Canyon. Und genau das tut Brinkmann in der zweiten Folge der Serie mit Maria auch. Spät in der Nacht kamen wir nach einer sechsstündigen Busfahrt an, unser Ziel: ein ruhiges Hotel.

Von der Ruhe hatten wir allerdings relativ wenig. Morgens um 5.30 Uhr war (für uns) die Nacht zu Ende, begann der Drehtag: Tögel wollte das um diese Zeit günstige Licht nutzen. Ein Begeisterungsschrei ging durch den Bus, als wir am ersten Morgen zum Drehort fuhren.

Der Grand Canyon: ein bizarres Gebilde aus schroffen Felsen und steilen Hügeln, unwirklichen roten Farbkompositionen und verrückten Lichteffekten.

Ganz klein fühlt man sich vor diesem Wunder der Natur, das vor etwa zehn Millionen Jahren begann und als eines der besten Beispiele der Flußerosion gilt. Regen, gefrierendes Wasser und die Sprengkraft von Pflanzen haben den Canyon im Lauf der Jahre randwärts eingeschnitten und die vielen Seitencanyons mit Klippen, Felsschroffen und Tempeln ausgestaltet. Der Grand Canyon hat heute eine Breite von 6,4 und 28,8 km, eine Tiefe von 1,6 km und eine Länge von 868 km (wenn man dem Prospekt glauben darf).

Angesichts dieses amerikanischen Wahrzeichens schien mir so manches meiner großen Probleme plötzlich sehr unwichtig... Wieder in Las Vegas, sahen wir uns im Frontier-Hotel die Magie-Show von Siegfried und Roy an. Das Perfekteste, was ich je gesehen habe, eine Vorstellung mit Magie und Zauberei, die die beiden Profis, die Könige aller Zauberer und wohl die besten Illusionisten der Welt, zweimal allabendlich seit sechs Jahren vor 2000 Zuschauern geben. So lassen sie in Sekunden einen Elefanten verschwinden, feuern einen Leoparden aus einer Kanone und hängen sich selbst vor aller Augen an den Galgen, um Augenblicke später an einer anderen Stelle des Theaters wieder aufzutauchen.

Privat leben die beiden Deutschen, die jedes Jahr außer Spesen rund zehn Millionen Dollar Gage kassieren, mit 18 Raubkatzen, Pferden, Dänischen Doggen und Hunderten von exotischen Vögeln in einer Traumvilla in Nevada und züchten weiße Tiger – mit viel Erfolg.

Für die äußerst seltenen Katzen ließen Siegfried und Roy fünf Swimmingpools und eine Felsenlandschaft mit klimatisierten Höhlen bauen, an denen die Tiger ganz offensichtlich Gefallen fanden: Zenza Sitarra brachte schon vier Babys auf die Welt. Eine zoologische Sensation, denn auf der ganzen Welt gibt es nur noch drei lebende Schneetigerdamen.

Eines von vielen amerikanischen Erlebnissen. Und immer dabei: Wolfgang Rademann, der endlich einmal so richtig Zeit für seine Schützlinge hatte. Ob in Hamburg oder Hinterzarten – wenn Wolfgang am Drehort ist, wird ihm mit schöner Regelmäßigkeit von irgendwoher ein Telefon nachgetragen, reisen Schauspieler und Redakteure zu Besprechungen an, hat er nie mal nur eine Viertelstunde Zeit für uns Schauspieler, die wir doch so viele Streicheleinheiten brauchen.

Und gelegentlich einen Rat – auch dann, wenn wir diesen Rat nicht annehmen. Denn es ist bekanntlich viel schwerer, einen Rat zu befolgen, als ihn zu geben. Oktober 86 – ich war ganz froh, daß ich in Amerika war, während zu Hause die Trennung von meiner Agentur lief, eine Trennung, zu der auch Wolfgang Rademann mir schon seit Monaten geraten hatte. Reumütig gestand ich ihm während des Fluges, *wie* recht er behalten hatte.

„Da sieht man wieder, zu welcher Dusseligkeit ihr Schauspieler fähig seid", war sein Kommentar.

Reine Ironie, wo ich Mitleid erwartet hatte. Aber wer den Schaden hat, spottet eben jeder Beschreibung, und Schadenfreude ist bekanntlich die schönste Freude...

Erste Bilanz:
Was hat die Serie aus uns gemacht?

Mitte Oktober waren wir wieder in Deutschland, Ende des Monats begannen die Innenaufnahmen für die dritte Staffel im Studio Hamburg.

Tage, von denen ich mich ein bißchen gefürchtet hatte, die ich dann aber doch, wie immer, ganz gut überstand: eine Chefarztzimmerszene folgte der anderen, es hieß: lernen, lernen, lernen.

„Ich drehe am liebsten zwei Wochen im Monat und krame den Rest der Zeit zu Hause herum", verriet mir Jochen Schröder, unser ‚Pfleger Mischa'.

„So wie du jeden Tag zehn Stunden drehen, abends ins Hotel, Text lernen für den nächsten Tag, ohne Zeit zu haben, mal essen oder ins Kino zu gehen – für mich wär' das nichts. Da wird man ja zur Lernmaschine!"

Unser Mischa ist aus der ‚Schwarzwaldklinik' kaum wegzudenken – und ich hoffe sehr, daß unser Autor auch in Zukunft nicht auf ihn verzichten wird. Jochen Schröder will den Mischa jedenfalls spielen, „solange die Rolle lustig bleibt". – Will er vielleicht auch mal Arzt werden, so, wie Christa von der Krankenschwester zur Ärztin befördert wurde?

„Um Gottes willen!" winkt er ab. „Das wäre dann doch zu platt. Da spiele ich lieber weiter den alternden Pfleger..."

Auch ich werde, entgegen allen Gerüchten, nicht so schnell meinen weißen Kittel an den Nagel hängen – zuviel bedeutet mir die Serie, zuviel hat sich durch sie geändert in meinem Leben.

Die ‚Schwarzwaldklinik' hat mir in mancher Hinsicht die Augen geöffnet und neue Wege gezeigt. Sie hat mich Freundschaften gekostet und mir andere gebracht, Beziehungen, die mir heute wichtig, Menschen, die mir nah sind.

Die vielen anderen, die zum Drehort kommen, schreiben, anrufen, Rat und Hilfe suchen –, ich empfinde meine Rolle und ihren Erfolg auch als Verantwortung. Eine Verantwortung, die mir Freude macht – mich manchmal allerdings auch belastet.

Denn obwohl ich nun einmal Wussow bin und nicht Brinkmann, leider, wie ich oft denke, obwohl ich diese Kunstfigur des Arztes nur spiele, wie ich sie mir vorstelle, findet bei den Menschen und in den Medien oft eine Identifikation statt zwischen mir und Professor Brinkmann.

Natürlich gibt es Parallelen. Brinkmann verkörpert Zeit und Zuwendung, Sympathie, Interesse und Hilfsbereitschaft. Tugenden, um die ich mich immer bemüht habe –, was leider nur selten (an-)erkannt wurde.

Und so bin ich heute um so glücklicher über die Anerkennung von so vielen Menschen, die mich via Bildschirm so sehen, wie ich im Leben gerne gewesen wäre (und auch versucht habe zu sein).

Deshalb und trotz allem: Identitätsprobleme? Keine Spur. „Das Leben ist doch ganz anders als die Rollen, die man spielt", sagte ‚Monaco-Franze' Helmut Fischer im Sommer 1986 während einer Talkshow zum Thema „Werden die Serien-Stars vermarktet?"

Das stimmt – zum Teil. Fischer hat da schon leidvolle Erfahrungen gesammelt. Ihn wollte man möglichst auch privat lachend, lustig und charmant erleben.

„Wenn man dann dasitzt und ernst schaut – das wollen

die Leute überhaupt nicht", weiß er. „Das ist wahnsinnig mühsam, und dann wird man immer trauriger, bis man zum Schluß wie gelähmt dasitzt."

Fischer fühlt sich, anders als ich (meistens), von seiner Rolle eingeengt. „Man wird plötzlich nicht mehr wie ein normaler Mensch behandelt, die Leute sind verkrampft, nehmen eine ganz bestimmte Haltung ein. Die Kommunikationsebene wird total verschoben."

Ein nachdenklicher, introvertierter Mensch wie Helmut Fischer, von dem die Leute dienstgradmäßige Heiterkeit erwarten, tut sich schwer. Ich habe es da etwas leichter – die Rolle des Arztes entspricht eben auch meinem privaten Wesen sehr. Doch auch mir wird es manchmal zuviel, die Verantwortung zu groß, die Bürde zu schwer, wenn die Zahl der Bitten, Briefe und Anrufe meine Möglichkeiten übersteigt. Wenn meine Rolle so mit meinem privaten Leben gleichgesetzt wird, daß kein Raum mehr bleibt für ‚eigenes'.

„Das ist aber auch dein großer Erfolg", versuchte Regisseur Hans-Jürgen Tögel mich zu trösten, „daß du mit uns sprichst, dich umdrehst, vor die Kamera trittst und übergangslos weiterredest. Wenn du in einer Szene etwas Privates sagen würdest, würde es kein Mensch merken. So bist du eben."

Wirklich?

Natürlich bin ich glücklich über den Erfolg, aber so ein ganz kleines bißchen Privatsphäre – das wär' schon schön, manchmal wenigstens.

„Das Fernsehen kann mir das Theater nicht ersetzen", nennt Gaby Dohm ein anderes Manko, das die Serien-Arbeit für sie hat. Und auch mit den kommerziellen Randerscheinungen mag sie sich nicht abfinden.

Natürlich ist auch für mich Theater nicht ersetzbar. Nur, wo soll, wo kann man heute noch Theater spielen?

„Ich will gute Rollen spielen und hoffe, daß ich es auch nach der ‚Schwarzwaldklinik' wieder tue", sagte Gaby Dohm in der BR-Talkshow zu Helmut Fischer.

Ich wünsche Gaby noch viele gute Rollen – und natürlich denkt ein jüngerer Mensch anders als jemand, der schon so viele Höhen und Tiefen durchlebt, so viele Erfolge und Niederlagen erlebt hat wie ich, Erlebnisse, die Wertigkeiten verändern und neue Prioritäten setzen.

Denn ich will mehr, will alle Chancen nutzen, die sich mir bieten. Das Theater bedeutet für mich nach rund 100 Rollen nicht mehr die Bretter, die die Welt bedeuten, es ist, bei aller Unersetzbarkeit, nur noch ein Aspekt meines künstlerischen Lebens. Und ein anderer, zur Zeit wichtigerer ist eben für mich die ‚Schwarzwaldklinik' – im Augenblick jedenfalls.

Mir bedeutet die Serie sehr viel, ich empfinde meine Rolle in der ‚Schwarzwaldklinik' durchaus als eine gute Rolle. Und ich nehme an, mit allen Konsequenzen.

Sascha Hehn sieht das auch so. „Ich hoffe, daß man immer wieder von neuem gefordert wird", sagte er in einem Fernsehinterview anläßlich unseres ersten Drehtages. „Für den großen Erfolg sollte man sich beim Publikum bedanken – für das wir ja auch da sind als Schauspieler. Wenn man sich einmal für den Kommerz entschieden hat, ist eine Familienserie sicher der beste Weg."

Und wie ist es nun mit dem Kommerz, wie ist es mit der Vermarktung?

Wenn Vermarktung bedeutet, daß ich über meine Gedanken in Zusammenhang mit der Serie spreche und schreibe, daß ich – auch durch den Erfolg der Serie – die Möglichkeit habe, meinen anderen künstlerischen Neigungen mehr nachzugehen, Platten aufzunehmen und Märchen zu erzählen – nun, dann lasse ich mich gern ‚vermarkten'.

Wenn Vermarktung bedeutet, daß ich das öffentliche Interesse für die Serie und für mich – auch – dazu nutzen kann, etwas für die Kinder in der Dritten Welt und die Krebskranken in Deutschland zu tun – dann vermarkte ich mich gern selbst. Wenn denn Vermarktung auch bedeutet, daß mir ein attraktives Werbe-Angebot ins Haus flattert, ein Angebot, das ich akzeptiere, weil es mir eine gewisse finanzielle Sicherheit ermöglicht – nun, dann bin ich froh, daß wir in einem kommerziellen, leistungsorientiertem System leben. Von mir aus könnte es, nach amerikanischem Vorbild, noch viel kommerzieller und leistungsorientierter sein.

Denn wenn Vermarktung bedeutet, daß ich nach vielen Jahren harter Arbeit die Hoffnung haben kann, eines Tages nicht mehr ganz so viel und so hart arbeiten zu müssen – dann lehne ich mich gern zurück und trinke eine Tasse Kaffee, eine Tasse Kaffee Hag, um genau zu sein.

Natürlich muß das Produkt ‚stimmen‘, wenn man sich als Schauspieler entschließt, Werbung zu machen. Natürlich darf Professor Brinkmann weder für Zigaretten noch für Alkohol Reklame machen. Auch der Wussow würde das nie tun – schlimm genug, wenn ich mir privat weder das Rauchen noch das abendliche Glas Wein abgewöhnen kann.

Ein Glücksfall, wenn das Produkt wirklich stimmt, ein Glücksfall: mein Fall. Denn so dicht gesät sind die attraktiven Werbeangebote wahrlich nicht in unserem Land. Und wie und wo sollte ein Schauspieler sich sonst etwas ‚dazuverdienen‘, wenn er das ganze Jahr vor der Kamera einer Serienproduktion steht?

Wolfgang Rademann faßte es in einem Interview zusammen. „Star in Deutschland bedeutet im Gegensatz zum Ausland vor allem, daß du nicht mehr Geld verdienst als andere. Klausjürgen Wussow ist ein Star, weil er populär ist. Aber er kann das finanziell außerhalb der Werbung nicht umsetzen, weil wir nur eine mäßige Spielfilm-Industrie und kein kommerzielles Fernsehen haben."

Eben – und wer möchte nicht gern mehr Geld verdienen?

„Ich wollte nie Werbung machen – Kaffee Hag hat mich überzeugt", begründete ich öffentlich in Fernsehspots meine Abkehr von der Ablehnung, Werbung zu machen. Ehrlich gesagt: noch nie zuvor hatte mir so ein attraktives Angebot vorgelegen.

Natürlich verunsicherte mich der Rat von Kollegen, dieses Angebot abzusagen. Natürlich hatte ich Angst vor dem Sendetermin des ersten Spots, als ich alle Warnungen in den Wind geschlagen, zugesagt und gedreht hatte. Natürlich zuckte ich zusammen, als ich die erste große, ganzseitige Anzeige in den deutschen Tageszeitungen sah. Und natürlich reagierte ich heftig, als in einem Lokal am Nebentisch jemand provozierend laut sagte, er verabscheue Kaffee Hag.

Doch ich gewöhnte mich daran – sowohl an den Neid mancher Kollegen als auch an die Anspielungen mancher Menschen.

„In der Schwarzwaldklinik haben Sir mir ja ganz gut gefallen", schrieb eine Unbekannte aus Berlin. „Aber nach diesem Werbespot im Fernsehen bin ich voll auf Sie abgefahren..."

Nun, ich fuhr auch ab – nicht auf sie, sondern nach Braunlage, zu einer Präsentation der Kaffee-Hag-Werbespots am 11. September 1986. Und eine Rede hielt ich vor den Gästen auch noch – man kann halt noch viel mehr, als man denkt...

„Es ist für mich merkwürdig", begann ich. „Schauspieler sprechen normalerweise gelernte Texte. Ich stehe jetzt hier und soll eigene Texte formulieren und von mir erzählen. Ein Unterfangen – aber ich werd's versuchen. Ich komme heute nicht im weißen Mantel, ich komme auch nicht mit Skalpell, obwohl ich durchaus zum Messer greife, wenn's sein muß..."

Kaffee Hag – ein Produkt, zu dem ich stehen konnte. Wenn ich auch froh bin, nicht in Kaffeebohnen entlohnt worden zu sein...

Ob Star oder nicht – die sogenannte Vermarktung hat viele Aspekte.

In Amerika ist die Vermarktung der Schauspieler normal, legitim – und ein wichtiger Bestandteil des Produktionsetats. Kein Star, der nicht von einer der großen Modefirmen eingekleidet wird, kostenlos natürlich. Was den Firmen diese Werbung wert ist, sieht man den glanzvollen Roben von Krystle und Alexis, dem noblen Outfit der Carrington-Herren und der Ewings an.

Und was tun wir, wenn wir für eine Rolle oder eine Szene besonders schick, extravagant, elegant, teuer aussehen wollen? Wir laufen los und kleiden uns neu ein – auf eigene Kosten. Ein bißchen mehr ‚Vermarktung' wäre vielen von uns Schauspielern schon ganz recht – gönnen und wünschen würde ich sie jedem von uns.

Doch hier übt sich unsere Industrie im deutschen Fernsehen noch in vornehmer Zurückhaltung (während sinnigerweise Mercedes aufs heftigste bei ‚Dallas' und ‚Denver' investiert). Werbung? Soll, darf ein Schauspieler Werbung machen? „Mit einer großen Werbung ist man für zwei Jahre erledigt", meinte Gaby Dohm in der TV-Sendung. Warum denn?

Erledigt – für wen? Ist nicht alles Werbung, um Kunden zu locken? Nimmt das Publikum Werbung übel – oder nicht eher die Kollegen, die keine attraktiven Angebote bekommen? Ist nicht die ‚Schwarzwaldklinik' Werbung – für das ZDF, um die Zuschauer bei der Stange zu halten?

Immerhin – die ‚Schwarzwaldklinik' hat erstmals in Deutschland erreicht, daß über Werbung und Vermarktung, über Product Placement (auch Schleichwerbung genannt) und Beteiligung der Schauspieler an internationalen Verkäufen laut nachgedacht wird.

Der Erfolg dieser Serie hat viel verändert in der deutschen Medienlandschaft.

„Es wächst das Hirn nicht mit der Popularität", sagte Hans-Joachim Kulenkampff irgendwo. Recht hat er, und es stellt sich die Frage: Wächst überhaupt etwas mit der Popularität? Und wenn ja, was?

Zum Wachsen bin ich wohl zu alt. Aber habe ich mich verändert? Ich glaube nicht.

Ich genieße nur heute die schönen Momente intensiver, lebe sehr viel bewußter. Und ziehe mich ein bißchen mehr von gewissen Menschen zurück – um für andere um so mehr dasein zu können.

Und um vielleicht auch selbst endlich ein bißchen glücklicher sein zu können. Den Bestseller von Paul Watzlawick ‚Anleitung zum Unglücklichsein' hatte ich bis zum Herbst 1986 nie gelesen. Wozu brauchte ausgerechnet ich, der ich so oft und so gerne glücklich war, dafür eine Anleitung? Wie oft habe ich mit Tevje aus ‚Anatevka' gefragt: „Lieber Gott, ich seh' ja ein, daß es nicht gut ist, wenn man es allzu leicht hat. Aber mußtest du es einem gleich sooo schwer machen?"

Pessimismus ade, dachte ich im Herbst 1986 – und während unserer Amerika-Reise las ich ihn, den Watzlawick, und auch gleich den nächsten. Einer der Helden in seinem neuen Bestseller ‚Vom Schlechten des Bösen' heißt Ide Olog, der sich eines Tages schmerzhaft der Zweiteilung der Welt in gut und böse bewußt wird. ‚Der wesentliche Unterschied zwischen ihm und unser aller Urvater', schreibt Watzlawick, ‚war aber der, daß – soweit wir es wissen – Adam sich irgendwie mit der neuen Lage abfand, der junge Olog aber vor allem darüber empört war, daß die Umwelt plötzlich ihren selbstverständlichen Verpflichtungen ihm gegenüber nicht mehr nachkam. Die Welt war aus den Fugen – im Gegensatz zu Hamlet aber gefiel es ihm zu denken, daß er geboren war, sie wieder einzurenken... Olog war ein reiner Tor; er wollte das Gute und das Glück, und er wollte es für alle – auch für die, die es noch nicht begriffen hatten.'

Jaja, da erkenne ich schon Ähnlichkeiten.

Auch ich denke oft, zu oft, ich könne die Welt verändern, zum Guten – oder zu dem, was ich dafür halte. Und sicher werde ich immer wieder übertreiben in meinem Wunsch, andere glücklich zu machen. Wer bin ich eigentlich? Der liebe Gott? Mein Kollege, ‚Tatort'-Gehilfe Eberhard Feik, jedenfalls sieht mich so...

Da erzählt er doch tatsächlich in einem *Stern*-Interview von einer Begegnung mit mir bei den Dreharbeiten zur ‚Schwarzwaldklinik': „Also, wir sind mitten in den Proben, da fährt so 'ne dicke Limousine mitten ins Bild, obwohl wir da ja proben. Alles hört auf zu arbeiten, und *er* steigt langsam aus, nimmt die Sonnenbrille ab, grüßt majestätisch, setzt die Sonnenbrille langsam wieder auf und fährt weg. Ich dachte, Gottvater persönlich erscheint. Ich weiß, der Kollege wird mich dafür hassen, aber der Auftritt war wirklich ein Witz." Entschuldigung, Hans-Jürgen Tögel, falls es so war – vielleicht hatte ich meine Disposition nicht richtig gelesen, war irrtümlich am Drehort erschienen und hatte mich durchaus nicht fehl, sondern richtig am Platz gefühlt. Und ebenso sicher hatte ich zwar meine Sonnenbrille auf, aber meine Kontaktlinsen nicht drin...

Von Haß kann keine Rede sein – ich verehre Sie, Herr Feik. Sie waren so selbstverständlich, so natürlich bei unserem kleinen Gespräch.

Ich hatte mich ihm nämlich vorgestellt an jenem Tag und ihm gesagt, wie sehr ich mich freute, ihn bei uns zu sehen – in der ‚Schwarzwaldklinik'...

Aber vielleicht bereut der ‚Tatort'-Kommissar seine Rolle in der ‚Schwarzwaldklinik' ja auch inzwischen?

Andere – wenige – wollen gar nicht erst mitspielen.

„Grönemeyer demnächst auch auf dem ‚Traumschiff' oder in der ‚Schwarzwaldklinik'?" – diese Frage stellte der Kölner *Express* dem Schauspieler und Liedermacher in einem Interview, das am 28. 12. 86 veröffentlicht wurde. Grönemeyer winkte ab.

„So ein Schrott, die reinste Volksverblödung. Ich habe unheimliche Angst, daß die geistige Verblödung in Deutschland immer mehr zunimmt."

„Du hattest wohl noch kein Angebot?" wollte der *Express* daraufhin wissen.

„Klar hatte ich Angebote. Die aus der rechten Unterhaltungsecke arbeiten doch immer mit derselben Masche. Die wollen immer einen von uns sogenannten Linken kaufen. Die sind zäh wie der Wolfgang Rademann. Dem hatte ich beim Traumschiff schon abgesagt. 30 000 bis 40 000 DM für nur vier Drehtage plus 14 Tage Kreuzfahrt. Auch für eine zweite Person gratis. Bei der Schwarzwaldklinik kam der wieder mit so einer Assistenzrolle auf mich zu."

Über diese Äußerung kann ‚Traumschiff'- und ‚Schwarzwaldklinik'-Produzent Wolfgang Rademann nur herzlich lachen.

„Schauspieler verwechseln leicht Traum und Wirklichkeit", sagt er aus Erfahrung. „Ich lese öfter, wer angeblich von mir für ‚Traumschiff' oder ‚Schwarzwaldklinik' ein Rollenangebot bekam. In ‚Traumschiff'-Startzeiten vor etlichen Jahren habe ich tatsächlich mal bei Grönemeyers Agentur auf Wunsch eines Regisseurs nach Frei-Terminen fragen lassen. Er hat aber nie ein konkretes Rollen-Angebot bekommen noch hat es eine konkrete Gagen-Verhandlung gegeben."

Würde Rademann den Schauspieler denn heute engagieren? „Nein. Inzwischen hat Herbert Grönemeyer mit ‚Das Boot' und Plattenkarriere seinen Typ verändert und paßt in meine Sendungen wie die Faust aufs Auge. Was soll also der Quatsch, zu behaupten, er hätte von mir für die ‚Schwarzwaldklinik' ein Angebot erhalten? Da hat er höchstens von geträumt..."

Wie beurteilt Wolfgang Rademann Grönemeyers Form der Vergangenheitsbewältigung?

„Sicher spielt dabei die Eitelkeit der Schauspieler eine Rolle", sagt er. „Herbert Grönemeyer macht aber aus dieser verständlichen Schwäche ein Politikum. Mir ist es wurscht, ob er links oder rechts oder auch (was ich manchmal vermute) gar nichts ist..."

Was hat die Presse mit uns gemacht?

Geht einem Erfolg auf die Nerven? Wer das ernsthaft behauptet, der hat als Schauspieler wohl seinen Beruf verfehlt. Stolz bin ich und dankbar, was das Publikum betrifft. Mit der Presse sieht es da schon etwas anders aus, manchmal jedenfalls. Sie überrollte uns 1986 wie eine Lawine, Flucht war unmöglich. Selbst PR-Profi Wolfgang Rademann war verblüfft über die gewaltige Resonanz, die die ‚Klinik' von Anfang bis Ende und danach in der Presse hatte.

„Über 1000 Mark hat mich jeden Monat allein der Ausschnittdienst jekostet", stöhnte er. Er stöhnte nicht ungern – doch er war ja nicht das Objekt, würde es nie sein wollen. „Ick will nich aufpassen müssen, ob in der Öffentlichkeit meine Hose zu ist und mein Hemd gewaschen. Ick will nich, det man mich beobachtet, will mich nich darauf einstellen, det ick den Leuten jefallen muß. Det hängt damit zusammen, det ick selber viele Jahre Klatschreporter war und im Käse anderer Leute rumgewühlt hab'. Seitdem hab' ick den Horror, det man mit mir datselbe macht."

Nun, mit uns machte man es, in unserem ‚Käse' wühlte man gnadenlos herum, was auch Rademann nicht verhindern konnte. Wollte er es?

Zugegeben, der Presse hatte die ‚Schwarzwaldklinik' einen großen Teil ihres Erfolges zu verdanken – aber wir Schauspieler auch eine Menge Ärger.

„Erst baut man euch Jungs auf, und dann knüppelt man euch nieder", formulierte es *LUI*-Chefredakteur Heinz van Nouhuys etwas salopp während einer langen Diskussion im ‚Alten Simpl' in München.

Ich mochte es lange nicht glauben (wie so vieles andere), bis mich Fakten von der Wahrheit überzeugten.

Irgendwo habe ich vor kurzem gelesen: „Jeder Mensch braucht einen Journalisten als Freund, einen Schreiberling, seinen ganz persönlichen Draht zu den Medien. Ein Journalisten-Freund – das ist Macht!'

Das mag schon sein, doch die Umkehrung dieser Behauptung ist leider ebenso richtig. Ein Journalist als Feind bedeutet: Ohn-Macht. Ohnmacht gegenüber Verleumdungen, Spekulationen, Indiskretionen.

‚Ist der Ruf erst ruiniert, lebt es sich ganz ungeniert.' Diese Worte standen auf einer Karte, die mir eine ‚Verehrerin' mit einem Blumenstrauß ins Parkhotel ‚Adler' in Hinterzarten schickte. Ich war entsetzt über die Folge einer Skandalpresse, von der ich mich (sicher oft zu Unrecht) monatelang verfolgt fühlte.

‚Die Pressefreiheit', schrieb Journalist Rolf Norbert, ‚ist die Freiheit von 200 Rundfunk- und Fernsehleuten'. Schade, daß viele diese Freiheit so sehr mißbrauchen!

Schade, daß sich mein Verhältnis zur Presse gewandelt hat – wandeln mußte. Ich dachte immer, wir sitzen in einem Boot. Einige haben mich über Bord ins Eiswasser geworfen doch schließlich kann ich schwimmen, auch bei Temperaturen unter null Grad. Meine Kondition wird immer besser, doch die blauen Flecke auf der Seele – die blieben und bleiben. Was soll's: Erfahrungen sind dazu da, um verarbeitet zu werden. Und aus Erkenntnissen lernt man. Einige Vertreter der schreibenden Gilde waren und wurden mir Freunde – andere mußte und muß ich ertragen. Da werden Zitate aus dem Zusammenhang gerissen oder falsch wiedergegeben, da dient ein privates Gespräch als Legitimation dafür, ein ‚Interview' gemacht zu haben. Man schleicht sich mit angeblicher Freundschaft ins Vertrauen von Menschen, die allzu leicht vertrauen – einer Schlagzeile wegen. Man mißbraucht den guten Willen von dummen, gutgläubigen, naiven Trotteln – von Typen, wie ich einer bin. Und sicher bleiben werde.

Mein Kollege vom ‚Tatort', Götz George, ist da zwar nicht konsequenter, aber gnadenloser. „Journalisten lügen", sagt er. „Sie lügen selbst dann, wenn sie glauben, die Wahrheit zu sagen." George macht sich so rar wie möglich, ist kaum an die Strippe zu bekommen, läßt sich von seiner Agentur abschirmen.

Das wird – und will – mir nicht so recht gelingen. Denn noch gibt es sie, sind sie nicht ausgestorben: die netten, anständigen, fairen Journalisten, deren berufliche Neugier nicht zur geschäftemachenden Indiskretion wird, die genau zu differenzieren wissen zwischen ‚meldungsreifen' Neuigkeiten und vertraulichen Informationen. Und die sich für die Machenschaften ihrer ‚Kollegen' in Grund und Boden schämen, aber still sein müssen. Manche haben mir Mut gemacht, manche haben mich sogar beschützt – vor den eigenen Kollegen.

Andere habe ich zu verstehen gelernt.

Im Herbst 1985 lud mich die *Bild*-Zeitung in Hamburg zu einer Telefonaktion ein. Ich sagte zu unter einer Bedingung: neugierig wie ich bin und immer sein werde, wollte ich einmal in meinem Leben an einer Schaltkonferenz teilnehmen. Eine Besprechung, zu der sich alle Regional-Chefs und Ressortleiter der Zeitung in allen Städten Deutschlands auf einer Leitung um Lautsprecher und Mikrophone versammeln. Zweck der technischen Meisterleistung: die tägliche Themenkonferenz, bei der es vor allem um die Schlagzeile, um den ‚Aufmacher' des nächsten Tages geht.

Ein schweres Los: Redakteur einer Tageszeitung zu sein, einer, der jeden Tag seinen Aufmacher, seinen Skandal, sein Erfolgserlebnis seinem Chefredakteur gegenüber braucht. Und so, heftig nägelkauend, findet und erfindet.

„Die Gürtellinie ist eine fließende Grenze, die von Generation zu Generation neu definiert werden muß", sagte Jürgen von der Lippe in einer Fernsehsendung.

Meine Gürtellinie habe ich definiert, Interviews monatelang nicht mehr gegeben, Fotografen nicht mehr vorgelassen – was natürlich keinen daran hinderte, weiterzuschreiben und zu spekulieren. Doch ich habe gelernt und lerne weiter.

Und ich bemühe mich um Verständnis. Ich brachte es sogar auf, als mich – ich hatte mich zum Jahreswechsel 1986/87 in die Bretagne geflüchtet, an eine um diese Jahreszeit nahezu menschenleere, wunderschöne Küste Frankreichs – Hans-Hermann Tiedje, Stellvertretender Chefredakteur der *Bild*-Zeitung, im Urlaub aufstöberte.

„Stimmt es, daß das ZDF Sie feuern will?" wollte er am Telefon wissen, damals noch ganz ruhig – erst bei einem späteren Gespräch fiel er durch einen cholerischen Anfall auf. „Keine Ahnung", sagte ich wahrheitsgemäß. „Mit mir hat noch niemand gesprochen."

Gut, aber nur halb informiert hatte die *Bild* in Erfahrung gebracht, daß es Probleme gab – zwischen dem ZDF und der Firma Kaffee Hag, bei der ich unter Vertrag war und bin.

Probleme, die meine Anwälte und meinen Berater, mich

aber nur am Rande interessierten. Und im Urlaub schon gar nicht. Probleme, die friedlich gelöst wurden, ganz ohne meine Mithilfe, Probleme, die ganz sicher auch gelöst worden wären ohne die Schlagzeile: ‚Fliegt Wussow aus der Schwarzwaldklinik?'

Aber, wie gesagt: Ich bemühe mich um Verständnis.

Einer, der Freud und Leid des Ruhms zur Genüge kennt und sich vor vielen Jahren für lange Zeit aus dem Filmgeschäft zurückgezogen hat, ist O. W. Fischer.

Er war einer der ersten Aussteiger zu einer Zeit, als dieses Wort noch nicht in unseren Sprachgebrauch eingegangen war und lange bevor der deutsche Jungfilm begann, hauptberufliche Filmschauspieler arbeitslos zu machen.

Mit Glanz, Gloria und seiner Frau zog er sich ins Tessin zurück, um zu leben und zu philosophieren. Mit Freude konstatierte ich im Herbst 1985, daß er anläßlich der Veröffentlichung seines Buches seine Menschenscheu vergaß, begann, wieder Interviews zu geben, im Fernsehen auftrat und sogar öffentlich Interesse an einer Rolle in der ‚Schwarzwaldklinik' bekundete.

Gemeinsam mit O. W. Fischer vor der Kamera – ein Herzenswunsch von mir seit vielen Jahren. Konnte Wolfgang Rademann ihn erfüllen, diesen Wunsch?

„Weeß ick noch nich", sagte er im Frühjahr 1987. „Ick hab' nen janzen Aktenordner voll mit Briefen von Prominenten, die in die ‚Schwarzwaldklinik' wollen. Erst müssen wir mal die richtigen Rollen finden, prominent sein alleene jenügt nich, dann fällt det Ding auf die Nase."

O. W. Fischer – als sein letzter Film ‚Das Riesenrad' mit Maria Schell im Fernsehen wiederholt wurde, schrieb ich ihm und flehte ihn an, wieder auf die Bühne und vor die Kamera zurückzukehren. Meine Bitte nutzte zwar nicht viel, doch aus ihr entwickelte sich eine bis heute andauernde kleine Korrespondenz – mir wert und wichtig genug, sie auf allen Reisen mit mir zu führen.

„Achten Sie auf das Gelbe nicht so sehr", schrieb er mir vor kurzem. „Das Gelbe" – das ist die berühmt-berüchtigte Regenbogenpresse, Yellow-Press oder auch ‚Gelbe Presse' genannt. Curd Jürgens hatte ein ungebrochenes Verhältnis zu ihr: „Solange ich meine Arbeit hundertprozentig mache, kann es mir wurscht sein, was die Leute über mich denken", hat er des öfteren gesagt. „Und auch, was sie schreiben; Hauptsache, sie schreiben meinen Namen richtig."

Eben. Doch auch ein dickes Fell und starke Nerven muß man sich erst aneignen.

„Du, wir gehen jetzt auf Zimmer 730 und schmeißen ihn aus dem Fenster", sagte Sascha Hehn, als sich ein besonders hartnäckiger Reporter im Hamburger Hotel ‚Intercontinental' einquartiert hatte.

„Was soll's?" fragte ich zurück. „Die Geschichte ist längst geschrieben, und zurück bliebe ein großer Fettfleck vor dem Haus, der uns viel Ärger machen würde."

Größe muß man zeigen, dachte ich – was mich nicht daran hinderte, eben diesem Reporter zwei Tage später in der Bar meine berühmte Reitpeitsche anzudrohen.

Es blieb natürlich bei der Drohung und der Mensch, der seit zwei Jahren hinter mir und meinem Privatleben herrecherchiert, mir auf der Spur.

Die Presse – ihre Methoden sind teilweise so skurril und so ausgefallen, daß das Publikum auf die Barrikaden geht, versucht einer wie der Regisseur Helmut Dietl, sie fürs Fernsehen zu inszenieren.

Bei der Ausstrahlung seines Sechsteiler Kir Royal teilte sich die Nation in zwei Hälften – in die *für* und in die *gegen* den Klatschreporter ‚Baby Schimmerlos', gespielt von Franz Xaver Kroetz.

‚Ein solches Geheul', schrieb die Filmkritikerin Ponkie in der *Abendzeitung* vom 29. 10. 86, ‚als sei Frau Professor Brinkmann persönlich auf dem offenen Bildschirm von einem bayerischen Landpfarrer vergewaltigt worden.'

Wir alle werden uns der Presse gegenüber mehr Toleranz angewöhnen müssen – auch Sascha Hehn, der sich jetzt anschickt, international Karriere zu machen. In einer amerikanischen Fernsehverfilmung der bewegten Lebensgeschichte der Millionärin Barbara Hutton (‚Poor little rich Girl') wird Sascha Hehn die Traumrolle des Tennisbarons Freiherrn Gottfried von Cramm (er stand 1935/36/37 in Wimbledon) und sechsten Ehemanns der Millionärin (im Film Farrah Fawcett) spielen. In den Jahren des durch Boris Becker eingeleiteten Tennis-Fiebers wird auch der unvergessene Tennis-Star der 50er Jahre, Gottfried von Cramm, wieder lebendig –, und ich bin sicher, daß Sascha die Rolle nicht nur seiner perfekten

Rückhand zu verdanken hat. Obwohl ich zugeben muß, daß er eisern trainiert und keine Schonung kennt, wenn es gilt, während kurzer Drehpausen schnell für ein Match auf den Tennisplatz zu entwischen...

Nein, wenn es um Professionalität und Durchhaltevermögen geht, ist Sascha eisern, und so heißt denn auch sein Motto in allen Lebenslagen: „Ich will nun mal kein Double!"

Filmpartnerin Farrah Fawcett, bekannt aus ‚Drei Engel für Charley', wird das sicher zu schätzen wissen.

Und ganz sicher wird Sascha, wenn der Film ein Erfolg wird, neue Angriffsfläche für neue Attacken bieten (wenn der Film kein Erfolg wird, sowieso).

Man sollte uns wenigstens die Chance lassen, unsere Unterhosen anzubehalten, möchte ich mit Alfred Biolek sagen, der kürzlich einen Herzenswunsch laut äußerte: „Uns will man nicht zugestehen, was man selbst einem Striptease-Girl zugesteht: Laßt uns, wenn wir uns schon ausziehen müssen, doch wenigstens einen kleinen Tanga!"

Rückblick: Wien und das Burgtheater

1. Juli 1986. Beginn der Dreharbeiten für die dritte Staffel der ‚Schwarzwaldklinik'; Abschied von Wien.

Am 28. Juni gab eine liebe Freundin ein Abschiedsfest für mich, in einer Villa im Burgenland. Natürlich ein Blödsinn, eine Stunde von Wien ins Burgenland zu fahren, nur um Abschied zu feiern – aber ein entzückender Blödsinn. Ärzte und Ärztinnen hatte Dorli eingeladen, um mich mit Kollegen zu konfrontieren, und natürlich wurde viel über die Serie gesprochen.

Ich mag es kaum sagen – die medizinischen Kommentare zur ‚Schwarzwaldklinik' waren überwiegend positiv.

Ein Professor aus Wien lobte sogar meine ‚Operationstechnik', andere die Zeit, die ich mir für meine ‚Patienten' nehme. Ob ich selbst in eine Klinik gehen würde?

Natürlich würde ich das – in die richtige Klinik und zum richtigen Arzt. Richtig, das heißt, die Basis der Behandlung muß ein Vertrauensverhältnis zwischen Patient und Arzt sein, eine Beziehung, die weit über Rezeptblock und Kassenschein hinausgeht.

‚Alle Menschen müssen Ärzte und alle Ärzte müssen Menschen sein', beschreibt Georg Groddeck in seinem Buch ‚die Natur heilt' den Idealzustand.

„Wir sind Opfer der Computer", sagten andere ‚Kollegen'. „Wir arbeiten mit der Technik, was richtig und wichtig ist. Aber eigentlich sollte sie den Ärzten mehr Zeit für ihre Patienten geben – und das tut sie nicht."

Wenn Ärzte *mir* sagen: „Wir möchten handeln können wie die Ärzte in der ‚Schwarzwaldklinik'". Wenn sie sagen: „Wir haben den Fehler gemacht, uns nicht mehr Zeit zu nehmen für die Patienten", dann ist das schon sehr merkwürdig.

Und dabei ist der Beruf des Arztes noch immer der erstrebteste in unserem Land – Mediziner genießen laut einer Umfrage mit 79 Punkten das höchste Ansehen (gefolgt von Pfarrern). Sicher auch ein Grund für den überwältigenden Erfolg der Klinik – und ihrer medizinischen Vorgänger im Kino, die vielen Schauspielern den großen Durchbruch ermöglichten. Von Ewald Balser über O. W. Fischer bis Curd Jürgens – alle Kollegen wollten irgendwann einmal einen ‚Halbgott in Weiß' spielen. Mein Arzt-Kollege aus der ‚Schwarzwaldklinik', Horst Naumann, als Internist Dr. Römer, ist gleich in zwei Serien als ‚Onkel Doktor' verpflichtet: Neben seinem Arztzimmer im Schwarzwald bewohnt er seit Jahren eine Kajüte des ‚Traumschiffs' als Schiffsarzt Dr. Schröder, eine Rolle, die in den neuen Folgen im Herbst 1986 erweitert wurde. Und Naumann nimmt seine Rolle auf hoher See ebenso ernst wie die am EKG der ‚Schwarzwaldklinik'.

Viel wurde geschrieben und spekuliert über die Dreharbeiten auf dem Wasser, viele Vermutungen, wer wann und wo mit wem was tat, wurden in Umlauf gesetzt. Das ‚Traumschiff' als Flirtstation? Über immer wiederkehrende Gerüchte kann Naumann nur lachen.

„Wenn wir wirklich pausenlos nur nachts statt tagsüber gearbeitet hätten, wäre wohl kaum eine so erfolgreiche Serie herausgekommen", argumentierte er dem *Gong* gegenüber. Naumann, mit dem ‚Traumschiff' und der ‚Schwarzwaldklinik' Rademanns ‚Arzt für alle Fälle', spielte schon in Anfangsjahren viele Arztrollen – die des Doktors Dalcoeur in ‚Der Blinde' und den ‚Arzt von St. Pauli' in einem Film mit Curd Jürgens. „Für einen fiesen Schurken bin ich den meisten Regisseuren wohl zu schön", vermutet der 61jährige ohne Bedauern und nennt auch gleich die nächste Rolle auf seiner Wunschliste: „Kinderarzt."

Der Arztberuf hat bis heute nichts von seiner Faszination verloren, auch und gerade in den Medien nicht. Verloren hat dagegen der Beruf des Schauspielers – sie sind, vom Kino im Stich gelassen, keine Stars mehr, keine Idole, sondern Eigentum des Fernsehpublikums, das schließlich seine Gebühren für uns bezahlt – ob es uns will oder nicht.

Heute sind die Ärzte (oder auch Heilpraktiker) die Stars und wissen, von Barnard über Köhnlechner bis Hackethal auf dem Klavier der Medien besser zu spielen als so mancher gelernte Schauspieler.

Medizinische Probleme im Fernsehen – eine ideale Verbindung von Unterhaltung und Information? Oder kriminelle Kommerzialisierung der Krankheit?

Klar, daß wir in unserer Serie nicht den realen Alltag einer Klinik beschreiben können. Insofern trifft uns der Vorwurf der Darstellung einer heilen Welt völlig zu recht, insofern müssen wir uns Kritik ebenso gefallen lassen wie Spott oder das „Jüngste Gerücht' des *Stern* Ende 1986: Professor Hackethal wird als Gast-Chirurg in der Schwarzwaldklinik seine Kritiker operieren..."

Wobei Wolfgang Rademann, auch zu recht, immer wieder betont: „Wir haben schließlich auch ernsthafte Fälle in unserer Klinik, Abtreibung und Kunstfehler, Sterbehilfe und Medikamentenmißbrauch..."

Pit, ein Freund von mir und Chefarzt einer Hamburger Klinik, machte sich gelegentlich lustig über die Dialoge zwischen seinen ‚Kollegen' im Fernsehen. Zum Beispiel über eine Szene in der zweiten Staffel, in der Dr. Schäfer (Karl-Walter Diess) Professor Brinkmann seine Kündigung überreicht, Begründung: Rheuma.

„Sicher werden Sie ja jetzt nicht die Hände in den Schoß legen wollen", sagt Brinkmann (oder so ähnlich), „deshalb werde ich Sie in einer mir bekannten Universitätsklinik als Dozent vorschlagen."

Schäfer ist gerührt, alle sind glücklich – und die Sache klappt auch noch.

„Nicht zu fassen!" lacht Pit. „Wenn die wüßten, wie es an Universitätskliniken zugeht, wie ‚zu' die sind nach außen hin, wie einzig und allein innerhalb der Klinik Karriere gemacht wird und nie einer von draußen einen Lehrstuhl bekommt – wirklich zu komisch!"

An meinen fachlichen Qualitäten als Arzt hat er zum Glück weniger auszusetzen. Er kennt mich allerdings auch gut genug, um zu wissen, wie schlecht ich Kritik vertrage... Ein anderer Arzt übte Kritik, und leider völlig zu recht. Er hatte mein erstes Buch gelesen – und die Passage, in der es um eine Verletzung unseres Regisseurs Hans-Jürgen Tögel ging. Tögel war von einem Löwen gebissen, ins Krankenhaus gebracht und dort, seiner Ansicht nach, unsachgemäß behandelt worden.

Und zwar im Kreiskrankenhaus Freudenstadt, wie zu lesen war. ‚Hier wird aufs Schwerste die Leistungsfähigkeit einer Abteilung diffamiert und ins Lächerliche gezogen', schrieb Dr. Bombel, Leitender Arzt der Chirurgie. Dieser Vorgang hat sich überhaupt nicht bei uns abgespielt, er wäre auch vom Ablauf her bei uns völlig undenkbar. Sie haben damit die Arbeit einer Chirurgischen Abteilung in der Öffentlichkeit diffamiert, unsere Leistungsfähigkeit diskriminiert und haben uns als Ärzte schwer beleidigt.

Herr Dr. Bombel war völlig im Recht. Ein Übermittlungsfehler hatte sich eingeschlichen und aus ‚Neustadt' ‚Freudenstadt' gemacht...

Ich kann mich nur herzlich entschuldigen, Herr Dr. Bombel.

Wien, Oktober 1985 bis Juni 1986 – diese Zeit war, wenn ich nicht gerade in Sachen ‚Klinik' unterwegs war oder vor der Filmkamera stand, vom ‚Hamlet' geprägt.

Anfang Oktober begannen die Proben, am 21. Dezember feierte eines der schönsten Stücke der Weltliteratur Premiere. Der ‚Hamlet' – ein Traum für jeden Schauspieler, wenn er ihn nie gespielt hat.

Auch für mich. Früher war ich für die Hauptrolle zu jung, heute bin ich zu alt. Obwohl ich, was die Reife betrifft, allmählich soweit wäre...

Schon zu Anfang meiner Schauspielerlaufbahn, 1953 unter Lothar Müthel, spielte ich Hamlets Freund, den Horatio, neben Oscar Werner als Hamlet.

Oscar Werner: ein Engel. Sein Hamlet: eine Kindfigur, die sich überhaupt nicht mit meiner Vorstellung der Rolle deckte und mir, der ich den Hamlet immer viel schwerer und komplizierter gesehen hatte, eine völlig neue Sicht eröffnete. Eine wunderbare künstlerische Leistung. Ein Schauspieler, der uns noch viel zu sagen gehabt hätte und dem ich mich tief verbunden fühlte.

Oscar Werner war eine große Persönlichkeit – etwas ganz Besonderes, nicht nur auf der Bühne, sondern auch in seinen Filmen. Ob in ‚Entscheidung vor Morgengrauen‘, ob im ‚Narrenschiff‘ mit Simone Signoret oder in der Musiker-Erzählung ‚Zwischenspiel‘ – immer prägte er seine Rollen mit einer Genialität, wie sie nur wenigen Schauspielern geschenkt wurde.

Wie viele Freunde mußte auch ich den Tod Oscar Werners über Jahre hinweg miterleben, ohne helfen zu können.

Er trank, um sich zu betäuben, trank, weil er diese Welt nicht mehr ertragen konnte, trank, weil das Theater seinen Ansprüchen nicht genügte, nicht genügen konnte.

Er starb, konsequent wie immer, allein – fern von seinem Haus in Vaduz, fern von seinem geliebt-gehaßten Wien, fern von den wenigen Menschen, die er in den letzten Jahren noch um sich ertragen hatte.

Am Abend, als ich von seinem Tod hörte, setzte ich mich allein in mein Arbeitszimmer und schrieb ein Gedicht.

> Für ihn
> (Oscar Werner)
> Leben
> warst du
> Suche
> und Verzweiflung.
> Glaube
> warst du
> Unabdingbarkeit.
> Wahrheit
> warst du
> Sterbender seit Anbeginn.
> Fackel
> warst du
> Licht aus Ewigkeit.
> Warst
> Kind und Greis.

Warst
Engel
und Prophet.
Wer trägt
die Fackel
weiter?

Die letzte Ehre konnte ich ihm nicht erweisen, Vorstellungen hielten mich am Theater fest. Doch im April 1987 besuchte ich ihn, besuchte Oscars Grab auf einem kleinen Friedhof unterhalb seines Hauses in Treisen bei Vaduz, kein Ehrengrab, sondern eine bescheidene letzte Ruhestätte mit Blick auf sein geliebtes Rheintal.

Zwiesprache im April – sicher nicht die letzte.

Als Hamlet wird mir Oscar Werner immer unvergeßlich bleiben – und den Horatio hatte ich danach nie wieder spielen wollen. Doch entgegen aller Vorsätze schlüpfte ich 30 Jahre später, im Herbst 1986, wieder in diese Maske, neben Klaus Maria Brandauer als Hamlet. Brandauer hatte mich Anfang 1985 gebeten, den Horatio ‚für' ihn zu spielen. Schon wieder ‚nur' den Horatio? Ich lehnte ab. Doch Brandauer rief mich von Dreharbeiten in Moskau und Leningrad immer wieder an – so oft, bis ich schließlich zusagte.

Brandauer ist meiner Meinung nach heute der einzige Schauspieler, der den Hamlet ‚heutig', das heißt, zeitgemäß und wirklichkeitsnah, am Theater darstellen kann.

Darstellen könnte – mit einem guten Regisseur.

Die Proben mit Hollmann waren aus technischer Sicht hochinteressant, gaben mir aber außer der Optik nicht viel – auf der Bühne des Burgtheaters war als einzige Dekoration ein riesiger Rundhorizont, der Meer, Weite und Wellen zeigte. Und ein beweglicher Kubus als Teil des Bühnenbilds, das ansonsten nur aus Tischen, Stühlen und Versatzstücken bestand, ein Bühnenbild ständiger Umbauten und Veränderungen. Ganze Passagen des Stückes wurden nicht gespielt, weil ein riesiger technischer Apparat die Oberhand gewann: der Text blieb auf der Strecke, wurde ‚wegoperiert', wie der *Spiegel* schrieb. Meine einzige Rolle in diesem Jahr am Burgtheater – und ich war ganz zufrieden, daß es bei dieser einen blieb. Trotzdem: schön, daß der ‚Hamlet' überhaupt nach 25 Jahren wieder an der

Burg gespielt wurde, in vielen ausverkauften Vorstellungen.

Termine, die Brandauer und mich oft an die Grenze unserer physischen Kraft brachten. Ich mußte Dreharbeiten neunmal unterbrechen, flog nachmittags nach Wien, um morgens um neun wieder vor der Filmkamera in München, Hamburg oder Paris zu stehen. Brandauer stand im April in New York als Boxer für den Film ‚The Streets of Gold' vor der Kamera – und tat sich natürlich mit seinen ‚Burg'-Terminen noch sehr viel schwerer.

Dennoch – nach jeder Vorstellung nahmen wir uns die Zeit, noch ein Glas miteinander zu trinken.

Für mich eine Ausnahme – denn ich halte seit längerer Zeit Distanz zu Kollegen, sitze nach dem Theater lieber mit den Bühnenarbeitern und Requisiteuren zusammen als mit den anderen Schauspielern – wenn überhaupt (was in der ‚Schwarzwaldklinik' allerdings anders ist). Und zu Premierenfeiern gehe ich schon seit Jahren nicht mehr.

Man wird ein bißchen einsam mit den Jahren, ein bißchen seltsam, und, um ehrlich zu sein, ich mag uns nicht mehr so sehr.

Weil ich uns kenne. Wir sind zu ehrgeizig und doch zu naiv, zu berechnend und doch zu vertrauensselig, pfeifen auf Kritik und sind doch süchtig nach Bestätigung und Lob. Lob, das Kollegen selten zu geben bereit sind. Früher habe ich Kollegen zu Premieren kleine Geschenke gemacht. Seit ein paar Jahren lasse ich auch das.

Freundschaften mit Kollegen sind selten, noch schwieriger sind Partnerschaften unter Schauspielern.

„Nicht auszuhalten", sagt unser Mischa, Jochen Schröder, der seit acht Jahren mit einer Lehrerin zusammenlebt.

„Wir Schauspieler sind doch nur auf uns selbst bezogen, reden nur über uns und unseren interessanten Beruf – und brauchen einen normalen Partner, der uns ab und zu mal was auf die Mütze gibt. Ein Partner, der auch nur über sich selbst nachdenkt – das wird nichts."

Egozentrisch hatte Jochen auf mich nie gewirkt.

„Das dachte ich auch", sagte er. „Aber dann hat Helga mir anhand einer Aufstellung mal bewiesen, was so geredet wird, wenn wir Besuch haben. Es geht um Jochen und seinen Beruf, Jochen und seinen Beruf, Jochen und seinen

Beruf. Und Jochen ist vor Scham fast in den Erdboden versunken..."

Immerhin – wo ein Einsehen ist, ist auch ein Weg.

Einer, der viele Jahre – siebzehn, um genau zu sein – einen gemeinsamen Weg mit einer Kollegin gesucht und für lange Zeit auch gefunden hat, ist David Cameron. Der Engländer, der im Sommer 1987 zu unserem Team stieß, hatte Hildegard Knef zuliebe lange Zeit auf seinen Beruf als Schauspieler verzichtet, um sich ganz Hilde, ihrer Karriere, ihren Auftritten, Filmen und Platten zu widmen.

„Sonst wären wir keine drei Monate zusammengeblieben", meinte David, genannt „Tonio", eines Abends. „Denn es sind ja nicht nur die egozentrischen Phasen, die Schauspieler-Ehen zu schaffen machen, sondern auch die langen Trennungen und die vielen Versuchungen, denen man durch attraktive Partnerinnen oder Journalistinnen ständig ausgesetzt ist..."

David kam nur zu Stippvisiten in den Schwarzwald – zu sehr nahm ihn die Arbeit an seinem Buch, einer Autobiographie mit dem Titel „Auf die Füße gefallen", in Anspruch. 500 Seiten war sie lang im Juli 1987, sollte kürzer werden, David und der Verlag rangen um jede Zeile, kämpften um jedes Wort. Autoren unter sich. „Und du glaubst wirklich, daß unser Privatleben, unsere Gedanken die Leute interessieren, ja überhaupt etwas angehen?" fragte ich, unsicherer denn je, denn auch ich lag „in den letzten Zügen" mit den vorliegenden Zeilen.

„Das frage ich mich jeden Tag", sagte David. „Die Frage, ob mein Leben, ob die Äußerungen und Handlungen von Freunden, Verwandten, Geliebten, Fremde etwas angehen oder ob ich da einen Verrat begehe, hat mich schon manch schlaflose Nacht gekostet. Aber so sehr ich den Publicity-Rummel um Hilde früher immer haßte, so ungern ich Interviews gebe – dieses Buch mußte ich einfach schreiben."

„Und ist es wirklich eine Abrechnung mit Hilde, eine Rache auf ihr letztes Buch ‚So nicht', in dem du nicht gerade gut wegkommst?" fragte ich.

„Im Gegenteil", erwiderte David. „Die 150 Seiten, die sich mit ihr befassen, sind eine Liebeserklärung an eine großartige Frau, die Erinnerung an eine große Liebe, die ein großer und wichtiger Bestandteil meines Lebens ist, den ich um keinen Preis der Welt missen möchte."

Dennoch – er ist Vergangenheit. So sehr wir uns immer wieder bemühten, David zu ein paar Urlaubstagen in Hinterzarten zu überreden – er nahm stets nach Drehschluß das nächste Flugzeug von Zürich aus nach Wien.

„Mit meiner jungen Frau und meinem einjährigen Sohn Christopher, der gerade Laufen lernt, kann auch der Schwarzwald nicht konkurrieren", winkte er lachend ab. David ist in vierter Ehe und nach einer schweren Krankheit wohl endlich glücklich geworden – mit Gerlinde, einer Krankenschwester. „Nie wieder eine Kollegin", hat er sich geschworen.

‚Schauspieler sind eitel, dumm, geil, versoffen und stets beleidigt', steht auf einem Schild über dem Stammtisch in Münchens Künstlerkneipe Alter Simpl. Ein bisserl was dran ist da schon ...

Nein, liebenswert sind wir wohl wirklich nicht (oder nur sehr selten). Dabei sind wir es eigentlich doch. Oft sind wir aber auch frustriert, und dafür gibt es einen Grund. Keine Entschuldigung, aber immer wieder ein Thema auch zwischen Brandauer und mir: Das Theater hat sich verändert, und nicht zum besten.

Auch andere, ältere wie Werner Hinz, Will Quadflieg oder Ernst Schröder sagten irgendwann: das ist nicht mehr unser Theater – und zogen sich zurück.

Werner Hinz – sein (trotz seines Alters) zu früher Tod hat mich sehr schockiert. Er war in Wien mein Philipp in ‚Don Carlos', ich sein Marquis Posa. Einer der menschlichsten Schauspieler auf der Bühne, die ich je kennengelernt, immer bewundert habe, seit dem Jahr 1946, als ich ihn in Berlin als Mephisto sah. Seine Fassung, seine Gestaltung der Rolle, seine ‚Spottgeburt aus Pech und Schwefel' (im Gegensatz zu Gründgens' ‚gefallenem Engel'), die mir beinahe unheimlich war in ihrer Aussagekraft. Auch privat war Hinz ein Mann von menschlicher Größe. Größe, die vielen von uns – leider – fehlt.

Will Quadflieg und Ernst Schröder leben noch – Schröder als ‚gelegentlicher' Olivenbauer in der Toscana mit einem eigenen kleinen Theater. Quadflieg, mein Vorbild in Sachen Sprache, Rhetorik und Atmung, wohnt in Hamburg, gibt Lesungen und macht Tourneen, um die Menschen zu erreichen.

Es gibt Pläne, Quadflieg wieder an ein Theater zu binden, an ein Theater in Hamburg, als Philipp in ‚Don Carlos'. Ich freue mich für ihn – und für uns, die wir ihn sehen und erleben werden.

Im Januar 1987 habe ich ihn nach langer Zeit wiedergetroffen. ‚Quadi' las im Studio nebenan den Steppenwolf, als ich in Hamburg für die Deutsche Grammophon und ihren Klassikspezialisten Bernd Plagemann zum 200jährigen Eichendorff-Jubiläum die Erzählung ‚Aus dem Leben eines Taugenichts' las. Dreieinhalb Stunden lang Prosa auf Platte – ich bin gespannt, ob dieses Werk, das im Sommer bei den Salzburger Festspielen präsentiert wurde, Käufer findet.

„Auch für mich ein Sprung ins Wasser", gab Plagemann anläßlich eines gemeinsamen Abendessens ein paar Wochen später zu. Mit ‚Quadi' und mir hatte er den Grundstein für das gelegt, was, wie er hofft, eine Serie werden wird: Klassische Literatur, gelesen von Schauspielern. Von großen Schauspielern, wie Quadflieg einer ist, Schauspielern, die sich rar machen auf der Bühne.

Und nicht nur sie – auch wir Jungen, die wir uns jetzt den 60 nähern, distanzieren uns vom heutigen modernen Theater, obwohl wir noch die Kraft hätten, es zu spielen – mit der Reife und dem Wissen unserer Generation.

Doch wenn ein (auch nicht mehr so junger) Regisseur wie Bernhard Sinkel sagt, er habe keine Achtung vor den Vätern, liegt der Verdacht nahe: die Jungen wollen die Väter in den Schatten stellen – durch Mord. Was in diesem Fall gleichzusetzen ist mit Ignoranz, Intoleranz und Arroganz. Denn neu aufbauen kann man nur auf einem Boden, auf Gewachsenem und Gewesenem – auf der Vergangenheit.

‚Was du ererbt von deinen Vätern – erwirb es, um es zu besitzen', sagt Herr Goethe, und der war wirklich nicht blöd. Leider haben viele ‚Junge' auch ihn vergessen.

Auch ein Grund für viele Schauspieler, der Bühne den Rücken zu kehren – auch für einen wie Wolfgang Kieling. „Ich begreife nicht, was am Theater geschieht", hatte er 1977 gesagt. „Welchen Grund gibt es, großen Geistern wie Shakespeare oder Goethe in so flegelhafter Weise nachzuhelfen, wie das Dramaturgen und Regisseure heutzutage tun?"

Kieling hat es sich nie leichtgemacht – auch nicht seine Entscheidung, der Bühne den Rücken zu kehren. Er starb 1985 an Krebs nach einem erfüllten, kreativen Leben. Aber auch nach einem Leben voller Krankheiten und Operationen, die ihn seit seiner Jugend begleitet hatten, nach einem Leben voller Enttäuschungen, Selbstzweifel und Skrupel.

Nicht nur die Zeiten ändern sich, sondern auch das Theater. Und die Ansichten darüber, was ein Mekka ist und was nicht, was Theater ist und was nicht.

War es vor Jahren auch das Wiener Burgtheater, welches das Herz eines jeden Schauspielers höher schlagen ließ, flirtet auch der ‚seriöseste' Mime heute mit dem vielgeschmähten Fernsehen. Viele Schauspieler haben – schweren Herzens – Abschied genommen vom Theater. Auch vom Burgtheater. Als ich 1958 zum ersten Mal in Wien war, brach ich einen Stein aus dem alten Gemäuer des Burgtheaters und schwor mir: „Hier willst du eines Tages mal spielen!"

Inzwischen wurden wohl zu viele Steine aus dem alten Gemäuer gebrochen – es ist rissig geworden. Früher ging man ins Burgtheater, um zu sehen, wie berühmte Regisseure Klassiker mit großen Schauspielern inszenierten. Heute inszenieren die nicht so berühmten Regisseure in erster Linie sich selbst. Doch Theater bedeutet: der Zeit und den Menschen dieser Zeit einen Spiegel vorzuhalten. Es ist nicht Sinn und Aufgabe des Theaters, mit erhobenem Zeigefinger auf der Bühne zu stehen und den Menschen etwas ‚einpauken' zu wollen. Der Mensch auf der Bühne ist das entscheidende Requisit des Theaters, nicht der Zeigestock und schon gar nicht der Zeigefinger. ‚Das Gemüt des Zuschauers soll auch in heftigsten Passion seine Freiheit behalten', sagt Schiller.

Ich teile diese Freiheitsliebe, auch und gerade für das Publikum.

‚Das Theater ist der Spiegel der Kultur eines Volkes', sagte Brecht. Ich sage: Wenn das heutige Theater der Spiegel der Kultur unseres Volkes ist, kann es mit der Kultur dieses Volkes nicht weit her sein.

Theater soll Bedürfnis sein, Bedürfnis für den Spielenden wie für den Schauenden. Dieses Bedürfnis sinnlich zu machen, ist die Aufgabe des Theaters.

„Das Theater muß dem Leben dienen und das Leben ist heute in den meisten Theatern fast völlig ausgestorben. Die Großtheater ebenso wie das von Zadek in Hamburg", sagte Volker Brandt bei einer Drehpause in Hamburg, „kriegen heute ja keine normale Vorstellung mehr über die Bühne. Sie sind so wahnsinnig prätentiös, so schick und so intellektuell, daß es einen graust. Sie gehen völlig am Leben vorbei. Kein Wunder, daß so viele gute Schauspieler zum Fernsehen abgewandert sind." Brandt sieht noch einen Mangel, nämlich die Tatsache, daß es keine Lehrer mehr gibt, keine ‚Alten', von denen man lernen kann. So wie ich hatte auch er das Glück, noch von den Großen lernen zu können – von Gustav Gründgens und Elisabeth Flickenschild, Will Quadflieg, Oscar Werner, Werner Hinz und anderen.

„Heute", sagte Brandt, „sind die Theater verwaist, denn die Jungen haben keinen, der ihnen sagt: Spiel das so, dann ist es besser."

Das braucht man aber – wie jeder, der sein Handwerk ordentlich lernen will. Jeder Künstler muß andere studieren und sich fragen: „Wie macht der Alte das bloß?"

„Ich wollte früher immer mit Cassius Clay boxen", nannte Brandt ein drastisches Beispiel. „Dann hätte ich einen auf die Nase gekriegt, aber ich hätte gewußt, wie der Mann das macht. Und so ist es beim Fernsehen und beim Theater auch." Nur – wo sind heute die Meister?

Brandt ist ein ‚gelernter' Schauspieler, der von der Falckenbergschule in München über Anfangsjahre bei Gründgens in Hamburg bis zu großen Rollen alle Stationen einer Schauspielerkarriere durchlaufen hat.

Was zieht einen ernsthaften Bühnenschauspieler vor die Kamera einer Fernsehserie?

„Nach zwanzig Jahren Theater fehlte mir das noch", sagte er. „Abgesehen davon, daß das Fernsehen einem freien Schauspieler die Möglichkeit bietet, existieren zu können, hat mich der Einstieg in die Fernsehunterhaltung mit dem ersten ‚Tatort' 1981 einfach gereizt. Wenn dann die Rolle selbst auch sehr zu wünschen übrig ließ..."

Warum?

„Beim Fernsehen suchen sie die ‚Tatort'-Bücher so willkürlich aus, daß man sich beim Lesen oft fragt: Wo ist eigentlich der Kommissar geblieben? Mal hat man als Hauptdarsteller zehn Drehtage, mal drei Wochen, und dann kann es einem passieren, daß man auch noch seinen Mantel aus der Garderobe retten muß. Götz George macht auch nur deshalb so oft Schwachsinn vor der Kamera, weil ihm nach Lage der Drehbücher nichts anderes übrig bleibt. Und das ist dann seine Masche..."

War Brandt vielleicht beleidigt, weil der SFB ihn letztes Jahr durch den neuen ‚Tatort'-Kommissar Heinz Drache ersetzt hatte?

„Keineswegs. Der Kommissar ist tot, es lebe der Onkel Doktor", widersprach er. „Auch wenn ich den langweiligen Drache als Gegenpol zum Schmuddel Schimanski für eine Fehlbesetzung halte. Man hätte ihm wenigstens einen Assistenten geben müssen, der ab und zu mal sagt: „He, du hast da ein Haar auf dem Mantel!"

Keine nette Bemerkung über einen Kollegen. Mag Brandt sie auch nicht so sehr – die Kollegen?

„Wenn Kollegen mehr interessiert wären am Leben und an Kollegen, würde ich sie sehr viel lieber mögen", schränkt er ein. „Aber sie denken nur an Geld, Karriere und Profession. Ich kann die meisten einfach nicht leiden", sagt Volker Brandt. „Vor allem die am Theater nicht – die sind heute nur noch ängstlich und beamtig."

War ich das auch? Ich glaube ja. Früher einmal.

Professor Häussermann, ehemaliger und herrlicher Direktor des Burgtheaters – nach zehn Jahren als Chef der Burg ging er 1969 viel zu früh, um das Theater in der Josefstadt zu übernehmen; sein Tod Jahre später hat in Wien eine große Lücke hinterlassen. Was er für das Theater getan hat, bleibt unvergessen. Er hat die Klassiker zu neuen Ehren erhoben, unter ihnen einen Grillparzer-Zyklus und einen Schiller-Zyklus in den Spielplan aufgenommen, es war eine herrliche Zeit. Dieser Professor Häussermann hat einmal gesagt: „Es gibt zwei Fehler, die man als Schauspieler nie machen darf. Der eine: ans Burgtheater zu gehen; der andere: das Burgtheater zu verlassen."

Galt dies auch für mich? Saß ich zwischen diesen beiden Stühlen – nach 24 Jahren Burgtheater?

In seinem Buch über die Burg und ihre Schauspieler schrieb Häussermann: ‚Manchmal wacht Wussow bestürzt auf – von der Vorstellung, Schauspieler des Burgtheaters zu sein.‘ Er hatte recht. Bei aller Verehrung und aller Dankbarkeit für dieses Haus ist mir heute doch klar, wie sehr ich lange Jahre meine persönliche und künstlerische Freiheit vermißt habe – eine Freiheit, die ich nun kenne und nie aufgeben möchte. Während der Dreharbeiten zur ‚Schwarzwaldklinik‘ 1984 hatte ich sie nach langer Zeit zum ersten Mal wieder geschnuppert, diese Freiheit – und will sie mir in Zukunft ebenso bewahren wie die Unabhängigkeit, Dinge zu tun, die ich vor vielen Jahren schon hätte tun können (und wollen).

Wenn ich den Mut gehabt hätte, wegzugehen vom Burgtheater – und von Wien, dieser wunderschönen Stadt, den Menschen, die ich mag und die mich mögen.

Aber schließlich muß auch die Freiheit wachsen. Was für eine Freiheit wäre eine erzwungene?

‚Das kompromißlose Streben nach dem höchsten Gut – sei es Sicherheit, Vaterland, Friede, Freiheit, Glück oder was immer – ist eine Patentlösung, oder (mit Verlaub, Herr Geheimer Rat) eine Kraft, die stets das Gute will und stets das Böse schafft‘, sagt Paul Watzlawick.

Und was, bitte, ist eine ‚Patentlösung‘?

Nach Watzlawick eine Mischung aus ‚Patentlösung‘ und ‚Endlösung‘. Also ‚eine Lösung, die so patent ist, daß sie nicht nur das Problem, sondern auch alles damit Zusammenhängende aus der Welt schafft – etwa im Sinne des alten Mediziner-Witzes: Operation gelungen, Patient tot.

Nein, so radikal war ich nie und werde es auch in meiner Rolle im weißen Kittel nie sein. Keine Totaloperationen, immer schön ein Therapie-Schritt nach dem anderen... „Die beste Nation ist die Resig-Nation", soll Peter Alexander mal gesagt haben. Nach langem Zögern habe ich mich gegen die Resig- und für meine eigene Nation entschieden. Aber davon später.

Klausjürgen Wussow und der Wolf

Schon am ersten ‚Schwarzwaldklinik'-Wochenende im Juli 1986 riß ich aus – zu Musikaufnahmen mit den Bamberger Symphonikern nach Franken. Unter Leitung von Kurt Eichhorn nahm ich ‚Peter und der Wolf' von Prokofieff auf – ganz neu.

Ganz neu, das hieß auch: mit einem von mir (mit Schützenhilfe) neu erzählten Text, einem modernisierten, kommentierten Text, der vor allem einen anderen Ausgang hatte als die klassische Version.

Mein Gott, jetzt schreibt er auch noch Märchen?

Na klar. Und auch die nicht ohne Grund, nicht ohne Motivation.

Die Märchen, die wir kennen und die unsere Kindheit begleiten, sind oft sehr grausam; viele von ihnen erzeugen sogar Angst und Schrecken. Ich zum Beispiel habe mich als Kind immer vor Märchen gefürchtet und die Flucht ergriffen, wenn ein Erwachsener ankündigte, eines erzählen zu wollen. Selbst ‚Peter und der Wolf' erschreckte mich. Die arme Ente, die im Bauch des Wolfes ihr Leben beschloß, tat mir ebenso leid wie der Wolf selbst, der gefangen und in den Zoo geführt wurde.

Und nun, viele Jahre später, bekam ich eine Chance, die Geschichte (dieses Märchens) neu zu schreiben...

Der Dirigent Kurt Eichhorn, besuchte mich in Wien, um über die Aufnahme zu sprechen. Er war es auch, der mich dazu anregte, das musikalische Märchen ‚Peter und der Wolf' neu zu erzählen.

„Im Grunde", sagte er, „darf die Musik nur Begleitinstrument der Erzählung sein. Einer Erzählung, die heute spielt, die Kinder von heute verstehen."

Begeistert machten wir uns an die Arbeit.

Der Reiz an dieser Aufgabe für mich und meine Co-Autorin bei der Neuaufnahme von ‚Peter und der Wolf' lag in der Suche nach einem heiteren, versöhnlichen Schluß. Die Vorstellung der Ente im Bauch des Wolfes erschreckte uns beide ebensosehr wie die Gefangennahme des Raubtieres selbst. Und deshalb wurde alles anders – ganz anders. Lesen Sie selbst.

Peter und der Wolf: Ein musikalisches Märchen für große und kleine Kinder.
Märchen passieren manchmal im Kopf.
Manche können sie sehen, andere nicht.
Ich erzähle euch jetzt ein Märchen, das ich seit meiner eigenen Kindheit im Kopf habe.
Eine Geschichte, die so – oder ein bißchen anders – beinahe wahr sein könnte. Aber nur beinahe.
Und damit ihr sie euch ein bißchen besser vorstellen könnt, spielen Musikinstrumente mit.
Und zwar:
Eine Flöte als Vogel Jakob. Jakob ist ein frecher kleiner Spatz.
Eine Oboe als die Ente Donald. Donald ist eine dicke weiße Ente – eigentlich ist er ein Enterich.
Eine Klarinette als die Katze Muschi. Muschi ist eine große, fette, rot-weiß gestreifte Katze.
Ein Fagott spielt den Großvater von Peter.
Und Peter selbst wird von den Streichern gespielt. Peter ist sieben Jahre alt, hat blaue Augen und einen blonden Lockenkopf.
Den Wolf Lupus spielen drei Hörner. Lupus ist ein großer, alter Wolf. Und weil er schon so alt ist, sind ihm schon viele Zähne ausgefallen und er kann nicht mehr richtig kauen. Aber das sieht man nicht. Böse gucken und mit den Augen rollen – das kann er noch sehr gut.
Gewehrschüsse werden von einer großen Trommel gespielt. Der Großvater schläft noch, und Peter geht mit nackten Füßen auf die grüne Wiese.
Gott sei Dank – endlich mal keiner da, der auf ihn aufpaßt! Aber da ist doch jemand, der ihn gesehen hat und begrüßt. Peter sieht nach oben: Auf einem Ast sitzt Jakob, sein Freund. Jakob ist ein kleiner Spatz. „Ist es nicht ein herrlicher Morgen?" zwitschert er. „Und so friedlich!"
Peter versteht natürlich die Vogelsprache – wie alle Kinder. „Guten Morgen!" ruft er.
Da kommt Donald, die Ente, durch das Tor gewackelt. Peter hat vergessen, es zu schließen – und Donald will schnell ein Bad im Teich nehmen. „Es geht doch nichts über ein Vollbad am frühen Morgen", quakt er.
Jakob ärgert sich über die Störung. Er fliegt auf den Boden, flattert mit den Flügeln und plustert sich auf. „Was

bist du denn für ein komischer Vogel, du kannst ja nicht einmal fliegen! Sowas wie dich sollte man verbieten!" zirpt er.

Und schon ist es mit dem Frieden vorbei.

"Selber komischer Vogel", quakt die Ente. "Du kannst ja nicht einmal schwimmen!" und platscht hoch erhobenen Hauptes in den Teich.

Jakob und Donald zanken und zanken. Die Ente plantscht schimpfend im Teich, und der Vogel hüpft am Rand herum. Eifersucht gibt es nämlich auch bei den Tieren. Und sie ist genauso dumm wie bei uns. Denn immer kann irgendeiner irgend etwas besser, und irgendwas kann jeder – es wäre doch schrecklich, wenn wir alle gleich wären, oder?

Peter lacht – doch dann sieht er Muschi, die Katze, kommen und erschrickt.

Sicher habt ihr schon einmal gesehen, wenn eine Katze sich anschleicht.

Ihre Ohren sind nach vorne gestellt, und sie macht sich so flach, daß ihr Bauch beinahe den Boden berührt.

Ganz, ganz langsam schleicht Muschi sich auf leisen Sohlen an die zankenden Vögel heran. ‚Nicht schlecht', denkt sie. ‚Ein Vögelchen zum Frühstück – endlich ist Schluß mit der Diät. Und wenn die so weiter streiten, hören sie mich nicht.' Ein klarer Fall: Wenn zwei sich streiten, freut sich der Dritte.

Denn wenn man sich streitet, vergißt man immer die wirklich wichtigen Dinge.

Lautlos pirscht sich die Katze immer näher.

Und Jakob und Donald schimpfen so laut, daß sie die Katze nicht bemerken.

"Vorsicht!" ruft Peter.

Und schon sitzt Jakob sicher auf dem Baum.

Und freut sich. ‚Gerade noch mal gutgegangen', denkt er. ‚Es ist wirklich zu dumm, daß Enten nicht fliegen können', denkt Donald und schnattert die Katze wütend an. Immerhin – im Wasser ist er ja sicher. Da kann man sich ein bißchen Angeberei erlauben.

Muschi faucht verärgert. Sie schielt nach dem kleinen Spatz und überlegt: ‚Lohnt es sich, so hoch hinaufzuklettern? Bis ich da oben bin, ist mein Frühstück längst weggeflogen.' Sie streckt und reckt sich erst einmal genüßlich.

Da kommt der Großvater verschlafen aus dem Haus. „Du sollst doch nicht allein auf die Wiese gehen!" schimpft er. „Das ist gefährlich – und ungehorsame Kinder holt der große böse Wolf!" Er macht ein besorgtes Gesicht.

Peter verdreht die Augen. ‚Großväter können einem ganz schön auf die Nerven gehen mit ihrer Sorge', denkt er.

Aber da ist Peter ein bißchen ungerecht. Großväter haben nun mal mehr Erfahrung und kennen die Gefahren des Lebens. Und das macht sie manchmal ängstlich.

Wenn Großväter fragen „Bist du warm genug angezogen?", wollen sie euch nicht ärgern – sie sind nur besorgt, ihr könntet krank werden. Aber das versteht man erst, wenn man älter ist. Und selbst Enkelkinder hat.

Peter lacht ihn aus. „Soll er nur kommen und mich holen", sagt er. „Ich habe keine Angst vor dem Wolf. Und außerdem – Wölfe gibt es doch nur im Märchen!" „Und im Wald", sagte Großvater, nimmt Peter bei der Hand, macht die Gartentüre zu und geht mit ihm zum Haus. Das mit dem Wolf hätte der Großvater lieber nicht sagen sollen. „Hat mich jemand gerufen?" fragt jemand – und da kommt aus dem Wald doch tatsächlich ein großer grauer Wolf.

Manchmal geschieht etwas, weil man es sich ganz fest wünscht. Manche Dinge passieren aber auch, wenn man große Angst vor ihnen hat. Man kann sogar krank werden aus Angst davor, krank zu werden.

Und jetzt kommt eben der Wolf auf die grüne Wiese. Er hat noch nicht gefrühstückt – er sieht hungrig aus. Und verärgert – denn die Jäger sind ihm auf der Spur.

Was würdet ihr tun, wenn ihr einem Wolf begegnen würdet? Ich werde euch sagen, was unsere drei tun.

Peter steht hinter dem Zaun – und ist jetzt doch ganz froh, daß er das Tor zugemacht hat. (Das würde er natürlich nie zugeben.)

Muschi klettert ganz, ganz schnell auf den Baum.

Donald quakt und springt vor Schreck aus dem Teich. Er watschelt, so schnell er kann, in Richtung Haus – aber der Wolf ist natürlich schneller.

Donald watschelt und watschelt...

Und der Wolf kommt näher... und näher... und holt ihn ein. Packt ihn... und schluckt ihn einfach so herunter mit seinem riesengroßen Maul. Und ohne zu kauen – wir wissen ja schon, daß es ein alter Wolf ist, der fast keine Zähne mehr hat.

Schon sind die letzten Schwanzfedern verschwunden. Lupus sieht sich um. Das war natürlich erst die Vorspeise... Wollt ihr wissen, was ich sehe?

Muschi sitzt ängstlich fauchend auf einem Ast, sie macht einen Buckel. Und hat schreckliche Angst.

Da – fast wäre sie heruntergefallen. Wenn eine Katze einen Buckel macht, macht sie sich nämlich ganz steif. Und wenn man ganz steif ist vor Angst, kann man sich schlecht festhalten. Und man kann nicht klar denken. Das ist bei Katzen genauso wie bei Menschen.

Jakob, der kleine Spatz, hüpft aufgeregt auf einem anderen Ast herum. Er hat nun mal ein Spatzenhirn – und kommt gar nicht auf die Idee, daß er nur wegzufliegen braucht. Fliegen kann der Wolf ja nicht. Aber die einfachsten Lösungen fallen auch Menschen manchmal nicht ein. Weil die Antwort oft so naheliegt.

Der Wolf schleicht um den Baum herum und schaut mit gierigen Blicken hinauf. Lupus hat immer noch großen Hunger. Obwohl ihm irgendwie auch ein bißchen schlecht ist.

Denn ihr wißt ja: satt wird man nur, wenn man richtig kaut – und er hat ja den armen Donald in seiner Gier ganz heruntergeschluckt.

‚Was nun?' denkt Peter. ‚Angst habe ich natürlich nicht – aber ich habe Opa versprochen, den Garten nicht zu verlassen.' Und Versprechen muß man ja halten, findet ihr nicht?

Und Mut bedeutet ja nicht, daß man lebensmüde ist, oder? ‚Lieber klug und lebendig als mutig und tot', denkt Peter. Doch jetzt hat er eine Idee. Er läuft ins Haus, holt ein dickes Seil und klettert auf die hohe Gartenmauer. Peter greift nach einem Zweig und klettert auf den Baum, um den der Wolf herumstreicht. Er flüstert Jakob zu: „Mach dich endlich mal nützlich! Flieg hinunter und dem Wolf immer um den Kopf herum – das wird ihn nervös machen. Aber sei vorsichtig, daß er dich nicht fängt."

„Andere ärgern ist mein Hobby – warum bin ich nicht selbst auf die Idee gekommen?", zwitschert Jakob, fliegt nach unten und laut schimpfend immer um die Schnauze des Wolfes herum, der wütend nach ihm schnappt.

Seht, wie Jakob den Wolf ärgert! Wie gern der Wolf ihn fangen würde! Er rollte die Augen und fletscht seine wenigen Zähne. Als Zwischenmahlzeit wäre der kleine Vogel nicht zu verachten. Aber Jakob ist zu flink für das große Tier. Peter macht jetzt eine Schlinge in das Seil, läßt sie vorsichtig hinunter, wirft sie dem Wolf um den Schwanz, und zieht sie fest. Gut, daß er aufgepaßt hat, als Opa ihm erklärte, wie man eine Schlinge macht. Und das Lassowerfen hat er sich von den Wildwestfilmen im Fernsehen gemerkt.

Es ist nämlich ganz egal, was man lernt – irgendwann kann man es immer brauchen. Spätestens dann, wenn man einen Wolf fangen muß.

Oder einen anderen Gegner. „Wissen ist Macht", sagen die Erwachsenen und meinen eigentlich nichts anderes als das, was Peter mit dem Wolf macht. Er überlistet ihn.

Die Schlinge sitzt. Aua!!! – Das tut weh. Lupus ist außer sich. Er springt wütend hin und her, um sich loszureißen. Aber dadurch wird der Knoten immer fester.

Peter bindet schnell das andere Ende des Seiles am Baum fest.

Und je mehr der Wolf heult und herumtobt, um so enger zieht sich die Schlinge um seinen Schwanz zusammen.

Heulen und Toben machen ein Problem immer nur schlimmer. In Ruhe nachdenken muß man – und das kann ein Wolf eben nicht. Schon gar nicht, wenn die Schlinge um seinen Schwanz beißt und zwickt. Es gibt aber auch Menschen, die den Kopf verlieren, wenn man ihnen weh tut. Und ihre Lage selbst immer schlimmer machen.

In diesem Augenblick kommen die Jäger aus dem Wald.

Seit Stunden folgen sie den Spuren des Wolfes, vor dem sie große Angst haben. Nun endlich haben sie ihn – und legen auch gleich die Gewehre an.

Jetzt kann ihnen ja nichts mehr passieren.

Menschen schießen nun mal gern – vor allem dann, wenn ihr Opfer sich nicht wehren kann.

Das findet Peter unsportlich. Ihr auch, hoffe ich. Die ersten Schüsse gehen in die Luft – Gott sei Dank! „Nicht schießen!" ruft Peter jetzt. „Wir haben den Wolf doch schon gefangen, Jakob und ich. Helft mir lieber, ihn in den Zoo zu bringen." Vor dem kleinen Jungen wollen die großen Männer sich ja nicht blamieren. Sie erinnern sich ganz schnell daran, daß man vor Kindern immer weise und großmütig sein muß. Oder zumindest so tun, als ob man es wäre.

Und jetzt – stellt euch den Triumphzug vor:

Voran geht Peter... hinter ihm die Jäger mit dem Wolf.

Am Schluß geht der Großvater mit der Katze. Er schüttelt immer wieder den Kopf: „Aber was, wenn Peter den Wolf nicht gefangen hätte? Was dann?" Wie gesagt: Großväter sind nun mal ängstlich.

Über ihnen fliegt der kleine Spatz und zwitschert fröhlich: „Ach, was sind wir doch für Helden, *ich* – und der Peter! Schaut, wen wir da gefangen haben!"

Trotzdem ist er ein bißchen traurig. Es tut ihm leid, daß er die Ente eben so geärgert hat. Jetzt kann er sich nicht mehr entschuldigen. „So etwas Dummes würde ich nie wieder sagen", schwört er sich.

Und wenn man ganz genau hinhört, kann man hören, wie die Ente Donald im Bauch des Wolfes fröhlich schnattert. Denn der Wolf hat sie in seiner Gier ja lebendig verschluckt.

Als Lupus, der Wolf, den großen Käfig im Zoo sieht, in dem er jetzt wohnen soll, wird ihm vor Wut so schlecht, daß er sich übergeben muß – Donald, die Ente, plumpst unversehrt aus seinem großen Maul und watschelt zu Peter.

„Wie schön, daß du noch lebst!", freut sich Peter.

„Was bist du denn für ein komischer Vogel – du kannst ja nicht mal fliegen!" schimpft Jakob, der Spatz.

Und in all der Aufregung merkt niemand, wie Lupus, der Wolf, sich klammheimlich aus dem Staub macht.

„Nie wieder in die Nähe von Menschen", schwört er sich, als er in Richtung Wald verschwindet. „Wir Tiere fressen aus Hunger – aber sich gegenseitig in Käfigen einzusperren, das ist doch wirklich das letzte. Das würde einem Wolf nie einfallen!"

Und nie wieder wird ihn jemand in der Nähe von Häusern sehen...

Kurt Eichhorn und die Musiker waren von meinem modernisierten, kommentierten Märchen begeistert. Und ich erst... Märchen sind nämlich, wie ich finde, durchaus modern – wenn man begreift, welche Lebensweisheiten (sie auch heute noch) beinhalten, wenn man sie großen und kleinen Kindern in ihrer Sprache nahebringt. Und was könnte ansprechender sein als die Kombination von Wort und Musik?

Lange haben wir im Studio diskutiert, *wie* modern man sein darf bei der Neuaufnahme eines Klassikers. Daß ich allen Tieren Namen gab – das sah man bei der Plattenfirma Ariola ja noch ein. Aber eine Ente englisch Donald zu nennen – war das nicht etwas gewagt?

Dieser Ansicht war ich nicht – und ich setzte mich durch. Das Märchen ist ja für Kinder von heute bestimmt – und für die ist der Name Donald eben untrennbar mit der lustigen Walt-Disney-Figur Donald Duck verbunden. Genauso wie für ihre Eltern, die in ihrer Jugend die Abenteuer der frechen kleinen Ente verfolgt haben – und es, klammheimlich, heute noch tun.

Und so waren nach zwei Tagen im Studio Kurt Eichhorn, die Bamberger Symphoniker und ich begeistert, sehr mit uns zufrieden und voll des Lobes – für uns alle.

Meine Zusammenarbeit mit den Bambergern soll nicht die letzte gewesen sein. Das unmittelbar nach dem Krieg aus dem Osten geflohene und in Bamberg heimisch gewordene Orchester, ursprünglich zusammengesetzt aus den ehemaligen Prager Philharmonikern unter Joseph Keilberth, heute unter Chefdirigent Horst Stein – ist noch heute im Osten verboten, vor allem natürlich in der Tschechoslowakei. Ich hoffe, mit einem gemeinsamen Konzert im nächsten oder übernächsten Jahr in Polen eine Brücke schlagen zu können; irgendwann werden wir, hoffe ich, auch einmal in die Tschechoslowakei kommen...

Im September 1986 lud man mich zum ‚Rosenball' ein – einer Benefiz-Veranstaltung des Verlegers Mohn und seiner Gattin. „Was soll ich da?" fragte ich.

„Ganz einfach", sagte mein damaliger Agent. „Deine Platte wird dort vorgestellt und gespielt: Peter und der Wolf." Peter – eher ein ‚Wolf' – wußte, womit man mich ködern kann. Ich sagte zu. Unnötig zu erwähnen, daß die Platte weder vorgestellt noch gespielt wurde...

Ich lernte und lernte. Schlitzohren sind sie alle...
Auch Medien-Manager Hans R. Beierlein, bekannt geworden durch seinen langjährigen Schützling Udo Jürgens, den ich eines Abends zufällig im Hamburger Hotel ‚Interconti' traf.

„Herr Wussow, ich habe eine großartige Veranstaltung für Sie", begrüßte er mich. „Termin 12. Dezember in der Alten Oper in Frankfurt, ich habe bei Rademann schon die Daten für Sie blockiert."

Etwas voreilig, wie ich fand – doch schon erhielt ich am nächsten Tag ein bestätigendes Telex, in dem Beierlein abschließend (inzwischen per du?) schrieb: ‚Du siehst, wir sind dabei, Nägel mit Köpfen zu machen.'

Ohne mich? Nie wieder. Kurz nach der Trennung von meiner Agentur in Wien hatte ich genug damit zu tun, ein ganzes Nagel-Lager aufzuräumen. Ich brauchte meinen Kopf und keine Nägel mit Köpfen, die mich nur wieder kopflos machen würden. Ich sagte ab. Oder, um die Wahrheit und meiner Feigheit die Ehre zu geben: ich ließ absagen...

Und leitete einen nächsten Anruf Beierleins – er versuchte es tatsächlich noch einmal bei mir im Hotel in Hamburg – an meine ‚Absager' weiter.

Beim nächstenmal werde ich selbst zum Telefon greifen, ganz bestimmt.

Andererseits – wofür gibt es denn Agenten, Freunde, Berater?

„Geh deinen Weg allein"

Gar nicht märchenhaft: ein Thema, das mich in den letzten Jahren immer wieder beschäftigte. War und bin ich ein guter Vater – oder habe ich meine Kinder zu sehr verwöhnt, zu sehr beschützt und behütet? Habe ich es ihnen durch zu viel Liebe schwergemacht, sich vom Elternhaus zu lösen?

Und: bin ich verpflichtet, für den Rest meines Lebens ‚hauptberuflich' Vater zu sein – oder ‚darf' ich selbst und ganz allein auch noch etwas vom Leben haben, erwarten?

Ich finde, ich habe das Recht, aus der Zeit, die mir noch bleibt, das Beste zu machen – für mich das Beste. Nach

Jahren der Fürsorge noch ein Stück Weg allein zu gehen.
Gleichgültig, wie es nahe oder ferne Menschen auffassen.
Egoismus – oder normal für einen Mann meines Alters?

Gute Wünsche für meine Kinder beflügelten, Zweifel und Skrupel plagten mich, als ich über diesen inneren Widerspruch viele Stunden lang mit einer guten Freundin sprach.

Das Ergebnis dieses Gesprächs: ein Gedicht, das – vertont – als Platte aufgenommen wurde. Im April 1986 im Münchner Rainbow-Studio, unter musikalischer Leitung von Erwin Kiennast, der eine sehr einfühlsame, zärtliche Musik zum Text geschrieben hatte.

Ein Text, der eigentlich hätte von mir sein können, es aber leider nicht war. Oder doch?

> GEH DEINEN WEG ALLEIN
> Du schaust mich an, mein Kind –
> du erwartest eine Antwort.
> Ich kann dir keine mehr geben.
> Dein Vater zu sein –
> das war meine schönste Rolle.
> Doch jetzt wird es Zeit für dich
> zu gehen.
>
> Ich weiß – du bist wie ich.
> Ja, ich erkenne mich in dir, mein Kind.
> Auch dein Puls rast
> im Licht der Scheinwerfer.
> Auch du willst wissen:
> War ich gut?
> Du bist gut.
> Und du wirst sehen:
> Du schaffst es.
>
> GEH DEINEN WEG ALLEIN
> UND LASS MICH MEINEN GEHN
> GEH DEINEN WEG ALLEIN
> DU SCHAFFST ES, DU WIRST SEHN
> GEH DEINEN WEG ALLEIN DU MUSST
> JETZT ZU DIR STEHN
> GEH DEINEN WEG ALLEIN
> UND LASS MICH MEINEN GEHN

Ein erster kleiner Abschied.
So, mein Kind, jetzt mach deine Fehler selbst –
so, wie ich sie gemacht habe.
Immer wieder.
Und bleib dir treu –
so wie ich mir treu geblieben bin.
Immer von neuem. Verlier nie den Mut.
Glaub an dich,
wie ich an dich glaube.
Auch du wirst lernen,
mit Haß und Neid fertig zu werden.
Auch du wirst am Leben zweifeln,
so, wie ich gezweifelt habe.
Aber dann: flieg, Maikäfer, flieg.
Und hab Geduld.

GEH DEINEN WEG ALLEIN...
Du bist gegangen, mein Kind.
Ich sehe in den Spiegel –
wie war es, mein Leben? Was wurde aus meinen
Träumen,
aus meinen Plänen?
habe ich vergessen –
zu leben?
Ein bißchen vielleicht.
Ein bißchen.

Doch auch mein Weg ist noch lange nicht zu
Ende. Ich werde weiter
Fehler machen. Ich werde wieder
den falschen Freunden vertrauen
und immer wieder verletzt und enttäuscht sein.
Aber ich werde auch wieder
hoffen und glauben.
Aber sicher werden
unsere Wege sich immer wieder kreuzen.
Vielleicht wirst du mich auch noch
ein kleines Stück begleiten –
ein allerletztes kleines Stück.

GEH DEINEN WEG ALLEIN

Der Abnabelungsprozeß zwischen Eltern und Kindern – ein Thema, das viele Familien betrifft und in vielen Familien zu Problemen führt.

‚Poet Wussow singt seinen Weg', stand in einer Ausgabe des *Spiegel* im Spätsommer 1986. ‚Dem Dichter im Herrn Professor ist manch schöner Reim entsprungen. ‚Mime nur und Narr der Zeit/ich ernte nur Vergeblichkeit', so hat er in dem besinnlichen Büchlein ‚Dieser Zeit' sich selbst gedeutet und seiner Mutter zugerufen: ‚Einst, wenn du die Welt verläßt, dann bin ich ganz entkindet.' Nun wendet sich Klausjürgen Wussow, Chef der ‚Schwarzwaldklinik', lyrisch an seine Tochter: ‚Geh deinen Weg allein', heißt eine Platte, die demnächst auf den Markt kommt und die offenbar in der Glottertaler Entbindungsstation erfunden worden ist..."

Diese Zeilen konnte nur einer geschrieben haben: *Spiegel*-Redakteur Fritz Rummler, dem ich anläßlich eines Besuches in Wien meine Gedichte gezeigt hatte. Und dem ich mich nach einem ausführlichen, wunderbaren Gespräch ‚von Mann zu Mann' fast freundschaftlich verbunden gefühlt hatte. Zu recht, wie man sieht.

Ein Gedicht von mir auf die ‚Schwarzwaldklinik' zu beziehen und dann wiederum zu benutzen, um der Platte eins auszuwischen – auf derartige Konstruktionen kommen wirklich nur wahre Freunde. Über unser Gespräch in Wien, das wir irgendwann hatten fortsetzen wollen, werde ich dennoch schweigen. Rache mag süß sein – meine Sache ist sie nicht.

Ungetrübt von jeder Presse war zum Glück die Aufnahme im Studio. Eine ganze Nacht lang probierten wir verschiedene musikalische und textliche Interpretationsformen aus. Auch die Rückseite der Single machte mir viel Freude: Kein Wunder, denn diesmal war der Text wirklich von mir. Drei meiner eigenen Gedichte, zu denen Kiennast eine musikalische Kulisse schuf.

> Immer will ich dein gedenken
> wenn der Schatten dunkler Nacht
> niedersinkt auf die Gefilde
> und der Tag die Nacht gebracht.

Damit ich selbst mich wiederfinde
in der schwarzen Einsamkeit
gib mir, über den sich Wolken breiten
deiner Sehnsucht das Geleit.

Ein erster Morgen ohne dich
ein erster Tag allein
wie soll ich ihn ertragen?
Kein erster Blick, kein erster Kuß
kein Lächeln, keine Frage...
Wie soll ich mich ertragen?
Und eines Tages ohne dich –
laß mich nicht denken, Herz.
Wie soll ich Zeit ertragen?

Du bist das Seiende in Ewigkeit.
Du bist das Bleibende in Ewigkeit.
Du bist das Suchende in Ewigkeit.
Du bist das Fragende in Ewigkeit.
Du bist das Zärtliche in Ewigkeit.
Du bist die Freude und die Not.
Du bist das Leben und die Qual.
Du bist das Leben und die Liebe.

Kiennast kannte ich vom Burgtheater, aber buchstäblich nur vom Sehen: Ich hatte den (damaligen) Korrepetitor mal im Aufzug getroffen.

Versäumtes wurde nun mit angeregten Gesprächen nachgeholt. Der begabte junge Musiker hat nämlich sehr eigenwillige Ansichten: Die Arbeit im Tonstudio ist für ihn ein seelischer Striptease, vor dem die meisten beim erstenmal verständliche Scheu haben.

Ich auch – denn ich war ziemlich nervös, als ich zum ersten Schnupper-Termin mit Kiennast ins Münchener Rainbow-Studio fuhr. Aber diese Nervosität legte sich rasch.

„Text, Musik und Interpret müssen harmonisieren", meinte Kiennast. „Aber nicht nur das – auch das Zusammenspiel von Herz, Kopf und Unterleib muß stimmen. Musik ist wie Sexualität – man muß sich fallenlassen können."

Recht hat er. Sich fallenlassen können – das muß man, nicht nur in der Musik.

Musik ist erotisch, und für mich war das Mikrophon immer eine Geliebte, ein ‚erotisches Instrument' – ebenso wie für die musikalischen Profis, die ich sehr bewundere. Was hat Juliette Greco mit ihrem Mikrophon, was hat Elvis Presley auf der Bühne getan? Ja, eine sexuelle Beziehung zur Bühne und zum Mikrophon (auch zum Publikum ist wichtig, wenn man eins mit der Musik sein will. Aber Sänger als Hauptberuf – das wäre nichts für mich.

Ich, mit meiner blöden Sensibilität, hätte panische Angst, zu versagen. Morgens mit einem dicken Hals aufzuwachen, ist schon für einen Schauspieler etwas Schlimmes – für einen Sänger ist es der Tod.

Wie oft hatte ich erkältet und vergrippt, vollgepumpt mit Antibiotika und halb besinnungslos von Medikamenten, den Egmont, den Ferdinand, den Karl Moor und andere Rollen auf der Bühne gespielt, sogar halbwegs glaubwürdig, wie ich mir einbilde – für einen Sänger ist diese Schummelei unmöglich, für seine Stimmbänder lebensgefährlich.

Und dann die Stimmungen, aus denen wir Schauspieler durchaus etwas machen, die wir auf der Bühne ausleben können, während Sänger mit Depressionen gar nicht in der Lage wären, auch nur den richtigen Ton zu finden.

Ich bewundere die Fröhlichkeit der Sänger, vielleicht beneide ich sie auch ein wenig. Und so viel Spaß mir gelegentliche Ausflüge in die Musik auch machen, ich bleibe bei meinem Leisten, meinen Depressionen, meinen Ängsten – und Freuden. Den freiwilligen – Freuden.

„Geh deinen Weg allein", hatte ich meinen Kindern immer wieder gesagt – und mit einiger Verzögerung begannen sie 1986 endlich, sich abzunabeln – von ihrer Jugend, Wien, und auch von mir. Was natürlich nicht ohne Schmerzen, Auseinandersetzungen und Mißverständnisse vor sich ging.

Mein Sohn Sascha fuhr nach Deutschland – als Chauffeur-Sohn stand er monatelang als Partner von Karlheinz Böhms Tochter Katharina in der neuen ZDF-Serie ‚Das Erbe der Guldenburgs' vor der Kamera. ‚Ein Traumpaar!' wie ein Teil der Presse euphorisch jubelte.

‚Das hat er vom Papa gelernt', schrieb die *Bild*-Zeitung nach der ersten Folge, und so machte mir (endlich!) mein eigener Sohn Konkurrenz – in einer hochkarätig besetzten

Serie mit Sidney Rome, Karlheinz Vosgerau, Jürgen Goslar, Iris Berben, Brigitte Horney, Wolf Roth, Christiane Hörbiger, Ruth-Maria Kubitschek, Sigmar Solbach, Susanne Uhlen und vielen anderen.

‚Dallas' made in Germany – so sieht das ZDF seine neue Serie, die im Januar 1987 mit viel Erfolg und der beachtlichen Einschaltquote von 49 Prozent anlief. J. R. heißt hier Achim Lauritzen, ist von Beruf Schwiegersohn und noch fieser als das ‚Dallas'-Ekel, die damenhaft-gemeinen Winkelzüge von Ruth-Maria Kubitschek stellen ‚Denvers' Alexis weit in den Schatten.

Da werden Intrigen gesponnen, Verbrechen begangen – und Indiskretionen.

Indiskretionen, an die sich auch mein Sascha gewöhnen muß, seit Publikum und Presse ihn ‚entdeckt' haben. Eine Privatsphäre wird es auch für ihn bald nicht mehr geben.

„Ich wünsche ihm einen guten Weg", sagte ich, als Reporter mich nach den ersten ‚Guldenburgs'-Folgen anriefen. Und: „Ich habe ihn sehr gern."

Was sonst hätte ich wohl sagen sollen?

Das ist nun *sein* Erfolg, *seine* Presse – *sein* Leben.

Ab März 1987 stand er im Zwei-Personen-Stück ‚Harold und Maude' auf der Bühne des Berliner Renaissance-Theaters – bevor es in Hamburg mit der Fortsetzung der ‚Guldenburgs' weiterging. Die Berliner Premiere wurde ein großer Erfolg.

Dennoch: ‚abstempeln' lassen wollte Sascha sich durch die Serie auf keinen Fall, wie er immer wieder betonte. Er weiß noch nicht, daß gerade diese Serienhelden manchmal mehr arbeiten, ernsthafter um Wahrhaftigkeit bemüht sind und es vor allem viel, viel schwerer haben als mancher Darsteller einmaliger Film-Rollen.

Das alles ist für ihn erst Anfang – Saschas größter Wunsch ist ein internationaler Film, für den er hoffentlich drei ‚Oscars' bekommen wird – ich gönne sie ihm von Herzen.

Vaterstolz in Berlin: Zur Premiere hatte ich leider nicht fahren können, wollte es auch gar nicht, um nicht wieder eine nicht mehr existierende heile Welt zu demonstrieren. Allein war Sascha natürlich nicht am Premierenabend – Ida und Barbara waren in Berlin und freuten sich mit ihm über seinen Erfolg. Ich natürlich auch, auf meine Art und aus der Ferne. Und daß ich meine Agentin Irmgard Palz, die sich die Premiere angesehen hatte, anschließend am Telefon mit Fragen löcherte, bedarf wohl keiner Erwähnung... Am Premierenabend selbst stand ich zwar auf keiner Bühne, aber vor der Kamera der NDR-Sendung „Schaubude", um eine neue Platte der Öffentlichkeit vorzustellen. Sprach über Literatur, während meine Gedanken bei meinem Sohn in Berlin waren. Viel später, Ende Juni, saß ich dann in Berlin in der Vorstellung, still, gespannt und sehr aufgeregt. Und war, angesichts der beiden Menschen auf der Bühne, der alten Dame und des jungen Mannes, der mein Sohn war, bald nicht nur stolz und glücklich, sondern – beeindruckt. Beeindruckt von der Natürlichkeit dieses Jungen, seinem Zusammenspiel mit der wunderbaren Eva Lissa, das keinen falschen Ton aufkommen ließ. „Das ist wirklich mein Sohn?" fragte ich mich. „So reif, so begabt, so sicher?" Ein erwachsener, junger Mensch. Sascha war mir plötzlich sehr fremd – und auch sehr nah. Diese Sicherheit auf der Bühne, die kannte ich nämlich – von mir selbst. So unsicher ich im Leben war, so oft ich zögerte – vor der Kamera, auf der Bühne des Theaters blieb ich mir immer treu. Im Leben dagegen...

Mehr Souveränität im Leben, die wünsch' ich meinem Sohn. Und für seine ersten Schritte auf der Bühne danke ich meinem Freund Gerhard Klingenberg, dem Direktor des Renaissance-Theaters, danke ihm dafür, daß er diesem Jungen ohne jede Bühnenerfahrung eine Hauptrolle gab. Viel Glück, Sascha.

Auch bei meiner Tochter hat sich einiges getan 1986: Barbara spielte in ‚Wahlverwandtschaften' ihre dritte Rolle am Theater an der Josefsstadt und stand mir ab Juli wieder als ‚Schwester Elke' zur Seite. Ihre Rolle war erweitert und ausgebaut worden. Keine Freude ohne Tränen: Beim Renaissance-Theater in Berlin mußte sie absagen – der ‚Schwarzwaldklinik' zuliebe.

Sicher wird sie ihren Weg gehen, weitere Angebote werden folgen zumal sie mit ihrem Freund wieder nach Amerika will, um die Sprache zu studieren. Meine Kinder wollen lernen, annehmen – im Gegensatz zu anderen jungen Menschen, die nach dem Motto leben: ‚Fleiß und Arbeit – um Gottes Willen!' Da ist man lieber gleich genial...

Grund genug für mich, keinen Unterricht zu geben – angesichts der Unverschämtheit mancher Grünschnäbel wäre ich wohl eines kleinen Mordes fähig. Und schließlich: ein Genie bin ich selber...

Und es ist schon schwer genug, dem eigenen Nachwuchs etwas zu vermitteln.

„Du bist ja nicht mehr der Ozean, der uns aufnimmt und umfaßt", sagten meine Kinder in den letzten Jahren immer wieder, manchmal vorwurfsvoll.

Dann gab ich mir Mühe, ihnen zu erklären, wie ein Ozean funktioniert: daß auch er nur durch den Wechsel der Gezeiten Kraft und Leben gibt (und schöpft), daß auch er manchmal nicht mehr immer nur aufnehmen, sondern sich verströmen will, um zu überleben.

Ein Ozean ist eben ein Ozean und keine Einbahnstraße... „Stellt euch vor, der Ozean ist eines Tages voll, überflutet Delta und Flüsse – was macht ihr dann?"

Ich kann nur hoffen, daß Barbara und Alexander es langsam begreifen.

Auch ich lerne – zu begreifen nämlich, daß ich nicht mehr der wichtigste Mensch im Leben meiner Kinder bin und nicht sein darf, daß ich auch ‚loslassen' muß, wie die Psychologen sagen. Zum Thema ‚Kinder' fand Prophet Almustafa in dem Buch ‚Der Prophet', das seit seinem Erscheinen 1926 in New York zum Kultbuch wurde, weise Worte. Worte, die mir helfen, mich zu finden, Worte, die vielleicht vielen Eltern helfen könnten – wenn sie an sich zweifeln wie ich an mir.

‚Eure Kinder sind nicht eure Kinder', sagte er. ‚Sie kommen durch euch, aber nicht von euch. Und obwohl sie mit euch sind, gehören sie euch doch nicht. Ihr dürft ihnen eure Liebe geben, aber nicht eure Gedanken. Denn sie haben ihre eigenen Gedanken. Ihr dürft ihren Körpern ein Haus geben, aber nicht ihren Seelen. Denn ihre Seelen wohnen im Haus von morgen, das ihr nicht besuchen könnt, nicht einmal in euren Träumen. Ihr dürft euch bemühen, wie sie zu sein, aber versucht nicht, sie euch ähnlich zu machen..."

Hatte mein Lied nicht Ähnliches ausgedrückt – in modernen Worten? Ich werde es wohl noch viele Male lesen, sprechen und hören müssen – um mich an den Rat, den ich da selbst gebe, auch zu halten.

‚Geh deinen Weg allein' – der Text hat bei meinen Kindern einige Aufregung ausgelöst, bevor sie ihn verstanden. Ganz sicher bin ich allerdings nicht: Haben sie ihn wirklich verstanden?

Wie viele Väter habe ich sicher Fehler gemacht, habe auf der einen Seite zu sehr verwöhnt und auf der anderen zu wenig Verständnis gehabt, war oft zu hart, nicht hart genug und bin zu wenig Partner gewesen (obwohl ich genau das immer hatte sein wollen). Ihnen fehlt heute noch, was ich lange vermißte und mir erst jetzt, mühsam wie so vieles andere, aneigne: Unrechtsbewußtsein, Wahrheitsliebe und Wahrhaftigkeit, Treue, vor allem sich selbst gegenüber; Werte, die ich ihnen nicht vermittelt habe, vielleicht nicht vermitteln konnte, weil sie auch in mir lange verschüttet waren.

Bin ich *ihren* Weg gegangen? Wohl nicht. Ich war auch in äußeren Dingen keineswegs tolerant, wenn es zum Beispiel um neue Platten ging, die sie sich kauften oder wünschten, sondern in meinen Vorlieben und Wünschen genauso stur wie die Teenager selbst, die der klassischen Musik ihres Vaters nichts abgewinnen konnten.

Oder wenn es um ihre Freizeitgestaltung ging.

„Papi, komm doch mit in die Altstadt! Da hat eine neue Kneipe aufgemacht", baten meine Kinder

„Da geht mal schön allein", winkte ich ab. Für den neuen Treffpunkt der jungen Leute konnte ich mich einfach nicht begeistern, und ich weigerte mich auch, ihn kennenzulernen, ich Ignorant.

Und wunderte mich, wenn dann meine Kinder abwinkten – wenn ich sagte: „Komm doch mal mit ins Konzert!"

Nein, mit gutem Beispiel bin ich wirklich nicht vorangegangen. Und als ich dann, viel zu spät, die Popmusik doch noch kennenlernte, für mich entdeckte, war es zu spät – für meine Kinder und mich.

Zu spät für einen neuen, gemeinsamen Anfang, als ich begriff, daß diese Musik auch nichts anderes bedeutet als den Wunsch nach Romantik und Sehnsucht nach Liebe und Zärtlichkeit. Empfindungen, die mir immer (nur allzu) vertraut waren.

Ihre Freiheit werden sie sich nun selbst suchen müssen – denn wie ich geht jeder seinen Weg allein.

Mir nicht so vertraut war der Weg, den ich mit der Platte zu gehen hatte – nämlich ihre Präsentation in einer Fernsehsendung, der Jubiläumssendung des ‚World Wildlife Fund' am 26. Oktober 1986 in Köln. Drei Tage vorher geriet ich in Panik, doch der Vertrag war längst unterschrieben.

Monatelang hatte man mir gesagt: „Präsentation bedeutet, daß du dich mit Carolin Reiber über die Platte unterhalten wirst." Ein Irrtum, wie so oft: Kurz vor der Sendung wurde mir klar(gemacht), daß ich meinen ‚Weg' nicht nur zu gehen oder zu erklären, sondern auch zu singen hatte.

Ich wollte abreisen, absagen, boykottieren – den Text würde ich nie lernen bis zur Live-Sendung. Ob Voll- oder Halb-Playback, ob ‚Neger' (Schrifttafeln hinter der Kamera) oder was auch immer – ich streikte.

Doch ich war nicht mehr allein mit meiner Empörung, konnte sie an einem neuen Berater auslassen: Dieter Weidenfeld, Manager und Musikverleger, war eines Abends in Hamburg eher zufällig in mein Leben geschneit und hatte sich sowohl meiner Wiener Probleme als auch anderer Sorgen freundschaftlich angenommen.

„Nie wieder einen Agenten!" hatte ich mir Anfang September geschworen, aber diesem konnte ich dann doch nicht widerstehen.

Denn Berater, wenn sie wirklich welche sind, wenn sie uns unangenehme Aufgaben abnehmen (Absagen, wo man selbst zugesagt hatte, Vertrags- und Honorarverhandlungen, Anmahnung von Außenständen, Pressearbeit und vieles mehr), wenn sie Tag und Nacht (vor allem dann) erreichbar sind und sich für uns verantwortlich fühlen dann sind sie ein Geschenk Gottes (nur nicht so billig). Sie sind ein Schutz vor der großen weiten Welt, der wir Schauspieler nun mal nicht gewachsen sind. Oder, wie Wolfgang Rademann sagt: Für die wir zu ‚dusselig' sind. Ein Freund und Berater in Personalunion ist etwas Wunderbares – besonders gut klappt die ‚Vertretung der Interessen' bei wirklich identischen Interessen – nämlich unter Partnern.

So hat Eric von Aro seine junge Frau Caterina Valente von ganz unten nach ganz oben gemanagt, ebenso wie Carlo Ponti seine Loren, Gerd Dieberitz seine Anneliese Rothenberger, an Evelyn Torriani kam in Vicos Glanzzeit keiner vorbei, und von Peter Alexanders Frau Hilde weiß so mancher Produzent ein – immer respektvolles – Klagelied zu singen.

Hilde hat alle Eigenschaften eines guten Managers. Sie verbindet Cleverneß mit Härte und Flexibilität und das alles wiederum mit österreichischem Charme. Schon so mancher Film-, Fernseh- oder Konzertgewaltige, der Peter engagieren wollte und dachte, mit seiner Frau – einer Frau! – leichtes Spiel zu haben, verließ angeschlagen und nach Unterschrift sämtlicher Bedingungen die Verhandlung.

Peter, der ursprünglich Förster hatte werden wollen und seine Liebe zur Natur jetzt als begeisterter Angler austobt, vertraut seiner Hilde blind. Und er ist immer gut damit gefahren.

Mit den Worten „Gut, wenn du meinst, Schnurrdiburr", unterschreibt er alles, was seine Gemahlin ihm mit einem aufmunternden Nicken und dem Rat „Das sollten wir machen, Daddy", unter die Nase hält.

Nun, ‚Schnurrdiburr' werde ich zu Dieter Weidenfeld wohl nie sagen – aber Vertrauen zu ihm, das habe ich.

Es begann schon mit meiner Angst vor der WWF-Sendung in Köln.

„Sie sind Schauspieler und können sowieso nicht wie ein Hitparadenfuzzi mit dem Mikro in der Hand auf die Bühne gewackelt kommen", sagte Dieter, selbst Manager eines – ehemaligen – ‚Hitparadenfuzzis', der sich inzwischen zum anerkannten Konzertsänger gemausert hat. Doch das interessierte mich in diesem Augenblick weniger – schließlich ging es um mich und nicht um Howard Carpendale.

„Lassen Sie mich mal machen", fuhr Dieter fort. „Ich habe eine Riesen-Idee: Wir stellen Ihnen einen Tisch ins Bühnenbild, an dem Sie sitzen und einen Brief schreiben, das heißt, Sie können den Text ablesen – alles kein Problem." Und er behielt recht. Natürlich kannte und konnte ich meinen Text, ein Vollplayback mit synchroner Lippenbewegung war überflüssig, und der Auftritt machte großen Spaß. Meine Angst war ganz umsonst gewesen – wie so oft. Und auf meinen Einfall mit dem Tisch im Bühnenbild war ich noch lange sehr stolz.

Dennoch: mein Respekt vor den hauptberuflichen Unterhaltungskünstlern wuchs.

„Wie machen Sie das bloß?" fragte ich Howard Carpendale, der uns in einer Pause besuchte, völlig entnervt. „Wie stehen Sie das durch?"

„Ganz einfach", sagte Howard grinsend, „da genügt doch eine einzige Handbewegung..."

Was er mit dieser Handbewegung andeuten wollte, ist mir bis heute schleierhaft – Dieter behauptet, sie hätte etwas mit Howards Lieblingsbeschäftigung zu tun (dem Golfspielen). Howard hüllt sich in Schweigen, wie so oft. „Das sage ich nicht", ist auch seine Antwort auf die immer wiederkehrende Journalistenfrage, womit er als Kind am liebsten gespielt habe. Womit ich am liebsten gespielt habe? Das sage ich auch nicht.

Der WWF sollte nicht die einzige Bühne für den ‚Weg' sein, den ich nun allein gehen wollte. Am 22. November war ich Ehrengast eines Gala-Abends der Schweizer *Glückspost*. Die schon erfolgte Zusage, mich als Moderator für den ganzen Abend ‚zu vermieten', konnte Dieter zum Glück im letzten Moment rückgängig machen. Was blieb, war eine astrologische Talkshow mit der *Glückspost*-Chefredakteurin Frau Merlotti und – mein Lied. Das dachte ich zumindest, als ich im Flugzeug nach Zürich saß.

Vormittags drehten wir – Philipp Flury vom Schweizer Fernsehen mit seinem Kamerateam – ein Kurz-Porträt vor der Kulisse der Stadt Zürich, in der ich vor vielen Jahren mal Theater gespielt hatte, kauften in der berühmten Confiserie Schober in der Altstadt Süßigkeiten ein und gingen, immer mit Kamera, am See spazieren.

‚Kleine Fische' im Vergleich zu dem, was mich erwartete. Nachmittags wurden wir vom Hotel abgeholt – zur *Glückspost*-Probe, dachte ich.

„Fahren Sie bitte bei meinem Kollegen mit", drängte meine Betreuerin Dieter Weidenfeld zu einem anderen Weg ab. Etwas müde, aber nichts Böses ahnend ließ ich mich auf den Beifahrersitz ihres Golfs fallen und zur Festhalle kutschieren. „Hier ist Ihre Garderobe", verabschiedete sie mich im dritten Stock, „die Bühne finden Sie ja sicher allein." „Klar." Als Theaterkind hatte ich zumindest daran bei allem Lampenfieber keinen Zweifel.

Doch der ließ nicht lange auf sich warten.

Umgezogen verließ ich die Garderobe und sah im Gang ein Schild ‚Zur Bühne'. Ich trat, meine Melodie vor mich hinsummend, ein – und stand in einem anderen Gang, Minuten später wieder ein Schild: ‚Zur Bühne'.

Ganz schön umständlich, wie immer in der Schweiz, dachte ich, ging weiter, kam wieder in einen Gang mit dem Schild ‚Zur Bühne', der mir allerdings schon recht bekannt vorkam. War ich hier nicht schon mal gewesen? Nein – unmöglich.

Minuten später – ich summte längst nicht mehr, sondern fluchte vor mich hin – wieder derselbe Gang, diesmal mit einer männlichen Putzfrau, ein Südländer, der meine Frage nach der Bühne nicht zu verstehen schien.

Ich hatte endgültig die Nase voll, beschloß, wieder ins Hotel zu fahren und dort die weitere Entwicklung der Dinge abzuwarten. Nur – ich fand auch den Rückweg nicht mehr, weder den Aufzug noch meine Garderobe, und so klang meine Stimme schon sehr metallisch, als ich den Italiener zum dritten Mal nach dem Weg zur Bühne fragte.

Jetzt schien ich ihm leid zu tun – und er führte mich durch eine versteckte Tür, hinter der mich Kurt Felix begrüßte. „Verstehen Sie Spaß?" fragte er lächelnd.

Dumme Frage – was blieb mir denn anderes übrig?

Dieter Weidenfeld hat jedenfalls sehr gelacht, als wir uns später per Video meinen Weg durch das Labyrinth ansahen. Eine Stunde vor mir war schon mein Kollege Hansjörg Felmy gegangen – ihn hatte man extra unter einem Vorwand einfliegen lassen, während mein Auftritt bei der *Glückspost* wenigstens ‚echt' war.

Echt war er wirklich, dieser Auftritt. Erst am frühen Abend hatte ich endlich eine Probe und mit ihr so meine Probleme. Zwei Plattenfirmen hatten Bänder geschickt, beide waren falsch: Vollplaybacks mit Text und Musik, während ich doch auf meine Textsicherheit so stolz war und sie – mit Halbplaybacks, das heißt Hintergrundmusik ohne Text – unter Beweis stellen wollte.

Dazu hatte ich dann doch noch Gelegenheit. Der Tontechniker nahm meine ‚Übungskassette' aus meinem Walkman und spielte sie abends in die Halle ein. Ein paar Gäste hörten sogar zu.

Vorerst der letzte öffentliche Auftritt meines Weges, meines Abschiedsliedes an meine Kinder. Genauer: an Barbara und Sascha.

Denn ich habe noch ein anderes Kind, das seinen Weg schon lange allein geht – zumindest ging es ihn ab einem bestimmten Zeitpunkt ohne mich, und das bedauere ich sehr. Konstanze heißt es – meine Tochter aus erster Ehe. Während meines ersten Engagements in Waren/Mecklenburg lernte ich 1948 Jolande kennen, eine junge Schauspielerin aus einer alten Berliner Familie. Jolande kam frisch von der Schauspielschule und war in einem Vier-Personen-Stück namens ‚Flitterwochen' meine Partnerin. Unsere Wege trennten sich bald wieder. Ich beschloß, in Berlin auf die Schauspielschule zu gehen, um mir das, was ich seit Monaten auf der Bühne praktizierte, endlich auch in der Theorie anzueignen.

„Falls du Sorgen hast, geh zu meinem Vater, der freut sich immer, wenn er helfen kann", sagte Jolande. „Er ist zwar Anwalt, wollte aber selbst einmal Schauspieler werden und hat eine Schwäche für unseren Beruf. Ein sehr begabter junger Kollege, Klaus Schwarzkopf, wohnt seit einiger Zeit bei uns. Er wird dir gefallen."

„Danke", sagte ich, steckte den Zettel mit der Adresse ein und vergaß das Angebot erst einmal. Denn in Berlin dachte ich vorerst nicht an Probleme – dafür war ich viel zu beschäftigt.

Ich nahm Unterricht bei der Schauspielerin Marliese Ludwig in der Wilmersdorfer Str. 10 – eine großartige Lehrerin, die auch Horst Buchholz und Klaus Kinski unter ihren Fittichen hatte. Die alte Dame, die aussah wie eine Indianersquaw, bereitete mich mit dem ‚Moritz Stiefel' aus ‚Frühlingserwachen' und ‚Hamlet' auf die Aufnahmeprüfung der Schauspielschule des Hebbel-Theaters vor.

Mit Erfolg. Ich bestand das Examen und bekam eine halbe Freistelle – die andere Hälfte zahlte jemand, dem ich, weil ich es erst viele Jahre später erfuhr, nie danken konnte – er war inzwischen gestorben.

Ich war glücklich – und hungrig, denn von meinem gesparten Geld war kaum noch etwas übrig. Mein möbliertes Zimmer würde ich auch nicht mehr lange halten können, und so nahm ich eines Tages den Zettel mit Jolandes

Adresse, fuhr in die Friedenau und sprach bei ihren Eltern vor.

Auch dieses ‚Vorsprechen' endete erfolgreich – ebenso wie Klaus Schwarzkopf wurde ich für die Dauer meiner Schulzeit als ‚Kind im Hause' aufgenommen und sah in dem hochintelligenten Anwalt Günther bald den Vater, den ich nicht mehr hatte (und sehr vermißte). Ein großer Genießer und Trinker vor dem Herrn war er auch, damals wohl so alt wie ich heute. Zu jedem gemütlichen Beisammensein, das fast immer auch Diskussionen beinhaltete, gehörte in dieser Familie auch eine Cognacflasche – und imponieren konnte ich meinem Ziehvater nur durch alkoholische Standfestigkeit, die mir damals schwerfiel (heute wurde sie mir keine Probleme mehr machen, nicht nur wegen des Trinkens).

„Was soll nur aus dir werden, wenn du nicht trinkst", sagte Vater Günther immer wieder – heute wäre er stolz auf mich. Eines Abends gingen wir in die Kneipe an der Ecke, vor uns zwei doppelte Korn und zwei Maß Bier.

„Runter damit – und zwar in einem Zug", kommandierte er. Ich biß die Zähne zusammen, tat es ihm nach, war mit einem Schlag voll – und wurde endlich auch für voll-genommen. Bald besuchte ich auch Jolande, die inzwischen ein Engagement in Neu-Strelitz angetreten hatte. Wir verstanden uns blendend, fanden gemeinsame Themen und Interessen, hörten Musik, gingen spazieren, unterhielten uns. Und nicht nur das.

Wir verlobten uns und waren sehr fröhlich. Jetzt hatte doch alles „seine Ordnung".

„Bist du von allen guten Geistern verlassen?" fragten meine Freunde, als ich mich 1951 anschickte – nicht zum letztenmal in meinem Leben –, in eine Katastrophe zu schlittern.

„Du hast doch einen Vogel, so jung zu heiraten", drückte es mein Sänger-Freund, Günther Gerhard, drastisch aus.

Mein Schwiegervater sah die Sache mit Humor. „Ihr paßt sowieso nicht zueinander", sagte er. „Jolande ist um so vieles intelligenter als du – das kann ja nicht gutgehen. Ich mache euch ein originelles Hochzeitsgeschenk: Wenn ihr euch trennt, bezahle ich die Scheidung."

Leider kam er auf dieses Angebot später, als es soweit war, nicht zurück.

Vorerst jedoch ging ich ins Engagement nach Frankfurt, Jolande kam nach, und wir heirateten, wir Kinder. Jolande teilte buchstäblich Freud und Leid mit mir. Meine Gage war knapp: Wir gingen zu Fuß, weil die Straßenbahn zu teuer war, und waren in unserer Zweizimmerwohnung mit Küchenbenutzung sehr glücklich. Noch glücklicher waren wir, als im Juli 1954 Konstanze auf die Welt kam, ein Wunschkind, das schon früh in seinem Leben den ersten Umzug erlebte: Ich wechselte mit Frau und Kind, gerade 27 Jahre alt, ins Engagement nach Düsseldorf.

Aber wir entfremdeten uns immer mehr voneinander. Schließlich trennten wir uns: Jolande kehrte mit unserer Tochter 1957 nach Berlin zurück.

Noch lange Zeit besuchte ich meine Familie regelmäßig, ging mit meiner Tochter in den Zoo und auf den Funkturm. Verlegenheitsgesten ‚geschiedener Väter', sicher. Aber Konstanze war schließlich ein Teil von mir, ein sehr geliebtes Stück meines Lebens, auf das ich um keinen Preis verzichten wollte. Später, als alle Gemeinsamkeiten auf Materielles reduziert wurden, blieb mir nichts anderes mehr übrig, gab es plötzlich keinen Rückweg mehr.

Ich habe Konstanze lange Zeit sehr vermißt, vermisse sie ein bißchen noch heute,. Ich glaube sogar, daß ich meiner Tochter heute viel zu sagen hätte – schon deshalb, weil sie viel von meiner Sturheit, viel von meiner Unvernunft und meiner Körperlichkeit geerbt hat.

Mit Jolande habe ich mich längst ausgesöhnt. Während einer Plattenaufnahme im Sommer 1984 tat ich den ersten Schritt nach langen Jahren, nahm die Verbindung zu einer Frau wieder auf, mit der ich doch einige Jahre sehr glücklich gewesen war. Eine Verbindung, die ich, wenn auch sporadisch, sicher nicht wieder abreißen lassen werde.

Wer weiß – vielleicht werden sich auch Konstanze und meine Wege irgendwann einmal begegnen? Die Tür zu mir wird ihr immer offen sein. Und nicht nur ihr ... Ich mußte sehr schmunzeln, als ich Mitte Juli in der deutschen Regenbogenpresse las: „Barbara Wussow freut sich auf die Hochzeit mit Bertl Fortell. Sie wünscht sich bald

Kinder – wird Papa Klausjürgen Wussow bald Großvater?"

Nun, der war ich schon lange – Konstanze hatte mich längst zum zweifachen „Opa" gemacht. Und ich würde sie zu gerne einmal sehen, meine Enkelkinder... Auch für einen anderen Menschen wird die Tür zu mir immer offen sein. Für meine Frau, von der ich mich Ende 1986 nach 26 Jahren trennte – weil ich eben diesen Weg, meinen Weg, jetzt allein gehen will. Ein Schritt, der konsequent, logisch und nicht mehr zu vermeiden war – um so wenigstens die Freundschaft zu erhalten, eine Freundschaft, auf die ich nach so vielen Jahren der Gemeinsamkeit Wert lege, eine Freundschaft, die kaum zerstört werden kann – von mir jedenfalls nicht. Trotzdem: ein Schritt, der nicht leichtfiel und der zutiefst schmerzte, der aber immer noch besser war, als einen von uns draufgehen zu lassen (oder vielleicht alle beide?)... Stiller hätte er sein können, wenn es nach meinem Willen gegangen wäre – aber in meinem Leben ist selten etwas nach meinem Willen gegangen, warum also hätte es hier anders sein sollen? ‚1 Jahr nach Silberhochzeit: Wussows Ehe kaputt' meldete die Bild-Zeitung am 11. Dezember 1986. Daß wir uns ‚auseinandergelebt' hatten, hatte Bild-Reporter Gustav Jandek ebenso ‚herausgefunden' wie die Tatsache, daß wir beim ‚steyrischen Advent' in Graz erstmals getrennte Zimmer bewohnten.

Auch meine Absicht, meinen Wohnsitz nach Deutschland zu verlegen, war bei Springer bekannt. Das und vieles andere – wobei mich das ‚andere', was aus meiner engen Umgebung in Wien in die Presse gelangte, mehr traf als die Veröffentlichung einer Tatsache, die kein Geheimnis mehr war.

„Ein Schauspieler braucht keinen Partner, sondern ein Publikum", hat Artur Brauner einmal gesagt. „Und wenn der Partner auch Schauspieler ist, wird es ganz furchtbar..." Brauner muß es wissen, und ich fürchte heute, er hat recht.

Nach vielen Enttäuschungen, Irrtümern und Fehlern wage ich einen neuen Anfang: künstlerisch, geographisch. Ohne Halfter und Maulkorb, ohne kurze, erst recht aber ohne lange Leine.

In Wien steht ein Haus, das 25 Jahre lang mein Zuhause war. In Hamburg erwartet mich eine gemietete Drei-Zimmer-Wohnung, mich allein. Die Gründe gehen niemanden etwas an. Aber was diese Wahl, diese Entscheidung für einen Mann im letzten Drittel seines Lebens bedeutet, mag jeder selbst ermessen. Eine Entscheidung, wie sie jedes Jahr Millionen treffen. Nur etwas unbeobachteter als ich.

Wenn diese Öffentlichkeit unsere Freundschaft belastet, muß ich es auf mich nehmen, wie so manch anderen Rückschlag auch.

Mit der Presse – natürlich folgten der *Bild* unzählige ‚gelbe Blätter' – kann ich leben. Was mich verletzte, war, daß Nachbarn und Freunde sich an öffentlichen Meinungsumfragen beteiligten, Thema: Wie kaputt ist Wussows Ehe?

Wie kaputt gewisse Freundschaften sind, weiß ich jetzt. Um den Wert gewisser anderer Beziehungen weiß ich jetzt allerdings auch.

Und wenn sie, die anderen, die angeblichen Freunde und Nachbarn, sich schon so gerne in der Zeitung lesen: Warum haben sie dann nicht wenigstens die Wahrheit gesagt? Warum nicht, Herr Antel?

Na gut, sollen sie schmutzige Wäsche waschen – ich lasse meine in der Maschine.

Wen geht es etwas an? Jede Trennung ist schmerzhaft, und die Wahrheit – die Wahrheit kenne nur ich.

Nein, ein ‚einsamer Wolf' werde ich sicher nie werden – aber allein sein, das möcht' ich schon oft sein, langsam erwachsen werdend. ‚Jugendliche' brauchen nun mal ihren Freiraum...

Mein Weg im Schwarzwald: Das Phänomen „Schwarzwaldklinik"

Meinen Weg will und werde ich allein gehen. Aber ich habe seit dem 13. Juli 1986 tatsächlich noch einen Weg, einen öffentlichen, den jeden Tag viele Touristen gehen – *meinen* Weg.

„Stell dir det vor", kam Wolfgang Rademanns Stimme eines Tages Anfang 1986 über die Leitung, „du bist seit heute Ehrenschwarzwälder!"

Für den Fremdenverkehr hatten wir ja auch wirklich genug getan, aber mit der Ehre war es noch lange nicht genug.

‚Klausjürgen-Wussow-Weg' steht auf dem Schild im Naturschutzgebiet rund um den idyllischen Schluchsee bei Grafenhausen. Am 13. Juli 1986 wurde er eingeweiht. Nicht mit Pauken, aber mit Trompeten, Trachtengruppen, Tausenden von Menschen – und, natürlich, der Presse.

Ich war überwältigt: Da ist einer noch gar nicht tot und hat schon einen Weg?

Was sollte ich sagen? Mir fehlten die Worte...

Meinen Freunden von der Presse natürlich nicht. ‚Man kann es sich einfach machen', schrieb Peter Dyckhoff im *Stern-TV,* ‚kann wie auf Manhattan die meisten Straßen einfach durchnumerieren: 42. Straße, East oder West. Oder man gibt ihnen die Namen berühmter Politiker: Adenauerallee, Kaiser-Wilhelm-Straße, Stresemannstraße. Oder man nennt sie wenigstens nach Blumen: Veilchenweg, Tulpenstieg, Rosenstraße. Oder man greift, wie die Grafenhausener, einfach in die TV-Kiste. Und siehe da, der im Vorspann zur ‚Schwarzwaldklinik' so vorteilhaft abgelichtete Ort wurde fündig: Dieser Tage enthüllten die Honoratioren das Schild ‚Klausjürgen-Wussow-Weg'. Da brauchten die Gemeindeväter gar nicht lange rumzudoktern. An des wohltätigen Professor Brinkmanns Wesen ist das Glottertal genesen. Touristisch wenigstens. Und außerdem mußte ja mal einer den Anfang machen und einen Fernseh-Helden aufs Straßenschild heben. Auch für Käti, Dr. Udo und Dr. Christa wird sich hoffentlich noch ein bislang namenloses Sträßchen vierter Ordnung auftreiben lassen. Pfadfinder aller Sender vereinigt euch!'

Ich gebe es nur ungern zu: Dyckhoff hat ja leider recht mit seinem Spott.

Ist *das mein Weg?* Ich weiß es nicht.

Der Traum jedes Schauspielers ist die Popularität, die die Rolle des Professor Brinkmann mir geschenkt hat. Der Wunsch jedes erwachsenen Menschen ist in persönlicher Freiheit und Eigenverantwortlichkeit das tun zu können, was man gern möchte.

Beide Ziele schließen einander aus.

„George Bernhard Shaw hat einmal gesagt: Es gibt im Leben jedes Menschen zwei Tragödien: die Erfüllung eines Herzenswunsches – und die Nichterfüllung", sagt Brinkmann in der zweiten Staffel der ‚Schwarzwaldklinik' zu Käti, als er sich mit ihr über Udos Liebe zu Katarina unterhält.

„Dann wäre das Leben ja eine einzige Tragödie!" protestiert diese entsetzt.

„O nein", erwidert Brinkmann alias Wussow, „denn dazwischen liegt die Hoffnung."

Und so war und bleibt das Schönste für mich an der ‚Schwarzwaldklinik' auch diese erste Zeit, das erste Jahr der Dreharbeiten, als wir weder von Erfolg etwas wußten noch von Popularität, als der Schwarzwald noch ohne jeden Touristenboom vor sich hinträumte und wir von der ‚Klinik' uns, unbelastet von jeder Presse, als eine große Familie fühlten. Die Zeit ‚dazwischen' – die war wirklich die schönste.

Dennoch – wer von uns sagt, daß er sich über den Erfolg der Serie nicht freut, der lügt.

Peter Gerlach, damaliger ZDF-Vizeprogrammdirektor mit einem siebten Sinn für publikumsträchtige Unterhaltung, hatte Anfang der 80er Jahre gemeinsam mit Wolfgang Rademann und ZDF-Redakteur Gerd Bauer das ‚Traumschiff' auf Reisen geschickt, bei Rademann Schauspieler-Specials mit Grit Boettcher und Harald Juhnke in Auftrag gegeben, Frank Elstner und Thomas Gottschalk ins Studio gebeten und 1984 schließlich auch den Grundstein zur ‚Schwarzwaldklinik' gelegt.

„Da habe ich manches Unterhaltungsgroß mit schwarzem Zaumzeug umgesattelt", klagte er im Sommer 1986, inzwischen Programmchef des privaten Verlegerfernsehens SAT 1. „Mein damaliger Chef", damit meinte er ZDF-Programmdirektor Alois Schardt, „wollte weder das ‚Traumschiff' noch die ‚Schwarzwaldklinik'. Heute tut er so, als stehe er selbst neben Brinkmann im OP."

Ja, ja – der Erfolg hat viele Väter. Erst recht, wenn es so ein unerwartet überwältigender ist.

Der Erfolg hat aber nicht nur Väter, sondern auch Verwandte – unzählige ‚Wussows' haben mir in den letzten zwölf Monaten geschrieben, Wussows, die um drei oder mehr Ecken herum mit mir verwandt sein wollen, es zu sein glauben, es anhand von Stammbäumen beweisen zu können meinen.

Wanderer unter sich: Klausjürgen Wussow und „Landstreicher" Gustl Bayrhammer

„Peter und der Wolf": Klausjürgen Wussow mit Dirigent Kurt Eichhorn bei der Aufnahme in Bamberg

Abenteuer in Amerika: Klausjürgen Wussow und Hannelore Elsner

Die „Schwarzwaldklinik" in San Francisco: das Team vor der Golden Gate Bridge

Professor Brinkmann mit Stellvertreter Karl Heinz Vosgerau und Klinik-Team

Ein Schluck auf die Heimkehr: Klausjürgen Wussow und seine Fernseh-Familie

Ein junger Arzt hat Probleme: Klausjürgen Wussow als Professor Brinkmann mit Sascha Hehn als Fernseh-Sohn

Klausjürgen Wussow und Tochter Barbara als Professor Brinkmann und Lernschwester Elke

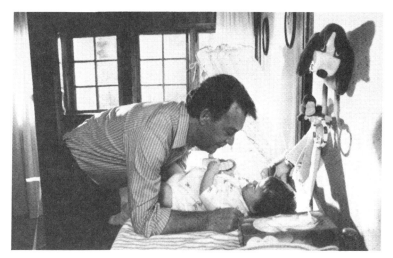

Vaterglück: Andreas Winterhalder als Baby Benjamin

Klausjürgen Wussow mit Hans Christian Blech und Birgit Doll in dem Simmel-Film „Bitte laßt die Blumen leben"

Autogrammstunde auf dem Alexanderplatz: Klausjürgen Wussow vor der Weltuhr in Ost-Berlin

Nicht jeder hat seinen eigenen Weg: feierliche Einweihung des Klausjürgen-Wussow-Weges am Schluchsee

Vor dem Kurhotel Adler: Klausjürgen Wussow mit Olympiasieger Georg Thoma und einer Trachtengruppe

Keine Angst vor großen Tieren: Klausjürgen Wussow und Gaby Dohm in Sri Lanka

Klausjürgen Wussow mit krebskranken Kindern aus der Nachsorgeklinik Katharinenhöhe

Klausjürgen Wussow vor dem „Hüsli": ein Ausflug im Cabrio

Sorry, bei allem Familiensinn – ich habe schon genug Familie, mein Bedarf ist mehr als gedeckt.

‚Wolfgang Rademanns Super-Serie schaffte Quoten wie in den Anfangsjahren des Fernsehens', schrieb Medien-Manager Hans R. Beierlein im *medien-telegramm* am 20. November 1985. ‚Der überragende Erfolg der Serie liegt nicht allein in der hohen Publikumsakzeptanz, sondern auch in der Stabilisierung auf höchstem Niveau. Fernsehen wurde wieder Ereignis.'

Von den 100 erfolgreichsten Fernsehsendungen belegte die ‚Schwarzwaldklinik' 1985 Platz 1 bis 12 und Platz 18, 1986 die ersten acht und weitere zwei Plätze unter den ersten 50. Die Auflage der Romane zur Serie geht in die Hunderttausende, mein eigenes Buch fand rund 200 000 Käufer. Tausende von Menschen erwarteten mich bei einer Autogrammstunde in St. Pölten, obwohl ich – wegen einer Flugzeugverspätung – viel zu spät zum Termin kam.

Bei einer anderen Autogrammstunde in Nürnberg mit Gaby Dohm waren gar 55 Polizisten notwendig, um einen Sicherheitsring zu bilden zwischen uns und 8000 Menschen, die ein Autogramm, ein Foto oder uns ganz einfach nur anfassen wollten. Fünf Leute fielen in Ohnmacht im Gedränge.

Weshalb bloß? Ich verstehe es noch immer nicht so richtig. Ich spiele diesen Brinkmann doch nur, wie ich ihn mir vorstelle. Natürlich identifiziere ich mich auch mit ihm – aber nur im Rahmen meiner Arbeit, im Rahmen der Serie... Da allerdings sehr stark – denn der Brinkmann ist nun mal so, wie ich immer versucht habe zu sein, wie ich gern wäre. Vielleicht merkt man das?

Keine Szene, auf die ich mich nicht vorbereitete, keine Operation, über die ich mich bei Ärzten nicht informierte. Auch nach 24 Folgen ‚Schwarzwaldklinik' noch keine Spur von Langeweile. Routine? Davon kann gar keine Rede sein.

Und wer das glaubt, hat keine Ahnung – so wie einer jener Journalisten, der nach einem Besuch im Schwarzwald schrieb: ‚Hans-Jürgen Tögel hat eine wohltuend ruhige Art. Er ist der einzige, der hier kreativ ackert. Für die anderen – den Kameramann vielleicht ausgenommen – muß es kotzlangweilige Routine sein. Davon aber um Himmels Willen nichts merken lassen. Und das demnächst die paarunddreißigste Folge. Da muß doch einer ausflippen, durchdrehen, aus der Rolle fallen. Am gefährdetsten scheint Wussow.'

Aber, aber, Herr V. – Sie scheinen mir da sehr viel gefährdeter. Nichts mehr von journalistischer Neugier, alles nur noch Schreib-Routine? Warum haben Sie während Ihres tagelangen Aufenthalts im Schwarzwald nicht einmal das Gespräch mit mir gesucht? Ich hätte Ihnen den Unterschied zwischen ‚kotzlangweiliger Routine' und ‚professioneller kreativer Vorbereitung auf eine Rolle' gerne erklärt. Aber vielleicht ergibt sich ja noch mal ein Gespräch?

Als ich den ‚Carlos' spielte, informierte ich mich über sein Leben. Las, daß er, als er eingesperrt war, Kaninchen fing und erwürgte (natürlich ging meine Begeisterung nicht so weit, ihn realitätsnah zu imitieren).

Als ich den ‚Lawrence von Arabien' spielte, führte ich mir die Eitelkeit dieses Mannes vor der Kamera so drastisch vor Augen, daß mich meine eigene Arroganz später auf dem Bildschirm zu Tode erschreckte.

In jeder negativen Rolle versuche ich, auch positive Charakterzüge zu fühlen und zu zeigen. Und umgekehrt: im (positiven) ‚Brinkmann' spiele ich bei aller medizinischen Souveränität auch menschliche Schwächen und Fehler.

Und versuche auch, der Figur eine konstante Entwicklung zu geben.

Was nicht immer leichtfällt. Wir drehen nicht chronologisch, sondern ‚springen' zwischen einzelnen Büchern und Szenen hin und her, drehen manchmal in einer Woche zehn ‚Szenen im Chefarztzimmer', die später beim Schnitt auf sechs Drehbücher verteilt werden.

Einmal drehten wir eine Szene des ersten Buches ein halbes Jahr nach Drehbeginn und kurz vor der Arbeit zu Buch Nr. 12 – ‚Sprünge', die nicht immer einfach sind und viel Vorbereitung erfordern.

Ein ständiger Wechsel zwischen Höhen und Tiefen – wie im wirklichen Leben. In meinem wirklichen Leben, meine ich. „Was du da leisten mußt, tagtäglich, ist schon ein Wahnsinn", machte mir Hans-Jürgen Tögel eines Tages ein seltenes Kompliment. „Jeden Tag viele Seiten Text lernen, mal mußt du fröhlich, mal traurig, mal verärgert sein. Du mußt ununterbrochen in verschiedene Badewannen mit unterschiedlichen Wassertemperaturen springen und die Temperatur auch noch in Sekundenschnelle annehmen – mit immer demselben Gesicht, ob das nun die achtundfünfzigste oder die zweiundsiebzigste Folge ist. Trotzdem bleibst du immer der Wussow, egal, was du spielst."

Zur Zeit spielte ich halt den Brinkmann, und die Anteilnahme des Publikums gipfelte in Briefen von Krankenschwestern und Ärzten: ‚Sie haben das Ansehen der Mediziner gerettet', schrieben sie.

Viele lächeln, wenn ich immer wieder betone, daß man auch mit der ‚Schwarzwaldklinik' Denkanstöße geben kann. Mögen sie lächeln – es stimmt.

Es fehlt nämlich etwas in unserem System: Zeit der Ärzte für die Patienten. Die Reaktion von Betroffenen beweist, daß Herbert Lichtenfeld hier ins Schwarze getroffen hat.

„Wir brauchen mehr Menschlichkeit, schon beim Studium", sagt zum Beispiel der Berliner Augenarzt Dr. Wolfgang Schultz-Zehden.

Er äußert die Absicht, auf Ärzte-Kongressen Studenten, Praxis- und Klinik-Ärzte mit der leicht erlernbaren Balint-Methode vertraut zu machen. Dieser 1970 verstorbene Budapester Arzt hat Strategien entwickelt, mit denen es zu einem wirklichen Gespräch zwischen Arzt und Patient kommt. „Ärzte dürfen nicht nur Verschreiber und Überweiser sein", sagte der Augenarzt. „Oft kommen die Patienten mit körperlichen Leiden, doch dahinter steckt die Seele, die krank ist." Neu sind diese Erkenntnisse keineswegs.

‚Das ist aber der größte Fehler bei der Behandlung der Krankheiten', schrieb schon Platon um 400 vor Christus, ‚daß es Ärzte für den Körper und Ärzte für die Seele gibt, wo beides doch nicht getrennt werden kann.'

Ähnliches hat Sokrates um 450 vor Christus festgestellt: ‚Es gibt keine von der Seele getrennte Krankheit des Körpers', ist in seinen Schriften zu lesen.

Wir haben diese Weisheit vergessen, während sie in anderen Kulturen seit Tausenden von Jahren und auch heute noch praktiziert wird. Medizinmänner, Hexen, Derwische und Schamanen haben seit jeher seelische Kräfte mobilisiert, um körperliche Leiden zu heilen, haben sich der Psyche und dem Körper des Kranken gemeinsam gewidmet – Faktoren, die bei uns streng voneinander getrennt werden.

‚Der Chirurg wird dafür bezahlt, daß er an einem Stück Körper kunsthandwerkliche Spitzenleistung vollbringt, wobei der restliche Körper abgedeckt ist. Der ganze Vorgang ist reduziert und konzentriert auf das Zentrum der Operation. Je weniger Mitleid oder Mitgefühl er dem anästhesierten Patienten entgegenbringt, um so objektiver, ruhiger und erfolgreicher kann er die Operation durchführen', schreibt der Psychologe Stephan Lermer in seinem Buch ‚Krebs und Psyche', in dem er sich anhand wissenschaftlicher Erkenntnisse mit den Zusammenhängen zwischen psychischen Belastungen und Krebs auseinandersetzt. Lermer sieht einen Ausweg in der Hinzuziehung von Seelsorgern oder Psychologen, die die Arbeit des Chirurgen ergänzen, stellt aber auch Erfreuliches fest: ‚Die Kluft wird immer mehr abgebaut. Immer mehr Ärzte, speziell Internisten, Gynäkologen und praktische Ärzte erkennen die unumgängliche Notwendigkeit, Krankheiten auch psychosomatisch zu sehen. Schließlich berichten die maßgeblichen medizinischen Fachbücher, daß alle Krankheiten zu 50 bis 80 Prozent psychosomatisch oder streßbedingt sind – Zahlen, an denen man nicht mehr vorbei kann.'

Ebensowenig wie am wachsenden Interesse der Bevölkerung an medizinischen Themen (auch) in unterhaltender Form.

Allein in Österreich werden jährlich über eineinhalb Millionen Ärzteromane verkauft – groß scheint der Wunsch nach einem allwissenden, aber auch menschlichen Arzt zu sein. Ein Fernsehthema, das laut Wolfgang Rademann seit Jahren „auf der Straße lag" und überall sonst auf der Welt schon aufgegriffen worden war.

Bei uns sorgte die medizinische Fernsehpremiere (durch ihren Erfolg) monatelang für Aufregung im Blätterwald.

‚Irgendwann erhebt sich die Frage: Warum guckt mein Hausarzt nicht so?' machte sich – zu Recht – Journalist Horst V. in einer Kolumne lustig. „Der guckt nie wie Wussow..."

Und diagnostizierte das Phänomen weiter: „Wie wird einer Chefarzt?" fragte der Junge an der Hand des Vaters.

„Er wird berufen."

„Von wem?"
„Von Rademann."
„Wer ist Rademann?"
„Der Gesamtleiter."
„Der Gesamtleiter wovon?"
„Na, von allem."
„Von allen Kliniken?"
„Natürlich nicht. Nur von dieser."
Doch in unserer Klinik geht es ja nicht nur um Krankheit, und das Geheimnis des Erfolgs kann nicht nur medizinische Ursachen haben.
169 Tage lang hielten wir mit einer Einschaltquote von 64 Prozent bundesdeutschen Rekord, der erst im Juli 86 von der Übertragung des Endspiels um die Fußballweltmeisterschaft Deutschland – Argentinien gebrochen wurde. Mit derselben Prozentzahl – und nur 200 000 Zuschauern mehr als die ‚Klinik'. Wolfgang Rademann war selig – wir natürlich auch. „Eine absolute Sensation" rief er, als er sich am nächsten Morgen die Quoten durchtelefonieren ließ. Gaby Dohm, Rademann und ich hatten uns das Spiel gemeinsam in Rademanns Zimmer im Parkhotel Adler angesehen. Und Wetten abgeschlossen: Rademann, daß der Fußball die Klinik mindestens um drei Prozent schlagen würde. Ich hatte, bescheiden wie immer, auf ‚Sieg' der ‚Schwarzwaldklinik' gesetzt. Wir hatten beide verloren.
Doch das trübte Rademanns Freude keineswegs. „23 Folgen lang hatten wir die Einschaltquoten der Weltmeisterschaft! Wer hat det schon? Det beweist erst die Supersensation der ‚Schwarzwaldklinik'. Fußball und Klinik – beides sind nationale Phänomene."
Ja, ja, ein Phänomen ist sie schon, die ‚Schwarzwaldklinik'. Nicht nur die Zahl der Zuschauer ist eine ‚Supersensation', auch deren Zusammensetzung wird die Medienforscher noch eine ganze Weile beschäftigen. Eine Kommunikationswissenschaftlerin schreibt eine Doktorarbeit zu dem Thema.
Wenn die ‚Schwarzwaldklinik' das ist, was sie scheint, nämlich eine ‚betuliche' Serie, voll von heile Welt-Schmus und Romantik, eine ‚Romanze in Mull' – dann kann sie doch nur sehr alte Leute interessieren, sollte man meinen, allenfalls vielleicht noch Kleinkinder.
Weit gefehlt. Die Serie hat, wie ich an meiner Post sehe

und das ZDF in den Berichten seiner Zuschauerforschung, auch eine ganze Menge junge Zuschauer (was ihre Kritiker gerne diskret unter den Tisch der öffentlichen Meinung fallenlassen). Junge Menschen zwischen 20 und 30, die zuschauen, schreiben, zum Drehort kommen.

Warum nur?

Dem Phänomen ‚Schwarzwaldklinik' wollte ich aus naheliegenden Gründen auf die Spur kommen und sprach immer wieder mit Freunden und Fremden über die mögliche Ursache der deutschen Sucht nach unterhaltsamer Bildschirm-Medizin.

Für Wolfgang Rademann, den Unterhaltungs-König des deutschen Fernsehens („Ick bin een Unterhaltungsfuzzi") liegt der Fall ganz klar. „Das Thema Medizin hat die Menschen immer schon interessiert. Und das Bedürfnis nach Unterhaltung steigt, je schlechter die Zeiten sind. Und die Zeiten sind nun mal schlecht – mit Krisen, Demos, Tschernobyl."

Ein Grund mehr für ihn, keine Atomwolke auf die Klinik zutreiben zu lassen, wie oft spekuliert wurde. Auch mit dem Thema Aids will Klinik-Leiter Rademann nichts zu tun haben, auch wenn ich privat der Ansicht bin, daß diese schreckliche Seuche schon der Massen-Aufklärung halber einen Platz in unserer Klinik verdient hätte. Aber was nicht ist, kann ja noch kommen.

Dachte ich jedenfalls – bis ich im Frühling 1987 mit Wolfgang Rademann noch einmal über das Thema sprach.

„Natürlich jehört det in die Klinik", gab er zu. „Nur: wenn Lichtenfeld sich heute hinsetzt und schreibt, dauert det zwei Jahre, bis det Ding im Programm ist. Det heißt, det wir bei der rasanten Entwicklung dieser schrecklichen Seuche im Programm nicht aufklären können, sondern dem neusten Stand von Wissenschaft und Forschung um zwei Jahre hinterherhinken. Det jeht nich."

Det sah ick ein.

Was sagt nun ein Psychologe zum Schwarzwald-Boom, einer, der die Menschen und ihre Beweggründe genau studiert hat?

„In unserem Zeitalter gibt es kaum noch etwas, worum die Leute sich Sorgen machen können", sagte mir der

Münchner Diplompsychologe Georg Sieber. „Die Kinder sterben nicht mehr wie die Fliegen, wer absolut Arbeit haben will, bekommt sie auch, die Männer fallen nicht mehr im Krieg. Was den Menschen heute noch Sorgen macht, ist ihre Gesundheit. Ihr Umgang mit Krankheiten, Ärzten, Kliniken. In diese gewaltige Informations- und Unterhaltungsnische ist die ‚Schwarzwaldklinik‘ gepreßt."

Das allein kann es doch wohl nicht sein.

„Eine Nische, in die 64 Prozent aller Zuschauer stürmen?" fragte ich zweifelnd.

„Die ‚Schwarzwaldklinik‘ ist eben ein Strichmädchen, und zwar eines mit Herz", gab Sieber zurück. „Sie befriedigt den menschlichen Voyeurismus auf allen Ebenen."

Ich war entsetzt. „Einen Umschlagplatz für Schicksale hat Wolfgang Rademann die Serie einmal genannt", gab ich zu bedenken.

Sieber lachte. „Das ist ein Bordell auch – die Vergleiche weichen gar nicht so sehr voneinander ab."

Damit gab ich mich immer noch nicht zufrieden. „Wie erklären Sie sich dann die Tatsache, daß die Leute aus ganz Deutschland zum Drehort kommen, mich anfassen, meine Hand schütteln wollen?"

„Ganz einfach", sagte Sieber. „Der Beruf des Arztes ist noch immer mit körperlichem Kontakt verbunden. Ein Arzt ist im Idealfall Helfer und Heiler, notfalls durch Handauflegen. Die Zuwendung, die Sie auf dem Bildschirm ausstrahlen, wollen die Leute auch von Ihnen privat. Mit diesem Rucksack müssen Sie halt leben. Sie sind Brinkmann – und kein Dementi der Welt wird das je ändern."

Ich habe da noch eine andere Theorie – auch auf die Gefahr hin, daß mich die (sogenannten) ernsthaften Schauspieler, Regisseure und Kritiker verbal steinigen werden.

Für mich ist der Unterschied zwischen ernstem Theater und leichter Fernsehunterhaltung gar nicht so groß – und er wird zunehmend kleiner. Jeder Klassiker auf der Bühne ist im besten Sinne Unterhaltung, aus dem jeder Zuschauer für sich selbst seine Lehren ziehen muß. Jeden Zuschauer interessiert etwas anderes, jeder hat andere Prioritäten, zieht aus der Vorstellung das, was ihn in diesem Moment beschäftigt – wie Betrachter eines Bildes, die sich für völlig unterschiedliche Aspekte der Malerei interessieren.

‚Katharsis‘ nannten die Griechen diese Art der ‚Selbstreinigung‘: Identifikation, Freude, Trauer, kurz: Lebenshilfe durch das Theater.

Ähnlich ist es bei unserer ach so trivialen ‚Schwarzwaldklinik‘, die mehr erreicht als hohe Einschaltquoten. Patienten finden Trost, Ärzte und Schwestern werden ebenso zu Denkanstößen angeregt wie die Verwandten von Kranken und Sterbenden.

‚Ich habe gemerkt, daß ich im falschen Krankenhaus arbeite‘, schrieb *Spiegel*-Leser Norbert Steiner nach einem Verriß der Serie. ‚Deshalb möchte ich mich sofort in der Schwarzwaldklinik bewerben. Können Sie mir mit einer Adresse weiterhelfen?‘

Norbert Steiner ist Fachkrankenpfleger.

Dem *Stern* war die ‚Schwarzwaldklinik‘ Ende 1985 gar eine repräsentative Umfrage wert. 41 Prozent aller Zuschauer hatten nach der siebten Folge so gut wie alle gesehen, 23 Prozent mehrere Sendungen. Frauen (zwei Drittel aller Zuschauer) können den Doktorspielen mehr abgewinnen als Männer, Ältere mehr als Jüngere, Norddeutsche mehr als Süddeutsche. ‚Rundherum gut gemacht‘ beurteilten 71 Prozent der Befragten die Serie, die Schauspieler gefielen 70 und die Geschichten drumherum 63 Prozent. Erstaunlich: die Themen Krankheit/Gesundheit interessierten nur 33 Prozent besonders. 40 Prozent beklagten mangelnde Realitätsnähe, 31 Prozent, daß mit dem Problem Krankheit zu leichtfertig umgegangen werde. Dennoch: auf die Frage, ob sie sich in die Obhut eines Krankenhauses wie die ‚Schwarzwaldklinik‘ begeben würden, antworteten 61 Prozent mit „Ja". Erstaunlicherweise, so der *Stern*, ausgerechnet die jungen Zuschauer zwischen 14 und 29 Jahren (68 Prozent), die der Serie ansonsten eher skeptisch gegenüberstehen. Mit „Nein, danke" wurden die Infratest-Interviewer am häufigsten von den 30- bis 40jährigen bedacht (30 Prozent).

Die ‚Schwarzwaldklinik‘ – ein Phänomen, von dem nicht nur wir Schauspieler (direkt) betroffen sind, sondern natürlich auch ihr Urheber, Autor Herbert Lichtenfeld.

Der wirkliche Vater des Erfolgs fühlte sich bedrängt, als

nach dem Start der Serie täglich bis zu 30 Anrufe kamen, als fremde Stimmen ihn um Hilfe baten, Not signalisierten oder auch als ‚Schwein' beschimpften. Er fühlte sich als Beichtvater, als Sünden- und Prellbock, als Adressat in Sachen Fortsetzungswünsche. Ein Geistlicher geißelte das Lotterleben Udos – noch verheiratet, und schon mit der nächsten im Bett – pfui Teufel!

Abgesehen vom ersten Kritik-Ansatzpunkt, der ‚heilen Welt', warf man ihm Verteufelung der Polizei, Humanitätsduselei gegenüber Schwerverbrechern, die Verherrlichung von Korruption, Neid, Sadismus und Sabotage vor.

Lichtenfels ‚Luxus', soziale Wirklichkeit in die Spielhandlung einzubauen, löste zunehmend Verwirrung aus, machte die ‚Schwarzwaldklinik' aber auch glaubwürdiger – auch und gerade für die jungen Menschen.

‚Das Drehbuch ist zu professionell für die übliche seichte deutsche Fernsehunterhaltung', analysierte sogar der ‚Telekrit' im *Stern,* natürlich nicht ohne Ironie, den Erfolg der ‚Schwarzwaldklinik'. „Die Schauspieler sind zu gut, auch wenn Sascha Hehn als James Dean des Unterholzes in jeden billigen Groschenroman paßt. Und die Geschichte läßt sich publikumswirksam erzählen, bis die letzte Lerche singt und die letzte Lärche verdorrt. Was ‚Dallas' und ‚Denver' bieten, zeigt das Krankenhaus am Rande des schwarzen Waldes allemal – ein Surrogat sogenannter echter Gefühle, die jeder unter seinem Niveau schon mal hatte, aber nie zugab. Und der entscheidende Vorteil gegenüber den Dauerbrennern aus den USA: die Klischee-Veranstaltungen der reichen Pappkameraden von drüben sind so vorhersehbar eintönig geworden, daß die Irrungen und Wirrungen unseres deutschen Chefarztes dagegen wie eine intellektuelle Erholung wirken. Und wer meint, deutsche TV-Zuschauer seien halt zu blöd, um solchen – im Vergleich zu Thomas Manns ‚Buddenbrooks' – tiefen Schwachsinn gern zu verdauen, sollte zumindest der Wahrheit die Ehre geben. Also zugeben, daß er/sie auch zu diesen Blöden zählt. Die Hölle, das sind nicht immer die anderen, und, nicht wahr, es muß nicht immer Ditfurth sein, wenn klagend die letzten Wälder rauschen."

Autor Herbert Lichtenfeld nimmt Lob ebenso gelassen hin wie Kritik, letztere sogar dankbar.

„Ich fühle mich geschmeichelt und bin dem *Spiegel* und

der *Süddeutschen Zeitung* zu Dank verpflichtet, daß sie auch Leser, die vielleicht nicht zu unserem Publikum gehören, auf die Serie aufmerksam gemacht haben", sagte er im *medien-telegramm*.

„Und was sagen Sie zum Vorwurf der Volksverdummung?" Lichtenfelds Antwort war überzeugend. „60 Prozent aller Bürger, die SPD wählen, wären eine qualifizierte Mehrheit. 60 Prozent aller Bürger aber, die die ‚Schwarzwaldklinik' sehen, geben die ernsthaften Anlaß, sich um die Verdummung des Volkes zu sorgen?"

Die Arroganz bestimmter Kritiker ist es, die Lichtenfeld aufregt, auch „das elitäre Gehabe der Feuilleton-Kritiker diesen Menschen gegenüber, die sie zu den Blöden der Nation abstempeln."

Unser Autor nannte ein Beispiel. „Wenn ich zum Beispiel lese, daß im *Spiegel* Gaby Dohm als ‚angefaltete Krankenschwester' bezeichnet wird, wünsche ich mir, daß eine angefaltete 40jährige *Spiegel*-Redakteurin Herrn Karasek auf dem Gang eine runterhaut. Nach Lektüre des *Spiegels* frage ich mich ernsthaft, ob da die Würde des Menschen noch unantastbar ist."

Die Würde des Menschen – sie ist auch Anliegen vieler junger Menschen, die ihr Leben der Medizin verschrieben haben. Warum sonst protestierten Hunderte von Medizinstudenten im Herbst 1985 ausgerechnet im Glottertal – für eine ‚menschlichere Medizin'?

Bei den ersten Demonstrationen dachte ich: „Um Gottes Willen – das sind die Nächsten, die es auf mich abgesehen haben!"

Hier irrte Wussow – das sah ich ein, als einige der Studenten Monate später in Wien vor meiner Garderobe im Burgtheater standen und um meine Unterstützung baten.

Ihr Problem ist nicht neu: Mit dem Numerus clausus in Deutschland werden nur die Abiturienten mit den besten Noten zum Medizinstudium zugelassen. Ein Mißstand, den es auch meiner Ansicht nach zu ändern gilt.

Er bedeutet, daß Menschen nur aufgrund einer sehr guten Durchschnittsnote Medizin studieren dürfen. Und man gar nicht darüber nachdenkt, daß manche Jungen und Mädchen vielleicht auch ohne diese Endzensuren, mit spezielleren medizinischen Qualifikationen, fabelhafte Ärzte und Ärztinnen würden. Oder gerade die.

Ein Plädoyer gegen Noten und für Leistung hatte ich schon einmal öffentlich gehalten – 1959 in meinem allerersten Film ‚Arzt aus Leidenschaft'.

An der Seite von Adrian Hoven, Willy Birgel, Ellen Schwiers, Antje Geerk und Carl Wery unter der Regie von Wolfgang Klinger spielte ich den jungen Arzt Dr. Wolfgang Friedberg. In den Nachkriegswirren hatte der Medizinfan sein Abitur ebensowenig machen können wie das zum medizinischen Staatsexamen notwendige Physikum. Und so kaufte er beides einem Namensvetter, Felix Friedberg ab, der sich mit dem Geld und ohne seine Papiere ins Ausland absetzte.

Wolfgang Friedberg besteht sein Staatsexamen summa cum laude, verschreibt sein Leben der Forschung und ist Jahre später gerade dabei, ein erstes Anti-Thrombose-Mittel zu entdecken, als seine Vergangenheit ihn einholt.

Der totgeglaubte Felix taucht wieder auf, erpreßt ihn – und auch Ellen Schwiers als Oberschwester Hilde (die unglücklich in ihn verliebt und eifersüchtig auf eine hübsche Lieblingspatientin ist) setzt Friedberg unter Druck.

„Ich kann schweigen – auch über das, was ich über Sie weiß", sagt sie im Ärztezimmer. „Wenn ich aber nicht schweige, wird Ihre Arbeit wertlos sein. Denn wer wird schon einem Menschen vertrauen, der sich seinen Doktortitel mit falschen Papieren erschlichen hat?"

„Also eine glatte Erpressung", stellt Friedberg alias Wussow fest.

„Sie wissen nicht, was Sie mir bedeuten", erklärt Oberschwester Hilde.

„Gehen Sie!" sagt Friedberg. Was natürlich Konsequenzen hat – Oberschwester Hilde verpfeift ihn beim Staatsanwalt, während Friedberg todesmutig (mit einem riskanten Selbstversuch) sein Leben seinem Experiment widmet.

Inzwischen wird natürlich längst gegen ihn ermittelt, doch sein Chef, Professor Ruge, hält zu ihm: „Wenn jemand ein begnadeter Arzt ist, dann ist es Friedberg", beschwört er den Staatsanwalt.

Und als Friedberg, nach dem natürlich geglückten Experiment und noch auf dem OP-Tisch, die Glückwünsche des Professors abwehrt mit den ehrlichen Worten: „Ich bin kein Arzt, mein Doktortitel besteht nicht zu Recht", beruhigt ihn Professor Ruge väterlich: „Keine Sorge, mein Junge – ich werde mich mit allen Mitteln für Sie einsetzen. Als Präsident der Ärztekammer, als Ihr Chef und als Ihr Kollege."

„Herr Professor, ich danke Ihnen", sage ich matt und kann endlich beruhigt die Augen schließen – bzw. sie in die von Antje Geerk versenken, denn die ‚kriege' ich zum Happy-End natürlich auch noch.

Damals war ich ein begabter junger Arzt, heute bin ich selbst Klinikchef und Professor – wenn auch nur im Fernsehen. Wenn das Carl Wery wüßte ...

Auch Brinkmann kann mal irren – Querulanten haben Charakter

Querulanten habe ich immer schon gern gespielt, ihnen hat immer meine private und berufliche Sympathie gegolten – auch in der ‚Schwarzwaldklinik'.

In einer der neuen Folgen brauchten wir einen neuen Anästhesie-Assistenten. Der Verwaltungsrat rät von der Einstellung des qualifiziertesten Bewerbers ab: Dr. Ackermann habe schon einmal die Treuepflicht gegenüber seinem Dienstherrn verletzt, als er eigenmächtig einen Pharmaskandal in einer psychiatrischen Landesanstalt aufdeckte und für Schlagzeilen sorgte. Ich als Dr. Brinkmann schlage alle Warnungen in den Wind, stelle den erstklassigen Kollegen ein und halte meinen Kopf für den ‚Querulanten' hin. Dr. Ackermann, gespielt von Hans-Jürgen Schatz, hatte nämlich mein vollstes Verständnis. Wie jeder, der öffentlich Mißstände aufzeigt – ob es nun politische sind oder die in einer Klinik.

Man soll den Mund aufmachen, wenn etwas nicht in Ordnung ist – und auch wenn ich selbst diesem Motto nicht immer treu war, habe ich doch Opportunismus immer gehaßt; und auch auf die Wahrhaftigkeit will ich in Zukunft wieder mehr Wert legen. Und wenn ich auf diesem Weg Hilfe brauche, werde ich sie annehmen – wie schon so oft in meinem Leben.

So kam eines Tages 1943 der Direktor unserer Schule ins Klassenzimmer und sagte: „In dieser Schule gibt es eine Organisation, die Wehrkraftzersetzung betreibt."

Ratlos sahen wir ihn an, und er erklärte, worum es ging: Um Anti-Hitler-Parolen, die auf Zetteln in der Schule verteilt worden waren. Nun hatte man die Aufsätze aller Schüler auf verdächtig-identische Schriften geprüft. Der Direktor rief mich auf und sagte drohend: „Deine Schrift haben wir auch auf den Zetteln gefunden!"

Ich begriff noch immer nicht, war den Tränen nahe, beteuerte meine Unschuld – vergeblich (heute wünschte ich, ich wäre, in diesem Fall, mal nicht so unschuldig gewesen ...)

Da stand neben mir jemand auf: mein Freund Hans Gebhard, Sohn eines Rittergutbesitzers, der als General im Krieg war. „Lassen Sie den Klaus in Ruhe", sagte er laut. „Wenn er sagt, daß er's nicht war, war er's auch nicht. Hier steht Wort gegen Wort."

Eine Schützenhilfe, die dem Lehrer damals, in der Hoch-Zeit der Nationalsozialisten, so sehr imponierte, daß er mich in Ruhe ließ.

Mir natürlich auch. Ich habe Hans Gebhard diesen mutigen Freundschaftsdienst nie vergessen.

Ansonsten war ich nie ein furchtsamer Mensch – ich kenne weder Angst vor Dunkelheit noch Angst vor konkreteren Gefahren. Was mir Angst macht, auch heute noch, sind Situationen, die ich nicht abschätzen kann, Menschen, die einem nicht ins Gesicht sehen können, Hinterhältigkeit, gegen die ich mich nicht wehren kann.

Die Angst vor der Handlungsweise gewisser Menschen, Angst vor Erpressung und Druck.

Doch ich habe gelernt: der einzige Weg, Ängste zu bekämpfen, ist, sich ihnen zu stellen. Und wenn es im OP der ‚Schwarzwaldklinik' ist.

Im Herbst 1985 hatte ein Reporter namens Bodo Land für die „Hör Zu" eine Story über mich geschrieben: mit Zitaten, die nicht von mir stammten, und Behauptungen, die er nur aus der Luft gegriffen haben konnte.

Der Ärger war viele Monate später längst vergessen, als mir eines morgens im OP das Gesicht eines „Patienten" bekannt vorkam: Bodo Land. Er hatte den Auftrag, für die „Hör Zu" eine Erlebnisgeschichte als Komparse zu schreiben.

Ohne mich – ich warf ihn kurzerhand aus dem Studio.

Später hörte ich, daß er völlig verstört in die Redaktion kam und mich verklagen wollte – ich hatte ihm scherzhaft die Reitpeitsche angedroht.

„Wer schützt Journalisten eigentlich vor Schauspielern?" soll er gefragt haben. Eine berechtigte Frage – ob er sie umgekehrt wohl schon einmal gestellt hat? Wer schützt uns vor Ihnen, Herr Land?

Zurück zur Schwarzwaldklinik. Auch ein Querulant, eine schillernde neue Figur in Klinik und Hüsli ist Brinkmanns Vetter Florian, gespielt von Raimund Harmstorff, der sich eines Tages (Folge 29) bei den Brinkmanns einquartiert. Der Kanada-Auswanderer belegt bald die Familie mit Beschlag – sogar unsere prüde Haushälterin Frau Michaelis (Evelyn Hamann), die ihr spätes Glück kaum fassen kann.

Sie verspricht, ihren Florian bald in Kanada zu besuchen.

Ein bißchen enttäuscht war ich schon – für mich stand kein Kanada-Besuch im Drehbuch. Denn Kanada war mein großer Traum, schon seit Kindertagen.

Ich war sechs Jahre alt, und die Schwester meiner Mutter mit einem ‚Einwanderer' verheiratet: ein Agrarwissenschaftsstudent, der nach seinem Studium hier keinen Job fand und für einige Zeit nach Kanada ausgewandert war und dort als Farmer gearbeitet hatte. Natürlich war er ein echter Cowboy – das stand für uns Kinder fest.

Wir liebten Onkel Heinos Geschichten über Kanada, die er uns, meinem Bruder Horst und mir, sonntags morgens in unserem dunklen Kinderzimmer erzählte, lauschten gebannt, wenn er von Bären sprach, die er uns so plastisch schilderte, daß wir, völlig verängstigt, in jedem Schatten im Zimmer einen drohenden Bärenkopf sahen.

Fernweh packte uns, wenn er von der unendlichen Weite des Landes schwärmte, von den Seen und den Fischen. Fernweh, das mich auch heute immer wieder befällt und dem ich (bisher) viel zu selten nachgegeben habe.

Vielleicht könnte ich meinen Vetter Florian doch mal in Kanada besuchen, Herr Lichtenfeld?

Ist Professor Brinkmann austauschbar?

„Wer plaudert, wird zur Kasse gebeten – 50 000 Mark für jeden Schauspieler, der verrät, wie es weitergeht." Anlaß zu dieser Drohung Rademanns gab die letzte Folge der ‚Schwarzwaldklinik' im März 1986. ‚Gemeiner Verrat – Professor Brinkmann: Herzinfarkt!' lautete die Schlagzeile der *Bild am Sonntag* am 2. Februar. ‚Das bestgehütetste Geheimnis' der ‚Schwarzwaldklinik' wurde verraten. Beim ZDF ist man stinksauer. Millionen Zuschauern wurde die Spannung gestohlen. So einen TV-Skandal gab's bisher nur 1962: Damals verriet Kabarettist Wolfgang Neuss den ‚Halstuch'-Mörder.'

Noch während unsere letzten Folgen liefen, drohte Rademann mit Strafen und ließ für die Fortsetzung der Serie ‚den eisernen Vorhang runter' (bzw. legte ganz einfach falsche Fährten).

Konventionalstrafen für Schauspieler in schwindelnden Höhen – das hatte es noch nie gegeben im deutschen Fernsehen, und Rademann hatte wieder einmal für Schlagzeilen gesorgt.

Vertrauen ist gut, Kontrolle ist besser? Ein bißchen bestürzt waren wir schon.

Und verwirrt – als nämlich die widersprüchlichsten Informationen im Zusammenhang mit der ‚Schwarzwaldklinik' durch die Presselandschaft geisterten.

‚Professor Brinkmann geht fremd – mit einer Farbigen', ‚Käti kommt wieder', auch ‚Heidelinde Weis kommt wieder – als ihre Zwillingsschwester', ‚O. W. Fischer in der ‚Schwarzwaldklinik' und viele andere ‚Enten' mehr, die durch den deutschen Blätterwald wackelten, zum Teil falsche Tips, die Rademann selbst gegeben hatte, um Verwirrung zu stiften und das Interesse wachzuhalten.

Rademanns Geheimniskrämerei war verständlich – war seine Drohung nötig?

„Det war nur een Schreckschuß", kommentierte er diese Frage *medien-telegramm*. „Und bis jetzt hat det ooch janz jut jewirkt."

Bald erschrak ich noch mehr – durch neue Presse-Enten.

‚Klausjürgen Wussow: Ich will mehr Geld, sonst steige ich aus': eine Schlagzeile als Profilierungsversuch eines ehrgeizigen Reporters. Ein ‚Interview', getürkt von einem Klatschjournalisten, aufgegriffen und abgeschrieben von Kollegen, die sich Eigen-Recherche ersparen wollten.

‚Ich will mehr Geld oder...' Nie würde ich mit einem Interview das Vertrauensverhältnis zwischen Kollegen, Produzent, Sender und mir auf eine derart harte Probe stellen. Nur – wußten das Kollegen, Produzent und Sender auch? Was sollten sie denken, als sie lasen: ‚Wenn die Gage nicht verdoppelt wird, verlasse ich die Schwarzwaldklinik, sagt Wussow.'

Wussow sagte alles andere als das – doch bis er das richtigstellen konnte, verging Zeit, wurden Aggressionen auf- und Vertrauen abgebaut.

Und so erschien, vielleicht als Reaktion auf meine angebliche Gagenforderung, ein Interview mit Wolfgang Rademann, in dem er sinngemäß sagte: „Wenn der Wussow zuviel Geld will, lasse ich ihn halt gegen einen Baum fahren."

So hatte ich eigentlich nicht sterben wollen – doch als wir wieder im Schwarzwald waren, klärten wir alle Mißverständnisse.

„Det betraf nich dich persönlich", sagte Rademann. „Det war mehr een Warnschuß – für det janze Team. In Amerika is es doch so, daß die Stars sich mit ihren Gagenforderungen jejenseitig hochschaukeln, und die Sender lassen sich erpressen, ziehen mit, lassen Tote wiederauferstehen und andere vorzeitig sterben. Bei uns läuft det anders. Unsere Sender haben Gagen-Grenzen und können sich nicht wie die Amis von Joan Collins oder Patrick Duffy finanziell unter Druck setzen lassen. Bei uns is der Star keen Schauspieler, sondern die Serie."

Das sah ich ein, aber es genügte mir noch nicht. „Hältst du mich nun für austauschbar oder nicht?" insistierte ich.

Schauspieler brauchen nun mal Streicheleinheiten, und meine Eitelkeit will besonders oft befriedigt sein.

Nun kann man Wolfgang Rademann viel vorwerfen – seine Nase für das, was gerade angebracht ist, läßt ihn selten im Stich. „Allet Quatsch, allet Spekulation", sagte er deshalb. „Du bist als Brinkmann keinesfalls austauschbar, und daran denkt ooch keen Mensch."

Rademann griff das Thema jedoch in einem *Playboy*-Interview ein paar Monate später wieder auf ‚Klausjürgen

Wussow ist die Idealbesetzung für Professor Brinkmann, aber wenn er die Serie verläßt, geht die Sendung weiter. Themen sind schwerer zu finden als Schauspieler.'

Ob er da so sicher sein kann? ‚Die Themen', sagte er an anderer Stelle dieses Interviews, ‚liegen auf der Straße, man muß sich nur bücken.'

Mit den Schauspielern ist das nicht so einfach – die liegen zwar manchmal auch auf der Straße, aber dann sind sie wohl kaum die richtige Besetzung für eine Familienserie...

Dabei ist Rademann, ebenso wie ‚Derrick'- und ‚Der Alte'-Produzent Helmut Ringelmann, bekannt für erstklassige Besetzungen. Und auch dafür, daß er für gute Stimmung im Team sorgt, immer ansprechbar (wenn vor Ort) ist und ein offenes Ohr für die Probleme seiner Schutzbefohlenen (wenn Zeit) hat. Um jede Kleinigkeit kümmert er sich, wie er dem *Playboy* gestand, selbst. ‚Vom Kaffeeservice bis zur Harmonie im Team. Ich kann Krach auf den Tod nicht ausstehen und suche mir nur Leute aus, bei denen ich weiß, daß es keine faulen Hunde oder Intriganten sind. Ich würde dabei sogar so weit gehen, einer frustrierten Maskenbildnerin einen Liebhaber zu beschaffen, wenn das für das Arbeitsklima gut ist.'

Nun, letzteres war, soweit ich weiß, bei uns nicht nötig. ‚Schauspieler sind manchmal von einer erschreckenden Dusseligkeit, brauchen führende Hände', vertraute er (auch) dem *Playboy* an.

Rademann sucht und findet uns, die ‚Dussligen', seine Schauspieler, durch unermüdliche Kino- und Theaterbesuche, durch endlose Besichtigung von Videokassetten und Fernsehsendungen.

„Viele Regisseure gucken ja nicht mal Fernsehen", klagt er. „Folge: es werden immer dieselben Leute beschäftigt, weil man sie kennt. Wir haben das beste Theater der Welt mit den besten Schauspielern der Welt, und keiner holt sie..."

Falsch: Rademann holt sie, Gott sei Dank.

Über die ‚besten Schauspieler der Welt' machte sich (wieder mal) Horst V. im Oktober Gedanken – und sah die Sache etwas anders: ‚Wer in der Schwarzwaldklinik glaubt, ohne ihn ginge nichts, der täuscht sich. Und hieße er Wussow."

Zugegeben: ich war erleichtert, daß Rademann V. nicht beauftragt hatte, Drehbücher für die Serie zu schreiben. Der nämlich machte sich auch schon heftig Gedanken über meinen möglichen Abgang à la ‚Dallas' und ‚Denver':

‚Wussow stirbt Scheintod und liegt nur immer noch so rum. Er landet nach einem Verkehrsunfall im Rollstuhl und wird hin und wieder durch die Schwarzwaldklinik geschoben.

Er kriegt Aids, und Aids darf in einer Familiensendung nicht gezeigt werden, weil Kinder zugucken.

Er entpuppt sich als DDR-Spion und macht mit dem Ex-Kölner Juristen Tiedge in Ost-Berlin eine Gemeinschaftspraxis für äußeres Recht und Innereien auf.

Er geht, weil er die Schwarzwaldklinik satt hat, in den Entwicklungsdienst, in ein Kloster oder wird Papst.

Er wird Bundes- oder UNO-Präsident.

Er erblindet, operiert aber im geheimen weiter.

Bei Wolfgang Rademanns Begeisterungsfähigkeit für neue Vorschläge kann ich nur hoffen, daß er diese Ausgabe des *Playboy* nicht gelesen hat...

Ein kurzes Kapitel, und nicht mal von mir: Kritik an der „Schwarzwaldklinik"

Natürlich lese ich Kritiken – wenn auch nur die guten. Und auch die immer seltener.

Wie den Leitartikel von *Gong*-Chefredakteur Helmut Markwort vom 25. 1. 86.

„Liebe Leser,

wie Sie alle wissen, wird die ‚Schwarzwaldklinik' gerne gesehen und viel belästert. Vor allem werden die Schilderung des Krankenhaus-Alltags und die positive Charakterisierung des Chefarztes kritisiert.

Kein Arzt, so heißt es, sei so aufopfernd und einfühlsam, und erst recht habe keiner so viel Zeit für seine Patienten wie dieser Professor Brinkmann.

Das mag ja sein, aber: Muß man die Fernsehserie angreifen, weil sie Wünschenswertes darstellt? Muß man nicht vielmehr Fehler in unserem Gesundheitswesen beklagen, an die viele sich leider gewöhnt haben?

Sicher gibt es auch im Klinik-Alltag keine heile Welt – aber wir sollten sie doch wenigstens anstreben. Einer, der künftig etwas zu sagen hat, sieht das erfreulicherweise auch so: der neue Gesundheitsminister von Österreich. Franz Kreuzer heißt er, war vorher Intendant beim Österreichischen Fernsehen und ist vielen Zuschauern als Moderator und Interviewer bekannt.

Dieser Franz Kreuzer brachte den Mut auf, gleich an einem seiner ersten Ministertage die ‚Schwarzwaldklinik' als ein Modell für seine Gesundheitspolitik zu nennen. Ihr enormer Publikumserfolg, so sagte er, spiegle auch die Sehnsucht der Menschen nach Geborgenheit in der medizinischen Behandlung. Leider sehe es in den österreichischen Kliniken aber anders aus. Häufig fehle es am Gespräch, am menschlichen Kontakt, der ein wesentlicher Teil der ärztlichen Funktion sei.

Diese Analyse gilt bestimmt nicht nur für Österreich. Auch bei uns stellen sich viele das Verhältnis zu Arzt und Krankenhaus so vor, wie es in der ‚Schwarzwaldklinik' gespielt wird. Mal sehen, ob die Heil-Welt künftig ein bißchen heiler wird."

Dankeschön Helmut Markwort!
Ich hätte die ‚Klinik' nicht besser verteidigen können.

Meine Liebesbriefe kann man kaufen

„Wussow verinnerlicht den Professor auch noch nach Drehschluß", vermutete ein Reporter kürzlich. „Der geht noch als Professor ins Bett."

Hier irrt der Autor, und der Schauspieler wundert sich über soviel Ignoranz. Was weiß er schon von meinen künstlerischen anderen Aktivitäten? Und davon, wie, wo und als was ich ins Bett gehe, hat der Schreiber dieses Unsinns (dem Himmel sei Dank!) nun wirklich keine Ahnung.

Der Wussow hat nämlich viele Seiten, hatte sie schon immer. Seit der ‚Schwarzwaldklinik' stehen sie plötzlich im Mittelpunkt des öffentlichen Interesses – und ich auf der Anklagebank.

Da muß doch was faul sein, wenn einer nicht nur vor der Fernseh-Kamera steht, sondern auch noch vor dem

Musikstudio-Mikrofon, der Filmkamera und vor (s)einer Staffelei. Vielseitigkeit ist verdächtig – hierzulande.

In amerikanischen Schauspielschulen zum Beispiel lernt man nicht nur, zu spielen. Man lernt unter anderem Singen, Tanzen, Reiten, Fechten, beschäftigt sich mit Musik und Kunst, von Weltliteratur gar nicht zu reden ... Kenntnisse, die vielseitig machen und Selbstbewußtsein geben.

Kein Wunder, daß junge Amerikaner, nicht selten Schüler der berühmten Straßberg-Schule, uns oft mit einer ungeheuren Bandbreite an Können überraschen, aber (durch ihre Selbstsicherheit) auch, im Gegensatz zu uns, zu ihren Fehlern und Unfertigkeiten stehen.

Unser Nachwuchs hat heute die Chance, nach New York zu gehen und internationalen Standard zu sehen – und zu erlernen. Aber auch ohne diese Möglichkeit habe ich mich immer bemüht, mich nicht nur auf die Schauspielerei (die ja an sich nicht kreativ ist) zu konzentrieren. Schon vor 20 Jahren habe ich meine ersten Platten aufgenommen, viele sollten folgen. Schon vor 20 Jahren habe ich mein erstes Bild gemalt. Meine Gedichte habe ich schon mit 15 geschrieben. Seit dem Jahr 1951 (ich spielte in Frankfurt Theater) las ich in den Funkhäusern Literatur, wirkte bei Hörspielen und Sprechplatten mit. Nur: das weiß heute kein Mensch (mehr).

Um so mehr fällt es auf, wenn ich es wage, meiner Rolle als Fernseh-Arzt untreu zu werden.

Im Mai 1986 in Hamburg nahm mich eine Journalistin in die Mangel.

„Sie stehen gerade als Aussteiger vor der Film-Kamera. Vom OP in die alternative Szene – wie schaffen Sie das physisch und psychisch?"

Die Antwort war nicht schwer. „Ich bin Schauspieler und würde auch einen Verbrecher ohne Identitätsprobleme darstellen können", sagte ich. „Doch offenbar glauben viele, ich sei mit Stethoskop und Skalpell auf die Welt gekommen, mein Leben spiele sich auch privat zwischen Ambulanz und Notaufnahme ab, meine berufliche Erfüllung liege allein in der ‚Schwarzwaldklinik'. Ich kann Ihnen versichern: das ist ein Irrtum. Auch als Fernseh-Massenmörder würde ich mich weigern, privat Massen zu morden."

„Und in welcher Rolle fühlen Sie sich am wohlsten?"

Auch auf diese Frage fiel mir die Antwort nicht schwer. „Das hat natürlich schon ein bißchen mit meiner Biographie zu tun", gab ich zu. „Arzt wollte ich immer werden, Landstreicher nicht. Insofern deckt sich die Rolle des Professor Brinkmann oder auch die eines Anwalts, der der harten Geschäftswelt entflieht, eher mit mir und meinem Leben als die eines kleinen Gauners oder Clochards."

Jetzt hatte ich ihr ein Stichwort geliefert. „Versprechen Sie sich von der Rolle des Staranwalts Duhamel in dem Simmel-Film eine Image-Änderung?" fragte sie neugierig.

Auch hier mußte ich nicht lange überlegen. „Die ist gar nicht nötig", sagte ich deshalb. „Das Bild, das man sich von mir macht, ist meiner Meinung nach gar nicht so schlecht. Außerdem arbeite ich nach dem Lustprinzip – diese Rolle reizt mich einfach sehr. Über den Spaß, den ich an meiner Arbeit habe, denke ich mehr nach als über das Bild, das die Presse von mir hat. Und daß ich ihn habe, scheint das Publikum zu registrieren."

Sicher, das klingt sehr nach Eigenlob. Aber ich bin so viele Jahre lang nahezu unbemerkt meinen verschiedenen künstlerischen Leidenschaften nachgegangen, daß ich mir die Freude an ihnen durch dumme Fragen heute nicht verderben lasse. Ganz sicher nicht.

Ich werde meiner Devise, nichts auszulassen, was mich reizt, auch weiterhin treu bleiben.

Geschrieben habe ich immer – wenn auch nur für die Schublade.

Gemalt habe ich immer – für meine eigenen Wände.

Gesungen habe ich (bei guter Laune) mein Leben lang – es wurde allerdings immer weniger. Vielleicht lerne ich es wieder, wer weiß?

Dennoch, bei allem Spaß an verschiedenen Projekten: ich war ganz froh, als ich nach einem Jahr ‚Schwarzwaldklinik'-Pause im Juli 1986 zu den Dreharbeiten nach Hinterzarten zurückkehren konnte. So vielseitig zu sein ist nämlich ganz schön anstrengend...

Natürlich hatten auch die Kollegen die Zeit der Pause genutzt, um Theater zu spielen, Platten aufzunehmen, in einem Krimi oder beim ‚Traumschiff' mitzumachen – oder sich mal intensiv ihrem Privatleben zu widmen. Sascha Hehn machte mir Konkurrenz mit einer Aufnahme von ‚Peter und der Wolf', Herbert Lichtenfeld und Wolfgang

Rademann hatten sich unter anderem der Fortsetzung der ‚Schwarzwaldklinik' gewidmet, und Regisseur Hans-Jürgen Tögel hatte die Pause mit dem ‚Traumschiff' und einem 60-Minuten-Krimi ‚Rückfahrt in den Tod' nach dem Roman ‚Terminus', mit Peter Bongartz und Iris Berben, gefüllt.

Und nun: ‚Schwarzwaldklinik' und kein Ende?

Wie unendlich kann eine solche Serie sein?

„Wie lange werden Sie den Brinkmann noch spielen?" werde ich immer wieder gefragt.

„Wie lange wollen Sie den Schübel noch spielen?" fragte ich eines Tages in Hinterzarten Volker Brandt.

„Immer weiter – vorausgesetzt, die Rolle wird nicht fad und entwickelt sich", sagte er. „Es gibt nichts Schlimmeres für einen Schauspieler, als in einer Serie immer dasselbe zu spielen. Ich will, daß es dem Schübel schlechtgeht, daß es ihm wieder gutgeht, und er dann zusammengeschlagen wird, daß er sich weiterentwickelt und Rückfälle erleidet..."

Ähnlich sieht das auch Jochen Schröder. „Wenn man einmal mit einer Rolle Erfolg hat", sagt er, „wird man von allen Produzenten – falls man überhaupt das Glück hat, auch von anderen engagiert zu werden – immer wieder auf denselben Typ festgelegt. Das heißt, man spielt immer dasselbe, lernt nichts dazu, entwickelt sich nicht weiter – wenn man nicht sehr aufpaßt."

Nun, unser ‚Mischa' paßt auf. Er hat in der Pause unter anderem einen Pfarrer in einer neuen Serie gespielt, eine Figur, die sicher nichts mit seiner Krankenpflegerrolle in der ‚Schwarzwaldklinik' zu tun hat. Aber ich bin sicher, daß auch dieser ‚Pfarrer' nicht auf den Mund gefallen ist... Oder nur selten. In einer Szene vergaß Jochen nämlich seinen Text, eine lange Ansprache in der Kirche. Und ausgerechnet eine Szene, in der er seinem großen Kollegen Ernst Schröder gegenüberstand.

Mehrere ‚Klappen' waren nötig, bevor die Rede im Kasten war. „Zwischen Schröder und Schröder ist eben doch ein Unterschied", mußte Jochen sich später vom Regisseur sagen lassen. Denn bei Ernst Schröder ‚saß' alles, vor allem der Text – er benötigte nur eine Klappe...

Wie es nun mit Schübel-Brandt, mit Mischa-Schröder und all den anderen, Brinkmann inklusive, wirklich weitergehen würde – daraus machten Wolfgang Rademann und Herbert Lichtenfeld im Herbst 1986 noch ein großes Geheimnis.

Wir waren neugierig, an einen ‚Ausstieg' aus der Serie dachte keiner von uns – wie aber war es mit dem Regisseur?

„Wie lange willst du noch Regie führen in der ‚Schwarzwaldklinik'?" fragte ich ihn. „Würdest du nach dem Sommer 1987, nach Folge 48 weitermachen?"

„Natürlich", kam es wie aus der Pistole geschossen. „Eine schöne Geschichte, eine angenehme Zusammenarbeit, man kennt sich und kann sich jetzt auf maßgebliche Dinge konzentrieren. Ständig neue Elemente sorgen dafür, daß es nicht langweilig wird, ständig neue Schauspieler sorgen für ständig neue Farben. Zwei Monate Pause brauche ich allerdings – falls wir nächsten Sommer mit Staffel fünf und sechs weitermachen."

Denn über die wurde durchaus schon gesprochen, während wir noch die dritte Staffel drehten und uns auf die vierte vorbereiteten.

Nach wie vor sprachen Tögel und ich eine Woche im voraus schwierige Szenen und strittige Dialoge ab – mit der Gewißheit, daß wir uns beide an die Absprache halten würden. „Da hat sich auch keiner einzumischen", sagte Tögel. Und unterstützte mich, wenn ich meine Szenen variierte, Dialoge veränderte, mir ‚mundgerechter' machte.

„Von 42 Minuten bist du 40 Minuten zu sehen – oder du bist ‚gegenwärtig'", begründete Tögel meine Privilegien. „Da ist es doch selbstverständlich, daß du dich jede Minute wohlfühlen mußt und gutgelaunt ins Studio kommst – Ärger von draußen hast du genug."

Wie wahr... aber auch Anregungen.

So hatte Maria Perschy zum Beispiel sofort ein offenes Ohr gefunden, als sie mich im Spätherbst 1985, aus Amerika kommend, in Wien anrief. Von der ‚Schwarzwaldklinik' und ihrem Erfolg hatte sie noch keine Ahnung.

„Hast du Lust, mit mir Liebesbriefe zu lesen?" fragte sie ohne Umschweife.

„Liebesbriefe?" fragte ich erstaunt über diesen ‚unsittlichen' Antrag einer Kollegin, der ich mich zwar freundschaftlich verbunden fühlte, aber...

„Was für Liebesbriefe?"

Maria erklärte mir, daß sie gerade für die Polygram eine Langspielplatte mit klassischen Liebesbriefen vorbereitete und einen Partner suchte.

„Liebesbriefe sind nun mal ein Dialog, kein Monolog", sagte sie. „Ich habe monatelang in Bibliotheken gesessen, Briefe ausgesucht und auch schon einen Teil aufgenommen – magst du den männlichen Part übernehmen?"

Und ob ich mochte! Briefe, vor allem Liebesbriefe, waren immer schon meine Leidenschaft, und so sagte ich zu.

Unter dem Titel ‚Berühmte Liebesbriefe' sprachen wir bald darauf im Tonstudio Schriftwechsel zwischen Clara Wieck und Robert Schumann, Franz von Lothringen und Maria Theresia, Hölderlin und ‚Diotima', Friedrich von Schiller und Charlotte von Kalb, Rainer Maria Rilke und ‚Benvenuta', Goethe und Bettina von Arnim-Brentano.

Zwei Briefe habe ich besonders gern gelesen – den von Hölderlin und den von Schumann.

‚... was ist besser, sage mir, daß wir's verschweigen, was in unseren Herzen ist, oder daß wir's uns sagen? Immer habe ich die Memme gespielt, um dich zu schonen, habe immer getan, als könnt' ich mich in alles schicken, als wär' ich so recht zum Spielball der Menschen und Umstände gemacht, und hätte kein festes Herz in mir, das treu und frei in seinem Rechte für sein Bestes schlüge...' schrieb Hölderlin im November 1799.

Gedanken, die mir viel bedeuten. Weil Grundsätzliches manchmal eben auch in der Wirklichkeit nur schriftlich zu formulieren ist.

Liebesbriefe sind etwas Wunderbares, Briefe sind überhaupt etwas Wunderbares – und leider unmodern, weil es dieses idiotische Telefon gibt, das Persönliches kaum noch zuläßt. Man hängt sich an die Strippe, telefoniert stundenlang, und vieles bleibt zurück – nicht nur die Liebe zur Sprache, zu schönen Formulierungen, mit der früher Briefe geschrieben wurden. Hoch-Zeit der (Liebes- und anderer) Briefe: das Zeitalter der Postkutschen. Bis ein Brief den Adressaten erreicht hatte, dauerte es manchmal Wochen – und ebenso lange, bis eine Antwort eintraf. Es blieb Zeit zur Besinnung, zur Abwägung der Argumente. Zeit, sich Gedanken zu machen über sich und den anderen.

Ich gestehe: ich bin altmodisch und werde es sicher

bleiben. Ich werde weiter Briefe schreiben und mich über Briefe freuen. Und vielleicht irgendwann auch wieder einmal welche (öffentlich) lesen.

Meine Liebe zu Briefen begann schon in der Schule – in der Unterprima, wo ich eine Bank mit dem heutigen Bühnenautor Heiner Müller teilte. Große Dichter wie Trakl und Hölderlin lernte ich jetzt erst richtig kennen – spät, aber nicht zu spät. Früh genug, um mit Leidenschaft den Unterricht des von uns so sehr verehrten Studienrates Dr. Gratopp über Gedichte und Prosa zu verfolgen.

Mit eigenen Aufsätzen hatte ich da weniger Glück – sie wurden fast immer zu lang, und so begann ich, alles, was mir im Kopf herumging und nicht ins Klassenzimmer paßte, in Briefen niederzuschreiben.

Auch kompensieren will nämlich gelernt sein – eine Kunst, die ich im Laufe meines Lebens in verschiedenen Versionen bis zur Perfektion verfeinerte.

Ängste, Depressionen und Frust: verarbeitet, leider auch oft unterdrückt und verdrängt, im Idealfall in Kreativität umgewandelt (manchmal ist es mir gelungen).

Dabei befinde ich mich in bester Gesellschaft. Der Himmel bewahre mich davor, mich mit Goethe vergleichen zu wollen – doch auch er war ein Verdrängungskünstler, ein Meister, wenn es darum ging, Problemen durch Flucht zu entgehen und sie dann als Kunst zu stilisieren.

Goethes ‚italienische Reise' wäre nie zustande gekommen, weder literarisch noch geographisch, wäre er nicht vor einer Frau geflüchtet. Wir haben sie Frau von Stein zu verdanken, die Reise – eine Frau, die Goethe (durchaus nach Zeiten der Gemeinsamkeiten) nicht mehr ertragen konnte, deren Dominanz ihn ängstigte. Er floh nach Italien, fing an zu malen, zu schreiben, dachte über Biologie nach und wurde aus seiner Feigheit heraus wieder kreativ.

Und so wandelt sich Negatives manchmal zu Positivem, führen Leiden und sogar Ängste zu Erkenntnissen und zu Kreativität – wenn man sie überlebt.

Damit habe ich mich zumindest immer getröstet...

Ängste und innere Unruhe haben mich oft gepeinigt für andere sind sie ein Lebenselexier.

„Alles, was richtig ist, ist schon wieder falsch", lautet zum Beispiel Volker Brandts Philosophie. „Es muß sich immer alles bewegen, muß sich auf- und abbauen, muß gefährdet sein. Lieber laufe ich als Hase mit großen Ohren herum und habe ständig Angst um mein Leben, als ein Kaninchen im Stall zu sein und gefüttert zu werden. Jede Zucht ist ein Verbrechen, Karpfen aus stehenden Teichen schmecken genauso entsetzlich wie Kühe aus einem Stall, und Zuchtblumen sind das Allergräßlichste überhaupt, wenn man die in der freien Natur kennt."

Der Gefahr der ‚Verzüchtung' ist Brandt wohl immer entgangen – beneidenswert.

Aber auch ich wollte anfangen, Dinge tun, die aus mir selbst kamen statt von außen – Dinge, wie die Aufnahme von Platten, wie die ‚Liebesbriefe' nach langer Platten-Abstinenz. Natürlich nahm man mir auch diesen Ausflug übel. Am 25. Februar 1986 stellten Maria Perschy und ich im Münchner Hotel ‚Vier Jahreszeiten' unser Werk vor, Polygram-Chef Wolfgang Arming hatte die gesamte örtliche Presse eingeladen.

Unter dem Titel ‚Die Liebesbriefe von Professor Brinkmann' (wie könnte es anders sein!) schrieb Andy Miles: „Schumann und Hölderlin also statt Dr. Brinkmann und Schwester Christa. Textauszug: ‚Ich werde entsetzliche Folterungen erleben, mein Herz wird zerhackt, zerkaut werden'. Herr Professor werden sich doch hoffentlich nicht die Vergewaltigungsszene zu Herzen genommen haben?

Keine Sorge – an Klausjürgen Wussow tropft so was ab."

Woher wohl ein mir völlig Fremder wissen will, was an mir abtropft und was nicht? Den Spaß ließ ich mir dadurch jedenfalls nicht verderben.

Die ‚Liebesbriefe': nach langer Zeit meine erste Sprechplatte – aber bei Gott nicht die erste.

Vor vielen Jahren schon nahm ich Literatur auf Platte auf – nicht so viel allerdings, wie ich mir gewünscht hätte. Die großen Kollegen wie Will Quadflieg, Matthias Wiemann und Ernst Ginsberg teilten diesen Markt unter sich auf. Quadflieg zum Beispiel ‚beschlagnahmte' das gesamte Goethe-Repertoire. Es gab kaum einen ‚plattenreifen' Goethe, den er nicht irgendwann einmal aufgenommen hat. Wir Jüngeren kamen nicht ran, für uns blieb kaum etwas übrig. Die Plattenfirmen hielten sich, völlig zu recht natürlich, an die Prominenz. Doch wir durften von ihnen lernen. Und gelernt habe ich eine ganze Menge von ihnen.

Heute ist die Literatur fast verschwunden aus den Plattenstudios, und auch im Hörfunk wurde sie auf ein Minimum reduziert. Ein Jammer, denn das gesprochene Wort ist der Beginn jeder Literatur, Beginn und der Einstieg sogar für Theater und Oper.

Denn Hörfunk war in den 50er Jahren nicht nur Literatur – Hörfunk war auch vertontes Theater. Sehr lebendiges und realitätsnahes Theater – zu realitätsnah, wie wir oft meinten. „Ich denke mit Vergnügen an den Jugendfunk", sagte zum Beispiel Volker Brandt. „Da wurden noch Szenen durchgespielt, und zwar lebensecht. Ich weiß noch, wie ich einmal morgens um neun im Hörfunk-Studio schlotternd vor Kälte durch eine Badewanne waten mußte: Ich spielte einen Menschen, der durch einen Sumpf stapfte..."

In Sachen Literatur versucht die österreichische Polygram unter Leitung von Wolfgang Arming seit einiger Zeit (die Deutsche Grammophon in Hamburg beginnt gerade damit), Versäumtes nachzuholen. Außer unseren ‚Liebesbriefen' veröffentlichte die Polygram unter dem Titel ‚Literatur Amadeo' Klassische Texte mit Romuald Pekny, Käthe Gold, Ewald Balser, Susi Nicoletti, Josef Meinrad und vielen anderen.

Es sollte mehr Plattenproduzenten mit so viel Mut geben, die Dokumente der heutigen Zeit von Schauspielern aufnehmen lassen, die mit der deutschen Sprache noch umgehen können. Bald wird es keine mehr geben.

Dankeschön, Wolfgang Arming.

Dankeschön, Bernd Plagemann.

Der Ton macht die Musik

Die (Liebes-)Beziehung zum Mikrophon war für mich immer eine aufregende, eine Leidenschaft, der ich oft gefolgt bin und der ich noch oft nachgeben werde.

Eine Beziehung, die im Gegensatz zu vielen anderen von Ehrlichkeit geprägt ist. Denn das Mikrophon überträgt wie ein Röntgenapparat jeden falschen Ton und ist aufrichtiger und unerbittlicher, als es die Bühne je sein könnte. Lügen und Schummeln? Keine Chance: jeder Betrug wird entdeckt. Um so wichtiger sind die Menschen, die, völlig zu recht, Tonmeister genannt werden. Sie sind Meister ihres Fachs. Einer wie Reinhard Levin, genannt Rainer, der für den Ton der ‚Schwarzwaldklinik' verantwortlich zeichnet und mein uneingeschränktes Vertrauen besitzt. Wenn der Ton stimmt (was ich gelegentlich abhöre), weiß ich, daß dann auch das Bild stimmt. Bei Rainer stimmt der Ton immer. Im Zweifelsfall verständigten wir uns durch Blickkontakt und suchten, falls wir Fehler gemacht hatten, gemeinsam mit Hans-Jürgen Tögel nach Korrekturmöglichkeiten.

Und so spielte immer, wenn ich im Funk sprach, Romane las oder Platten aufnahm, der Tonmeister für mich die Hauptrolle. Im Idealfall: eine partnerschaftliche Ergänzung zwischen mir und dem Tonmeister, eine Ergänzung, die ich mit Rainer im Schwarzwald viele Monate erleben durfte.

Doch nicht nur der Ton macht die Musik am Drehort – auch die Atmosphäre. Die Stimmung ist verantwortlich für die Leistungen, die wir Schauspieler geben wollen und können. Und für diese gute oder auch schlechte Laune sind hauptsächlich die zuständig, die der Zuschauer nie zu sehen bekommt: die ‚Schätze' hinter der Kamera, die schminken und frisieren, dekorieren und kostümieren, Kameras und Kabel tragen, und und und...

Eine tragende Rolle spielt zum Beispiel der Innenrequisiteur, im Falle der ‚Schwarzwaldklinik' unser Arno, der von Anfang an für alles zuständig war, was das Publikum außer den Schauspielern zu sehen bekommt. Vom Bleistift auf dem Schreibtisch bis zum Röntgenbild im OP, vom Foto auf dem Klavier bis zur Kücheneinrichtung sorgt Arno dafür, daß alles zur rechten Zeit auf seinem Platz steht. Er kümmert sich darum, daß die ‚Anschlüsse' stimmen (zum Beispiel darum, daß eine Tasse Kaffee in der nächsten Szene noch auf derselben Stelle auf demselben Tisch steht – auch, wenn diese Szene erst drei Monate später gedreht wird). Der Innenrequisiteur ist grundsätzlich schuld, wenn etwas fehlt – was bei Arno natürlich nie vorkommt.

Andere Aufgaben hat der Außenrequisiteur. Er ist, wie schon sein Name sagt, für alles verantwortlich, was das Publikum ‚außen' sieht – ob das nun vor der Klinik, im Garten des ‚Hüslis' oder im Grand Canyon in Amerika ist.

Josef Cohn kümmert sich aber keineswegs nur um das äußere Wohl der Produktion – er ist auch um das innere bemüht, nämlich um das der Team-Mitglieder. Josef ist der, der Fleisch oder Brot besorgt, wenn einer von uns einen Imbiß für das ganze Team ‚ausgibt' –, weil er die besten Metzger, Bäcker und überhaupt jeden kennt, der gute Ware für menschliche Preise verkauft. Aber ich bin sicher, daß Josef noch andere Quellen hat, von denen wir nichts ahnen...

„Manfred" und ich auf Reisen – Meine Gedichte gehören mir!

‚Manfred' ist kein neuer Patient der ‚Schwarzwaldklinik', sondern eine ‚Koproduktion' zwischen Robert Schumann (Musik) und Lord Byron (Text).

Eine Art Faustgeschichte: die Suche eines Menschen nach sich selbst. Ein Text, der mir sehr entspricht (ich bin ja auch noch auf der Suche, unter anderem nach mir...).

Der Dirigent Gerd Albrecht hatte mich 1982 in Wien angerufen.

„Kennst du ‚Manfred'?" fragte er.

„Natürlich kenne ich das Stück", erwiderte ich. „Kennst du auch die Musik?" wollte er wissen. „Nein, nur die Ouvertüre", sagte ich.

Albrecht hatte das ganze musikalische Werk von Schumann ausgegraben und wollte es anhand des Textes mit mir durchgehen. Ich stimmte zu.

Aus einem ersten Gespräch entwickelte sich eine Aufführung im Wiener Musikverein, für mich ein ‚Heimspiel', und ein zweites Konzert in der Berliner Philharmonie.

Ein paar Wochen vor Beginn der ‚Schwarzwaldklinik' 1984 nahmen wir ‚Manfred' in Berlin auf Platte auf.

Die Fortsetzung folgte im nächsten Herbst: zwei Konzerte in Brüssel und Gent, am 8. und 10. Dezember 1985. Dirigent beider Konzerte: Gerd Albrecht.

Die Initiative für beide Konzerte war, wie so oft in meinem Leben, mehr Zufall als Planung. Während der ersten Staffel der ‚Schwarzwaldklinik' in Hamburg hatte ich einen Reporter kennengelernt, dessen Frau Betriebsdirektorin im königlichen Opernhaus in Belgien war – von dort kam kurz darauf die Einladung an Albrecht und mich.

‚Manfred' und kein Ende. Ein paar Wochen später war Albrecht wieder am Telefon. Ich sollte nachkommen, um zwei Teile des ‚Manfred' für den Hörfunk und das englische Fernsehen aufzunehmen. Hauptperson der Sendung: der Komponist Reimann, der die moderne Oper ‚König Lear' komponiert hatte. Er stellte ein Orchesterstück vor – und zur Diskussion – und hatte sich außerdem Robert Schumann gewünscht, den ‚Manfred'. Liebend gern sagte ich zu. Und so flog ich am 13. Januar 1986 für zwei Tage nach Berlin, um meine Freundschaft zu Albrecht und zu ‚Manfred' zu erneuern. Ich bin sicher: wir drei werden uns auf den Konzertpodien immer wieder begegnen.

Viel schwerer fällt mir da der Umgang mit eigenen Texten. Im Herbst 1985 erschien mein erster Gedichtband. Unter dem Titel ‚Dieser Zeit' veröffentlichte der Weilburg-Verlag meine Gedichte, Gedanken und Kommentare aus den Jahren 1944 bis 1984.

Peter Zumpf, einer der Leiter dieses Verlages, hatte mich zur Veröffentlichung überredet. Zu diesem Wagnis angeregt hatte Frau Professor Loinger, die ebenfalls Lyrik schreibt und malt und mir in vielen Jahren eine liebe Freundin und ‚Beschützerin' wurde. Seit dem Tag nämlich, als ich *ihre* Gedichte einmal (auf ihre Bitte hin) öffentlich gelesen hatte.

Das Maler- und Schriftsteller-Ehepaar brachte mich auch in die Berufsgenossenschaft der Maler und später in die Malervereinigung ‚Die Spirale', deren Chef Victor Loinger ist und der ich heute noch angehöre.

Und, wie gesagt – sie brachten mich auch dazu, meine über Jahre gesammelten Gedichte zu veröffentlichen.

Ich kann nur sagen: es war furchtbar! Die Überwindung, die es mich kostete, dem Verlag meine Aufzeichnungen zu schicken, war ebenso groß wie die Angst vor der Reaktion auf das, was so viele Jahre in meinen Schubladen geschlummert hatte. Und auch dem fertigen kleinen Buch gelang es nicht, meine Ängste und Selbstzweifel zu beseitigen.

Nein, sie blamierten mich nicht, meine Gedichte. Doch die positive Reaktion auf den Lyrikband war vielleicht noch schlimmer als es ein ‚Flop' je hätte sein können.

Denn jetzt mußte ich Lesungen halten, mußte sie laut aussprechen, vor wildfremden Leuten – Gedanken, die immer nur für mich selbst bestimmt gewesen waren.

Und die, wie ich fand, eigentlich niemanden etwas angingen. Doch diese Überlegungen halfen mir nicht weiter, mein Verlag sah das ganz anders, und auch der Wiener Schriftstellerverband und der Verband für Literatur. Man lud mich ein und bat um Lesungen.

Trotzdem: eitel, wie ich bin, hat mich die positive Reaktion auf meine ‚Indiskretionen' dann doch gefreut – ebenso wie die vielen Menschen, die zu einer ersten Signierstunde nach St. Pölten kamen.

Auch eine andere Signierstunde wird mir unvergeßlich bleiben – die am 25. Januar 1986 in München. 100 000 Exemplare des ersten kleinen Buches waren verkauft, als ich im Kaufhof eine Stunde lang rund 1000mal ‚Mein Leben als Dr. Brinkmann von der Schwarzwaldklinik' signierte.

Es war weder zu fassen noch zu verstehen – Tausende von Menschen wollten eine Unterschrift, in einem unwichtigen Buch von einem noch unwichtigeren Schauspieler. „Das ist ja schlimmer als beim Schlußverkauf!" stöhnte eine Verkäuferin in dem Gedränge.

‚Es gab Jubel, Küsse und blaue Flecke', wie eine Tageszeitung berichtete.

Für mich gab's auch blaue Flecke – auf der Seele nämlich: ein skandalträchtiges Titelbild.

Ärger am Rande trübt die Freude über eine erfolgreiche Zusammenarbeit jedoch nur kurzfristig. Man zieht Konsequenzen und lernt – wie man ja immer aus schlechten Erfahrungen mehr lernt als aus guten. Freude nimmt man hin, Ärger macht erwachsen. Wenn auch oft langsam, viel zu langsam.

„Der Baum fällt nicht um, weil ein Hund ihn anpinkelt", hat kürzlich irgendwer gesagt. Das Problem ist nur: Ich bin kein Baum (und ich hoffe, jeder Hund weiß das...).

Paul Noack machte sich im Januar unter dem Titel ‚Die demontierten Idole' in einem Leitartikel in der Münchner *Abendzeitung* Gedanken zum Thema.

‚Wir Deutschen sind schon ein merkwürdiges Volk', schrieb er. ‚Nicht nur sind wir Weltmeister in der Kunst, unsere Idole in der größten Geschwindigkeit aufzubauen.

Wir haben es auch zur Meisterschaft darin gebracht, sie ebenso schnell wieder zu demontieren. Warum ist das gerade bei uns so? Haben wir ein Übermaß an Stars, mit denen wir uns identifizieren können...?

Auf geheimnisvolle Weise verwandelt sich jemand wie Wussow ständig in Brinkmann und umgekehrt. Die Grenzen der Wirklichkeit verschwimmen, Privatleben wird zur öffentlichen Angelegenheit...

Stars – ob im Showbusineß, ob im Sport – werden gemacht, managen sich selbst. Starkult bleibt Starkult. Doch was bei uns dazukommt, das ist die Häme. Seht her, so sind sie! Haben die Heldinnen und Helden, so, wie sie sind, tatsächlich so viel Geld verdient, wie sie verdienen? Natürlich nicht. Die Idole in den USA, in Frankreich – sie bleiben über Jahre und Jahrzehnte. Man liebt sie dort. Wir aber scheinen sie nur zu beneiden, und so lassen wir sie fallen.'

Ich steige aus

Je einseitiger man ist als Künstler, um so wackliger steht die Leiter, die zu Erfolg und Ansehen führt (,abstempeln', ,auf eine Rolle festlegen', ,verbraten' nennt man man das heute auch).

Die Grundlage eines jeden Schauspielers ist das Theater, da bilde ich keine Ausnahme. Doch meine große Liebe hat immer auch dem Medium Film gehört. Ende der 50er Jahre wurde sie sogar erwidert, diese Liebe, 19 Filme lang. Doch als ich gerade so richtig Blut geleckt hatte, ging die Glanzzeit des Kinos zu Ende. Die deutschen Jungfilmer kamen, zu denen mir jeder Kontakt fehlte. Ich suchte ihn auch nicht – denn die jungen Genies verzichteten bald auf Schauspieler, um sich selbst zu inszenieren. Ihr Ziel war Anonymität vor der Kamera – und anonyme Theaterschauspieler sind nun einmal selten. Um sich selbst zu verwirklichen, waren die Regisseure des sogenannten Autorenfilms sogar bereit, auf Publikum zu verzichten. Sie wollten die ,Zuschauer zum Mit- und Nachdenken anregen' – doch die dachten weder mit noch nach, sondern starrten nach der Vorstellung ratlos vor sich hin.

Filmproduzent Artur Brauner drückt diese Entwicklung aus seiner Sicht aus: „Die Bilanz der Jungfilmerei ist absolut negativ. Kunst ist gut und Kasse ist gut, und am besten ist Kunst und Kasse, aber keine Kunst und keine Kasse – das ist gar nicht gut."

Und ich halte, mit Verlaub, jede Selbstverwirklichung, die nicht in den eigenen vier Wänden, in Seele und Körper stattfindet, sondern nach außen getragen wird, für einen großen Schmarrn. Wir spielen nicht für uns, sondern für die Menschen.

„Mancher heutige Regisseur dreht Filme für einige Leute, die dreimal hingehen, statt für Millionen Zuschauer, die einmal hingehen", sagte Hollywoods großer Regisseur Billy Wilder in einem Interview.

Inzwischen haben die Jungfilmer längst aufgegeben. Sie haben sich mit dem Fernsehen arrangiert und sich mit den verachteten ‚Opas' unter den Filmproduzenten zusammengetan.

Denn die gab und gibt es noch immer, die Produzenten der alten Garde, die haben nie aufgegeben – und ich gebe zu, daß ich auch damals Fehler machte.

Ich kehrte nach jedem Film, auch nach Dreharbeiten im Ausland, eilends ans Theater zurück. Ich wagte keine großen Schritte auf der Kinoleiter – selbst dann nicht, wenn mir, wie nach den Dreharbeiten für ‚Die Tote von Beverly Hills', interessante Angebote vorlagen.

‚Um Gottes willen', dachte ich, ‚meine Ernsthaftigkeit als Schauspieler geht verloren, wenn ich nicht sofort wieder Theater spiele.'

Und so zwang ich mich heldenhaft, mit zusammengebissenen Zähnen und konsequent wie selten, einen Fehler nach dem anderen zu machen. Wer weiß, vielleicht wäre nach dem einen oder anderen (der nicht gedrehten Streifen) doch mal ein Drehbuch für einen großen internationalen Film auf meinem Schreibtisch gelandet, hätte ich doch noch so ein ganz kleines bißchen Karriere im Ausland gemacht? Meiner Ernsthaftigkeit geschadet hätte das sicher nicht – doch auch für diese Erkenntnis ist es heute zu spät.

Und so lagen zwar 19 Spielfilme hinter mir – aber es waren auch über 20 Jahre vergangen, als ich im Dezember 1985 Luggi Waldleitner kennenlernte.

Luggi hat als Produzent die Nachkriegsfilmgeschichte entscheidend mitgeprägt, den deutschen Jungfilm spielend überlebt und ist auch heute noch aktiver im Geschäft als so mancher von den ‚Jungen'. Ein liebenswertes Schlitzohr, der seine Künstler hegt und pflegt, mit Aufmerksamkeiten überrascht und alles tut, damit das Team sich wohl fühlt.

Doch das wußte ich alles noch nicht, als er mich bei der Verleihung des ‚Bambi' im Dezember 1985 im Münchner Arri-Kino ansprach.

„Ich habe was vor mit Ihnen", sagte er ohne jede Einleitung und wie immer mit einer Zigarre zwischen den Lippen. „Was, sag' ich noch nicht – aber es hat nichts mit Professor Brinkmann zu tun."

So neugierig ich auch war – Einzelheiten konnte ich ihm nicht entlocken.

Erste konkrete ‚Annäherungsversuche' im Auftrag Luggis machte dann Karli Spiehs, Wiener Filmproduzent und -Verleiher, den ich seit Jahren kannte. Luggi und er sind Freunde, ‚Brüder', die füreinander durchs Feuer gehen würden. Und, in dem Fall, auch zum Wussow.

Der Rest ist schnell erzählt. Karli kam mit einem Film-Exposé nach Wien, das mir auf Anhieb gefiel – und am 9. April begannen in München die Dreharbeiten zum Simmel-Stoff ‚Bitte laßt die Blumen leben'.

Ich spielte die Rolle des Pariser Anwalts Charles Duhamel – für mich eine Paraderolle, das Leben eines unglücklich verheirateten Mannes, der vor seiner Vergangenheit flieht, aber immer wieder von ihr eingeholt wird.

Flugzeugkatastrophe in Wien: der Passagier Charles Duhamel kann sich retten, ergreift unerkannt die Flucht. Er sieht das Unglück als eine letzte Chance, die ihm vom Schicksal geschenkt wurde. Mit seinem Leben und mit seinem Beruf ist er unzufrieden, Erfolg und Reichtum sind ihm lästig, die kinderlos gebliebene Ehe mit der schönen Schauspielerin Yvonne (Hannelore Elsner) ist am Ende.

Charles macht in Wien einen neuen Anfang. Ein Mandant, der Urkundenfälscher Eisenbeiss, besorgt ihm neue Papiere und eine neue Identität. Aus Charles Duhamel wird Peter Kent.

Der verliebt sich in die Hamburger Buchhändlerin Andrea Rosner (Birgit Doll), zieht zu ihr nach Hamburg. Die kleine Buchhandlung wird für Charles ein Paradies voller Frieden, Blumen und Kindern. Und: ein Leben mit Andrea.

Doch die Idylle wird bedroht, das Haus soll abgerissen werden. Hausbesitzer Langenau (Hans-Christian Blech) will verkaufen, um die teure Operation seiner gehbehinderten Enkeltochter Patty (Radost Bokel) finanzieren zu können.

Charles entschließt sich zu helfen, kauft die Buchhandlung (von dem Geld, das sein Partner Balmont ihm überwiesen hat) und finanziert die Operation der kleinen Patty. Doch dann wird er von Balmont erpreßt. Charles fliegt nach Paris. Während der Auseinandersetzung fällt ein Schuß, Balmont wird tödlich verletzt.

Zurück in Hamburg, wird Charles verhaftet – Langenau wurde erschossen, die Polizei hält Charles für den Mörder. Der wirkliche Täter: Bauspekulant Reining (Rainer Basedow). Natürlich klärt sich alles auf. Doch als Charles sich von Yvonne auch offiziell getrennt hat und einem neuen Glück nichts mehr im Wege steht, ist es für ihn und Andrea zu spät – sie stirbt bei einem Autounfall.

Das Ende ist versöhnlich – gemeinsam mit der kleinen Patty, die jetzt geheilt ist, wird Charles versuchen, nun wirklich einen neuen Anfang zu wagen.

Ob Brinkmann oder Duhamel – immer wieder suche ich mir Rollen, die viel mit mir selbst und meinem Leben zu tun haben; manche kommen auch auf mich zu. Vielleicht eine andere Form von Vergangenheits- und Lebensbewältigung? Aber auch durch Zufall erhalten wir Schauspieler oft Rollen, die zu unserer inneren Situation passen. Erlebte und gespielte Erfahrungen, Emotionen, die uns oft ein großes Stück weiterbringen. Erkenntnisse, die man gewinnt – aus wildfremden und doch sehr verwandten Charakteren. Einsichten, zu denen einem Rollen verhelfen – und der Versuch einer Identifizierung mit ihnen.

Hauptthema dieses Simmel-Films ist die Liebe – die Nächstenliebe, die zu Blumen und Kindern, und natürlich die zwischen Charles und Andrea. Vor allem aber geht es um einen uralten Traum des Mannes – nämlich den, auszusteigen. Nicht zuletzt deshalb reizte mich diese Rolle sehr.

Jeder Mann hat irgendwann den Wunsch, aus seinem

bisherigen Leben auszusteigen, um etwas Neues zu beginnen, um anders zu leben, einen endgültigen Bruch auf allen Ebenen zu vollziehen – auch mir sind diese Gedanken nicht fremd. Sicher würde ich nicht ‚ausflippen', um zu faulenzen. Vielleicht würde ich in einer Stunde Null eine LKW-Prüfung machen und Transporte von Deutschland nach China übernehmen? Obwohl – in meinem Alter...

Noch mal ganz von vorn anfangen – jederzeit.

Das war während der Dreharbeiten jedoch nicht nötig. Wir drehten in einer Buchhandlung in einem Münchner Abbruchhaus, am Flughafen Wien-Schwechat, im Hamburger Hotel Interconti, im Hafen und in der ‚Kanzlei' in Paris.

Die sechswöchige Drehzeit wäre eine reine Wonne gewesen – wenn da nicht die neun abendlichen Flugzeug-Trips nach Wien zum Burgtheater gewesen wären (s. o.). Oft stand ich übernächtigt, müde und mit verschwollenen Augen vor der Kamera – der Maskenbildner hatte viel Arbeit mit mir.

Die Arbeit mit dem italienischen Regisseur Duccio Tessari war rund um die Uhr erfreulich. Jeder Drehtag begann für ihn mit einer roten Nelke im Knopfloch: „Die bringt mich in Stimmung!"

Uns auch.

Die Wochen mit Tessari (und vor allem die Barbesuche) erinnerten mich an eine andere, immer wieder erfreuliche Zusammenarbeit: an die ersten Folgen der ‚Schwarzwaldklinik' und viele Filme, die ich mit Regisseur Freddy Vohrer gemacht hatte. Mit Freddy, der Anfang 1986 mit 68 Jahren starb, ganz allein in einem Münchner Hotel.

Unerwartet – für uns alle.

Am nächsten Morgen sollte er mit den Dreharbeiten für eine Folge von ‚Der Alte' beginnen und hatte beim Portier des Hotels Königshof einen Weckauftrag für 6.45 Uhr gegeben – nichts Böses ahnend. Als man am nächsten Morgen endlich die Zimmertür öffnete, konnte der Arzt nur noch den Tod feststellen.

Freddy hatte sich im Sommer zuvor einer Bypass-Operation unterziehen müssen. Eine weitere Operation, ein weiterer Bypass wäre nötig gewesen – doch mit diesem zweiten Eingriff ließ sich Freddy Zeit. Er wartete zu lange, nahm sich für seine Gesundheit so lange keine Zeit, bis es zu spät war. Ein Arbeitstier, ein Perfektionist, der sich in 25 Jahren zwei Wochen Urlaub gegönnt hatte. Ein warnendes Beispiel. Freddy war eigentlich gelernter Schauspieler, verlor dann im Krieg seinen rechten Arm und sattelte ins Regiefach um. Ein schwermütiger, stiller, ständig an sich zweifelnder Mensch – mit wenig Schonung für sich selbst und einem großen Feeling für andere.

Vor der Verleihung der ‚Goldenen Kamera' in Berlin im Februar 1986 besuchte ich sein Grab – um ein letztes Mal mit ihm allein zu sein. An einem kalten, verschneiten Tag ließ ich mich zum Waldfriedhof in Berlin-Dahlem fahren, ging hinein und suchte das Grab. Ein Kranz mit der Aufschrift ‚Dein Holger Petzold', einer der ‚Ärzte' aus unserer ‚Schwarzwaldklinik' sagte mir, daß ich es gefunden hatte.

Freddy Vohrer – ich dachte zurück. An Jahre der Freundschaft, an unsere gemeinsame Arbeit, vor allem die letzte während der ersten Staffel der ‚Schwarzwaldklinik'. Ich erinnerte mich dankbar an den Freiraum, den Freddy mir gegeben hatte und ließ unsere wenigen kleinen Auseinandersetzungen und unsere großartigen Versöhnungen Revue passieren. Ein Mensch mit einem großen Herzen, der seine Sensibilität privat nur wenigen Freunden – und in seinen Filmen offenbarte.

Sensible, verständnisvolle Regisseure sind selten und ein großes Glück für uns Schauspieler – auch Tessari gehört zu ihnen. Abends gingen wir gemeinsam Dialoge durch, besprachen das Verhalten des Aussteigers Duhamel, eine Rolle, mit der auch Tessari sich voll und ganz identifizieren konnte.

Ebenso wie Hannelore Elsner sich fabelhaft in die Figur der hysterischen Yvonne einfühlte.

Beruflich frustriert, lebt Yvonne ihre Aggressionen an ihrem Mann aus und ertränkt ihre Eifersucht in Alkohol. Das tat Hannelore Elsner vor der Kamera übrigens so ‚echt', daß Luggi Waldleitner sich bemüßigt fühlte, nach einer Pressevorführung zu sagen: „Also, daß Sie das nicht falsch verstehen: die Hannelore war nicht wirklich betrunken – die hat das nur gespielt!"

Nach der Trennung von Charles macht Yvonne doch noch Karriere, findet die ersehnte berufliche Erfüllung, verkraftet nun auch die Scheidung von Charles – und beide finden zu einer freundschaftlichen Kameradschaft.

Eine Trennung in Freundschaft übrigens, die auch Ilona Grübel und Sascha Hehn in der ‚Schwarzwaldklinik' als Anästhesistin Katarina Gessner und Dr. Udo Brinkmann vollzogen haben.

„Komisch – jetzt leben Udo und ich schon so lange getrennt und sind doch noch verheiratet", sagt Katarina irgendwann in den neuen Folgen zu Christa.

„Und was empfindest du für ihn?" fragt Christa neugierig. „Freundschaft", sagt Katarina nachdenklich.

So sollte es immer sein, finde ich – schrecklich, wenn all die vielen tausend Ehepaare, die jedes Jahr vor dem Scheidungsrichter stehen, in Feindschaft auseinandergingen. Erwachsene Menschen sollten sich darüber klar sein, daß ein Neuanfang für beide besser ist als ein Schrecken ohne Ende, als das Festhalten an einer toten Beziehung aus Angst vor Konsequenzen (wenn eine Beziehung ‚am Ende' ist, denn ‚die ewige Liebe bis ins hohe Alter' ist zwar utopisch, aber immer noch der erwünschte Idealzustand).

Vorstellbar? Aber ja. Ein nicht mehr junger Mann wie Duhamel, der in seiner Ehe keine Zärtlichkeit mehr findet (wie übrigens auch Professor Brinkmann, zumindest phasenweise), entdeckt seinen Nachholbedarf – an Zärtlichkeit. Ein altes Thema: reifer Mann verliebt sich in junge Frau. So scheint es. Doch es steckt viel mehr dahinter, bei Simmel, bei Brinkmann, und oft auch in der Realität. Klischees passen nicht immer, im Gegenteil – meist passen sie überhaupt nicht. Entscheidend in der Beziehung zwischen Duhamel und Andrea: er wird mit ihr wieder jung, wird fröhlich und optimistisch, verändert sich auch optisch, füllt sein Leben mit neuen Inhalten. Andrea wiederum findet in ihm eine Mischung aus Vater, Freund, Geliebtem. Aus dieser Art von Vater-Tochter-Beziehung entwickelt sich eine Freundschaft, die um vieles ernster und reifer ist, als es eine reine Bettgeschichte (Klischee ‚reifer Mann – junge Frau') je sein könnte. Eine Beziehung, die nicht nur geprägt ist von sexuellen Bedürfnissen – durchaus aber von einem großen Wunsch nach Zärtlichkeit, vielleicht von einem großen Nachholbedarf an Zärtlichkeit. Auch nach seelischen Streicheleinheiten, auf die man, wenn man älter wird, viel mehr Wert legt als mit 30, wo Äußerlichkeiten noch eine viel größere Rolle spielen.

Nicht nur die Haut wird sensibler mit zunehmendem Alter, auch die Seele wird empfänglicher für Zärtlichkeit, ist mehr auf der Suche und weniger bereit, Kompromisse einzugehen. So wird Charles wieder jung mit dieser jungen Frau, denkt jung, kleidet sich jung – was mir sehr gut gefiel, ebenso wie meine Jeans-Kluft als Dr. Brinkmann während meines Ausflugs nach Amerika.

Denn ich fühle mich heute jung, jung genug jedenfalls, und meine besten Rollen spiele ich sicher mit 80 – hoffentlich endlich vernünftig geworden, wenn auch sicher noch längst nicht erwachsen.

„Sind Sie eitel?" werde ich oft gefragt. Nein, eitel bin ich nicht – im Rahmen meiner Arbeit. Für eine Rolle bin ich zu jeder Häßlichkeit, zu jeder Glatze, zu jeden Narben und Falten bereit.

Natürlich bin ich eitel, privat – denn da sieht es ein bißchen anders aus. Ein kleines bißchen. So ein paar Pfunde zu viel stören mich schon sehr, na, und die Haare erst, die immer weniger werden (und die wenigen immer grauer).

„Und was machen wir mit den grauen Schläfen?" fragte mich im Oktober 1986 der Maskenbildner vor einer ZDF-Sendung. „Na, wegschminken natürlich!" sagte ich.

„Du spinnst ja", sagte Udo Jürgens, der neben mir in der Maske saß. „Ich wünschte, ich würde endlich so herrlich graue Schläfen bekommen. Nichts zu machen – mir wächst nicht ein graues Haar!"

Sorgen hat der!

Oder habe ich sie?

Als Charles jedenfalls veränderte ich mich optisch, wechselte Brille gegen Kontaktlinsen, färbte mir die Haare.

Apropos Kontaktlinsen – so eitel, meine auch privat zu tragen, bin ich zum Beispiel nicht. Im Gegenteil, ich bin zu faul. Und auch vor der Kamera spiele ich, wenn möglich, ohne – das gibt so einen seelenvollen Blick ...

Tricks, die auch unser ‚Schwarzwaldklinik'-Nachwuchs schon drauf hat.

Jochen Schröder zum Beispiel spielt auch lieber blind als mit Haftschalen. „Nicht zu machen bei der Arbeit", sagt er. „Die trockene Luft im Studio, die hellen Scheinwerfer – da werden die Augen schnell müde, und schon rutscht einem, ohne daß man es merkt, vor der Kamera der Blick weg. Dann spiele ich lieber blind – das hat noch den Vorteil, daß man nicht merkt, was die Kollegen für einen Unsinn machen..."

Schröder meint, daß viele große Leinwandhelden ihre Optik-Stärken nicht zuletzt ihren Sehschwächen zu verdanken haben. „Denk mal an James Dean", erinnerte er mich. „Der hat auch nur so toll von unten geguckt, weil er stockblind war..."

Nun, ‚stockblind' bin ich zwar nicht – dennoch verzichte ich vor der Kamera auf Linsen und Brille. Sehen muß man sowieso nichts im Studio, und für die Augen ist es auch besser... Privat (da muß man ja die Augen aufhalten!) ziehe ich meine Brille vor, schon aus Sicherheitsgründen: man kann sich so herrlich hinter ihr verstecken...

Daß Duhamel sie nicht mehr tragen konnte, war einzusehen. Schließlich war es Sinn und Zweck der Übung, sich optisch zu verändern. Wie er ja überhaupt alles ändern wollte in seinem Leben – in seinem neuen Leben.

Und eine neue Liebe da fand, wo er doch nur eine neue Identität gesucht hatte. Aber Liebe kann man nie genug bekommen – auch nicht von seinem Produzenten.

Luggi Waldleitner läßt es sich immer noch nicht nehmen, selbst mitzumischen, wenn er einen Film produziert, mitzureden, Anteil zu haben – so, wie es für jeden Produzenten selbstverständlich sein sollte.

Auch wenn er nicht da ist, ist er allgegenwärtig. Was seinen Mitarbeitern manchmal ganz schön auf die Nerven geht. Ich erinnere mich an eine Szene – auf einem Schiff im Hamburger Hafen. Als wir wieder am Pier anlegten, schwebte ein Zeppelin mit einer Werbeschrift über der Stadt – und alle versuchten, sie zu entziffern.

„Luggi grüßt den Rest der Welt", rätselte Walter Kahl, Presse-Chef dieser Produktion.

„Nein", stöhnte Luggis Sohn und Aufnahmeleiter Michael Waldleitner. „Das heißt: bitte sofort im Büro anrufen!"

Aus dem Spaß wurde Ernst und ein Anruf im Büro notwendig: Unser Schiff, ein Feuerwehrboot der Hamburger Polizei, hatte sich selbst und eine Brücke schwer demoliert, hing fest und mußte abgebaut werden. Nun suchte man eine Antwort auf die Frage, wer wohl finanziell für den Schaden aufkommen würde...

Wer ihn bezahlt hat, weiß ich nicht – Luggi wird das schon irgendwie geregelt haben.

Kein Tag in sechs Wochen, an dem mein Produzent morgens nicht (ab 7 Uhr im Büro) erreichbar und ansprechbar war.

Wieder mal eine Meldung in der gelben Presse, in diesem Fall eher lächerlich: ‚Klausjürgen Wussow kam in einem neuen silbergrauen Auto mit Radost Bokel aus Turin und wurde an der Grenze nicht durchgelassen, weil der Wagen durch Tschernobyl radioaktiv war.'

Mein Name war wohl richtig geschrieben. Doch ich war mit Radost weder nach Turin noch sonstwohin gefahren, und einen silbergrauen neuen Wagen besaß ich auch nicht...

Doch eine Traumpartnerin im Film, das war Radost. Mit ihren elf Jahren schon ein absoluter Vollprofi, spielte sie das gehbehinderte, an Krücken laufende Mädchen mit so viel Einfühlungsvermögen, daß Passanten bei den Dreharbeiten stehenblieben und ihr mitleidig zulächelten.

Mitte August besuchte sie mich in Hinterzarten zu einem Fototermin. Radost hat eine ganz besondere Schwäche: statt wie andere Kinder Süßigkeiten, bestellt sie unentwegt Zwiebelsuppe – zum Frühstück, zum Mittagessen und zum Kaffee (wenn ihre Mutter kein Machtwort ergreift, was sie selten tut). Neue Filmpläne für Radost?

Ihre Mutter, die vor sechs Jahren aus der DDR gekommene Birgit Bokel schüttelte den Kopf. „Bei uns ist erst mal wieder der Alltag eingekehrt", sagte sie. „Das heißt: die Schule hat ab sofort Vorrang, keine neuen Rollen in der nächsten Zeit." Eine vernünftige Einstellung. Vielleicht schafft Radost ja auch beides – einen Schulabschluß und eine Filmkarriere? Im November 1986 bekam sie für ‚Momo' den ‚Bambi' – sicher nicht die letzte Auszeichnung.

Simmel-Drehschluß war im Mai 1986 gewesen. Im Juli – Ende September sollte der Film Premiere haben – rief Luggi Waldleitner mich aufgeregt in Hinterzarten an.

„Klaus, der Simmel hat sich gestern den Film angesehen", stöhnte er.

„Und?"

Luggi holte tief Luft. „Er hat geweint", sagte er schließlich mit bedeutungsschwerer, dramatischer Stimme.

„Warum?" fragte ich mißtrauisch. „Aus Rührung – oder weil wir seinen Roman verpfuscht haben?"

Doch Simmel war wohl ernsthaft begeistert – wenn auch leider nicht so sehr von meinen schauspielerischen Qualitäten. Grund genug für mich, in Hinterzarten an die Decke meiner Suite im Parkhotel Adler zu gehen.

Ich arbeitete mit Walter Kahl am Presseheft – zu dem auch ein Text von Simmel zum Film gehörte. Neugierig nahm ich das Manuskript, überflog es – und knallte es auf den Tisch. Simmel schrieb da: ‚Mit Freude konstatierte ich, daß Klausjürgen Wussow sich von seinem Fernsehserien-Typ als Arzt lösen und eine ganz andere Persönlichkeit zeigen konnte, die völlig überzeugt...'

Das war ja wohl das Letzte! Nichts gegen die ‚Schwarzwaldklinik'. Aber 35 Jahre auf der Bühne und vor der Kamera, unter anderem übrigens vor wenigen Jahren für die Simmel-Verfilmung ‚Mich wundert, daß ich so fröhlich bin', für die mein Freund Michael Kehlmann als Regisseur verantwortlich war, zählten wohl nicht? Ich war für Simmel ein Niemand, ein Serien-Typ aus der ‚Schwarzwaldklinik', eine Rolle, von der ich mich erst hatte ‚lösen' müssen – ich war stinksauer.

Simmel brauchte gar nicht zur Premiere kommen, fand ich. Und las weiter, Regisseur Duccio Tessari hätte die Schauspieler ‚zur Natürlichkeit angehalten'. Ich holte tief Luft. ‚Angehalten werden' mußte ich noch nie, und zur Natürlichkeit schon gar nicht. Ich beschloß deshalb, jetzt sehr natürlich zu reagieren.

Und schickte Luggi Waldleitner ein Telegramm, das dieser natürlich nicht verstand. Wie sollte er auch, er kannte ja die Vorgeschichte nicht.

‚Lieber Luggi', telegrafierte ich, ‚Simmel ist gelernter Journalist und hat sich zu informieren. In meinem Fall verzichtete er darauf. Ich bin gelernter Schauspieler und von Haus aus neugierig. In seinem Fall verzichte ich auf ein Kennenlernen. Keine Premieren-Sprechstunde für Simmel.'

Es war nicht das erste Mal, daß ich eine Premiere(nfeier) absagte – und auch nicht das erste Mal, daß ich diese Absage ein paar Tage später wieder rückgängig machte.

Simmel schrieb übrigens nach einem Telefonat mit Luggi einen neuen Text fürs Presseheft. Ihn hier wiederzugeben, hindert mich ein letzter Rest von Bescheidenheit.

Ein paar Tage vor der Premiere Ende September lernte ich Simmel in München kennen. Gemeinsam mußten wir Luggi beruhigen, der sich maßlos über eine Kritik im *Spiegel* aufregte. Unter dem Titel ‚Simmel-Brösel' schrieb Fritz Rummler (hatten wir den nicht schon mal?): ‚... Luschig und lelouchig, boutiquenhaft und kindisch-heroisch schleppt sich das Ding dahin, angesehene Schauspieler stehen Schmiere. Wehret den Anfängern, heißt eigentlich die Devise der Altbranche. Tessari ist 60. Wussow, demnächst wirbt er für Kaffee Hag, strebt irgendwie Humphrey Bogart nach. Attitüde: ich kämpfe nicht, ich siege. Aber es irrt der Mensch, solang er strebt, und als er seine von einem BMW überrollte Opel-Freundin küßt, ist sie, irgendwie verständlich, plötzlich tot.

Simmel hat der Film gefallen. Sehen kann er auch nicht?'

„Das wird noch ein Nachspiel haben!" rief Luggi außer sich. Er meinte Rummler, den er selbst zur Presse-Vorführung eingeladen hatte.

Simmel und ich sahen die Sache nicht so eng und signalisierten bei der Premiere am 25. September in Mainz Eintracht. Warum auch nicht?

Zur Uraufführung im Mainzer Residenz-Theater wurden wir in schwarzen Oldtimer-Luxusschlitten, begleitet von einer Polizeieskorte, zum Kino gefahren. Eine Premiere mit Glanz und Gloria, beinahe etwas zu viel Gloria für meinen Geschmack. Zur Premierenfeier luden Luggi und Karli in Hans-Peter Wodarz' 1-Sterne-Restaurant ‚Die Ente vom Lehel' ein. 8000 Blüten, Symboltiere aus Holz und Porzellan bildeten eine Dekoration, die dem ‚Ente'-Chef teuer zu stehen kam: viele der Gäste betrachteten die 245-Mark-Holzenten als Gastgeschenk – und nahmen sie mit.

Eine Veranstaltung wie in guten alten Ufa-Zeiten – doch der Film hatte leider keine Ufa-Qualität. Nach der Vorstellung verbeugte ich mich vor Hunderten von Menschen – ahnend, daß der Film nie wieder ein so großes Publikum ins Kino locken würde.

Ganz neue Pläne verriet Simmel dem Klatschreporter der Abendzeitung, Wolfgang Osinski: einen ‚Tatort' möchte er so gerne schreiben. „Die sind ja so entsetzlich, ein bißchen besser kann ich's schon", sagte er bescheiden. Der Erfolgsautor (66 Millionen verkaufte Bücher) signierte bis 3 Uhr morgens – ich war längst im Bett – mit Engelsgeduld Bücher für Unermüdliche.

Aber auch, wenn mein neuer Kinostart ein bißchen mißglückte – ich wünsche mir für die Zukunft noch mehr Spielfilme. Sportlich bin ich noch ganz fit, gute Maskenbildner gibt es auch, und wenn morgen eine Neuverfilmung auf dem Programm stünde, würde ich mich sogar um die Titelrolle des ‚Glöckner von Notre Dame' bewerben.

Vielleicht wird mir auch gar nichts anderes übrigbleiben – denn kaum jemand teilte meine Begeisterung für Simmel-Rolle und Thema. Nach einer anstrengenden Promotion-Tour, nach Besuchen bei Zeitungen, Hörfunkstudios und Wim Thoelkes ‚Der Große Preis', nach Absolvierung einiger Telefonaktionen und Interviews stellte sich heraus: Der Film lief nicht sehr gut. War es das sommerliche Oktoberwetter oder meine Abkehr von der ‚Schwarzwaldklinik', war es das (fürs Kino zu alte) Publikum Simmels oder der Stoff, der junge Leute nicht interessierte – keine Ahnung.

Und während wir im Frühjahr 1986 noch voll Begeisterung den Simmel drehten, erlebte ich schon meine erste ‚Kinopleite' in diesem Jahr.

„Wussow-Film: In zwei Tagen sieben Zuschauer! Keiner will Professor Brinkmann im Kino sehen', lautete die Überschrift über einem Artikel der Münchner *tz* im April 1986. Es ging um den Film ‚Nägel mit Köpfen'. Der Kritiker, der den Film nie gesehen hatte, schrieb weiter: ‚Statt Nägel mit Köpfen gab's Kassen mit Löchern, statt langen Besucherschlangen lange Gesichter."

Was war passiert? Verleiher Paul Knipp hatte den 1983 gedrehten Spielfilm ‚Nägel mit Köpfen', in dem ich neben Karl Lieffen in der Hauptrolle die Nebenrolle eines Schmierenkomödianten spielte, im Erfolgsrausch der ‚Schwarzwaldklinik' aus der Schublade gezogen.

Mit meinem Kopf auf dem Kinoplakat und der irreführenden Suggestion, ‚Professor Brinkmann' spiele die Hauptrolle, erhoffte man sich nun einen ‚Trittbrett-Erfolg' in ‚Schwarzwaldklinik'-Dimension.

Hier hatte man sich gründlich verrechnet – das Publikum blieb aus.

Dabei war der Film gar nicht so schlecht, und meine zwei kleinen Szenen mit Reincke waren die Highlights des Streifens – fand ich, bescheiden wie immer.

Immerhin – der Chefredakteur der *tz* gab mir Gelegenheit zu einer Stellungnahme, die auch ein paar Tage später gedruckt wurde. Unter dem Titel ‚Wussow falsch festgenagelt' schrieb ich am 29. April 1986 in der *tz:*

„Liebe tz,

‚Nägel mit Köpfen' kann ein Knipp-Film, ein Claus Eberth- (der übrigens sehr gut war), Herleth- oder Lieffen-Film sein. In keinem Fall jedoch ein Reincke- oder Wussow-Film. Denn diese beiden armseligen Mimen, stellungslos, versuchen lediglich, die ihnen angebotene Aufgabe für wenig Geld zu lösen. Im Film!

‚Nägel mit Köpfen' wurde vor drei Jahren gedreht, als weder von der Schwarzwaldklinik noch von Professor Brinkmann die Rede war. So traf der Nagel Ihrer Zeitung sehr zu Unrecht meinen Kopf. Es scheint, als müsse ich dringend in die Schwarzwaldklinik, um den dort behandelnden Professor Brinkmann zu bitten, jenen Nagel, mit Kopf, aus meinem Schädel zu entfernen...

Die Operationskosten trägt natürlich die *tz*, vielleicht in Gemeinschaft mit anderen Zeitungen!"

Und noch 'ne Staffel – nicht die letzte

Ein Kalendereintrag: Dienstag, 27. Januar 1987, Hamburg. Wir beginnen mit den Dreharbeiten zur vierten Staffel der ‚Schwarzwaldklinik', Folge 36 bis 48 – und noch lange ist kein Ende abzusehen, Gerüchte kursieren schon um die Staffeln fünf und sechs.

Gerüchte? Die Lektüre der Tageszeitungen am 5. März sollte mich eines besseren belehren.

Unter dem Titel ‚Professor Brinkmann operiert bis 1990' erschreckte mich zum Beispiel die Münchner *tz* mit folgender Meldung: ‚Verträge für 70 Folgen jetzt perfekt. Deutschlands beliebtestes Krankenhaus kann beruhigt in die Zukunft blicken: Die ‚Schwarzwaldklinik' bleibt uns noch mindestens drei Jahre erhalten. Denn jetzt wurden die Verträge für die ZDF-Superserie bis Folge 70 perfekt gemacht.

Für den Fernsehzuschauer bedeutet das: im Mai starten die Mainzer die Wiederholung, danach kommen ständig neue Episoden – erst 1990 wird dann die Schwarzwaldklinik voraussichtlich ein Jahr lang Betriebsferien machen, dürfen Autor Lichtenfeld und die Schauspieler neue Kräfte tanken. Derzeit befindet sich die Klinikmannschaft um Chefarzt Brinkmann im Dauerstreß. Im Studio werden gerade die Innenaufnahmen für Folge 36 bis 48 gedreht, und im Mai geht's dann wieder ins Glottertal. ZDF-Redakteur Gerd Bauer: ‚Wir können nur beten, daß alle Schauspieler gesund bleiben. Denn bis Folge 70 werden wir jetzt ohne große Pause drehen...'

Wie wahr, wie wahr.

Am 23. Januar 1987 war die letzte Klappe zur dritten Staffel gefallen – und, rechnet man das Wochenende nicht mit (das ja bekanntlich der Erholung dienen soll, aber wann tut es das schon?), hatten wir genau einen Tag – in Zahlen: 1 Tag – zur Vorbereitung auf zwölf neue Drehbücher.

Wir waren ‚zu gut' gewesen in den vergangenen Monaten, waren oft vor den angesetzten Terminen fertig. Inzwischen setzte man in Mainz und in der Produktion ein Arbeitstempo voraus, das manchmal in Streß auszuarten drohte.

Zumal ich mich an diesem besonderen Wochenende gar nicht vorbereiten *konnte* – ich hatte einen zweitägigen Fototermin, stand stundenlang vor der Kamera des Fotografen, ging, saß und lächelte, während mir viele Gedanken ob der Ernsthaftigkeit dieser Arbeit durch den Kopf gingen. Doch ich kam zu dem Schluß, daß auch eine Fotosession durchaus ernsthafte Arbeit darstellt (was mir wohl so manches hauptberufliche Fotomodell bestätigen kann) – um so mehr, als mich am übernächsten Tag ein Anruf aus dem Foto- im Fernsehstudio erreichte: die Kamera des Künstlers war defekt gewesen, der Film nicht transportiert worden, kein Bild zustande gekommen.

Es half nichts – ich nahm unsere Maskenbildnerin, Christa Wittlich, bei der Hand und verbrachte die ‚freien' Abendstunden des ersten Drehtages noch einmal vor der Kamera des Fotografen.

Doch, doch – auch Modellstehen ist harte Arbeit...

Dazwischen, wie gesagt: ein Tag, um mich auf die nächsten zwölf Bücher vorzubereiten.

Einen Tag Vorbereitung – kein Problem für Neben- und Gastdarsteller. Ich ‚Armer' aber, der ich jeden Tag ‚dran' war, jeden Tag schwierige Szenen und Dialoge durchzustehen hatte – bei mir war die Nacht wirklich nicht ‚allein zum Schlafen', sondern meistens dazu da, meinen Text für den nächsten Tag zu lernen.

Und auch am nächsten Morgen, wenn auf der Dispo drohend stand: ‚Klausjürgen Wussow: Abholung Hotel Intercontinental 6.30 Uhr' saß ich oft schon um 5 in meinem Zimmer vor einer Tasse Kaffee und dem Drehbuch und lernte, lernte, lernte.

Vor einer traumhaften Kulisse, wie ich zugeben muß, über der um diese Zeit allerdings noch nächtliches Dunkel lag: der winterlich zugefrorenen und tiefverschneiten Alster.

Nicht nur neue Dialoge galt es zu lernen. Neue Personen, mit denen man sich beschäftigen, neue medizinische Themen, mit denen man sich auseinandersetzen mußte, Begriffe, die man im medizinischen Wörterbuch nachschlagen mußte.

Mit einer Person beschäftigten wir uns ganz besonders in diesen ersten Tagen der neuen Staffel: mit unserem Baby.

Nein, nein – ich meine Baby ‚Benjamin', das Christa und Klaus Brinkmann in der zweiten Staffel bekommen hatten und das uns und der Produktion nun einiges Kopfzerbrechen bereitete.

Unser ‚erstes', der kleine Daniel Hessner, den das Publikum in der letzten Folge der zweiten Staffel als ‚gerade geborenen' Säugling kennengelernt hatte, war natürlich längst zu ‚alt', als wir im Sommer 1986 nach einem Jahr Pause mit der Fortsetzung der Serie begannen.

Ersatz mußte her, und die Produktion fand ihn im einjährigen, geborenen Schwarzwälder Andreas Winterhalder, mit dem wir während der Dreharbeiten im Sommer 1986 auch sehr glücklich waren.

„Ein richtiger Profi!" schwärmte Regisseur Hans-Jürgen Tögel oft. Andreas ‚schmiß' keine Szene, war lieb und lächelte wie ein gelernter Schauspieler in die Kamera. Launen kannte er nicht, und er schrie nur, wenn es von ihm verlangt wurde. Wie gesagt: ein richtiger Profi.

Nur – seine Mutter wollte uns aus privaten Gründen Anfang 1987 nicht für Monate nach Hamburg begleiten. Und Gaby Dohm mußte sich als Mutter innerhalb von einem Jahr an ihr drittes Baby gewöhnen – ganz schön stressig, zumal Carlos Schröder wenig Neigung zur Schauspielerei zeigte. Und das, obwohl er bei einer Agentur von 30 Babys den ‚besten Eindruck' gemacht hatte. Aber Äußerlichkeiten können eben täuschen. Carlos schrie und schrie und fand weder am hellen Licht der Scheinwerfer Gefallen noch am ständigen Kommen und Gehen der Darsteller und Statisten. Er wollte seine Ruhe – und fühlte sich von uns allen gestört.

Vor allem gegen die Presse schien Carlos etwas zu haben – einen Fototermin mit 40 Fotografen ließ er einfach platzen, indem er sich lautstark und verweint über seine Rolle beschwerte. Die erschreckte Mutter nahm ihr Baby und verließ das Studio.

Tagelang war man ratlos – bis zur Freude aller Andi ins Team der ‚Schwarzwaldklinik' zurückkehrte. Seine Mutter hatte Einsehen gezeigt, ihre und die Koffer ihres Sprößlings gepackt und sich in den Zug nach Hamburg gesetzt.

Gott sei Dank – mit ‚Profis' spielt sich's doch bedeutend angenehmer...

Noch ein jugendlicher Profi kam zum Team – Claudia Rühmann, die Wolfgang Rademann geschrieben und ihn einfach um eine Rolle in der ‚Schwarzwaldklinik' gebeten hatte. Sie hatte in einer Zeitschrift gelesen, ‚daß Rademann ein netter Mann ist und alle Briefe, die er bekommt, liest und beantwortet'.

Dem netten, nicht so leicht zu erschütternden Rademann hatte es wohl die Sprache verschlagen, was selten vorkommt. Er zögerte jedoch keine Sekunde, traf sich mit Claudia in München, genauer gesagt im Bayerischen Hof, wo schon viele seiner Besetzungs-Entscheidungen gefallen sind – und griff zu. Eine Rolle für Claudia hatte er schon für die vierte Staffel im Kopf und schickte ihr das Drehbuch. Beinahe unnötig, zu erwähnen, daß Großvater Heinz Rühmann es als erster las und die Entscheidung traf: Claudia durfte dabeisein – für eine Folge, in der sie ein Mädchen spielt, das mit Verdacht auf Leukämie in die ‚Schwarzwaldklinik' eingeliefert wird.

Was wünscht sich eine Vierzehnjährige wohl vom Leben?

Ganz klar: „So berühmt zu werden wie meine Großeltern Heinz Rühmann und Herta Feiler."

Viel Glück, Claudia!

Auch alte Kollegen traf ich wieder zu Beginn der vierten Staffel, als Patienten in der ‚Schwarzwaldklinik'. Axel von Ambesser zum Beispiel und Günter Strack, den ‚Mann für zwei' aus ‚Ein Fall für zwei', der gerade in Berlin die ‚Goldene Kamera' erhalten hatte. Prima, daß Wolfgang Rademann ihn für ein Erste-Klasse-Zimmer unserer Klinik und die Rolle eines übergewichtigen Wonnekloßes mit einer fitneßbesessenen Freundin (Beatrice Richter) engagieren konnte.

Wie lebendig ist noch die Erinnerung an ihn, den jungen Strack, als er mich mit meinem ‚Ziehbruder' Klaus Schwarzkopf nach einer ‚Kabale und Liebe'-Vorstellung in Frankfurt 1952 besuchte – ein schmaler, blonder Bub, der sich am Wiesbadener Theater erste Sporen verdiente, ebenso wie Schwarzkopf. Eine Freundschaft, die sich über die Jahre gehalten hat.

Schade, daß man mir im Patientenzimmer der ‚Schwarzwaldklinik' nicht erlaubte, ihn unwissend-zerstreut – anzusprechen: „Verzeihen Sie – habe ich Sie nicht schon mal im Fernsehen gesehen?"

Sehen werden wir uns bald wieder – bei einem guten Tropfen auf seinem Bauernhof in Franken. Denn man gönnt sich ja sonst nichts...

Viel Aufregung auch rund um die ‚Schwarzwaldklinik' in diesen ersten Wochen des Jahres 1987. So bekamen Sascha Hehn und ich Recht in einem Prozeß, den das ZDF für uns geführt hatte.

„Ich halte die ‚Schwarzwaldklinik' im Kern für pornographisch, denn sie beutet niedere Instinkte aus', hatte Verleger Vito von Eichborn im Frühjahr 1986 keck behauptet und (fälschlich) geglaubt, diese Behauptung reiche aus als rechtliche Grundlage für die Veröffentlichung eines eigenartigen Werkes.

Unter dem Titel ‚Der Schwarzwaldpuff' gab er ein Schmuddelbuch heraus, dessen Titelseite die beiden ‚Ärzte', Sascha Hehn und ich, zierten.

Sascha als Dr. Udo Flinkmann, blonder Spezialist für Nasenkorrekturen, der mit einem Slip in der einen und Krankenblättern in der anderen Hand durch die Klinikgänge eilt. Ich als Professor Klaus Flinkmann, es gibt in dem Buch einen Landarzt Dr. Stöhnlechzner, einen Showmaster Alfred Biolechzt und viele andere mehr, die sich da in Patienten- und Sprechzimmern zu einem ‚Quikkie' (was auch immer das sein mag) zusammenfinden...

Bei allem Verständnis – alles kann man sich nun doch nicht gefallen lassen. Wir übergaben die Angelegenheit dem ZDF, das Eichborn in unserem Auftrag verklagte.

Mit Erfolg: 20 000 Bücher hatte Eichborn verkauft, als er die restliche Auflage im Januar 1987 per gerichtlicher Verfügung aus dem Markt ziehen mußte. Sascha, dessen Vorleben man genauso wie meines eingehend unter die Lupe genommen hatte – und wir beide waren nicht als unbeschriebene Unschuldslämmer durch die Zensur gegangen – Sascha und ich bekamen Schmerzensgeld: ‚wegen immateriellen Schadens, wegen Verletzung unserer Persönlichkeitsrechte'.

Zu Recht, wie wir meinen. Wer läßt sich schon gern als Pornostar verulken – und das noch ohne Gage?

Sogar der Fotograf, ‚Urheber' der verwendeten Bilder, bekam Schmerzensgeld. Der Begriff der ‚Verletzung der Persönlichkeitsrechte' war ihm wohl nicht so ganz vertraut. Er hatte sich auch noch beschwert, weil sein Name nicht genannt worden war...

Mein Schmerzensgeld jedenfalls soll seinem Namen gerecht werden und echte Schmerzen lindern – ich stifte die Summe der deutschen Kinderkrebshilfe.

Friedlicher und ganz ohne Prozeß wurde jetzt etwas gut, was lange gewährt hatte: Professor Brinkmann wurde auch im Privatleben Professor, wenn auch nur ehrenhalber.

Der Bundespräsident Österreichs verlieh mir den ‚Professor' durch das österreichische Kultusministerium – keineswegs für meine Arbeit im Schwarzwald, sondern für die Jahre meines ‚Wirkens in und für Österreich', wie Helene Wurzinger vom Ministerium für Unterricht, Kunst und Sport betonte: ‚Für seine Arbeit als Burgschauspieler, Schriftsteller und Maler.' Natürlich freute ich mich sehr, doch zum Theaterspielen, Schreiben und Malen kam ich kaum bzw. überhaupt nicht in jenem Frühjahr meiner Ehren-Professur.

Ob ich mich ab sofort mit ‚Herr Professor' ansprechen lassen würde, wollte die *Bunte* wissen.

Sorgen haben die Leute ...

Jedenfalls war und bin ich dem Botschafter Österreichs in Bonn so dankbar wie dem Land und seinem Präsidenten, die mir damals auch meine Staatsbürgerschaft ehrenhalber verliehen hatten, „wegen meiner Verdienste um das Land Österreich". Dem Botschafter bin ich dankbar dafür, daß ich nicht nach Wien und auch nicht nach Bonn fliegen mußte, um in einem Kreis von geladenen Gästen die Ehrung entgegenzunehmen, sondern daß er es möglich machte, die Überreichung dem österreichischen Generalkonsul in Hamburg zu überlassen. Auch die österreichische Kultusministerin Hawlicek zeigte Verständnis für meinen Wunsch nach einer ‚leisen Überreichung' in einer Drehpause, begleitet nur von Wolfgang Rademann. Es war schließlich meine Ehrung, und ich wollte soweit wie möglich mit ihr allein sein. Auch ein Teil meines Weges – denn so sehr ich Österreich liebte und liebe, Wien war mir verleidet, wird mir wohl lange verleidet bleiben ...

Januar 1987 – bis April drehten wir in Hamburg die Innenaufnahmen für ‚Klinik' und ‚Hüsli', bevor es zurückging in den Schwarzwald.

Und ich merkte, wie ich mich immer mehr an diese Stadt gewöhnte, sie lieben lernte. Vor drei Jahren, als wir mit der Serie begannen, hatte ich mich noch wie ‚zu Besuch' und etwas fremd gefühlt. Im vergangenen Herbst, als wir mit den neuen Dreharbeiten in Hamburg begannen, hatte mir vor den kommenden sieben Monaten Hamburg noch leicht gegraut. Doch jetzt wurde mir die Stadt täglich vertrauter.

Vielleicht lag es daran, daß ich nun im Interconti (bei gleichbleibend freundlichem Personal) etwas komfortabler wohnte als früher?

Vielleicht lag es daran, daß ich, nachdem ich mich 1984

in die Insel Sylt neu verliebt hatte, nun in meiner kargen Freizeit nach Jahrzehnten den Zauber der Ostsee wiederentdeckte und mich in meine Kindheit versetzt fühlte, damals in Hinterpommern?

Vielleicht lag es daran, daß ich von hier aus meine Mutter in Celle oft besuchen konnte? Sie hatte sich an meine Besuche und Anrufe so gewöhnt...

Vielleicht lag es auch an den Freunden, die ich in den letzten Monaten hier gefunden – oder wiedergefunden – hatte? Ganz sicher aber lag es auch daran, daß ich seit Anfang Januar ‚Hamburger' war, mit Meldebestätigung beim Einwohnermeldeamt und – einer Wohnung.

Meiner ersten eigenen, das heißt: alleinigen. Eine Dreizimmerwohnung mit Blick auf meine geliebte Alster, ein eigenes, kleines Reich. Für einen großen Jungen, wie ich einer bin, ist so eine erste eigene Wohnung schon eine gewaltige Veränderung. Vielleicht ein erster Schritt auf dem Weg, erwachsen zu werden? Wer weiß.

Schöne Aussichten: Wenn wir im Sommer in Hinterzarten fertig sein und zum Drehen nach Hamburg zurückkehren würden, würde ich nicht mehr wie bisher nur das Hotel wechseln, sondern nach Hause in meine Wohnung kommen. Natürlich werde ich auch in Zukunft weder auf meine Lesungen in und für Österreich verzichten noch auf private Besuche in einem Land bei Menschen, die mich immer freundlich aufgenommen haben. Natürlich werde ich meine österreichische Staatsangehörigkeit nicht aufgeben und mich über jede schöne Rolle, über jede Arbeit in Wien freuen, werde den Kontakt zu dieser Stadt ebensowenig aufgeben wie den zu Freunden und Familie. Nur: mein Zuhause ist jetzt Hamburg, meine Staffelei steht an der Alster.

Und während ich in Gedanken begeistert meine Wohnung einrichtete lernte ich Texte, Begriffe, medizinische Vokabeln. Und versuchte, mich mit der Entwicklung, die Autor Herbert Lichtenfeld seinem Hauptdarsteller verordnet hatte, vertraut zu machen.

Leider hatten wir nie Gelegenheit gehabt, über die Entwicklung meiner Rolle zu sprechen – ein Versäumnis, das wir beide sehr bedauerten, als wir uns eines verschneiten Märztages in der Hamburger Innenstadt zufällig trafen.

„Eines ist klar", sagte Lichtenfeld, „vor einen Baum fahren lasse ich Sie nicht – Sie werden noch gebraucht!"

Dennoch: Ein bißchen beleidigt war ich schon beim Studium der neuen Bücher – den großen Guru sah er offenbar nicht mehr in mir, und ausgerechnet meine Frau (Christa) macht mir medizinisch Konkurrenz. Dafür verschrieb Lichtenfeld uns einen gemeinsamen Urlaub, der uns bisher nie vergönnt gewesen war. Was wiederum hieß: eine neue Reise stand auf dem Drehplan (davon später). Eine Attraktion löste eine andere ab – Nachfolgerin Hannelore Elsners als mein „Flirt" wurde in der 5. Staffel ihre „Schwester", die Rennstallbesitzerin Theres Rothenburg, gespielt von Beatrice Kessler. „Die attraktivste Frau im Team", schwärmte Wolfgang Rademann, der sich seit Jahren (beruflich) um die Schweizerin bemüht hatte. „Inclusive fürs ,Traumschiff' hatte sie mir schon drei Körbe gegeben", erzählte er eines Abends beim Essen im „Adlereck". „Nur meiner Hartnäckigkeit isses zu verdanken, daß sie jetzt endlich ,ja' gesagt hat."

Eine „Gegenfigur zu Christa" sollte Theres alias Beatrice werden, sportlich und elegant mit dem Glamour der Denver-Damen; eine Aufgabe, der sich Kostümbildnerin Kathrin Dröge mit Begeisterung widmete. Und eine Schauspielerin, „die in Insider-Kreisen hoch gehandelt wird", wie Rademann verriet. Mehr noch ein Geheimtip, aber nichtsdestoweniger attraktiv: ein Neuzuwachs im Ärzteteam, die in Berlin lebende Baslerin Verena Peters, bekannt aus ,Mensch Bachmann'.

„Weil ich die Serie unbedingt machen wollte, habe ich sogar ein Theatergastspiel mit meinem Mann in Heidelberg verschoben", sagte Verena nach einer Kostümprobe in Hinterzarten. Auch mit ihr würde ich in der Serie zarte Bande knüpfen – keine Einwände meinerseits. „Ick freue mich immer, wenn ihr Schauspieler meine Entscheidungen nachträglich genehmigt", ulkte Rademann, als ich ihm mein Einverständnis mit Verena signalisierte.

Interessante medizinische Fälle hatte unser Autor ebenso wieder recherchiert wie medizinische Entwicklungen, und auch privat ist ganz schön was los im Hause Brinkmann – und in der Klinik. Genug davon – wer will schon gerne 50 000 Mark Konventionalstrafe zahlen? Ich nicht.

Auf die Reise jedenfalls freue ich mich – beinahe so sehr wie auf meine eigene, ich meine, private. Über Ostern hatte ich mir nämlich endlich ein paar Wochen Ruhe verordnet, einen richtigen Urlaub nach langen, viel zu langen Jahren ohne echte Ferien. Um nicht nur meinem Kopf, sondern auch meinem Körper eine längst fällige Atempause zu gönnen.

Und außerdem hatte ich mich entschlossen, ein paar Pfunde über Bord purzeln zu lassen.

„Künstlerisch bist du besser denn je", hatte Wolfgang Rademann nämlich gesagt, als er sich im Januar die Muster der abgedrehten dritten Staffelei ansah. „Aber", schränkte er ein, „du bist ein bißchen zu dick!"

Das saß. Wer hört das schon gern? Ich jedenfalls nicht – also beschloß ich, mir den Wunsch meines Produzenten Befehl sein zu lassen. Ich beschloß, mich in die Obhut der ‚Wiedemänner' zu begeben, in eines jener Sanatorien, deren Gründer Dr. Fritz Wiedemann seit einer ‚Urzelle' am Starnberger See vor vielen Jahren einige ‚Zweigstellen' ins Leben gerufen hatte, zum Wohle vieler Patienten, die wiederkommen, um sich behandeln und regenerieren zu lassen.

Auch ich bin zukünftiger Stammgast. Ich werde meine Gesundheit ganz sicher nie wieder so sträflich vernachlässigen wie in den letzten Jahren. Urlaub war für mich lange Zeit ein Fremdwort gewesen. Mit Jolande, meiner ersten Frau, hatte ich Ferien an der Ostsee gemacht. 1954 war das, auf Fehmarn, und auch ein paar Wochen am Bodensee konnten wir uns 1952 leisten – glückliche Zeiten, deren Spuren ich nun manchmal folge, in neuen Urlauben, neuen Anfängen wie diesem ersten nach langer Zeit Ostern 1987.

Wieder war ich am Bodensee, diesmal nicht in Kressbronn wie damals mit Jolande, sondern in Meersburg, diesmal im Parksanatorium Wiedemann, wo ich mittels Heilfasten und Sport nicht nur Pfunde verlor, sondern auch dahin fand, wohin ich so lange schon wollte: zu mir selbst.

Braungebrannt, ausgeruht, fit, neu eingekleidet (in Zürich) und mit sieben Kilo weniger auf der Waage trat ich am 11. Mai meinen Klinik-Dienst in Hinterzarten wieder an.

Und nicht nur das – auch meinem Seelenfrieden hatte die Zeit jenseits des Rummels gutgetan.

Keine Termine, keine Arbeit, keine Schreibmaschine, nicht mal meine geliebte Staffelei hatte ich mitgenommen, sondern wirklich vier Wochen abgeschaltet. Und was mich am meisten freute, war die Tatsache, daß kein Reporter meinen Aufenthaltsort in Erfahrung hatte bringen können. Nicht, daß man es nicht versucht hätte: Da wurden Flüge überprüft, Hotelverzeichnisse und Sanatorien, da versuchte man Verwandten und Freunden Adressen zu entlocken, sie unter Druck zu setzen – vergeblich. Ich war verschollen. Auch Methoden, die vor rund 50 Jahren schon einmal modern gewesen waren, führten nicht zum Ziel – dank Helmut Wiedemann und seiner Presse-Chefin Helga Schmidt-Burr, die mich nicht nur hegten und pflegten, sondern auch beschützten und abschirmten vor allem, was meine Erholung gefährdet hätte.

Offener Brief

Hamburg, 1. 3. 87

Lieber Herr XYZ,

wie sagt Schweizer, der Freund Karl Moors, in den ‚Räubern'? Jener Rolle, die ich viermal in meinem Leben spielen durfte, jenen Karl Moor, der für Recht und Anstand kämpfen wollte, und sich am Ende nicht aus Großmut, sondern aus Menschenliebe und Erkenntnis dem Gericht ausliefert.

Was also sagt Schweizer – in der Erkenntnis jenes anderen Menschen – der der Drahtzieher des Schlechten, des Gemeinen in den ‚Räubern' ist?

„Franz heißt die Kanaille."

In meinem Fall heißt sie nicht Franz, sondern XYZ.

Sie, jener (weithin) unbekannte Herr XYZ, der Sie im Auftrag einer bekannten Zeitung in der Intimsphäre von „Personen der Öffentlichkeit" herumstochern und wühlen, mit geradezu akribischer Recherche-Manie, die Ihnen wohl in die Wiege gelegt wurde; lernen kann man so etwas auf keiner Journalistenschule.

Sind Ihre Methoden noch zu vertreten, Herr XYZ? Erpressung und Bluff, Bestechung und Drohungen gehören ebenso zu Ihrem journalistischen Repertoire wie die Übertretung geschriebener und ungeschriebener Gesetze.

Die ärztliche Schweigepflicht zum Beispiel führen Sie ad absurdum, wenn Sie Operationstermine in Schönheitskliniken noch vor dem Patienten erfahren, die Computer der Fluggesellschaften werden ebenso gläsern wie die der Hotels, wenn Sie sich (womit Sie auch noch prahlen) Zugang zu Passagierlisten verschaffen und von Hotelangestellten Aufzeichnungen über Telefonate ebenso in Ihren Besitz bringen wie Kopien privater Briefe.

Ja, Herr XYZ, man ist stolz auf Sie. Denn Sie werden gebraucht, von anderen, weniger bekannten, die sich zu profilieren suchen, Schlagzeilen finden oder erfinden müssen, Auflage machen, von Leuten, die zwar kein Profil haben, wohl aber Profil-Neurosen.

Und die Sie, Herr XYZ, der sich den Weg nach München grub, schreibend, stöbernd und störend, sein Unwesen treibend, (auch) auf meine Spur setzten.

Warum?

Um Menschen zu schaden? Um sie zu erniedrigen, zu verunsichern, zu kränken?

Interessant wäre die Liste Ihrer Opfer – doch die ruht still wie kein See in Ihrem Schreibtisch.

Wühlen Sie weiter, Herr XYZ.

Bringen Sie weiter Ihre anständigen Kollegen (doch – es gibt sie!) in Verruf, bieten Sie Geld für Denunziationen, vergessen Sie jede Rücksichtnahme auf die Intimsphäre Ihrer Opfer, erpressen und drohen Sie weiter, falls jemand mit Geld nicht zu locken ist.

(Daß Ihr Versuch, meinen guten Ruf zu demolieren, mißglückt ist, beweisen im übrigen Tausende von Briefen, die mich in den letzten Monaten erreichten.)

Hatten wir das alles nicht schon mal?

In welchem Licht erscheinen mir heute zum Beispiel Axel Springers Wünsche und Hoffnungen, von Verständigung, von Anstand und Verstehen – über Grenzen hinweg?

Axel Springer ist nicht mehr.

Über den Anstand in seinen Blättern wachen andere (oder eben nicht), die ich gerne bitten würde:

Wacht auf. Wacht doch endlich auf!

Machen Sie weiter, Herr XYZ.

Vielleicht wachen sogar Sie eines Tages auf? Viel Spaß wünscht Ihnen dabei
Ihr sehr ergebener Klausjürgen Wussow

Fernsehen heute

„Ich habe nichts gegen Konkurrenz für die Monopolanstalten", sagte Dieter Hildebrandt in einem Interview, „im Gegenteil: es ist dringend notwendig, diese eingeschlafenen Säcke von ihren Stühlen zu bringen."

Ganz so dramatisch sehe ich das nicht. Ich habe mit dem ZDF eigentlich nur gute Erfahrungen gemacht. Natürlich wurde auch die „Schwarzwaldklinik", längste deutsche Abendprogramm-Fernsehserie aller Zeiten, auch mit Blick auf die Konkurrenz der Privaten durchgeboxt und produziert.

Zur Freude vieler Schauspieler – und zum Ärger anderer, die ihrer Verbitterung über die Tendenz zum „seichten Programm" öffentlich Ausdruck verleihen, so wie mein Kollege Peter Fricke in einem *Stern*-Interview im November '86.

„Gerade beim Fernsehen ist es das beste", meint er da, „man ist nett, stellt sich ein bißchen doof, ist pflegeleicht, immer pünktlich. Also lächelt die Gaby Dohm immer, lächelt die Thekla Carola Wied immer, lächelt die Uschi Glas immer..."

Ob er wohl Launen, Diskussionsfreudigkeit im Studio, Unpünktlichkeit und ein böses Gesicht mit ‚Kunst' gleichsetzt?

Aber Fricke geht noch weiter.

„Das Harmoniebedürfnis des Fernsehens ist doch entsetzlich", sagt er zum Beispiel. „Dauernd diese Serien... Auf der Hetzjagd nach Einschaltquoten gleicht sich das Fernsehen total dem breiten Publikumsgeschmack an."

Nun, ich habe nichts gegen Harmonie – und auch nichts gegen den Geschmack des Publikums, solange der rote Knopf am Gerät des Zuschauers funktioniert und man, was in unserem Land der Fall ist, ein breites Angebot zur Auswahl hat. Der ‚Zwang zur Serie' – der wäre allerdings auch mir entsetzlich. Doch ich halte den Zuschauer für durchaus mündig und für fähig, seine Wahl selbst zu treffen – im Gegensatz zu so manchem Kollegen und Medienpolitiker.

Peter Fricke nämlich glaubt, und einige andere mit ihm: „Wir sind auf dem Marsch ins kulturelle Entwicklungsland. Mit einem Fernsehprogramm für Analphabeten. Wenn jemand wie Rademann für etwas wie die ‚Schwarzwaldklinik' das Bundesverdienstkreuz kriegt, dann ist doch klar, wo's hingeht mit dieser Republik."

Ist das wirklich so klar, Peter?

Jedenfalls freute ich mich sehr, den Kollegen seit Mitte Februar 1987 in einer Nebenrolle der neuen (übrigens sehr erfolgreichen) ZDF-Vorabendprogrammserie ‚Der Landarzt' zu sehen...

Und ich bin sicher – Fortsetzung folgt.

Unser Fernsehen – das öffentlich-rechtliche perfekt, das private noch in den Kinderschuhen und auf wackligen Beinen – geht seinen Weg auf den Spuren der Amerikaner (denen im übrigen eine sehr viel größere Auswahl an Programmen zur Verfügung steht als uns).

Auch und gerade in Sachen Programm-Finanzierung (zum Segen der Programme).

Was früher undenkbar war und als Schleichwerbung diskriminiert wurde, gilt heute bei ARD und ZDF (zum Glück) als normal. Die Zusammenarbeit mit Dritten, initiiert vom ehemaligen ZDF-Vizeprogrammdirektor Peter Gerlach, ist längst gesellschaftsfähig geworden. Und notwendig: Der Etat für teure deutsche Produktionen wird für die Anstalten erheblich erträglicher, wenn sich Dritte, Partner aus der Industrie, an den Kosten beteiligen – für eine gute Werbung als Gegenleistung. Was wäre das ‚Traumschiff' ohne die MS Astor, was ‚Schöne Ferien' ohne TUI?

„Durch die Zusammenarbeit zwischen SFB und TUI konnte ich mir für ‚Schöne Ferien' Länder leisten, die das deutsche Publikum sonst nie zu sehen bekommen hätte", gibt Wolfgang Rademann zu. „Statt in Iserlohn oder Mittenwald konnten wir in Kenia und Sri Lanka drehen. Und wenn das ZDF nicht mit der MS Astor kooperiert hätte, wären nicht mal die Kabinen an Bord des ‚Traumschiffs' erschwinglich gewesen." Geld ist kein Tabu-Thema mehr in den öffentlich-rechtlichen Anstalten, die sich ursprünglich (einzig) der Bildung und der Information verschrieben hatten. Gott sei Dank ist man auf den kommerziellen Zug aufgesprungen – im letzten Moment und angesichts der privaten Fernsehanbieter, denen es ausschließlich ums Geldverdienen geht.

„Ich halte es heute für unanständig, über Geld *nicht* zu reden", sagte ZDF-Programmdirektor Alois Schardt in einem Interview zum Thema ‚Vorabendprogramme', die (über die Werbetöchter der Sender) ausschließlich von der Industrie finanziert werden. „Denn auch mit den Einnahmen aus der Werbung wird unsere Freiheit garantiert."

Und die der Produzenten, deren Kostenvoranschläge sich in erfreulichem Rahmen halten können. Selbst wenn Firmen Kleidung, Autos und Zubehör ‚nur' kostenlos zur Verfügung stellen – bei einer Mammutserie wie der ‚Schwarzwaldklinik' mit vielen Folgen und einem 100köpfigen Team fällt das schon sehr ins Gewicht.

‚Product Placement' nennt man diese Art von Werbung heute, und es ist nichts gegen sie zu sagen – außer, daß sie sich, im Gegensatz zu Amerika oder Frankreich, ausschließlich auf das Leben vor der Kamera beschränkt. Während Stars wie Joan Collins oder Linda Evans von den berühmtesten Couturiers ausgestattet und von Mercedes und BMW auch privat mit den tollsten Luxuslimousinen bedacht werden, haben deutsche Firmen noch immer nicht begriffen, welche ‚Transportmittel' für ihre Produkte wir Schauspieler sind – auch außerhalb der Drehzeit.

Nein, geschenkt bekommen wir Schauspieler in Deutschland wenig, manchmal etwas billiger, oft auch teurer: wenn man uns nämlich, im irrigen Glauben an unseren Reichtum, höhere Rechnungen schreibt als anderen Sterblichen. Oder wenn wir uns in Geschäften nicht trauen, unter Verweis auf die Preise mit leeren Händen wieder zu gehen.

Eine Ausnahme bildete da in den 50er Jahren O. W. Fischer – zu seinen Bedingungen gehörte bei jedem Film eine Klausel im Vertrag, die ihm zusicherte, daß alle vor der Kamera getragenen Kleider nach Drehschluß in seinen Besitz übergingen.

‚Da er eine ganze Reihe von Filmen bei mir gemacht hat, kam im Lauf der Zeit so einiges zusammen', klagt Filmproduzent Artur ‚Atze' Brauner in seinen Memoiren mit dem bescheidenen Titel ‚Mich gibt's nur einmal':

‚Als ich ihn einmal in Lugano in seiner ‚Casa dei Pescatori', dem Fischerschlößchen, besuchte, warf ich bei günstiger Gelegenheit einen interessierten Blick in seine Schränke. Dort sah es aus wie bei Peek und Cloppenburg kurz vor dem Ausverkauf. Ich habe die Anzüge nicht gezählt, die da in Reih und Glied hingen. Eingeweihte versicherten, daß ihre Zahl nicht weit unter siebenhundert Stück liegt. Siebenhundert Anzüge und ein mit kostbarem Zobelpelz gefütterter Mantel. Den habe ich aber nicht bezahlt...'

Für den Film ‚Und das am Montagmorgen', hatte O. W. sich einen Zobelmantel bestellt – was Brauner irritierte, denn der Stoff spielte an einem einzigen Tag, und zwar im Hochsommer. Empört rief er Fischer an.

„Du Artur, ich habe mir da noch eine Szene hinzuschreiben lassen", erklärte der Star. „So eine Art Vision, weißt du. Also da glaubt der gute Mann, daß er Direktor geworden ist, und auch noch mitten im Winter, und da braucht er ja was zum Anziehen, oder willst du ihn erfrieren lassen?"

„Vision", sagte Brauner mit letzter Kraft, „Vision heißt Sinnestäuschung. Und wenn du glaubst, daß ich dir den Pelzfummel zahle, dann haben dich deine Sinne getäuscht."

O. W. Fischer gehörte zu den wenigen Stars in der Glanzzeit des deutschen Kinos, die sich fast alles erlauben und fast jede Gage fordern konnten. Aber auch damals blieben sie die Ausnahme, und heute ist an solche Privilegien schon gar nicht mehr zu denken.

Dem Film geht es zu schlecht, vom Theater haben sich viele Kollegen abgewandt, und als Folge von beidem ist die Konkurrenz auf dem Fernsehsektor so groß wie die Zahl der arbeitslosen Schauspieler.

Traumhonorare beim Fernsehen? Schön wär's...

Unsere Gagen sind seit 20 Jahren konstant geblieben. Und wer vom Reichtum der Schauspieler spricht, vergißt, daß wir zwischen einzelnen Rollen immer wieder lange Pausen machen, freiwillige oder erzwungene, sei es, daß Programm-Macher und Produzenten einen Schauspieler nach einem großen oder mittleren Erfolg ganz gerne mal ‚verhungern' lassen mit der Ausrede, er wäre für's erste ‚abgestempelt', sei es, daß sich Termine überschneiden und wir Anschlußfilme, -Tourneen, -Fernsehspiele absagen müssen.

Arbeit en suite – das bieten, für eine Weile zumindest, wirklich nur die Serien. Schön, daß es jetzt immer mehr von ihnen gibt, in denen Kollegen Arbeit und Erfüllung finden, die schon längst mit ihrem beruflichen Leben abgeschlossen haben, die der Zuschauer jetzt auf der Mattscheibe sieht und sagt: *„Den* gibt's auch noch? Ich dachte, der ist längst tot!"

‚Dem Mimen flicht die Nachwelt keine Kränze', sagte schon Schiller über die schnell vergessene Liebe des Publikums nach dem Tod ihres Liebes-Objektes.

Heute geht es noch schneller, sind sogar noch lebende, gute Schauspieler schon ‚tot' für ein Publikum, wenn es sie Jahre nicht gesehen, wenn sie lange von Produzenten und Regisseuren ‚vergessen' wurden. Der Ruhm einstiger Stars verblaßt noch zu Lebzeiten – und oft zu Unrecht, wie ich meine. Auch für sie ist die neue ‚Serieritis' eine neue Chance.

Ist die Serieritis ausgebrochen im deutschen Fernsehen? ZDF-Programmdirektor Alois Schardt gefällt die Formulierung nicht so ganz. „Die Silbe ‚itis' signalisiert eine Krankheit", wehrte er sich in einem Interview zum Thema. „Und noch sehe ich keine Epidemie. Es handelt sich im Gegenteil um eine notwendige Therapie. Die Leute wollen Geschichten hören und sehen – und zwar solche, mit denen sie sich identifizieren können." „Und warum dauert es dann achtzehn Monate, bis eine erfolgreiche Serie wie die ‚Schwarzwaldklinik' wieder ins Programm kommt, bis weiterproduziert werden kann?" wollte seine Gesprächspartnerin wissen.

„Das liegt zum größten Teil an den Autoren, die nicht wie die Karnickel siebzehnmal im Jahr Junge kriegen können, sondern in ihrem individuellen Tempo an den Drehbüchern arbeiten", sagt Schardt. „Das einzige Mittel gegen dieses Problem wäre eine Autoren-Crew, die wir vielleicht irgendwann, wie die Amerikaner, installieren werden. Momentan sind unsere Erfolgsautoren von der Idee eines Co-Autors noch nicht so begeistert."

Und sie werden gehegt und gepflegt, unsere Autoren – zu Recht, denn wir haben kaum (noch) welche. Und in den oberen Etagen kauft man noch immer Fremdproduktionen en masse, während unsere Serien doch beweisen: auch wir können was, wenn man uns läßt!

Im Film ist es nicht viel besser.

„Wir haben ja keine Stars mehr", höre ich deutsche Produzenten immer wieder klagen.

„Ihr habt ja keine gemacht, sondern immer mehr Ausländer für eure Filme geholt", sage ich.

Umgekehrt, bei der Verpflichtung deutscher Schauspieler für internationale Filme oder beim Verkauf deutscher Filme ins Ausland, handelte es sich lange Zeit um eine Einbahnstraße – um einen traurigen Zustand, den Faßbinder, Petersen und andere deutsche Regisseure seit einigen Jahren mit beachtlichem Erfolg zu ändern versuchen – ebenso wie Schauspieler-Kollegen, Jan Niklas und Klaus Maria Brandauer zum Beispiel, die für ihre filmischen Leistungen einen ‚Globe' bekamen.

Doch so eine Entwicklung dauert, und für viele von uns ist es längst zu spät.

Bin ich ungerecht? Aber ja. Natürlich waren es nicht nur Altproduzenten und Jungfilmer, die das große ‚Sterben' der Stars eingeläutet haben. Natürlich war es auch unser so sehr geliebtes Fernsehen, das viele Filmschauspieler arbeitslos machte.

Mit dem Triumphzug des Heimkinos schmolz allmählich die Zahl der Lichtspielhäuser dahin. 7000 Lichtspieltheater hatten wir im Jahr 1959, 1969 waren es nur noch 3700.

Im Juni fand in München ein Round-Table-Gespräch der Filmschaffenden statt. Anläßlich des Münchner Filmfestes hatte Joachim Fuchsberger eine Reihe Prominenter und nicht so Prominenter vor die Kamera seiner Sendung ‚Heut' abend' geladen.

Schauspielerin Senta Berger und Constantin-Chef Bernd Eichinger (‚Die unendliche Geschichte'), Produzent Luggi Waldleitner und Regisseur Bernhard Sinkel, Filmfest-Chef Eberhard Hauff und Klatschkolumnist Michael Graeter, Arri-Chef Bob Arnold und Bavaria-Geschäftsführer Günter Rohrbach, die Regisseure Lutz Kohlermann und Nicolas Humbert. Und mich – ausgerechnet mich, der vom deutschen Film so völlig vergessen wurde in den letzten Jahren.

Bernhard Sinkel führte denn einen Ausschnitt seiner

Fernsehserie ‚Väter und Söhne' vor, in der Hauptrolle Burt Lancaster (!) an der Seite von Julie Christie.

„Ich bedauere sehr, daß mein Film nicht über das Kino zum Publikum kommt", sagte Sinkel. „Aber daß wir mehr und mehr das Kino als einen Ort der Öffentlichkeit verloren haben, ist eine Entwicklung, die leider nicht aufzuhalten ist." Und *ich* bedauerte es sehr, daß Sinkel für seine Produktion nicht deutsche, sondern internationale Stars engagierte. „Warum Lancaster?" fragte ich Günter Rohrbach, der Sinkels Vierteiler mitproduziert hatte.

„Das hat mit Geld zu tun", erklärte Rohrbach. „Die deutschen Rundfunkanstalten sind heute nicht mehr in der Lage, einen Film dieser Größenordnung allein zu bezahlen. Das heißt, man kann eine solche Geschichte nur erzählen, wenn man sie international produziert, wenn man sich internationale Partner sucht. Und dazu braucht man auch internationale Schauspieler. Jedes Land, das sich finanziell beteiligt, will auch seine eigenen Schauspieler wiederfinden, und so kam Lancaster zu seiner Rolle."

Damit gab ich mich noch nicht zufrieden.

„Ich frage nur, weil es seit Jahrzehnten so schade ist für uns, die wir hier leben und auch gar nicht so schlecht sind", warf ich ein. „Das gab es doch immer wieder", mischte Sinkel sich ein, „schon in den fünfziger und sechziger Jahren, daß man versuchte, amerikanische Stars vor die Kamera und mit ihnen das Publikum ins Kino zu bekommen. Ich finde, daß unsere Schauspieler auch durch das Fernsehen eine ganze Menge zu tun haben, und wenn es einmal gelingt, so einen Weltstar für eine Rolle zu bekommen, der die Rolle auch vollkommen ausfüllt..."

„Alles wunderbar", unterbrach ich ihn. „Aber uns gibt man die Möglichkeit nicht. Und wenn ich zurückdenke an die vergangenen Jahre, muß ich feststellen, daß die Produzenten der heutigen Zeit völlig zu Recht sagen: Wir haben ja keine Stars mehr! Natürlich haben wir keine mehr, man hat uns ja nicht mehr gelassen..."

„Aber Sie sind doch ein Star!" protestierte Sinkel. „Wenn auch nur im Fernsehen."

„Das muß er erst noch beweisen", murmelte Bernd Eichinger. Natürlich überhörte ich diese Bemerkung, denn er hatte ja recht.

„Eben", sagte ich. „Und deshalb hoffe ich, daß sich

zwischen Film und Fernsehen vielleicht doch eines Tages noch eine Freundschaft entwickelt."

Günter Rohrbach schaltete sich wieder in die Diskussion ein. „Es ist doch heute schon so, daß Fernsehstars sehr erfolgreich Kino machen", warf er ein. „Nehmen Sie Otto, nehmen Sie Götz George..."

„Ja, heute", gab ich zu. „Aber wenn wir an die vielen ausländischen Stars in deutschen Produktionen denken, dann waren wir sehr oft auf dem nassen Bett, und das ist schade."

„Das nasse Bett verstehe ich nicht", rief Eberhard Hauff dazwischen.

„Macht nichts, mein Lieber", tröstete ich ihn.

Allgemeines Gelächter.

„Hättest du denn die Rolle von Burt Lancaster spielen wollen?" fragte mich Blacky Fuchsberger.

„Ja, natürlich", sagte ich. „Sofort – und ohne Geld."

So ernst war das zwar nicht gemeint, für diese Rolle bin ich denn doch noch nicht alt genug. Aber es gäbe sicher einige deutsche Schauspieler von glänzender Qualität, ob Holzmann oder Boysen oder Benrath, die das mindestens ebensogut hätten spielen können wie ein Burt Lancaster.

„Von unserem Fernsehprogramm läuft ja drüben fast nichts", versuchte Blacky mich zu trösten. „Mit Ausnahme der Schwarzwaldklinik. Wahrscheinlich wirst du in absehbarer Zeit drüben sowieso die ganzen Rollen von Burt Lancaster spielen..."

„Warum gibt es keinen deutschen, international anerkannten Film mehr?"

„Das liegt auch an uns", sagte Senta Berger. „Jean Gabin hat immer nur französische Filme gemacht und war trotzdem ein internationaler Star, ebenso wie Catherine Deneuve. Der französische Film hat eine eigene Identität. Eine spezifisch deutsche Identität auf dem internationalen Markt gibt es nicht."

Wir haben unsere Film-Identität wohl vor 50 Jahren verloren, als die großen Regisseure wie Billy Wilder und Fritz Lang nach Hollywood emigrierten, um dort Kino zu machen. Und wir haben es nicht geschafft, uns wieder einen Markt im Ausland zu erobern, wir können ohne internationale Stars keine internationalen Produkte herstellen.

„Es gab doch Spitzenregisseure", sagte er. „Auch in den

fünfziger, sechziger und Anfang der siebziger Jahre. Käutner, Harald Braun, Kurt Hoffmann, Rolf Thiele, Bernhard Wicki – sie alle werden jetzt verdrängt. Aber man darf sie nicht vergessen. Auch sie hatten internationalen Erfolg."

Ein paar Monate später lief ‚Väter und Söhne' in der ARD, die Presse war voll des Lobes. Und Herr Lancaster voll der Anmaßung. Nach seiner ‚Sterbeszene' soll er doch tatsächlich gesagt haben: „Von diesem Moment an wird es mit dem deutschen Fernsehen bergauf gehen."

Auf Sie haben wir wirklich gewartet, Herr Lancaster – und auch darauf, daß Sie uns über die Qualität unseres Programms aufklären. Haben Sie die Sterbeszene von Wolfgang Büttner in der ‚Schwarzwaldklinik' gesehen, die von Richard Münch oder die von Hans-Jürgen Diederich (um nur drei zu nennen)? Nichts ist so erfolgreich wie der Erfolg – doch der Weg dahin erfordert Mut, damals wie heute.

Individualisten sind es heute wie früher, die den ganz großen Erfolg haben. Bernd Eichinger zum Beispiel sagt: „Ich mache einen Film nur dann, wenn er mich persönlich fasziniert. Und wenn sich das, was mich fasziniert, nicht mehr mit dem Geschmack des Publikums deckt, werde ich von der Bühne abtreten."

Auch ich spiele eine Rolle möglichst nur dann, wenn sie mich fasziniert. Leider wurde mir jahrelang zu wenig Faszinierendes angeboten...

Film-König Artur Brauner sieht die Misere noch ein bißchen anders.

„Teure Produktionen können wir uns heute nicht mehr leisten", sagt er, „und billige Stoffe mit niedrigen Gagen können wir den wenigen wirklichen Stars nicht anbieten." Artur Brauner, dem man nachsagt, daß er aus Kostengründen für seine Schauspieler bete, statt sie zu versichern, traf ich im Herbst 1986 in Berlin.

Ihn lernte ich während eines Abendessens in seiner Berliner Stammkneipe, einem russischen Lokal, erst richtig kennen; seine Frau Maria, laut Brauner „die beste Ehefrau der Welt", war mir schon seit vielen Jahren in ausgesprochen aufregender Erinnerung.

1948 hatte sie mit einer Freundin der Berliner Schauspielschule einen Besuch abgestattet – und Eleve Wussow war fasziniert von der Schönheit dieser schwarzhaarigen jungen Frau mit den blauen Augen. Ich konnte nächtelang nicht schlafen, die wildesten (theoretischen) Entführungspläne geisterten durch meinen Kopf, die ich natürlich alle wieder verwarf. Fast 40 Jahre lang habe ich Maria Brauner nie ganz vergessen – unnötig zu sagen, daß sie, damals die Frau des ersten und größten Filmproduzenten nach dem Krieg, mich nicht einmal zur Kenntnis genommen hatte und sich natürlich jetzt nicht an mich erinnern konnte.

Nun nahm sie mich zur Kenntnis und wir verbrachten, mit Artur natürlich, einen zauberhaften Abend. Doch für Entführungspläne war es jetzt, im Herbst 1986, endgültig zu spät. „Warum haben Sie nie einen Film mit mir gemacht?" wollte ich von Artur Brauner wissen (von meiner Schwärmerei für seine Frau konnte er damals doch wohl kaum etwas gewußt haben?), denn zu meinem großen Kummer war auch in meiner ‚Kino-Zeit' nie ein Angebot von ‚Atze' gekommen.

„Wir haben ein paarmal versucht, Sie zu engagieren", gab er zurück. „Aber es scheiterte jedesmal an Ihrer Agentur."

Ja ja, die lieben Agenten – oder die wirklich fehlende Zeit? Keine Ahnung.

Schatten auf der Schwarzwaldklinik

So heil, wie die Kritiker immer behaupten, war die Welt im Schwarzwald gar nicht. Mit Protesten, Strafanzeigen, Indizierungsandrohungen wurde auf die Ausstrahlung der Folge 19, ‚Gewalt im Spiel', im Februar 1986 reagiert, in der es um eine Vergewaltigung ging. Und sie, andeutungsweise, auch zeigte. Das überfallene Mädchen verzichtet auf eine Anzeige und übt blutige Selbstjustiz.

Unter dem Titel ‚Schwarzwaldklinik: Vergewaltigung schockt Millionen' entmündigte die *Bild*-Zeitung den weitaus größten Teil des Publikums, das gar nicht protestiert hatte. (Von 22 Millionen Zuschauern hatten sich 200 beschwert.)

‚Die schöne, heile Welt der Schwarzwaldklinik' bekam einen bösen Riß, las ich weiter. Na also – jetzt waren wir mal nicht heil, und das war auch nicht recht.

Die Mainzelmännchen setzten zu einer Notoperation an: Die Wiederholung der Vergewaltigungsfolge am nächsten Montagmorgen wurde eilends aus dem Programm genommen. Was ZDF-Sprecher Peter Stefanski erstaunt registrierte und *Bild* nicht brachte: auf die ersatzlose Streichung der Wiederholung kamen noch mehr Zuschauerproteste als auf die Sendung hin. Dennoch, man war vorsichtig geworden auf dem Lerchenberg. Die nächste Folge mit dem Titel ‚Steinschlag‘ (Thema und wieder ein heißes Eisen: Kindesmißhandlung) wurde erst umgeschnitten und dann nach einer Krisensitzung mit Alois Schardt, seinem Stellvertreter Ungureit, dem Justitiar und Unterhaltungschef Wolfgang Penk vorsichtshalber lieber gleich aus dem Programm genommen. Was nun wirklich Zuschauerproteste zur Folge hatte. Jetzt waren es immerhin schon 560, die anriefen. (Was *Bild* auch nicht berichtete.) „Die Zuschauer sind solche Schocker von der ‚Schwarzwaldklinik‘ nicht gewöhnt und dürfen sie auch nicht erwarten", begründete Schardt die umstrittene Entscheidung.

„Ich kann nicht verstehen", klagte Herbert Lichtenfeld, „daß eine Kindesmißhandlung auf dem Bildschirm mehr erregt als die vom Kinderschutzbund genannten 60 000 echten pro Jahr." Ähnlich urteilte Hans-Georg Fuchs, Pressesprecher des Bundeskriminalamtes. „Bei bestimmten Delikten ist es ganz gut, mal zu zeigen, wie schlimm das ist. Man sollte den Zuschauern schon mal vor Augen führen, wie brutal eine Frau, die sich ja nicht wehren kann, behandelt wird. Im Jahr 1984 wurden in Deutschland 5954 Vergewaltigungen gemeldet."

Mord in Krimis nach 20.15 Uhr – ja, Vergewaltigung und Kindesmißhandlung um 19.30 Uhr – nein? Eine seltsame Moral. Wolfgang Rademann traf die Nachricht wie ein Steinschlag – auf Mauritius, wo er gerade mit dem ‚Traumschiff‘ angelegt hatte, gemeinsam mit dem ZDF-Redakteur Gerd Bauer und Regisseur Hans-Jürgen Tögel.

„Für die Zukunft jibt es bei mir eine jroße Verunsicherung", sagte er. „Mit 44 Prozent Kindern hatte ick nich jerechnet. Was dürfen wir um diese Zeit senden, was nicht? Wenn die Klinik nich so ein jroßer Erfolg wäre, hätte sich keen Hund darum jekümmert."

Trotzdem – eine ‚Sendung mit der Maus‘ will Rademann auch in Zukunft nicht machen, gegen eine ‚Verniedlichlichung' der Serie wehrt er sich entschieden. „Ohne aktuelle Bezüge ist dieses Krankenhaus doch eine langweilige Sache", sagte er. „Nur ein bißchen Liebe und Gefühl reichen nicht, um so viele Menschen zu fesseln."

Erst einmal wurde gegen den Intendanten des ZDF, Professor Dieter Stolte, und andere Mitarbeiter des Senders Strafanzeige erstattet – von der ‚Vereinigung deutschsprachiger Bürgerinitiativen'. Mit Folge 19, der Darstellung einer Vergewaltigung und eines Racheaktes, so die Moralapostel, habe das ZDF gegen mehrere Paragraphen des Strafgesetzbuches verstoßen. ‚Daß das ZDF ein Kapitel seiner erfolgreichsten Serie... einfach aus dem Programm kippt', schrieb Helmut Markwort in einem Leitartikel, ‚ist eine Vorsichtsmaßnahme ohne Beispiel. Sogar die meisten Schauspieler erfuhren erst vor dem Bildschirm, daß ihre Auftritte gestrichen waren... Dabei waren die Szenen zum Thema ‚Kindesmißhandlung' schon erheblich abgemildert worden, um Ärger zu vermeiden...

Diese Entscheidung ist auch deswegen problematisch, weil sie die ‚Schwarzwaldklinik' ganz zur Märchenserie verkümmern lassen kann. Bei einer Sehbeteiligung von sagenhaften 60 Prozent muß ein Sender die Chance nutzen, aktuelle Probleme mit ins Drehbuch zu mischen. Und Kindesmißhandlung ist ein aktuelles Problem, über das leider viele zu wenig wissen.

Warum soll ein solches Thema tabu sein für eine Spielserie?

Ganz im Gegensatz zu Mord und Totschlag, die täglich bedenkenlos angeboten werden, hält man Grausamkeit in der Familie offenbar für nicht sendefähig.

Eben.

Was wissen wir über die Dunkelziffer der vergewaltigten Frauen, die aus Angst vor den Nachbarn nicht zur Polizei gehen? Über die der mißhandelten Kinder?

‚6 Jahre gefoltert – dieses Kind floh vor der Mutter.' Unter dieser Schlagzeile berichtete die *Bild*-Zeitung am 27. Januar 1987 vom Leidensweg eines siebenjährigen Jungen, der nach jahrelangen Mißhandlungen in die chirurgische Kinderklinik des Schwabinger Krankenhauses in München gekommen war. Mit Schnittverletzungen im Gesicht, Bißwunden am Arm und den Ohren, Würgemale am

Hals. Sechs Jahre hatte Marcos Mutter ihren kleinen Sohn gefoltert, bis er flüchten konnte.

Brutale Realität und kein Einzelfall – ebensowenig wie die Gewalt, die Frauen angetan wird.

Ich gebe zu, daß die Vergewaltigung anders hätte fotografiert werden können – die alltägliche Problematik bleibt. Im wirklichen Leben sind sehr viel grausamere Szenen zu sehen als in unserer ‚Schwarzwaldklinik'.

Was wir nicht so richtig bedacht hatten, auch Wolfgang Rademann nicht, ist die große Anzahl der Kinder, die die Serie wöchentlich verfolgen. Bis zu 44 Prozent aller Zuschauer pro Folge sind Kinder unter 12 Jahren. Ein Grund, realitätsfern zu produzieren? Oder nur vorsichtiger? Laut *Psychologie Heute* – die Zeitschrift beruft sich auf den Jahreskongreß der amerikanischen Psychologenvereinigung – fanden Forscher heraus, daß Kinder, die sehr viel fernsehen, häufiger das Geschehene für Realität halten. So glauben sie zum Beispiel, daß ein Fernsehfilm das reale Familienleben schildert, wenn die Fernsehfamilie mit ihren Vorstellungen der idealen Familie übereinstimmt. Aber je mehr Kinder verstehen, wie und warum Fernsehsendungen produziert werden, desto weniger glauben sie, daß das, was sie dort über den Bildschirm flimmern sehen, aus dem Leben gegriffen ist. Soweit *Psychologie Heute*.

Für unsere Kinder ist der Bildschirm kein Geheimnis mehr und die Schauspieler keine Faune und Märchenfeen. Wir leben in einem Zeitalter, in dem so mancher Fünfjährige besser mit Bildschirmtext und Computer umgehen kann als sein 30jähriger Vater, vom 50- oder 60jährigen Großvater ganz zu schweigen. Durch Pressefreiheit und Medienvielfalt gibt es für unsere Jugend – und für uns – heute kaum noch Geheimnisse. Was schade ist – die jungen Leute haben verlernt, zu träumen. Die Illusionen sind ihnen – und uns – vergangen. Andererseits sind sie clever, stehen mit beiden Beinen auf dem Boden und wachsen mit dieser Welt, die sich täglich verändert.

Deshalb: ein bißchen Wahrheit, in Celluloid verpackt, ist ihnen meiner Ansicht nach durchaus zuzumuten. Die Wirklichkeit ihrer nahen Umgebung ist oft viel schlimmer.

Ärger um die ‚Schwarzwaldklinik' – natürlich gab es viele, die sich darüber freuten. So auch der *Spiegel*.

‚Endlich mal Aufregung um die ‚Schwarzwaldklinik': Untat im Glottertal, ein Weib sieht rot, Prof. Brinkmann schweigt, ZDF greift ins Schicksalsrad, und Millionen sind geschockt.' Der *Spiegel* machte sich über die Negativ-Presse lustig und stellte gar die bisher verübten Straftaten in der Serie zusammen:

‚Ein deutsch-heiles Genesungswerk ist die ‚Schwarzwaldklinik', ganz unter uns, sowieso nie gewesen: der Schreibtischtäter Herbert Lichtenfeld hat mehrfach schon das Gesetz herausgefordert: da gab es bereits Straftaten nach Paragraph 323 c (unterlassene Hilfeleistung), Paragraph 240 (Nötigung), Paragraph 221 (Kindesaussetzung), Paragraph 239 b (Geiselnahme) und Paragraph 250 (schwerer Raub); macht an die 40 Jahre Bau.'

Na also!

Auch Regisseur Hans-Jürgen Tögel war unglücklich über den Ärger über ‚Vergewaltigung' und ‚Kindesmißhandlung'. Letztere sollte, durch zwei kleine Schnitte entschärft, einen neuen Sendeplatz im Sommer 1987 bekommen.

„In Deutschland haben wir jährlich 6000 Vergewaltigungsmeldungen, die Dunkelziffer ist doppelt so hoch", verteidigt er die Realitätsnähe der Klinik. „Und wir haben 300 000 Kindesmißhandlungen – da sind wir proportional in der Welt führend. Das muß man sich mal vorstellen! Und wenn wir dieses Thema einmal aufgreifen in einer populären Sendung, in einem Medium, durch das man endlich mal Nachbarn und Bekannte, die um solche Zustande wissen, ohne einzugreifen, aufrütteln könnte – damit zu scheitern, hat mich sehr getroffen."

Was Tögel und ich bis heute nicht verstehen: Themen wie aktive Sterbehilfe in einer Folge mit Wolfgang Kieling, Alkoholismus in einer anderen, in der Brinkmann persönlich einem Sterbenden ein Glas Schnaps gibt, diese und andere heiße Eisen hatten keine Proteste ausgelöst.

Im Herbst 1986 wurde auch unsere ‚Vergewaltigung' rehabilitiert. Auf Antrag des Stadtdirektors von Neuss hatte die Bundesprüfstelle im Februar die ‚Schwarzwaldklinik' auf den Index für Jugendgefährdung gesetzt. Im Oktober entschied das Kölner Verwaltungsgericht: das durfte sie nicht, weil das entsprechende Gesetz nicht auf das Fern-

sehen anzuwenden ist. Also: ‚Schwarzwaldklinik' ohne Makel.
Warum nicht gleich so?

Können Politiker Vorbild sein?

Ein Politiker versucht in einer der neuen Folgen der ‚Schwarzwaldklinik' Professor Brinkmann unter Druck zu setzen, ein anderer macht ihm ein Geständnis und bringt ihn in Gewissensnöte – Situationen, die mir unter die Haut gingen, weil ich jeden Druck und jede Form von (Gewissens-)Not verabscheue.

„Warum ist es nicht möglich, daß ein Parteiloser ein Ministeramt bekommt?" fragte ich im Winter 1986/87 einen Politiker in Hamburg. „Die Qualifikation sollte doch ausschlaggebend für eine derartige Aufgabe sein, nicht das Parteibuch."

„Das geht eben nicht", sagte er – eine Antwort, die mich nicht zufriedenstellte.

Ich gebe zu, ich bin partei-unpolitisch, war es immer, und das aus Leidenschaft. Seit ich weiß, wieviel Unglück fanatischer Glaube an Führungskräfte anrichten kann, habe ich mich immer bemüht, Demokrat zu sein – im Sinne von Vielfalt, vielfältigen Informationen, Meinungen und Ansichten. Auf eine einzige Partei konnte ich mich dabei nie festlegen – zu groß ist meine Angst vor zu viel Macht in einer Hand.

Und das nicht erst seit gestern.

Es war im Jahr 1950. Und ich Ensemblemitglied am Schiffbauerdamm-Theater in Berlin, im Osten.

Für den 3. Januar 1951 war die Geburtstagsfeier von Wilhelm Pieck, Mitbegründer der DDR, angesagt.

Und wir – alle Schauspieler und Bühnenarbeiter der Berliner Bühnen – sollten in der Werner-Seelenbinder-Halle kostümiert aufmarschieren.

Doch es gab einen, der sich weigerte – und das war ich. „Ich nicht!" sagte ich. „Nicht mit mir! Ich würde es auch nicht im Westen tun, und auch nicht für Adenauer."

Kollegen und Freunde warnten mich. „Das ist gefährlich", sagten sie und gingen zum Aufmarsch.

Ich ging auch – in den Westen, und habe nie wieder

einen Fuß in dieses Theater gesetzt. Habe nie Werbung für eine Partei gemacht, nicht einmal heute für die Grünen.

Nach dem Dritten Reich konnte ich keine Art von politischem Zwang mehr ertragen. Anderen im übrigen auch nicht, aber da ist ein „Nein!" oft nicht so leicht und auch nicht ungefährlich. Damals, im Westen, ging ich erst mal stempeln, bis mich Lothar Müthel als zweiten Mann nach Frankfurt holte, als zweiten Mann zur ersten männlichen Besetzung, Erik Schumann.

Bald wurde ich Erster – Erik verließ für einige Zeit das Theater, um zum Film zu gehen.

Viele schwiegen damals im Osten, manche machten dann doch den Schritt in den Westen, der eine früher, der andere später.

Armin Müller-Stahl zum Beispiel wäre beinahe Professor Brinkmann geworden. Zum Glück für mich wurde er es nicht – man stelle sich den ‚Spezialisten für gebrochene, mehrdeutige Figuren' *(Journal für die Frau)* in der ‚Schwarzwaldklinik' vor: einen kühlen, technischen Professor Brinkmann statt eines Wussows, der doch ganz ungebrochen und eindeutig sein will...

Ja, damals hatte ich viel Mut – und habe heute die feste Absicht, ihn wiederzufinden. Der ‚Stier' in mir hat nur ein bißchen Pause gemacht in den letzten Jahren...

Nach 36 Jahren zum ersten Mal wieder in Ost-Berlin war ich Ende September 1986. Die *Bild*-Zeitung hatte es möglich gemacht: eine (schwedische) Fotografin nahm mich an den Plätzen auf, die mir einmal persönliche und künstlerische Heimat gewesen waren.

Auch hier, in Ostberlin, kannte und sah man die ‚Schwarzwaldklinik', und den ersten schüchternen Annäherungsversuchen einzelner folgten bald Trauben von Menschen, die um ein Autogramm baten.

Ein kleiner Junge vor der Weltuhr am Alexanderplatz machte den Anfang. „Bist du nicht Professor Brinkmann?" fragte er. Und, als ich nickte: „Kann ich ein Autogramm haben?"

Das Eis war gebrochen, Dutzende umringten mich zur Freude der Fotografin, hielten Zettel, Tüten, Fahrkarten hin und bekamen eine Unterschrift.

‚Wussow war da – Schwarzwaldklinikfieber in Ostberlin', formulierte es der rechts angesiedelte Pressedienst *rundy*. „Als ob es keine Mauer gibt: Jeder kannte Professor Brinkmann. Alle jubelten Klausjürgen Wussow zu. Fernsehen kennt keine Grenzen. Jeden Tag schlägt das freie Medium des Westens elektronische Brücken über die Gräben der Spaltung. Die Begeisterung der Ostberliner war wie eine Momentaufnahme deutscher Unteilbarkeit'.

Wenn die Sache mit dem Jubel aller auch eine Übertreibung ist – die ‚Brücke' habe ich auch empfunden. Zögern, Erkennen, Freude, Überraschung.

„Sie hier, Herr Professor – ick jloob, ick spinne", sagte eine junge Mutter.

Eigenartig berührt war ich schon. Übergang Bahnhof Friedrichstraße, Paßkontrolle, Visum, Eintausch von 25 Ostmark. Ein Spaziergang zum ‚Berliner Ensemble' am Bertold-Brecht-Platz, dem ehemaligen Schiffbauerdamm-Theater, in dem ich 1949 meine erste Rolle als stummer Diener gespielt hatte in ‚Eine Dummheit macht auch der Gescheiteste'.

Nur, mein Protest gegen neue Zwänge 1951, mein Wechsel in den Westen, war keine Dummheit gewesen. Ich hatte angefangen, meine eigene Identität zu finden, mich Zwängen zu widersetzen.

Und hielt das auch eine Weile durch. Mitte der 50er Jahre war ich also in Frankfurt, wollte dann weiter, wollte das Theater wechseln, bewarb mich. Gustaf Gründgens schrieb mir aus Hamburg, ich passe nicht an sein Haus, was mir damals sehr leid tat, denn ich hätte gerne bei ihm gelernt. Dafür holte Stroux mich nach Düsseldorf, wo er – nach Gründgens' Weggang nach Hamburg – ein ganz neues Theater aufgebaut hatte. Mein Start war ‚Amphytrion'.

Anfang 1959: Adolf Wohlbrück sollte den Herzog in ‚Maß für Maß' spielen, ich ein anderes Stück, eine Zweitrolle im ‚Michael Kramer'.

Es war in den Urlaubsmonaten August/September, als ich in Baden-Baden ein Hörspiel, den ‚Fiesko', machte und Wohlbrück plötzlich absagen mußte; ich sollte für ihn einspringen. Beides jedoch schien mir zuviel – denn ich war für die Rolle des Herzogs in ‚Maß für Maß' eigentlich viel zu jung, die Rolle viel zu schwer, um auch noch die Proben für ‚Michael Kramer' durchzustehen.

Aus Baden-Baden sagte ich ab mit der Begründung: „Wenn ich für Wohlbrück den Herzog spiele, kann ich unmöglich etwas anderes daneben spielen. Entweder – oder."

Stroux schickte mir ein Telegramm nach Baden-Baden: ‚Entweder beide Rollen – oder fristlose Entlassung!'

Ich zeigte das Telegramm Walter Richter und Will Quadflieg, mit denen ich gerade zusammensaß. Die beiden brachen förmlich zusammen, und ich telegrafierte zurück: ‚Bin mit fristloser Entlassung einverstanden.'

Wieder ein schneller Entschluß, der mit jahrelangem Theater-Hausverbot bestraft wurde. Stroux war beleidigt, hatte alles nicht so gemeint – aber das konnte und wollte ich mir einfach nicht bieten lassen.

Jahre später in Wien haben wir uns dann wieder versöhnt. Wir machten den ‚Ottokar' auf der Burg Forchtenstein, probten wochenlang im Freien, eine unserer schönsten Zusammenarbeiten bei Schnee und Eis, die Stroux eine Nierenentzündung einbrachte – ansonsten war es wie vor 25 Jahren. Stroux verdanke ich viele Hilfen, die heute kaum ein Regisseur mehr einem Schauspieler zu geben vermag. Das Theater heute könnte ein paar Strouxe gebrauchen – es wäre heiler, gesünder und besser. Ihn gibt es nicht mehr, und neue sind nicht gewachsen.

Ja, damals hatte ich Schneid, Konsequenz und Spontaneität – Eigenschaften, auf die ich immer stolz war. Und die ich in Wien so nach und nach immer mehr vernachlässigte.

Nachdem ich mich nach meinem Engagement ans Wiener Burgtheater bei den Österreichern jahrelang auf ein Kissen der Zuneigung gesetzt hatte, ließ man viele von uns in der Direktion in den letzten Jahren regelrecht verhungern. Man spielte nicht mehr mein Theater, unser Theater, und die Tatsache, daß ich diese Meinung laut, deutlich und öffentlich kundtat, genügte meinem damaligen Chef durchaus, mich aufs Abstellgleis zu schieben (heute sitzt Claus Peymann auf seinem Stuhl). „Warum haben Sie die Burg nicht längst verlassen?" fragte mich eine *Stern*-Reporterin im Sommer 1986.

„Aus Feigheit", gab ich zu. „Wenn man Familie hat, ist man in seiner Entscheidungsfreiheit doch sehr eingeengt. Aus Eitelkeit, denn auf den renommierten Titel des Burgschauspielers zu verzichten, ist keine leichte Entscheidung. Und aus Anpassung – denn je länger ich in Wien wohnte, um so mehr ergriff die so bezaubernde österreichische Wurschtigkeit, die Kompromißlerei aus Angst vor Konsequenzen, auch wenn die Umstände noch so widrig waren, von mir Besitz."

Und außerdem – die Wiener sind wirklich entzückend. Sonst hätte ich es, trotz allem, nicht so lange bei ihnen ausgehalten, hätte das Zuhause, das sie mir boten, nicht jahrelang angenommen. Und es ist halt ein Traumland, dieses Österreich.

Und doch – während der Dreharbeiten zur ‚Schwarzwaldklinik' in Deutschland bin ich ‚aufgewacht'.

‚Donnerwetter noch mal – wo kommst du eigentlich her?' fragte ich mich plötzlich, als wir die 7. Folge auf Sylt drehten. „Nicht aus dem Land der schönen hohen Berge, der Seen, der Lieblichkeit und des Heurigen, auch nicht aus der Umgebung der charmanten Menschen – oh nein! Du, du kommst aus einem Land, wo das Meer peitscht, wo es kalt ist, wo wenig gesagt wird.'

Was tun?

Hans Albers, der ewige große Junge von der Waterkant, hatte ein originelles Rezept: In seiner Villa am Starnberger See spielte er bei akuten Heimweh-Anfällen ein Tonband ab, auf der das dumpfe Röhren eines Nebelhorns erklang, schrilles Möwengeschrei, das Tuckern einer Barkasse, das Rauschen der Bugwellen, gluckerndes Wasser an Kaimauern, das Stampfen einer Schiffsmaschine und das Wirbeln einer Schiffsschraube. „Bei Nacht und Nebel war er", wie sein Freund und Produzent Artur Brauner erzählt, „mit einem gemieteten Motorboot im Hamburger Hafen herumgefahren und hatte die Geräusche auf einem Tonband aufgenommen – wegen der Sehnsucht."

Die Geschichte hat mich sehr gerührt – für mich jedoch sind Ersatzbefriedigungen keine Lösung.

Der Mensch braucht nun mal eine Heimat – und ich dachte seit Beginn der ‚Schwarzwaldklinik' immer mehr und immer ernsthafter über sie nach, meine wirkliche Heimat. Über die verlorene Heimat, meinen Geburtsort Cammin in Pommern, heute Polen, über Deutschland, vor allem im Norden, wo ich mich zunehmend heimisch fühlte. Ich wurde mir über Konzessionen klar, die ich gemacht hatte und nicht mehr machen wollte, über Ängste, die ich mir nicht mehr erlaube, nie mehr erlauben darf und will.

Die ‚Schwarzwaldklinik' hat mir in mancher Hinsicht die Augen geöffnet, einen Traum von künstlerischer und persönlicher Freiheit geweckt, der mich nun nicht mehr losläßt und den ich verwirklichen werde.

Der neue Direktor des Burgtheaters, Claus Peymann, ist ganz offensichtlich meiner Meinung. „Ich wünsche Herrn Wussow viele Jahre großen Erfolg mit der Schwarzwaldklinik", sagte er bei einer Pressekonferenz.

Mit der Bemerkung „Den werde ich hoffentlich haben – und komme wieder, wenn Peymann fort ist", revanchierte ich mich ein paar Wochen später in einem Kultur-Gespräch.

Peymann will ein Theater der Intelligenz machen, ein Theater gegen die Schauspieler des Burgtheaters. Seine ersten Premieren rekrutierte der glänzende Theatermann aus Mimen der Bochumer Bühnen: eine Anpassung an Wien und den Geschmack der Wiener ist nicht abzusehen. Sogar die 100 Jahre alten, der spanischen Hofreitschule nachempfundenen Portiers- und Logendiener-Uniformen wollte er ‚modernisieren', scheiterte aber am einstimmigen Protest der Betroffenen.

Meinem Burg-Kollegen, dem Schauspieler Fritz Muliar, bekannt als braver Soldat Schwejk, verging das Lachen im Herbst 1986 so sehr, daß er vor Gericht ging.

Seine Klage ‚wegen übler Nachrede' war laut *Gong* der vorläufige Höhepunkt eines schon länger schwelenden persönlichen Konflikts zwischen Muliar und Peymann. Nach der Verpflichtung Peymanns war Muliar unter Protest aus dem Ensemble des Burgtheaters ausgeschieden. Peymann wiederum hatte in einer Publikumsdiskussion auf Fragen nach angeblichen Spannungen im deutsch-österreichischen Ensemble der Burg gesagt, daß ‚die meisten Spannungen der Muliar zu haben scheint, weil er in Zeitungsartikeln bewußt und planmäßig die Unwahrheit verbreitet.'

Fritz Muliar schreibt pointierte Kolumnen in der Wiener *Arbeiter-Zeitung,* in denen er sich mit aktuellen kulturellen Fragen befaßt.

Durch Peymanns öffentliche Äußerung fühlte sich der schreibende Schauspieler ‚einer verächtlichen Gesinnung und eines unehrenhaften Verhaltens beschuldigt'. Dies sei geeignet, ihn in der öffentlichen Meinung ‚verächtlich zu machen und herabzusetzen'.

Der nächste Akt dieses Schauspiels sollte vor den Schranken des Wiener Landgerichts spielen. Doch Peymann hat sich inzwischen entschuldigt.

Mußte das alles sein?

Helfen macht Freude – und Freunde

Trittbrettfahrer gab es viele in dieser Zeit des ‚Schwarzwaldklinik'-Booms. Irgendwann gingen sie mir alle auf die Nerven – mit einer Ausnahme.

Für eine gute Sache bin ich gerne Trittbrett. Wer soll denn helfen und mit gutem Beispiel vorangehen – wenn nicht wir Schauspieler?

Wer hat so viele Möglichkeiten, Werbung für einen guten Zweck zu machen wie wir, die wir – wenn auch oft unfreiwillig – im Licht der Öffentlichkeit stehen?

Wer braucht uns mehr als Alte, Kranke, und – Kinder, auch in Deutschland? Jedes Jahr erkranken 1500 Kinder in der Bundesrepublik an Krebs. In den 27 Kinderkrebskliniken fehlt es an Platz, an Personal, an Geräten – an Geld.

Wo die Diagnose Krebs noch vor 20 Jahren für nahezu jedes Kind das sichere Todesurteil bedeutet hatte, können heute zwei von drei krebskranken Kindern geheilt werden. Doch die Behandlung ist teuer und aufwendig, kostet Zeit, Platz und Personal. Deutschland ist weltweit führend, was die Heilung zum Beispiel leukämiekranker Kinder betrifft. Aber noch immer sind deutsche Kliniken auf die Vielzahl krebskranker Kinder nicht eingerichtet, noch immer bilden Kinderkrebsstationen, ungenügend ausgerüstet, Anhängsel der normalen Kinderkliniken, noch immer gibt es kaum Nachsorgeheime für Kinder und Eltern.

Im April 1986 übernahm ich die Schirmherrschaft für eine Aktion der ‚Kinderkrebshilfe' in Steinkirchen im Alten Land an der Elbe. Verbunden wurde diese Aktion mit einer meiner wenigen Autogrammstunden in Bielefeld. Mit einem Hubschrauber – zufällig war es derselbe, der unsere Aufnahmen für die ‚Schwarzwaldklinik' begleitet hatte – wurde ich von Bielefeld nach Steinkirchen geflogen.

Die Bürger des Dorfes Steinkirchen haben es sich zur Pflicht gemacht, jedes Jahr einmal für einen guten Zweck zu sammeln. Auf der Straße durchs Dorf und hinter dem Damm, der den Ort vor dem Hochwasser der Elbe schützt, stand eine Bude neben der anderen. Wie auf einem Jahrmarkt konnte man alles mögliche kaufen, es gab Schießbuden und Gewinnspiele. Ich unterschrieb Autogrammkarten, die versteigert wurden – und alles eingenommene Geld dieser Wochen floß einer Kinderkrebsstation in Bremen und einer in Hamburg zu. In Bremen wollte man eine neue Apparatur kaufen, in Hamburg eine zusätzliche Schwester einstellen. Natürlich war das nur ein Tropfen auf einen heißen Stein und noch lange nicht genug. Dem 100 000-Mark-Scheck, den ich der Organisation im Februar 1987 übergeben durfte, werden hoffentlich noch viele folgen.

Anfang August 1986, Hinterzarten: Wieder mal Presse und Fotografen. Und sie hatte ich dieses Mal nun wirklich nicht dabeihaben wollen. Aber was soll man machen...

25 krebskranke Kinder mit ihren Eltern und Geschwistern hatte ich, gemeinsam mit der Hoteliersfamilie Riesterer, zu Kaffee und Kuchen ins Parkhotel Adler in Hinterzarten eingeladen. Ich gab Autogramme, erzählte von den Dreharbeiten und ließ mich mit Fragen löchern, bis die Kinder anfingen, müde zu werden.

Kinder, die viel hinter sich hatten, von Strahlenbehandlungen bis zur Chemo-Therapie. Sie hielten sich mit ihren Angehörigen zu einer sechswöchigen Nachsorge-Kur in der Klinik Katharinenhöhe auf.

Stille, ernste Kinder, die „regelrecht aufblühten" beim Kaffeeklatsch in Hinterzarten, wie ihr pädagogischer Leiter Roland Wehrle feststellte.

Kinder, die lachten – obwohl ihnen das Lachen über Wochen und Monate vergangen war.

Zwei Ereignisse führten zu meiner Einladung.

Das Kurzentrum Katharinenhöhe bietet als erstes eines der ganz wenigen Häuser in der Bundesrepublik eine Festigungs-, Stütz- und Anschlußbehandlung für Familien mit einem krebskranken Kind und verfügt über 80 Betten in Zwei-, Vier- und Fünf-Zimmer-Appartements. Die Kinder werden medizinisch von einer Ärztin, einem Bereitschaftsarzt und drei Kinderkrankenschwestern betreut, außerdem von Diplompsychologen, Sozialpädagogen, Erziehern und Lehrern. Träger der Nachsorgeklinik ist die Arbeiterwohlfahrt.

Dieses Konzept bezieht die ganze Familie in den therapeutischen Prozeß mit ein – mit dem Ziel, die Patienten nicht nur medizinisch optimal zu versorgen, sondern auch das seelische und geistige Befinden der gesamten Familie zu regenerieren und zu stärken. Denn durch die lebensbedrohliche Erkrankung und die oft grausam scheinenden Behandlungsmethoden sind die betroffenen Familien großem psychischem und sozialem Druck ausgesetzt.

Günter Schlegl, Mitarbeiter einer Jugendzeitschrift, erfuhr, daß ich von einer unbekannten Schweizerin einen Scheck über 1000 Mark bekommen – und, daß ich ihn zur Weiterleitung an die Krebshilfe bestimmt hatte. Er fragte, ob ich Lust zu einem Zusammentreffen mit den kleinen Patienten aus der Katharinenhöhe hätte. Trotz Wolfgang Rademanns Bedenken sagte ich sofort zu – und lud alle zu mir ins Hotel ein.

„Solche Aktionen sollten Schule machen", sagte Schlegl anschließend. „Für die leidgeprüften Kinder ist so ein Nachmittag ein Riesen-Erlebnis. Und bringt Abwechslung in den eintönigen Tagesablauf. Abwechslung und Freude, die auch wichtig sind für die Gesundung."

Die PR-Managerin des Hotels, Marga Ditsch, half – wie so oft – auch bei der Organisation des fröhlichen Nachmittags, den ich im Juli 1987 wiederholte. Wie leicht ist es, anderen eine Freude zu machen...

Und falls ich mich jemals entschließen sollte, auszusteigen – vielleicht kaufe ich mir dann doch keinen LKW, sondern kümmere mich lieber um Kinder, die einem zweiten Leben einen Sinn geben können.

Denn Kindern in Not – ihnen zu helfen soll mein Beitrag zur aktiven Nächstenliebe in dieser Zeit sein, auch dann noch, wenn der Schwarzwald in meinem Leben schon lange keine Rolle mehr spielt...

Wie groß unsere Möglichkeiten der Animation sind, bewies eine gemeinsame Gala von *Stern* und ZDF am 16. Oktober 1986: Innerhalb von eineinhalb Stunden wurden weit über 5 Millionen Mark an Spenden für die Kinderkrebshilfe eingenommen.

Juni 1987, ich war in Hamburg, um von hier aus einen Geburtstagsbesuch bei meiner Mutter zu machen. Eine Nachricht mit der Mitteilung: „Dringend, urgent, wichtig, sofort zurückrufen" und sämtlichen Telefonnummern Sascha Hehns erwartete mich im Hotel. Was konnte da bloß so „urgent" sein?

„Du mußt unbedingt übernächsten Sonntag beim Trabrennen in München mitmachen, ich habe schon für dich zugesagt", rief Sascha am anderen Ende der Leitung.

„Bei was?" fragte ich entgeistert.

„Na, beim Trabrennen", wiederholte Sascha. „Am 5. Juli findet in Daglfing ein Prominenten-Trabrennen zugunsten der Münchner Kinderkrebshilfe statt."

Da konnte ich natürlich nicht nein sagen, und Pferde hatte ich sowieso schon immer geliebt. Wenn der Sitz auf dem Sulky auch etwas anderes ist als der auf dem Rücken der edlen Tiere, doch diese Erfahrung machte ich erst ein paar Tage später in München bei einer Probefahrt.

Meiner ersten – Sascha übte schon seit Wochen und faßte sowohl den Kauf eigener Rennpferde als auch die Ablegung einer Fahrprüfung für Amateurfahrer ins Auge, während ich bei einem ersten Blick auf das Tempo der Trainingswagen doch etwas nervös wurde.

„Kein Grund", beruhigte mich Trainer Rolf und gab mir schon nach ein paar Runden die Zügel in die Hand. Und beim nächsten Mal den ganzen Wagen, später einen „richtigen" Sulky – ich brauchte keinen Trainer mehr und auch nicht mehr viel Übung und war sehr stolz.

Stolz und voller Vorfreude, bis das Ergebnis der Auslosung ein paar Tage später bekannt wurde. Daß Sascha Hehn und Thomas Gottschalk seit Wochen „heimlich" geübt hatten, nahm ich noch hin – daß ich aber mit ‚Mister Sheps' einen totalen Außenseiter und dann mit der Nummer 11 auch noch den schlechtesten Platz zog, strapazierte meinen Humor denn doch sehr.

Und es kam, wie es kommen mußte: nachdem ich anfangs gar nicht so schlecht lag, zogen beim Rennen am 5. Juli Sigmar Solbach mit ‚Ciliano', Sascha Hehn mit ‚Half Moon', Thomas Gottschalk mit ‚Superstar Tivoli', Michaela May mit ‚Ocean Star' und all die anderen Kollegen an mir vorbei. Und da tröstete es auch wenig, daß Gaby Dohms ‚Düsenklipper' seinem Namen alle Ehre machte, vom Start weg statt zu traben angaloppierte und, immer noch im Galopp, knapp hinter mir die Zielgerade überquerte. Sonst war da keiner mehr...

Aber schließlich war es ein Spaß, auch verlieren will gelernt sein, und beim nächsten Mal gewinne ich ganz sicher. Immerhin – für die Münchner Kinderkrebsstation und die Verpflichtung einer neuen Ärztin kamen über 60 000 DM zusammen.

Aber nicht nur die kranken Kinder brauchen unsere Hilfe. Schon seit Jahren teile ich mir mit zwei Kollegen am Wiener Burgtheater die Patenschaft für ein Kind in der Dritten Welt, über die Kindernothilfe, World Vision. Rumilda Moreno Santos heißt ‚mein' Kind, ist neun Jahre alt und lebt in Honduras. Dankbare (von der Organisation übersetzte) Briefe erreichen mich immer wieder. Dankbar wofür? Für 50 Mark im Monat? Die Grenze zwischen Gleichgültigkeit und Hilfe ist schnell überschritten. Dankbar bin ich, weil ich helfen darf – und will es noch viel mehr tun. Zwei weitere Patenschaften habe ich vor einem Jahr übernommen, in Indonesien und in Mexiko.

Insgesamt 80 Patenschaften trägt das Ensemble des Wiener Burgtheaters gemeinsam – und es sollen noch mehr werden. Und nicht nur an der Burg. Im Sommer 1986 begann ich, auch im Team der ‚Schwarzwaldklinik' und in der Presse Werbung für den gemeinnützigen Verein zu machen, der Kindern in der Dritten Welt hilft: mit Nahrung, Schulen, Kindergärten und Beratungen.

Denn für 50 Mark im Monat kann ein Kind in der Dritten Welt leben, ernährt und unterrichtet werden. Wenn jedes Team-Mitglied der ‚Schwarzwaldklinik' 50 Mark im Monat opfert, ist die Existenz von 100 Kindern gesichert. Wenn von den 20 Millionen Zuschauern der Serie... nicht auszudenken, wieviel Hunger und Not beseitigt oder vermieden werden könnten, bei uns und in der ganzen Welt.

Dezember 1986 – Advent in der Steiermark.

Zum ersten Mal zum ‚steyrischen Advent' eingeladen wurde ich 1981, gemeinsam mit meiner Frau Ida Krottendorf, von Konzertveranstalter René Pütz, der jährlich in der Alten Oper in Graz Folklore-Veranstaltungen organisiert, mit Trachtengruppen und Bläserchören. Im Anschluß wird jedesmal für eine Familie in Not gesammelt. Unsere Aufgabe: die Lesung von Weihnachtsgeschichten und -gedichten, Themen rund um die Adventszeit, umrahmt von Musik.

Die Teilnahme an dieser Adventsveranstaltung wurde über Jahre verpflichtend für mich – heute suche ich andere Wege, zu helfen.

Im Januar 1987 war es ein einzelnes Kind, ein todkrankes junges Mädchen, dem der Erfolg ‚Schwarzwaldklinik' zugute kam: Mein ‚Arztkittel' wurde versteigert, der Erlös – 3352 Mark wurde in die rettende Behandlung investiert.

Claudia litt seit Jahren an dem heimtückischen Lupus Erythematodes, einer nahezu unerforschten Krankheit mit fast immer tödlichem Ausgang. Ihre Beine versagten den Dienst, Hustenanfälle und Schmerzen in der Brust quälten sie, sie wurde immer schwächer, und auf der Intensivstation der Mainzer Uniklinik gaben die Ärzte Claudia vor ein paar Jahren kaum noch eine Chance. Doch nach zwölf Wochen Bettruhe besserte sich ihr Zustand, und sie durfte – im Rollstuhl – nach Hause.

Gesund wurde sie nicht. Starke Medikamente bekämpften zwar die Symptome, führten aber auch zur Schädigung innerer Organe, der Gelenke und der Haut. Die Lage schien hoffnungslos, auch als die Schusters von einer Klinik in den USA hörten, die sich auf Claudias Krankheit spezialisiert hatte.

Doch Claudias Vater war 1984 gestorben, ihre Mutter selbst schwer krank. Das Haus war verschuldet, von ihrer Witwen- und Erwerbsunfähigkeitsrente blieb Frau Schuster kaum genug zum Leben, erst recht nicht genug für einen teuren Klinikaufenthalt in den USA. Die Kasse wollte für die Kosten nicht aufkommen. Viele Menschen jedoch, als sie von Claudias Krankheit erfuhren. Einen Teil der erforderlichen Summe brachte die Versteigerung meines Kittels, die das Rote Kreuz in Mainz organisierte, weitere 12 000 Mark kamen durch Spenden zusammen. „Die Ärzte sind ganz zuversichtlich, mich heilen zu können", konnte Claudia ein paar Wochen später ihrer Mutter am Telefon berichten, vor sich einen Klinikaufenthalt von 18

Monaten – und hoffentlich (ein bißchen mit Hilfe der Serie) noch ein ganzes Leben.
Noch viel mehr Kindern will ich helfen, so oft und so lange ich kann.
Junge Menschen und Kinder habe ich immer schon mehr geliebt als die sogenannten Erwachsenen – vielleicht deshalb, weil sie mir ähnlicher sind, weil wir Schauspieler ja eigentlich nie erwachsen werden dürfen. Wir müssen uns, wollen wir spielen, unsere Kindlichkeit bewahren.
Jungen wollen Männer werden – wir müssen Kinder bleiben. Was leider auch bedeutet, daß man uns kaum ernst nimmt. Und je sensibler wir sind, um so ‚leichter' machen wir es uns auch, feige und bequem, wie wir oft sind – oder scheinen.
Und während sich Frauen in diesem Beruf durchsetzen und andererseits völlig ungeniert ihre Eitelkeiten befriedigen dürfen, müssen Männer ihre Männlichkeit verleugnen – egal, wie ‚männlich' das Bild sein mag, das man sich von uns macht (und dem wir oft privat so gar nicht entsprechen).
„Wie verbinden Sie Intelligenz mit Naivität?" fragte mich kürzlich jemand.
„Das ist der große Kummer aller einigermaßen gescheiten Schauspieler", antwortete ich. „Ein unlösbares Problem." Denn für halbwegs gescheit halte ich mich trotz allem doch ein bißchen. Ich bin ein cholerisches Sensibelchen mit viel zuviel Kindlichkeit und 25 grauen Zellen zuviel. Das macht mich angreifbar.

Die „Schwarzwaldklinik"
geht als erste deutsche Serie nach Amerika

Die Serie wurde in einige europäische Länder verkauft, nach Finnland, Frankreich, Großbritannien, Holland, Italien, Irland, Island, Polen, Schweden und Ungarn, außerdem nach Südafrika, Namibia und Neuseeland (mit Ungarn wird noch verhandelt).
Grund, stolz zu sein – eine Sensation aber war die Nachricht, die im April 1986 durchsickerte.
Zum ersten Mal in der deutschen Fernsehgeschichte wurde während der Film-Messe in Cannes eine deutsche

Serie nach Amerika verkauft. Sozusagen ‚blind' – die Paramount buchte nicht nur die fertigen 24 Folgen der ersten beiden Staffeln, sondern auch die dritte und vierte Staffel, mit denen wir erst im nächsten Juli in Hinterzarten beginnen würden.

Auf der Fernsehmesse ein Jahr später stellte die Paramount ihren großen, repräsentativen Messestand übrigens ganz ins Zeichen des Schwarzwaldes und dekorierte entsprechend; ein ‚spektakuläres Unternehmen', auf das Wolfgang Rademann sehr stolz war.

Weniger Grund zum Stolz hatte man währenddessen beim ZDF – die Mainzer hatten vergessen, die Hauptdarsteller ihrer Serie zum großen Gala-Empfang der Paramount am 23. April nach Cannes einzuladen. Thomas Haffa, Chef der Münchner ‚Merchandising', dem die weltweiten Vertriebsrechte der ‚Schwarzwaldklinik'-Nebenprodukte gehören, intervenierte, bot an, Flugzeuge bereitzustellen, vergeblich: Sascha Hehn war unerreichbar beim Angeln verschollen, ich für ein paar Wochen mit unbekanntem Ziel verreist und nicht auffindbar. Und so fand die große ‚Schwarzwaldklinik'-Gala ohne die ‚Schwarzwaldklinik'-Stars statt.

Was natürlich den Verkaufserfolg keineswegs schmälerte. Eine Sensation, die jedoch in erster Linie ZDF-Programmdirektor Alois Schardt zu verdanken ist. Als ‚Handlungsreisender' war er wohl mit einem kleinen Koffer nach Amerika gefahren, um die ‚Schwarzwaldklinik' vorzuführen (den Scheck bewahrt er sicher in eben diesem Koffer noch immer auf).

„Ick versteh' einfach nich, was die Amis an unserer ‚Schwarzwaldklinik' finden", kommentierte Wolfgang Rademann die Nachricht. „Aber det ist natürlich een enormer Image-Gewinn."

Und schon begannen die öffentlichen Spekulationen: Geht Professor Brinkmann nach Amerika? Holen sich die Amerikaner Sascha Hehn für ‚Dallas'? Macht gar Jeff Colby Dr. Udo Brinkmann in der Klinik Konkurrenz? Gaby Dohm zwischen Krystle und Alexis?

Zu den seriöseren Meldungen gehörte die Nachricht, daß das ZDF sich bemühe, Kenny Rogers für die ‚Schwarzwaldklinik' zu gewinnen. „Aber keinesfalls für eene Rolle", wehrte sich Rademann gegen Presse-Spekulationen. „In eener Folge tritt ein Sänger mit einem Lied auf – und wenn man dafür eenen Weltstar kriegt, bin ick natürlich glücklich." Ein Weltstar ist es nicht geworden – aber doch immerhin ein amerikanischer Sänger.

International sollte es jedoch nicht zugehen im Glottertal. „Ick mach eene deutsche Produktion für den deutschen Markt und denke jar nich daran, mir in meine Besetzung reinreden zu lassen, weil ick nach dem amerikanischen Publikumsjeschmack schiele", meinte Rademann.

Und wehrte sich auch gleich gegen den Vorwurf, seine Serien seien internationalen Vorbildern ‚nachempfunden', um es vorsichtig auszudrücken. Keine geistige Verwandtschaft zwischen ‚Loveboat' und ‚Traumschiff', keine Parallelen zwischen ‚Das Krankenhaus am Rande der Stadt' und ‚Schwarzwaldklinik'? Na, Herr Rademann?

„Die Themen sind so neu ooch nich", sagt er. „Beim Traumschiff können die Leute Fernwehwünsche in einer Stunde befriedigen, und die Klinik is ein Umschlagplatz für menschliche Schicksale. War sie immer schon. Det noch keener det Thema aufjegriffen hat in Deutschland, versteh ick sowieso nich."

Die Amerikaner haben einen völlig anderen Geschmack, meint er. Nichts zu kopieren, was für deutsche Verhältnisse geeignet wäre.

„Det einzige, was man von den Amis übernehmen kann", sagte Rademann, „is das Ausspielen von Emotionen wie Lachen und Weinen – darin sind die Weltmeister. Aber eine Tote wiederauferstehen lassen – det würden mir die Leute hier nie verzeihen." Und so blieben Heidelinde Weis und Karin Hardt für die ‚Schwarzwaldklinik' gestorben.

So ganz bin ich mit Rademanns Worten nicht einverstanden – im Gegenteil, ich finde: ‚Emotionen wie Lachen und Weinen' sind von Deutschland aus nach Hollywood übernommen worden, importiert sozusagen. Mag allerdings sein, daß wir sie inzwischen verlernt haben, diese Emotionen.

Vielleicht sind wir ja dabei, sie wieder zu lernen. Und zu zeigen (oder, frei nach Carl-Heinz Schroth: ‚Natürlich sein ist gar nichts – natürlich scheinen ist alles!').

Ich persönlich finde es wunderbar, daß man in Amerika

auch mal deutsche Schauspieler kennenlernt – und nicht nur immer die amerikanischen.

Obwohl – oder weil – die amerikanischen Stars und der amerikanische Film ihren Glanz nicht zuletzt Deutschen zu verdanken haben. Von Lubitsch bis Preminger oder Billy Wilder und Zinnemann – viele unserer aus dem Dritten Reich emigrierten Regisseure haben das Imperium Hollywood mitgestaltet und aufgebaut (während der Film bei uns immer mehr abstieg).

Auch deshalb haben nur wenige unserer Filme internationales Format – weil unsere ‚Meister' fehlen, die ihr Know-how an die Jugend hätten weitergeben können.

Übrigens: Professor Brinkmann wird in Amerika vermutlich seinen Namen verlieren. Das scheint die unausweichliche Konsequenz für die Synchronisation ins Englische zu sein. Denn ‚Brinkmann' wird in Amerika sofort mit dem Begriff ‚Brinkmanship' in Verbindung gebracht – und der bedeutet ‚Politische Seiltänzerei'. Wohl kaum der richtige Rahmen für das Geschehen um das ‚Black Forest Hospital' ...

Nein, eine späte Karriere in den USA erhoffe ich mir nicht, Europa interessiert mich heute mehr. Um so größer war meine Freude, daß die Serie ab Herbst 1986 auch in unseren Nachbarländern lief.

In Finnland hatte sich die Serie Anfang 1987 zum Straßenfeger entwickelt: von 2,3 Millionen finnischen Fernsehteilnehmern sahen jeweils 1,8 Millionen die Sendung.

Holland entschloß sich aufgrund des großen Erfolges im Nachmittagsprogramm, die Serie sofort im Abendprogramm zu wiederholen.

Die Amerikaner kauften auch die Rechte für den spanischsprechenden – und für den asiatischen Raum. Vielleicht wird es in Japan bald heißen: „Glüß Gott, Plofessol Blinkmann!"? Die ‚Brinkmänner sind auch in Polen gefragt', wie die Münchner *Abendzeitung* im November 1986 meldete. ‚Die deutschen Doktorspiele avancieren derzeit auch in Polen zum TV-Hit. Die vierte Folge erzielte dort am vergangenen Samstag erneut gestiegene Einschaltquoten. Und das, obwohl die polnische Presse die Arzt-Geschichten schlicht als Plagiat einer tschechischen ‚Krankenhaus (am Rande der Stadt)'-Reihe abtat. Am Rande bemerkt: Das polnische Publikum interessiert sich nicht nur für das (Liebes-)Leben der Brinkmänner. Immer wieder wird gefragt, ob es hier wirklich so moderne kleine Krankenhäuser gebe.' Manchmal bin ich mißtrauisch und glaube erst, was ich sehe. Und so sahen wir uns im Januar 1987 im Studio eine Videokassette an. Die ‚Schwarzwaldklinik' auf Italienisch. Konzentriert und gespannt verfolgten Gaby Dohm, Hans-Jürgen Tögel, Sascha Hehn und ich die Szenen unserer Pilotfolge. Zum ersten Mal erlebte ich mich, genau wie die anderen, mit fremder Stimme – einer, die mir sehr gut gefiel, mit der ich mich identifizieren konnte. Auch Gaby war gut getroffen – nur Oberschwester Hildegard hatte viel von ihrem herben Charme, der ihren Reiz ausmacht, eingebüßt. Aber eine ähnlich durchdringend-penetrante Stimme hatten die Italiener unter ihren Synchronsprechern wohl nicht gefunden...

Das Gesamtergebnis beeindruckte uns jedenfalls sehr – hatten wir uns doch selbst davon überzeugt, daß die ‚Schwarzwaldklinik' sich auf dem internationalen Markt durchaus sehen und hören lassen kann.

So sahen das auch die Italiener – die Serie hatte in Bella Italia auf Anhieb eingeschlagen.

Im Frühjahr 1987 kam noch die Türkei hinzu. „Nur die Chinesen wollen uns nich", maulte Wolfgang Rademann anläßlich einer Pressekonferenz.

Noch nicht – ich bin da optimistisch. Denn ich liebe die Asiaten – warum sollten die mich nicht lieben? Von einseitiger Zuneigung habe ich noch nie etwas gehalten.

Ein Besuch im Osten zur Fernsehpremiere würde mich schon reizen, denn mit dem asiatischen Erdteil verbindet mich viel, vor allem gute Erinnerungen.

Schon dreimal bin ich beruflich in Asien gewesen – das erste Mal 1962, das zweite Mal 1968 während der Welttournee des Burgtheaters, das dritte Mal mit der ‚Schwarzwaldklinik'. 1968: Ein ganzes Theater auf Tournee? Auf diese Idee konnte nur ein Amerikaner kommen, und so war es auch (wenn auch nur ein ‚Zugereister').

Gemeinsam mit der Lufthansa sponserte und organisierte der Nahrungsmittelfabrikant aus Österreich, der seit Jahrzehnten in New York lebte, eine dreimonatige Tournee des Burgtheaters mit dem größten Teil des Ensembles und mehreren Stücken – von Wien nach New York, über

Los Angeles und von dort wirklich in die ganze Welt, mit einem kurzen Erholungs-Zwischenstop auf Hawaii.

Verschiedene Gruppen spielten verschiedene Stücke, einzelne Kollegen wie Michael Heltau gaben Lesungen in Kulturzentren und Theatern, ich las an Universitäten österreichische Dichtung. Wir spielten vor vielen Auslandsdeutschen und Österreichern, aber auch vor vielen Amerikanern.

Am meisten beeindruckte mich unsere Vorstellung in Tokio: in einer modernen, mit der neuesten Technik eingerichteten großen Halle. Beeindruckend – aber auch irritierend. Denn zu dieser Technik gehörten Kopfhörer an jedem Zuschauersitz, durch die das Publikum unser Stück auf japanisch hörte, Simultandolmetscher übersetzten unsere Dialoge auf der Bühne in Rekordzeit. Zu schnell für unseren Geschmack, denn die japanischen Übersetzer waren viel schneller als wir. Und so lachten die Zuschauer schon laut, bevor wir noch unsere Pointen losgeworden waren...

Was kann man heute noch glauben?

April 1987: Die ‚Schwarzwaldklinik' bescherte uns zwar keinen Urlaub, wie zu lesen war (Professor Brinkmann und Christa: Liebesurlaub unter Palmen), aber immerhin eine Reise in den Fernen Osten.

Autor Herbert Lichtenfeld und Wolfgang Rademann waren nämlich der Ansicht: das Ehepaar Brinkmann muß zumindest einmal während der Serie Ferien machen. Und da Rademann Sri Lanka von Dreharbeiten zu seiner Serie ‚Schöne Ferien' noch in allerbester Erinnerung hatte („Nirgends auf der Welt gibt es so viele optisch interessante Kulturstätten!"), schickte er Gaby Dohm, das Team und mich für zwei Wochen in die Sonne. Unsere ‚Ferien' unter südlichem Himmel waren durchaus kein Traumurlaub, sondern eher eine ausgesprochene Strapaze. Es war mörderisch heiß, jeden Tag ein anderer Drehort – immerhin hatten wir das Glück, die Insel schon verlassen zu haben, als ein paar Tage später Unruhen viele Menschenleben kosteten.

Nach dem elfstündigen Flug Frankfurt – Colombo begannen bei 35 Grad im Schatten ohne nennenswerte Pause die Dreharbeiten, es wurde geschnorchelt, besichtigt, auf Berge geklettert. Man filmte uns bei ‚Kulturexpeditionen' ins Innere der Insel, beim Tauchen auf Corumba, einer Malediven-Insel, im Robinson-Club und vor einem liegenden Buddha von 13 Metern Länge, wir besuchten die Felsenfestung in Sigiriya und das Freilichtmuseum in Polonnaruwa. Bunte Bilder entstanden auf dem Stoff- und Gemüse-Markt, entzückende im Elefantenwaisenhaus. Bei allem Streß eine willkommene Abwechslung nach den tristen Wintermonaten im Hamburger Studio.

Ich erkannte die Stellen wieder, die ich im Oktober 1985 mit Ida, Sascha und Bärbel schon einmal besucht hatte, Korallenriffe, an denen wir geschnorchelt hatten. Eine Reise mit einer Foto-Agentur (nach Drehschluß der ersten beiden Staffeln im Herbst 1985), die ich den Kindern zuliebe gemacht hatte, eine Reise, die ich nie hätte machen, nie hätte mitmachen dürfen, eine Reise, die eine weitere Lüge war. Eine Reise, zu der ich mich verpflichtet gefühlt hatte, nachdem gemeinsamer Urlaub immer zu kurz gekommen war, bzw. aus Termin- und anderen Gründen nie stattgefunden hatte.

Das Ergebnis: Hunderte von Heile-Welt-Fotos, die noch heute durch den Blätterwald geistern als Demonstration einer intakten Familie, die damals schon lange nicht mehr so intakt gewesen war.

Eine Reise, die eine Lüge gewesen war – meine letzte, hoffe ich.

Andere Erinnerungen wurden wach, Erinnerungen an meinen ersten Besuch in Asien während der Dreharbeiten für meinen dritten Film mit Jürgen Roland: Heißer Hafen Hongkong. 25 Jahre sind seitdem vergangen – die Eindrücke noch ganz frisch. Zum Beispiel ‚Chinesisch Neujahr': keine Chance, auch nur eine Minute zu drehen. Um die bösen Geister zu vertreiben, wird ein 14tägiges Feuerwerk veranstaltet. Arm in Arm zog ich mit Weltenbummler Horst Frank durch das Chinesenviertel.

Meine Film-Partnerin: Marianne Koch. Leider in Begleitung ihres damaligen Mannes, Dr. Gerhard Freund. Und – schließlich war ich ja auch verheiratet.

Leider, denn die Marianne habe ich sehr gemocht, hätte sie gern noch etwas mehr gemocht. Eine kluge, intelligente

Frau, mit der ich gern zusammen war. Nicht oft genug für meinen Geschmack, aber, wie gesagt: ihr Mann...

Und überhaupt: Mit Kollegen sollte man nie etwas anfangen, das gibt nur Ärger!

Solche Versuchungen gab es Gott sei Dank während der Dreharbeiten zur Schwarzwaldklinik nie. Zu den ‚Schwestern' und ‚Ärztinnen' hatte ich zwar ein gutes, aber rein kollegiales Verhältnis, genau wie zu meiner Partnerin Gaby Dohm. Zwischen uns entstanden weder Funken noch andere elektrische Ereignisse, die herzliche, kollegiale Freundschaft, die uns verband, wurde von keinem romantischen Unterton getrübt. Schön, daß auch sie unsere enge Zusammenarbeit richtig bewertete und gar in einem Interview verriet: „Unsere Küsse waren so keusch, daß die Cutterin Probleme beim Schneiden hatte." Stimmt. Wie hätten sie denn sonst sein sollen, diese Küsse? Wir Schauspieler sind sowohl vor als auch hinter der Kamera viel moralischer, als die Leute glauben, und schließlich ist die Arbeit vor der Kamera Arbeit und kein Privatvergnügen. Zudem hat Gaby in Adalbert Plica einen entzückenden Mann, einen großzügigen (ihre in Interviews proklamierte freie Ehe tolerierenden), herzensguten und intelligenten Lebensgefährten und in ihrem Julian ein aufgewecktes, gutgerzogenes Kind, das sicher eines Tages ihren Spuren folgen wird. Nicht alle Partnerschaften vor der Kamera sind so platonisch, und wenn es nur die Phantasie betrifft. Gerhard Freund ist inzwischen mit der Fernsehansagerin Petra Schürmann verheiratet – doch eine neue Chance werde ich wohl kaum bekommen. Marianne hat der Leinwand, abgesehen von gelegentlichen Fernsehmoderationen, den Rücken gekehrt und in München, gemeinsam mit Kollegen, eine Praxis eröffnet. Ironie des Schicksals, daß diese fabelhafte Frau es gewagt und geschafft hat, mit 40 ihr Medizinstudium wieder aufzunehmen und zu beenden – während ich, ganz ohne Studium, zum Professor befördert wurde.

Ironie des Schicksals auch, daß ich nach all den Jahren Dr. Gerhard Freund wiedertraf, inzwischen medizinischer Lektor bei einem Verlag in München.

„Man könnte neidisch werden, wenn man Sie sieht", sagte er und schränkte das Kompliment sofort ein: „Nur im Fernsehen natürlich."

Natürlich wurde ich neugierig, und mit Marianne war er schließlich ja auch nicht mehr verheiratet.

„Warum?" wollte ich wissen.

„Sie sind so, wie 90 Prozent aller Ärzte gern sein würden und nicht sind", erklärte er. „Und wie die Patienten sie gerne hätten. Die Leute fürchten sich heute nämlich nicht mehr vor ihren Krankheiten, sondern viel mehr vor den Krankenhäusern. Sogar ich als Arzt habe manchmal ein mulmiges Gefühl, wenn ich durch einen Krankenhausgang gehe. Diese Angst nehmen Sie den Menschen, zumindest einen Abend lang."

Natürlich freute ich mich über dieses Lob, wie überhaupt über jede Anerkennung – wir Schauspieler sind nun mal, wie gesagt, eitel.

‚Schauspieler schlucken jede Schmeichelei, und wenn sie noch so schamlos ist', schreibt Artur Brauner in seinen Memoiren. ‚Sie sind geborene Egozentriker, kreisen nur um sich selbst, reden nur von sich, schauen ständig in den Spiegel, und es soll unter ihnen welche geben, die sich sofort verbeugen, wenn sie eine Dusche hören, weil sie das Geräusch für Beifall halten.' Stimmt (ich bade übrigens lieber). – Und was Lob und Anerkennung betrifft, sind wir völlig charakterlos, bestechlich, korrumpierbar. Hätte Gerhard Freund mich schon in Hongkong gelobt (aber wofür schon?), hätte ich ihm vielleicht damals schon mehr Sympathie entgegengebracht...

Begonnen hatte die Reise mit einem Pilotenwechsel in Bangkok. Nur wenige Piloten durften damals in Hongkong landen – der Anflug galt als einer der gefährlichsten der Welt. Vom Land her flog man in einem scharfen Knick über die von Bergen umgebene Stadt. Lebensgefährliche Felsen, die heute, dem internationalen Flugverkehr zuliebe, abgesprengt sind.

Als wir Tage später am Flughafen unsere ‚Ankunft' nachdrehten, landete gerade eine Maschine, die nicht im Drehbuch stand. Ebensowenig wie der malerische Anblick, der sich uns bot: eine Gruppe von Mönchen in farbenprächtigen Kutten entstieg dem Flugzeug.

Unser Aufnahmeleiter scheuchte sie zurück, um sie dann als sehenswerte, unbezahlte Komparserie mit laufenden Kameras noch einmal die Gangway herabsteigen zu lassen. In ihrer Mitte: Marianne Koch und ich.

Asien – die Menschen dort, auch die Geistlichen, sind viel fröhlicher als bei uns, was viel mit ihrer Religion zu tun hat. Von Geburt leben sie dem Tod entgegen, in Erwartung einer Wiedergeburt, der nächsten Inkarnation. Sie sind heiter, oft genug arm, aber ohne Angst. Ihr ‚Karma' läßt sie ihrer Bestimmung sicher sein. Das Bewußtsein, daß sowohl die Geburt als auch der Tod vom Schicksal beschlossene Sache sind, gibt ihnen Ruhe und innere Ausgeglichenheit.

Ein Glaube, der für mich kein Ersatz für das Christentum ist, aber durchaus eine Ergänzung zu den starren Gesetzen unserer Kirchen, mit denen wir Europäer aufwachsen.

Über Strafe und Sünde, Hölle und Vergeltung denke ich heute anders als in meiner Jugend. Die Hölle – sie kann auch in dieser Welt sein. Entscheidend für mich ist heute das Leben in dieser Welt – und die Freude daran. Die Freude, die man anderen geben – und den Respekt, den man ihnen entgegenbringen kann.

Ob christlich, buddhistisch oder moslemisch – ich glaube nicht, daß dieses Leben ein Ende hat, daß eines Tages ein Nichts kommt. Ebensowenig glaube ich, daß wir Menschen die einzigen Individuen in diesem Weltall sind.

Ich glaube, daß die Nächstenliebe eines Professor Brinkmann viel entscheidender ist als der Umgang mit der Christenliebe durch Äußerlichkeiten.

Ich glaube an eine große Gesetzmäßigkeit in diesem Leben. Ich stelle mir einen Teppich vor, dessen Unterseite wir Menschen sehen – ein Gewirr von Knoten, Fäden und Farben, das sich für uns nicht entwirrt, aber eine ganz bestimmte Gesetzmäßigkeit, ein Muster hat, das wir nicht erkennen, weil wir den Teppich nie von oben sehen.

Ich glaube an den Zufall – es fällt einem etwas zu, weil das Schicksal es so gewollt hat.

Und so ist mir sicher auch meine Rolle in der Schwarzwaldklinik ‚zugefallen'. Ich nehme es dankbar hin und an – das, was mir zugefallen ist. Auch, wenn es oft ein schweres Paket, ein schwerer Rucksack ist. Verdient? Sicher nicht – aber ich will damit leben.

Und dabei hatte alles so friedlich angefangen. Friedhoflich, um genau zu sein.

Ein schöner Brauch zwischen Wolfgang Rademann und dem damaligen Vize-Programmdirektor des ZDF, Peter Gerlach: einmal im Jahr zogen die beiden sich zu einem „Brain-Storming" zurück, zu einem kreativen Gedankenaustausch, an irgendeinen schönen Platz dieser Erde.

Im Sommer 1982 hatten sie sich das Parkhotel Adler in Hinterzarten ausgeguckt. Ein Traumhotel im Hochschwarzwald, wenn die Direktion dem Erfolgsgespann Gerlach – Rademann (‚Peter-Alexander-Show', ‚Traumschiff') die Ankunft auch durch ein Mißverständnis unvergeßlich machte: in Verkennung ihrer rein beruflichen Beziehung hatte man dem ungleichen Paar eine gemeinsame Suite reserviert. Ein als Bonbon gedachter Irrtum, den die Presse-Chefin des ‚Adler', Marga Ditsch, auf Rademanns Protest hin – „Wat, hier sollen wir beede wohnen?" – rasch ausbügelte, indem sie sie in zwei verschiedene Zimmer, sicherheitshalber auf zwei verschiedenen Etagen, umquartierte.

„Nischt wie Ideen" suchten Rademann und Gerlach denn auch während ihres Schwarzwald-Wochenendes, unter anderem auch – der Ruhe wegen – auf dem Friedhof.

„Vielleicht mal wat Medizinisches", schlug Rademann vor, während sie zwischen den alten Mauern des Hinterzartener Friedhofs entlanggingen. „Sowat wie det ‚Krankenhaus am Rande der Stadt' – eene prima Idee, nur: die jibt et ja schon..."

„Wie wär's denn damit?" fragte Peter Gerlach und deutete auf eine Grabinschrift „Kurarzt Dr...."

„Det isses!" rief Rademann begeistert.

Vom ‚Kurarzt' bis zur ‚Schwarzwaldklinik' war es dann nur noch ein kurzer Weg: in einer Klinik gibt es mehr Fälle und Situationen als in einer Praxis, eine Klinik bietet mehr dramaturgische Möglichkeiten und ist ein „Umschlagplatz für menschliche Schicksale", wie es ZDF-Programmdirektor Alois Schardt später einmal formulierte.

Nun, mit der friedhoflichen Ruhe war es bald vorbei, auch auf dem kleinen Friedhof in Hinterzarten.

Wenn das der Kurarzt wüßte... Manchmal beneide ich ihn, um seine Ruhe und seinen Platz. Aber nur ganz selten, in depressiven Momenten. Meist nämlich finde ich: das Leben hat es trotz allem nicht so schlecht mit mir gemeint, und tauschen möchte ich mit keinem Menschen auf der Welt.

„Ich stelle mich selbst und mein Handeln immer wieder in Frage", sagt Brinkmann in Folge 4 der ‚Schwarzwaldklinik'. Der Wussow tat das auch – und macht sich damit immer wieder das Leben viel schwerer, als es nötig wäre. Doch daran wird sich wohl kaum noch etwas ändern.

Um so dankbarer wird er – für Liebe und Zuneigung, für Verständnis und Vertrauen.

Blick zurück im Zorn – und dankbar

Ein großes Dankeschön – an das ganze Team.

Ein großes Dankeschön, an all die Menschen, die vor dem Fernseher sitzen und zuschauen.

Dankeschön an alle, die schrieben, um Autogramme baten, Lob und Kritik äußerten.

Danke auch an die Presse – auch, wenn dieser Dank recht gespalten ist.

Aus Erkenntnissen, wie gesagt, lernt man. Ich bin auf dem Weg.

Dankeschön an alle, die dieses Buch möglich gemacht haben. Im besonderen, aber unter anderen:

Gerd Albrecht, Hilde und Peter Alexander, Judith Andresen, Franz Antel, Wolfgang Arming, Gerd Bauer, Hans R. Beierlein, Senta Berger, Alfred Biolek, Radost Bokel, Volker Brandt, Artur und Maria Brauner, Hubert Burda, Lord Byron, Howard Carpendale, Josef Cohn, Helmut Dietl, Marga Ditsch, Gaby Dohm, Kathrin Dröge, Peter Dyckhoff, Vito von Eichborn, Kurt Eichhorn, Bernd Eichinger, Hannelore Elsner, Eberhard Feik, Kurt Felix, Helmut Fischer, O. W. Fischer, Philipp Flury, Gerhard Freund, Peter Fricke, Joachim Fuchsberger, Hans Gebhard, Götz George, Peter Gerlach, Khalil Gibran, Johann Wolfgang von Goethe, Thomas Gottschalk, Michael Graeter, Dr. Grattopp, Georg Groddeck, Herbert Grönemeyer, Gustaf Gründgens, Thomas Haffa, Eberhard Hauff, Professor Ernst Häussermann, Sascha Hehn, Daniel Hessner, Peter Hick, Dieter Hildebrandt, Werner Hinz, Gustav Jandek, Udo Jürgens, Harald Juhnke, Walter Kahl, Arno Katter, Wolfgang Kieling, Erwin Kiennast,

Gerhard Klingenberg, Paul Knipp, Marianne Koch, Gernot Köhler, Ida Krottendorf, Burt Lancaster, Bodo Land, Stefan Lermer, Reinhard Levin, Herbert Lichtenfeld, Sylvia und Victor Loinger, Marliese Ludwig, Helmut Markwort, Giuletta Masina, Andy Miles, Heiner Müller, Armin Müller-Stahl, Lothar Müthel, Fritz Muliar, Horst Naumann, Toni Netzle, Paul Noack, Heinz van Nouhuys, Wolfgang Osinski, Irmgard Palz, Wolfgang Penk, Maria Perschy, Claus Peymann, Bernd Plagemann, Platon, Adalbert Plica, Ponkie, Hans-Peter Proegel, René Pütz, Will Quadflieg, Wolfgang Rademann, Familie Riesterer, Günter Rohrbach, Jürgen Roland, Claudia Rühmann, Fritz Rummler, Alois Schardt, Friedrich Schiller, Helga Schmidt-Burr, Carlos Schröder, Ernst Schröder, Jochen Schröder, Carl-Heinz Schroth, Dr. Wolfgang Schultz-Zehden, Erik Schumann, Georg Sieber, Johannes Mario Simmel, Bernhard Sinkel, Sokrates, Axel Springer, Horst Stein, Norbert Steiner, Professor Dieter Stolte, Günter Strack, Karlheinz Stroux, Duccio Tessari, Hans-Hermann Tiedje, Hans-Jürgen Tögel, Dorli Valentin, Horst V., Freddy Vohrer, Helmut Voss, Luggi Waldleitner, Paul Watzlawick, Dieter Weidenfeld, Oscar Werner, Fritz, Helmut und Michael Wiedemann, Billy Wilder, Andreas Winterhalder, Christa Wittlich, Helene Wurzinger, Jolande Wussow, meine Brüder Horst und Rüdiger Wussow, meine Kinder Barbara und Sascha Wussow, Peter Zumpf, meine Mutter und meine Tochter Konstanze

– und viele, viele andere.

BILDQUELLENNACHWEIS

Margulies Fotodienst, Düsseldorf
Video H. Grauer, Wien
Irmgard Palz Management, München
Dieter Klar, Buxtehude
Spöttel-Picture, München
dpa / Maydell / Pohlert / Klar
Pressebilderdienst Kindermann, Berlin
ZDF Bilderdienst
Ursula Röhnert, Berlin
Presseagentur Kövesdi, München
Keystone, München

Christian Pantel, Hamburg
TelePress Thomas Waldheim, Hamburg
Tivoli-Film
Ullstein GmbH, Berlin
Yvonne Viehöfer, München
Archiv Wussow